"十三五"国家重点图书出版规划项目

中国社会科学院创新工程学术出版资助项目

新版《列国志》编辑委员会

主　　任　王伟光
副 主 任　李培林　蔡　昉
委　　员（按姓氏音序排列）

陈众议　黄　平　李安山　李晨阳　李剑鸣　李绍先
李　薇　李向阳　李永全　刘北成　刘德斌　钱乘旦
曲　星　王　镭　王立强　王灵桂　王　巍　王新刚
王延中　王　正　吴白乙　邢广程　杨栋梁　杨　光
张德广　张顺洪　张宇燕　张蕴岭　郑秉文　周　弘
庄国土　卓新平

秘书长　马　援　谢寿光

列国志 新版

GUIDE TO THE WORLD NATIONS

曾昭耀　宋霞　曹龙兴　编著

BOLIVIA

玻利维亚

社会科学文献出版社
SOCIAL SCIENCES ACADEMIC PRESS (CHINA)

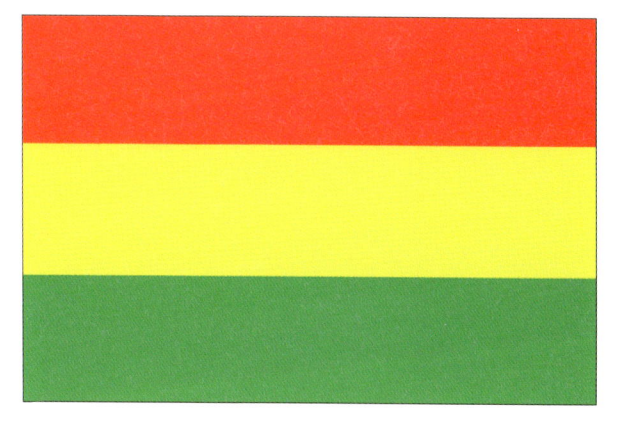

玻利维亚国旗

玻利维亚国徽

苏克雷宫（现丘基萨卡省府大厦）

最高法院

自由博物馆

玻利瓦尔纪念碑

拉巴斯圣母大教堂

拉巴斯圣弗朗西斯科教堂

太阳岛印加遗址

蒂亚瓦纳科遗址一

蒂亚瓦纳科遗址二

萨迈帕塔要塞遗址

波托西国家造币厂遗址

乌尤尼盐沼

红湖

拉巴斯

苏克雷

出版说明

《列国志》编撰出版工作自1999年正式启动，截至目前，已出版144卷，涵盖世界五大洲163个国家和国际组织，成为中国出版史上第一套百科全书式的大型国际知识参考书。该套丛书自出版以来，受到社会各界的广泛好评，被誉为"21世纪的《海国图志》"，中国人了解外部世界的全景式"窗口"。

这项凝聚着近千学人、出版人心血与期盼的工程，前后历时十多年，作为此项工作的组织实施者，我们为这皇皇144卷《列国志》的出版深感欣慰。与此同时，我们也深刻认识到当今国际形势风云变幻，国家发展日新月异，人们了解世界各国最新动态的需要也更为迫切。鉴于此，为使《列国志》丛书能够不断补充最新资料，更好地服务于社会各界，我们决定启动新版《列国志》编撰出版工作。

与已出版的144卷《列国志》相比，新版《列国志》无论是形式还是内容都有新的调整。国际组织卷次将单独作为一个系列编撰出版，原来合并出版的国家将独立成书，而之前尚未出版的国家都将增补齐全。新版《列国志》的封面设计、版面设计更加新颖，力求带给读者更好的阅读享受。内容上的调整主要体现在数据的更新、最新情况的增补以及章节设置的变化等方面，目的在于进一步加强该套丛书将基础研究和应用对策研究相结合，将基础研究成果应用于实践的特色。例如，增加了各国有关资源开发、环境治理的内容；特设"社会"一章，介绍各国的国民生活情况、社会管理经验以及存在的社会问题，等等；增设"大事纪年"，方便读者在短时间内熟悉各国的发展线索；增设"索引"，便于读者根据人名、地名、关键词查找所需相关信息。

顺应时代发展的要求，新版《列国志》将以纸质书为基础，全面整合国别国际问题研究资源，构建列国志数据库。这是《列国志》在新时期发展的一个重大突破，由此形成的国别国际问题研究资讯平台，必将更好地服务于中央和地方政府部门应对日益繁杂的国际事务的决策需要，促进国别国际问题研究领域的学术交流，拓宽中国民众的国际视野。

新版《列国志》的编撰出版工作得到了各方的支持：国家主管部门高度重视，将其列入"'十二五'国家重点图书出版规划项目"；中国社会科学院将其列为创新工程学术出版资助项目，王伟光院长亲自担任编辑委员会主任，指导相关工作的开展；国内各高校和研究机构鼎力相助，国别国际问题研究领域的知名学者相继加入编辑委员会，提供优质的学术咨询与指导。相信在各方的通力合作之下，新版《列国志》必将更上一层楼，以崭新的面貌呈现给读者，在中国改革开放的新征程中更好地发挥其作为"知识向导"、"资政参考"和"文化桥梁"的作用！

新版《列国志》编辑委员会
2013年9月

前　言

自 1840 年前后中国被迫开关、步入世界以来，对外国舆地政情的了解即应时而起。还在第一次鸦片战争期间，受林则徐之托，1842 年魏源编辑刊刻了近代中国首部介绍当时世界主要国家舆地政情的大型志书《海国图志》。林、魏之目的是为长期生活在闭关锁国之中、对外部世界知之甚少的国人"睁眼看世界"，提供一部基本的参考资料，尤其是让当时中国的各级统治者知道"天朝上国"之外的天地，学习西方的科学技术，"师夷之长技以制夷"。这部著作，在当时乃至其后相当长一段时间内，产生过巨大影响，对国人了解外部世界起到了积极的作用。

自那时起，中国认识世界、融入世界的步伐就再也没有停止过。中华人民共和国成立以后，尤其是 1978 年改革开放以来，中国更以积极主动的自信自强的姿态，加速融入世界的步伐。与之相适应，不同时期先后出版过相当数量的不同层次的有关国际问题、列国政情、异域风俗等方面的著作，数量之多，可谓汗牛充栋。它们对时人了解外部世界起到了积极的作用。

当今世界，资本与现代科技正以前所未有的速度与广度在国际间流动和传播，"全球化"浪潮席卷世界各地，极大地影响着世界历史进程，对中国的发展也产生极其深刻的影响。面临不同于以往的"大变局"，中国已经并将继续以更开放的姿态、更快的步伐全面步入世界，迎接时代的挑战。不同的是，我们

玻利维亚

所面临的已不是林则徐、魏源时代要不要"睁眼看世界"、要不要"开放"的问题，而是在新的历史条件下，在新的世界发展大势下，如何更好地步入世界，如何在融入世界的进程中更好地维护民族国家的主权与独立，积极参与国际事务，为维护世界和平，促进世界与人类共同发展做出贡献。这就要求我们对外部世界有比以往更深切、更全面的了解，我们只有更全面、更深入地了解世界，才能在更高的层次上融入世界，也才能在融入世界的进程中不迷失方向，保持自我。

与此时代要求相比，已有的种种有关介绍、论述各国史地政情的著述，无论从规模还是内容来看，已远远不能适应我们了解外部世界的要求。人们期盼有更新颖、更系统、更权威的著作问世。

中国社会科学院作为国家哲学社会科学的最高研究机构和国际问题综合研究中心，有11个专门研究国际问题和外国问题的研究所，学科门类齐全，研究力量雄厚，有能力也有责任担当这一重任。早在20世纪90年代初，中国社会科学院的领导和中国社会科学出版社就提出编撰"简明国际百科全书"的设想。1993年3月11日，时任中国社会科学院院长的胡绳先生在科研局的一份报告上批示："我想，国际片各所可考虑出一套列国志，体例类似几年前出的《简明中国百科全书》，以一国（美、日、英、法等）或几个国家（北欧各国、印支各国）为一册，请考虑可行否。"

中国社会科学院科研局根据胡绳院长的批示，在调查研究的基础上，于1994年2月28日发出《关于编纂〈简明国际百科全书〉和〈列国志〉立项的通报》。《列国志》和《简明国际百科全书》一起被列为中国社会科学院重点项目。按照当时的计划，首先编写《简明国际百科全书》，待这一项目完成后，再着手编写《列国志》。

1998年，率先完成《简明国际百科全书》有关卷编写任务的研究所开始了《列国志》的编写工作。随后，其他研究所也陆续启动这一项目。为了保证《列国志》这套大型丛书的高质量，科研局和社会科学文献出版社于1999年1月27日召开国际学科片各研究所及世界历史研究所负责人会议，讨论了这套大型丛书的编写大纲及基本要求。根据会议精神，科研局随后印发了《关于〈列国志〉编写工作有关事项的通知》，陆续为启动项目拨付研究经费。

为了加强《列国志》项目编撰出版工作的组织协调，根据时任中国社会科学院院长的李铁映同志的提议，2002年8月，成立了由分管国际学科片的陈佳贵副院长为主任的《列国志》编辑委员会。编委会成员包括国际片各研究所、科研局、研究生院及社会科学文献出版社等部门的主要领导及有关同志。科研局和社会科学文献出版社组成《列国志》项目工作组，社会科学文献出版社成立了《列国志》工作室。同年，《列国志》项目被批准为中国社会科学院重大课题，新闻出版总署将《列国志》项目列入国家重点图书出版计划。

在《列国志》编辑委员会的领导下，《列国志》各承担单位尤其是各位学者加快了编撰进度。作为一项大型研究项目和大型丛书，编委会对《列国志》提出的基本要求是：资料翔实、准确、最新，文笔流畅，学术性和可读性兼备。《列国志》之所以强调学术性，是因为这套丛书不是一般的"手册""概览"，而是在尽可能吸收前人成果的基础上，体现专家学者们的研究所得和个人见解。正因为如此，《列国志》在强调基本要求的同

时，本着文责自负的原则，没有对各卷的具体内容及学术观点强行统一。应当指出，参加这一浩繁工程的，除了中国社会科学院的专业科研人员以外，还有院外的一些在该领域颇有研究的专家学者。

现在凝聚着数百位专家学者心血，共计141卷，涵盖了当今世界151个国家和地区以及数十个主要国际组织的《列国志》丛书，将陆续出版与广大读者见面。我们希望这样一套大型丛书，能为各级干部了解、认识当代世界各国及主要国际组织的情况，了解世界发展趋势，把握时代发展脉络，提供有益的帮助；希望它能成为我国外交外事工作者、国际经贸企业及日渐增多的广大出国公民和旅游者走向世界的忠实"向导"，引领其步入更广阔的世界；希望它在帮助中国人民认识世界的同时，也能够架起世界各国人民认识中国的一座"桥梁"，一座中国走向世界、世界走向中国的"桥梁"。

《列国志》编辑委员会
2003年6月

CONTENTS

目 录

第一版著者的话 / 1

第二版导言 / 1

第一章 概 览 / 1

第一节 国土与人口 / 1

一 地理位置 / 1

二 国土面积 / 1

三 行政区划 / 2

四 地形气候 / 3

五 人口、民族和语言 / 9

六 国旗、国徽、国歌与国花 / 20

第二节 宗教与民俗 / 25

一 宗教 / 25

二 节日 / 33

三 民俗 / 37

第三节 特色资源 / 44

一 名胜古迹 / 45

二 著名城市 / 54

三 建筑艺术与传统工艺 / 61

四 特色动植物 / 64

CONTENTS

目 录

第二章 历 史 / 69

第一节 古安第斯文明时期
（公元前 1.5 万年左右至公元 16 世纪初）/ 69

一 玻利维亚地域最早的居民 / 69

二 蒂亚瓦纳科文化 / 70

三 科利亚文化 / 71

四 印加文化 / 72

五 印加帝国时期的东部文化 / 75

第二节 西班牙殖民统治时期（1516～1825）/ 75

一 西班牙的殖民征服 / 75

二 殖民社会的建立 / 76

三 殖民统治后期的经济衰退和波旁改革 / 81

四 殖民统治后期的印第安人起义 / 82

第三节 独立之路（1809～1825）/ 82

一 早期解放运动 / 82

二 1809 年 7 月 16 日革命 / 83

三 实现独立 / 85

第四节 近代民族危机（1825～1935）/ 86

一 独立派与合并派之争 / 86

二 单一矿产品出口经济 / 88

三 考迪罗政治和寡头政治 / 90

四 领土争端与民族危机 / 94

五 种族矛盾与印第安人起义 / 100

目 录

第五节　现代变革历程（1935～　）／102

　　一　历史的转折与1952年民族民主革命（1935～1964）／102

　　二　军政府时期（1964～1982）／113

　　三　民主化与新自由主义时期（1982～2006）／118

　　四　莫拉莱斯执政后的新探索（2006～　）／125

第六节　著名历史人物／126

第三章　政　治／131

第一节　政治制度的演变／131

　　一　独立初期的考迪罗主义政治／131

　　二　20世纪30年代至60年代的民众主义政治／132

　　三　20世纪60年代至70年代的军人独裁政治／134

　　四　20世纪末叶的新自由主义政治／135

　　五　跨入21世纪以来多民族人民民主政治的探索／139

第二节　宪法／141

　　一　历史上的宪法／141

　　二　2009年宪法／144

第三节　立法机构／147

第四节　行政机构／150

第五节　多民族司法机构／158

第六节　选举制度与选举机构／161

　　一　选举制度／161

　　二　选举机构／162

CONTENTS

目 录

第七节　主要政党与重要社团组织／163
　　一　主要政党／163
　　二　重要社团组织／170

第四章　经　　济／175

第一节　概述／175
第二节　农业／179
　　一　种植业／180
　　二　林业／184
　　三　畜牧业／185
　　四　渔业／186
第三节　工业／187
　　一　采矿业／187
　　二　能源工业／193
　　三　制造业／202
第四节　服务业／204
　　一　概述／204
　　二　商业与旅游业／205
第五节　交通运输与邮电通信／208
　　一　交通运输／208
　　二　邮电通信／214
第六节　财政与金融／215
　　一　历史回顾／215
　　二　财政与税收／217

CONTENTS

目 录

  三　金融体制与金融政策 / 219

  四　货币政策与货币制度 / 221

 第七节　对外经济关系 / 222

  一　基本方针政策 / 222

  二　对外贸易 / 224

  三　外国援助 / 227

  四　外国投资 / 228

第五章　军　　事 / 231

 第一节　概述 / 231

  一　建军简史 / 231

  二　国防体制与国防预算 / 235

 第二节　军种与兵种 / 236

  一　陆军 / 236

  二　海军 / 238

  三　空军 / 241

  四　准军事部队 / 243

 第三节　军事培训 / 245

 第四节　国防科技和国防工业 / 247

  一　道路建设方面的技术进步 / 247

  二　数据处理中心的建立 / 248

  三　军用地图绘制技术的现代化 / 248

 第五节　对外军事关系 / 249

CONTENTS

目 录

第六章　社　　会 / 253

  第一节　国民生活 / 253
    一　就业与收入 / 253
    二　消费与物价 / 257
    三　住房状况 / 258
    四　社会保障与福利 / 259
    五　移民 / 263

  第二节　社会管理 / 264
    一　社会制度与社会结构 / 264
    二　社会矛盾与社会治理 / 268
    三　社会热点 / 271

  第三节　医疗卫生 / 273
    一　医疗卫生概况 / 273
    二　医疗卫生制度 / 275
    三　医疗服务与保障 / 276
    四　医疗卫生系统面临的挑战 / 277

  第四节　环境保护 / 278
    一　环境问题 / 279
    二　环境保护政策 / 280

第七章　文　　化 / 285

  第一节　教育 / 285
    一　教育简史 / 285

CONTENTS
目 录

  二　莫拉莱斯执政以来的教育改革 / 294

  三　当前的教育体制 / 296

  四　教育面临的问题 / 303

第二节　科学技术 / 305

  一　自然科学 / 305

  二　人文社会科学 / 315

第三节　文学艺术 / 319

  一　文学 / 319

  二　电影 / 327

  三　音乐 / 334

  四　舞蹈 / 337

  五　美术 / 342

第四节　体育 / 350

  一　球类 / 350

  二　高尔夫球 / 352

  三　滑雪与登山 / 353

第五节　新闻出版 / 353

  一　报纸与通讯社 / 353

  二　广播电视 / 354

  三　图书馆 / 355

  四　期刊出版 / 356

CONTENTS
目 录

第八章　外　交 / 357

  第一节　概述 / 357

    一　外交机构 / 357

    二　外交政策 / 359

  第二节　出海口问题 / 364

  第三节　同拉美国家的关系 / 372

    一　加强同周边国家的关系 / 372

    二　积极推进拉美一体化 / 381

  第四节　同美国的关系 / 386

  第五节　同世界其他国家的关系 / 395

    一　同欧盟国家的关系 / 395

    二　同亚太地区国家的关系 / 396

    三　同其他国家的关系 / 399

  第六节　同中国的关系 / 400

大事纪年 / 407

参考文献 / 413

索　引 / 421

后　记 / 425

第一版著者的话

在南美洲大陆的腹地，有一个以拉丁美洲独立战争著名领袖西蒙·玻利瓦尔的名字命名的国家，这就是玻利维亚共和国。

玻利维亚是一个很有特色的国家，粗略归纳起来，至少有四个方面。

一是"高"。玻利维亚的西部是海拔在5000米以上的安第斯山区（最高的山峰海拔6000米以上），东科迪勒拉山、西科迪勒拉山之间是一个辽阔的大高原，只有那些拥有充足红细胞，有本事将稀薄空气中的少量氧气"据为己有"的人，才能常年居住在这个地区，然而玻利维亚居民的绝大多数却祖祖辈辈生活在这里，玻利维亚被国际社会称为"高原之国"。对此，玻利维亚人民感到无比的骄傲，他们把居住在这种只有"神鹰"才能翱翔于其上的地方视为英雄的壮举，他们会自豪地告诉世人：玻利维亚有世界上最高的首都，有地球上最高的湖泊，有地球上最高的滑雪场，有"与天比高"的宇宙物理实验室。他们甚至会幽默地说，对于他们来说，沿海地带的空气实在是太稠密了，他们会感到窒息。

二是"全"。玻利维亚虽然是一个著名的"高原之国"，但有三分之二的土地处于亚马孙河流域和拉普拉塔河流域的热带平原，平均海拔不过300米。从西部的高原到东部的平原，随着高度的降低，玻利维亚的土壤条件和气候条件也随之发生变化，形成了十几个动植物生态层和多种生态系统，具备了地球上几乎所有的生态条件，以至于地球上的任何一种动植物都可以在这里适当的地区生长。随着生态环境的改变，人们的生活也发生相应的变化，他们的音乐、衣着、风俗习惯等也都随之发生变化，呈现出一幅五彩缤纷的绚丽图画，再加上2000年土著文化与300年西班牙文化相互碰撞、相互融合所产生的独特文化，玻利维亚被人们称为一个"万花筒国家"。一个名叫阿尔西德斯·多尔比格尼的法国学者甚至惊叹地说："玻利维亚简直就是地球的缩影！"

三是"美"。玻利维亚是一个美丽的国家。这里有高耸入云的安第斯雪峰，有分布在西部安第斯山山脊上的众多冒气的火山，有辽阔的高原和高原上景色秀丽的淡水湖，有一望无际的盐沼，有土地肥沃、色彩斑斓的河谷，有气候炎热、生态奇特的东部平原，还有地域辽阔、无数滔滔河流穿越其间的亚马孙雨林，等等。不仅如此，玻利维亚还有丰富的文化遗产。在这里生活的30多个民族的数百万勤劳的人民，都各有自己的文化传统：衣着、手工织品、舞蹈、音乐……有祖先流传下来的各种节日活动和宗教仪式，人们有独特的时空观念和宇宙观念，所有这些都是人类极珍贵的文化瑰宝。因为有美丽无比的自然景观和丰富多彩的印第安文化，玻利维亚又被赞叹为"安第斯山区的一颗明珠"。

四是"穷"。直到20世纪中叶，这里都流传着一个神话：玻利维亚位于一个得天独厚的地区，用之不竭的自然资源足可以给它一个美妙的未来，至少可以保证玻利维亚人在一个经济健康的国际环境中安居乐业。但是，这个国家的历史统计资料告诉我们，玻利维亚尽管有无与伦比的美丽风景，有富饶的自

第一版著者的话

然财富，它却是拉美最贫穷的国家之一。这个地区在独立之后的一个多世纪里，充满了革命与改革，也充满了混乱与倒退，这里的人民所能得到的福利是非常少的，这个国家的政治和社会是很不安定的。在这里，权力和财富都集中在少数特权阶层手中，而特权阶层又得到20世纪下半叶实际统治玻利维亚的军人集团的支持。20世纪80年代初，在军政府统治十几年之后，玻利维亚爆发了空前严重的经济、政治和社会危机。迫于这次危机，玻利维亚改变了1952年以来实行了近30年的发展模式，采用了名曰"新经济政策"的"新自由主义"发展模式。与此同时，玻利维亚在政治上开始了一个至今仍在继续的分权化进程，人们希望通过这个分权化进程在国家生活中开辟新的舞台，激发新的活力，促进国家机器的现代化，从而使玻利维亚能够繁荣富强起来。但是到目前为止，局面仍然未可乐观。

有此四端，我想中国的读者一定是很想了解这个国家的，原因有两个方面。第一，玻利维亚虽然在幅员上是南美洲第五大国，虽然有很多的美妙之处，但对于中国读者来说，玻利维亚还是相当陌生的，开放后放眼世界的中国读者自然很想了解这个神秘的国家。第二，玻利维亚人民有过长期受压迫的历史，现在亦面临保持政治稳定和发展经济的严重挑战，这同中国的情况有类似之处。致力于现代化建设的中国人民为了更深入地了解自己，也需要了解世界，特别是需要了解像玻利维亚这样的发展中国家；因为，中国有句古话，"不识庐山真面目，只缘身在此山中"，自己认识不到的问题往往可以从别人身上看得清清楚楚。基于这种认识，笔者欣然承担了撰写本书的任务，希望能通过自己的努力，把这个国家的历史和现状、经济和政治、文化和风俗、魅力和困难，以及这个国家在谋求进步与发展进

程中的经验和教训，尽可能详细地介绍给中国读者。但是，笔者自知才疏学浅，对玻利维亚了解不深，所以从承担这一任务的时候开始就不胜惶恐，知道要完成这样一项任务实在是太困难了。《神奇的玻利维亚》一书的作者乌戈·博埃罗·罗霍曾经说过，"玻利维亚是造物主用他神奇的画笔随心所欲地描绘出来的一幅五彩缤纷创作的一角，是一个'万花筒式'的国家，要想把这个'万花筒'的数不尽的各个面都解释清楚，对于任何一个人来说，都是做不到的"。这话说得一点都不错。对于笔者来说，情况就更是这样。所以，自始至终，笔者都不敢懈怠，脱稿时间也一拖再拖；初稿完成之后，又按编委会的意见，在这次旅美的几个月中利用克里夫兰公共图书馆的资料做了一次校勘和修改。尽管如此，笔者的心里仍忐忑不安，深知不妥之处在所难免，敬希读者和专家不吝赐教。

曾昭耀
2004年10月于考普雷

第二版导言

本书第一版问世（2005）至今已经十一年，玻利维亚的社会经济生态和政治生态已经发生巨大的变化。所以，在本书第二版即将问世的时候不能不写一个简短的导言，以飨读者。

玻利维亚到底发生了什么样的巨大变化呢？概括地说，就是通过民主的方式在玻利维亚建立了"一个新的国家"，一个建筑在多元社群经济（una economía plural-comunitaria）基础之上的、走非殖民化和非资本主义道路的、根据社会需要进行经济剩余再分配的新的国家（《2009年宪法》序言）。这个国家在玻利维亚历史上第一次选举产生了一位土著总统；第一次全民公投通过了贯彻联合国《土著人民权利宣言》的"多民族玻利维亚国"宪法；第一次建立了一个土著人当家作主的国家；第一次自主地决定走以消灭资本主义和帝国主义为目标的"社群社会主义"发展道路；第一次摘掉了最贫穷国家的帽子，晋级为中等收入国家；第一次实行参与制民主、代议制民主和公社制民主等多种民主制度并行互补的、具有玻利维亚特色的新民主主义制度；第一次恢复和发展了190年前由玻利瓦尔起草的玻利维亚第一部宪法规定的立法、行政、司法、选举四权分立的政治制度；第一次为过渡到社会主义新经济模式而实行一种"社会公共的和生产的新经济模式"（el Nuevo Modelo Económico, Social, Comunitario y Productivo）。总之，第一版问世后的10余年是玻利维亚历史上一个创造奇迹、发生划时代变化的时期。

玻利维亚既然发生了如此巨大的变化，第二版《玻利维亚》自然要对第一版进行许多重要的修订，以便向读者展示一个全面而准确的新玻利维亚国家的全景图像。为此，本书特别突出了以下几个方面的修订。

在历史部分，对第一版的历史分期做了较大调整，划分了近代与现代这两个大的时期，突出了近代玻利维亚民族危机的历史和现代玻利维亚民族民主革命和政治经济改革的历史，并在"现代变革历程"一节中着重增加了"莫拉莱斯执政后的新探索（2006～ ）"的内容。

在政治部分，主要突出了莫拉莱斯政府的政治改革，增加了"跨入21世纪以来多民族人民民主政治的探索"的内容；重点介绍了2009年宪法，并按新宪法的逻辑分别介绍了立法机构、行政机构、多民族司法机构和选举机构，以及这四种机构所行使的四大权力既分立又合作的政治制度。

在经济部分，第二版着重介绍了玻利维亚的"公社经济"、"国有经济"、"私有经济"和"合作经济"四种经济并行共荣、互补互惠的"多元经济"体制，介绍了这种体制强调国家作用、消除贫困和保护本国利益三个主要的特征以及经济政策上的"社群社会主义"特色。

特别值得读者注意的是，第二版最重要的一个变化是增设了"社会"一章。近十几年来玻利维亚所发生的巨大变化归根结底是玻利维亚社会矛盾发生、发展和解决的结果。玻利维亚社会制度，是一种建立在不发达资本主义经济、不发达传统公社经济与不发达非正规经济并存的混合经济基础之上的、致力于为社会主义社会创造条件的过渡性的社会制度。第二版着重介绍了玻利维亚社会结构（包括民族结构、文明结构和社会阶层结构）的复杂性特点及由此产生的社会矛盾的复杂性。玻利维亚虽然是拉美地区社会冲突最多的国家，却是拉美地区犯罪率最低的国家，第二版《玻利维亚》重点介绍了玻利维亚执政党在社会治理方面的、行之有效的经验。

此外，第二版还重点介绍了玻利维亚的新教育法和教育改革的情况，介绍了进入 21 世纪以来玻利维亚科学技术发展的情况。

玻利维亚的所有这些新事物都是摆在我们面前的大学问，要想在短期内把它们完全弄懂，几乎是不可能的，我们的工作只是尽可能地如实向读者做一些简单的介绍，不妥之处，敬希批评指正。

曾昭耀
2016 年 12 月 10 日于北京农光里

第一章

概　览

第一节　国土与人口

玻利维亚所在的地区独立前称"上秘鲁"（Upper Peru），1825年独立后，以南美解放者西蒙·玻利瓦尔的名字命名，建立"玻利维亚共和国"（República de Bolivia）。2006年艾马拉印第安人领袖莫拉莱斯执政后，2009年立宪议会通过决议，改国名为"多民族玻利维亚国"（El Estado Plurinacional de Bolivia）。

一　地理位置

玻利维亚地处南美洲大陆的中央，是拉美仅有的两个（玻利维亚和巴拉圭）内陆国家之一。玻利维亚位于西经57°26′至69°38′、南纬9°38′至22°53′之间，东西横跨1200多千米，南北相距1400余千米。其北部和东北部同巴西交界（两国边界线长3125千米），东南部与巴拉圭为邻，南部与阿根廷毗连，西南部和西部同智利和秘鲁接壤。

二　国土面积

多民族玻利维亚国面积1098581平方千米，在拉丁美洲30多个国家中次于巴西、阿根廷、墨西哥、秘鲁和哥伦比亚，是拉美第六幅员大国，居世界第二十七位。

三 行政区划

玻利维亚传统的行政区划分为省（departamentos）、州（provincias）、市（secciones de provincias）和县（cantones）四级，2009年调整为省、州、市三级和土著民族自治区域。[①]

截至2014年1月，玻利维亚全国共有9个省、112个州和339个市。各个省的划分大体上同玻利维亚自然地理的区分相一致，从西到东，玻利维亚分为高原地区、河谷地区和平原地区3个地区，相应地，全国也有3个高原省（拉巴斯省、奥鲁罗省和波托西省）、3个谷地省（科恰班巴省、丘基萨卡省和塔里哈省）和3个平原省（潘多省、贝尼省和圣克鲁斯省）。圣克鲁斯省的面积最大，有37万平方千米，约占国土总面积的三分之一；最小的省为塔里哈省，不足3.8万平方千米。每个省的首府、面积、州和市分布情况见表1-1。

表1-1 玻利维亚各省概况

省 名	首 府	面积（平方千米）	州设置数	市设置数
丘基萨卡省	苏克雷	51524	10	29
拉巴斯省	拉巴斯	133985	20	87
科恰班巴省	科恰班巴	55631	16	47
奥鲁罗省	奥鲁罗	53588	16	35
波托西省	波托西	118218	16	40
塔里哈省	塔里哈	37623	6	11
圣克鲁斯省	圣克鲁斯	370621	15	56
贝尼省	特立尼达	213564	8	19
潘多省	科维哈	63827	5	15
总 计		1098581	112	339

资料来源：Instituto Nacional de Estadística de Bolivia, *Aspectos políticos y administrativos de Bolivia*, 21 de enero de 2014。

---

① 参见1967年宪法第108条、2009年宪法第269条。

玻利维亚的法定首都是苏克雷，政府所在地是拉巴斯，很多大的工商企业总部也设在拉巴斯。

四 地形气候

(一) 地形

玻利维亚地势很高，有"南美洲屋脊"或"南美洲帕米尔"之称。很多山峰均超过6000米，其中的伊延普峰（Illampu）、伊利马尼峰（Illimani）、萨哈马峰（Sajama）等甚至高达6400米以上。玻利维亚地势复杂，起伏多变。但按其地貌特征，从西到东，明显地分为3个部分：西部是安第斯山地区；中部是次安第斯山地区；东部是平原地区。

1. 安第斯山地区

这是全国地势最高的地区，平均海拔在3700米以上，总面积31万平方千米，约占玻利维亚全国面积的28%。按山脉的走向和高低，这个地区从西到东又可分为3个部分：西部是西科迪勒拉山脉，东部是东科迪勒拉山脉，中部是玻利维亚高原。

西科迪勒拉山脉是玻利维亚和智利两国的界山，长620千米，海拔在6000米以上，东南走向，是安第斯山脉的一个支脉。该山从阿根廷的圣弗朗西斯科山口沿玻、智两国边界北上，在秘鲁的比尔卡诺塔与安第斯山脉的主脉相连。西科迪勒拉山脉可分成南部、中部、北部3个各具特色的部分。南部是火山地带，5930米高的利坎卡布尔火山、5480米高的阿斯科坦火山、5770米高的塔帕基尔乔火山和6159米高的圣佩德罗火山都坐落在这个地区。中部主要是西利利卡山和瓦塔孔多山两条山脉，前者穿越波托西省的诺尔利佩斯州，后者则伸进今已属智利的原玻利维亚领土。这个地区的利卡山和塔瓦山将玻利维亚西南部的盐沼地区拦腰截断，分成北部的科伊帕萨盐沼和南部的乌尤尼盐沼。重要的山峰是土努帕峰，高约5000米。北部主要是奥鲁罗省和拉巴斯省西部的卡兰加斯山和帕卡赫斯山。卡兰加斯山的萨加玛火山锥高耸入云（6520米），十分壮观。帕卡赫斯山的一对孪生火山——帕亚恰塔斯火山和塔科拉火山，海拔都是5982米。

玻利维亚

东科迪勒拉山脉又称雷亚尔山脉，是地壳收缩而耸起的庞大的安第斯山脉的一个重要支脉，它像一根脊柱，从北部的阿波洛班巴的交会点上，沿东南方向进入玻利维亚。它是玻利维亚三大水系的分水岭：它的北部是亚马孙河流域同中部湖泊流域（亦称高原洼地水系）的分水岭；它的南部是玻利维亚中部湖泊流域同拉普拉塔河流域的分水岭。东科迪勒拉山脉从北到南有阿波洛班巴山、拉巴斯山、特雷斯克鲁塞斯山、弗拉列斯山、奇查斯山和利佩斯山六大山脉。阿波洛班巴山从秘鲁延伸进玻利维亚，位于拉巴斯省的西北部，是玻利维亚最美丽的地区，很多河流从它那白雪覆盖的山顶盘桓而下，汇合成亚马孙河谷的巨大干流。重要的山峰有科洛洛峰（5915米）、乌伊达科洛峰（5816米）和查乌皮奥尔科峰（6040米）。拉巴斯山长220千米，是玻利维亚最重要的山脉之一，也是玻利维亚安第斯诸山脉中最漂亮的山脉之一。山北陡峭，下面是辽阔的亚马孙平原。南面高耸的山峰终年积雪，与高原的灰色和黄褐色形成强烈的对比，从的的喀喀湖的湖岸看去，真是自然界的一大奇观。重要的山峰有安科乌马峰（6427米）、恰拉奥科峰（6100米）和伊利马尼峰（6490米）。伊利马尼峰守护着拉巴斯城，风景秀丽。特雷斯克鲁塞斯山北起伊利马尼峰的东南部，南至阿布拉德基梅，呈东北—西南走向，中间被拉巴斯河分开，以丰富的矿藏著称。较高的山峰有朋蒂亚古多峰（5400米）、永克峰（5600米）和阿托罗马雪峰（5700米）。弗拉列斯山位于波托西省的东北部，呈北—南走向，也以富于矿藏著称，其波尔科矿区矿藏尤其丰富。主要山峰有米查加峰（5300米）、圣胡安娜峰（5100米）和格拉西亚斯阿迪奥斯峰（5060米）。奇查斯山位于波托西省中部，呈北—东南走向，有好几座孤立的山岭平行而立，主要的高峰有乔罗尔克峰（5603米）、库斯科山（5434米）和塔斯纳山（5800米）。奇查斯山有一系列矿区，其中克奇斯拉矿区最为著名。利佩斯山位于波托西省，呈东北—西南走向，一直延伸到阿根廷共和国边境，是东科迪勒拉山脉的最后一部分。这里的新世界峰海拔6020米，伊萨贝尔峰和利佩斯峰海拔也都近6000米。东科迪勒拉山的上述六大山脉自北而南，连贯而下，其高峰终年积雪，大抵在海拔6000米以上。这一带是安第斯山脉第二火山带的一部分，有很多休眠火山，其中著名的如萨哈马火山，海拔6542米，甚为壮观。火山带蕴藏着丰富的硫黄矿，其流向高原的河流两侧可种植马铃薯和大麦；但整体来说，这个地区雨量稀少，有些地方年降水量只有180毫米，并不适宜农作物生长，只能放牧羊和羊驼。

夹在东科迪勒拉山脉、西科迪勒拉山脉之间的地区，是安第斯地区中部的玻利维亚高原。玻利维亚高原平均海拔为3700米，面积约10万平方千米。这是一个没有任何出海口的封闭盆地，可划分为3个各具特色的地区，即北部高原、中部高原和南部高原。北部高原位于南纬18°以北，受的的喀喀湖和东科迪勒拉山脉冰川的影响，是玻利维亚高原最潮湿的地区，年均降水量650毫米，出产马铃薯、酢浆草、豆角等农产品，并有养殖牛、羊的天然牧场。农业是这个地区农民谋生的基础。中部高原位于南纬18°至20°30′之间，气候干燥，大面积草原为沙砾所覆盖，只能生长旱芹、肥羊草之类的植物，这里的居民设法种植昆诺阿藜、马铃薯、大麦、酢浆草等作物。这个地区有两个著名的湖泊，一个叫波波湖，另一个叫科伊帕萨湖。波波湖的湖水含盐量高，每升湖水含盐量达16.8克。湖边的土地由于盐碱度高和不透水，几乎什么植物都不能生长。南部高原位于南纬20°30′至22°51′之间，年均降水量只有180~200毫米，大片土地都是沙漠。尽管如此，这个地区却有大群大群的火烈鸟，还储藏有大量的地热蒸汽，可用来发电。该区还有一个巨大的盐沼，这就是世界著名的乌尤尼盐沼。

2. 次安第斯山地区

东科迪勒拉山脉从海拔6000米以上的高度急剧下降，直至平均海拔250米的玻利维亚北部和东部平原，介于地势最高的东科迪勒拉山脉与北部、东部平原地区之间的这个地区称次安第斯山地区，约占全国面积的13%。随着地势的下降，气温和植被也发生变化。从海拔5000米到3500米的山区，是寒冷地带，生长着绿茎菊、旱芹和肥羊草，当地居民有时候也种植一些马铃薯、昆诺阿藜、酢浆草和大麦。位于海拔3500~2500米的山区，由于降雨较为丰富和气温升高，植物生长繁茂，山地变得绿绿葱葱。海拔2500~2000米的山区，气候温和，雨量丰富，数百种植物都能够在这儿生长，农作物种植也多样化。这个地区有一个为人们所熟知的名称，即山地高温湿润气候带，也有人按音译，称作"永加斯"（Yungas）地带。海拔2000~500米的地区，气候炎热，植被更加繁茂，种植作物有古柯、柠檬及其他在热带气候下繁茂生长的作物，是本来意义上的高温湿润气候带。

在东科迪勒拉山脉南侧和西南侧峰峦之间，有一系列高度不一、土壤肥沃、气候温和、年平均气温在16℃到20℃的山谷地区。这里在地理上最典型的山谷有科恰班巴山谷、圣克鲁斯山谷、苏克雷山谷和塔里哈山谷。山谷地区出产马铃薯、小麦、大麦、玉米、甜菜、甘薯、桃、樱桃、李、梨、草莓、桑葚、荔枝和葡萄等农产品，是玻利维亚最发达的农业区之一。

3. 东部平原地区

在东科迪勒拉山脉（雷亚尔山脉）东北侧的山脚下，是玻利维亚北部、东北部、东部和东南部气候炎热的平原地区，地域辽阔，约占全国面积的59%。这个地区大体上可以划分为3个部分，即北部的亚马孙丛林区、中部的莫克索斯平原区和南部的格兰查科平原区。

亚马孙丛林区位于潘多省和贝尼省北部，面积约20万平方千米。这里的贝尼河、马莫雷河等重要河流都是南美洲第一大河亚马孙河的重要支流，都汇入巴西境内的马德拉河，水力资源十分丰富。这里接近赤道，且地势较低，气候非常炎热，热带植物品种繁多，到处都是密集的树林，形成一个热带丛林地带。

从东科迪勒拉山脉东北侧的山嘴往东北方向延伸，在玻利维亚的拉巴斯省、科恰班巴省和圣克鲁斯省有一大片或覆盖着天然牧草，或长满名贵树木的平原，这就是人们所说的莫克索斯平原。莫克索斯平原面积约35万平方千米。由于这个地区存在一个不透水的黏土层，加上地势平坦，在多雨的夏天，这里往往被雨水淹没，形成一片"汪洋"，尽管如此，却给畜牧业提供了一个广阔的牧场。在莫克索斯平原的东部，有长条形的奇基托山脉，其最高峰乔奇斯山峰，海拔1230米，是玻利维亚整个东部地区最高的山峰。奇基托山脉有丰富的矿藏，如铁、镍、黄金、稀土等，特别是它的稀土矿世界闻名。圣克鲁斯省因为雨量适中，气候炎热，也盛产木材、棉花、玉米、菜豆、甘蔗等农产品。

包括塔里哈省以及丘基萨卡省和圣克鲁斯省部分地区在内的玻利维亚南部，称格兰查科平原，面积约15万平方千米。这个地区气候炎热，且多是沙地，降下的雨水很快就渗透到沙地里，因此这里的植物多是旱生植物，如仙人掌等一些多刺植物，但也出产一些成材树木，如坚木、雪松、愈疮木等。这个地区的主要经济资源是地下的石油和天然气，这里也是玻利维亚一个以集约方式大面积种植棉花、菜豆、玉米等农作物和发展畜牧业的地区。这里的皮科马约河，鱼类资源丰富；巴拉圭河中的鱼在产卵期间也成批成批地洄游到皮科马约河，因此这里也有发展渔业的非常好的前景。

（二）气候

玻利维亚虽然全境都处于热带地区，它的气候却复杂多变。即使是在同一个纬度上，在同一个时间，气温可能相差悬殊。譬如西部拉巴斯省西南角的查拉尼亚和东部圣克鲁斯省东南角的苏亚雷斯港，所处纬度几乎一样，同是在上午8点，前者的气温是-3℃，而后者的气温却高达24℃。之所以如此，主要有以下五个自然地理方面的因素。

第一，玻利维亚的地势高度变化极大，最高的山峰海拔近7000米，而最低处却只有海拔100多米。地势升高，气温降低；相反，地势降低，气温就升高。大体上地势每升高100米，气温就下降0.55℃。所以，玻利维亚既有终年积雪、非常寒冷的山区，同时又有热带炎热的广阔平原。

第二，地貌的影响。玻利维亚由于多峡谷，地面所聚集的热量往往在峡谷之内产生水平折射，从而提高峡谷地区的气温。

第三，气流的影响。玻利维亚靠近赤道，从赤道流向温带地区的高空热气流，在其运动过程中，往往携带着厚厚的云层，与高达3300米的东科迪勒拉山脉东北侧的山壁相碰撞，从而极大地影响着该地区的气候。在此高度上，潮湿的作用，加上这股热气流就使得玻利维亚东科迪勒拉山脉在它东侧的山腰上形成了一个"山眉"（ceja de monte），即一个开始出现繁茂植物的地带；这个地带被成百上千种各色乔木和灌木覆盖。另外，这

股气流在掠过玻利维亚高原的时候，常常把地面上的黑色腐殖土一扫而光，只留下裸露的石头和沙砾，使得高原地区成了一片白色的土地。由于白色土地的折射作用，这里汇聚的热量也最少，因而玻利维亚高原地区就成了玻利维亚最寒冷的地区。

第四，植被的影响。植物水分的蒸发及其所产生的化学反应往往在空中形成大量的水蒸气，它像一个庞大的雾罩，覆盖在大片森林之上，阻止那里的热气通过折射而散发出去，使得东部森林地区的气候非常湿热。

第五，海洋和湖泊的大片水域对气候的改变也有直接的影响。水域所保留的热量一般比陆地大，因此，同水接触的空气也汇聚着更多的热量。譬如位于玻利维亚高原北部的、面积8300平方千米的的喀喀湖，就对周围2万平方千米地域的气候产生了强有力的影响。如果大湖周围高山上的气温是0℃的话，那么湖中岛屿和沿岸地区的气温可以达到6℃~8℃。这就是的喀喀湖的湖水可以创造出一个冬暖夏凉的所谓"小湖沼气候"的原因，也是大湖影响下的土地之所以能够种植只有在温暖或温热气候下才能繁茂生长的玉米和禾本植物的原因。

由于以上五个方面的因素，玻利维亚大体上形成了热带低地气候带、高温湿润气候带、冲积盆地及河谷气候带和高原气候带4个差别很大的气候带。

热带低地气候带 位于玻利维亚北部及东北部。这个地区的北半部海拔为150~750米，属热带雨林气候。全年高温多雨，年平均气温为27℃~30℃，年降水量为1800~2500毫米，特别是在每年11月至次年3月间，雨量最多。这里多热带雨林和沿河走廊林，出产桃花心木、巴西木、橡胶树、杉树等。这个地区的南半部属热带草原气候，年平均气温约25℃，年降水量为750~1250毫米，旱季、雨季分明，每年11月至次年4月为雨季，洪水漫溢，成为泽国；其余几个月为旱季，因而常交替受到洪涝和干旱的影响。植被多为耐旱的稀树草原，适宜畜牧业发展。有时，来自南极的寒冷气流会造成气温大幅度下降。

高温湿润气候带 地处东科迪勒拉山各支脉之间，位于拉巴斯省和科恰班巴省，海拔750~1500米，年平均气温24℃。

冲积盆地及河谷气候带 地处次安第斯山地区的河谷地区，年平均气温为17℃~22℃，年降水量为400~1200毫米，由北向南递减；土地肥沃，湿度较大，适宜各种经济作物和粮食作物生长。

高原气候带 地处玻利维亚西部高原地区，因地势高，又居东科迪勒拉山脉、西科迪勒拉山脉之间，气候高寒干旱，年平均气温不足10℃，年降水量为150~600毫米，并由北向南递减（高原北部年降水量可达400~700毫米，南部降水量最少的地方只有100多毫米）。植被多为荒漠和半荒漠中的灌木。整个地区只有的的喀喀湖地区因受湖水调节，气候较为温和。

玻利维亚由于靠近赤道，没有明显的季节差别。在玻利维亚，冬季和夏季温差超不过10℃，但雨季和旱季的区别很明显。玻利维亚的雨季是在春季末和夏季，即在11月和来年3月之间。

五 人口、民族和语言

（一）人口

据2012年的人口普查数据，玻利维亚的人口为10027254人，人口密度接近每平方千米10人。[①] 1950年以来，玻利维亚的人口数量和结构发生了很大变化。1950年，全国仅有270余万人，人口密度不足每平方千米3人。1976年增长到461万人，1992年增长至642万人，2001年达到827万人，2012年突破1000万人。1950~1976年人口的年均增长率为2.08%，1976~1992年为2.09%，1992~2001年增至2.85%，2001~2012年降为1.74%。20世纪80年代中期，玻利维亚只有44.4%的人居住在城市地区，但到2011年，城市人口已占全国人口的66.8%。东部地区过去人口稀少，但自从圣克鲁斯周围地区发现重要的石油矿藏和天然气以后，这个地区的人口激增，圣克鲁斯省的人口由1976年的71万人增长到2012年的266万人，其在全国人口中的比重也由15.4%上升到

[①] 根据《玻利维亚2012~2020年城市人口规划》，玻利维亚全国人口2015年约为11410651人。

26.6%。中部科恰班巴省人口增长也很快，由 1976 年的 72 万人增长到 2012 年的 176 万人，这主要得益于该地区的农业拓殖活动。而拉巴斯省依然保持着第一人口大省的地位，2012 年为 270 余万人，但在总人口中的比重有所下降。2012 年，土著居民在全国人口中的比重约为 55%。在年龄结构方面，2012 年玻利维亚不满 15 岁居民在总人口中的比重为 31.02%，15~64 岁居民占 62.86%，65 岁以上居民占 6.12%，属于比较"年轻"的国家。

（二）民族

玻利维亚是一个多民族国家。依据布鲁门巴赫（Blumenbach）的种族分类理论，可以将玻利维亚的居民简单地分成 3 个大的种族群：土著民族（即各族土著居民，约占全国人口的 55%）、梅斯蒂索人（即混血种人，约占 30%）和欧洲白人及其他移民（约占 15%）。

1. 土著民族

玻利维亚的土著民族很多，已知的约有 40 个。玻利维亚的土著民族不但数量多，而且有一个突出的特点，就是各民族的人口相差悬殊，大的民族人口达百万人，小的民族只有几十人，甚至几个人。所以，玻利维亚的众多土著民族一般被区分为两大类，即多数民族和少数民族。

（1）多数民族

多数民族一般居住在安第斯山地区，约占整个土著居民人数的 85%。其中最大的土著民族有两个，一个是艾马拉族，一个是克丘亚族。

艾马拉人是玻利维亚高原本土人，其外貌特点是颧骨突出，鹰钩鼻，鼻底宽阔，额头狭窄，眼睛水平，头发厚直，从不秃顶，身上汗毛很少，皮肤呈棕褐色。艾马拉人胸腔宽阔，肺活量大，肺功能强，有利于他们在氧气稀少、海拔 3000 米以上的高山上生活和劳作。艾马拉人的祖先曾经是蒂亚瓦纳科文化的主体。据人种学家的意见，"艾马拉"这个名字体现其语言特点，不是部族的名称。部族的本名叫"科利亚"（Kolla），殖民征服初期的西班牙人就是这样称呼这个部族的。现在，这个部族居住在玻利维亚高原的北部和中部，人口最密集的地区是的的喀喀湖的周围地区。艾马拉人主要从事农业，种植马铃薯、谷子、玉米和大麦。由于 1953 年的土地改革，他们中的绝大多数人已经有了自己的土地。饲养大羊驼在艾马拉人的经济中占有重要地位，大羊驼可用来运输货物，其皮可用来制作日用品，其毛可以用来纺织，或用以结网捕鱼。艾马拉人擅长制作彩陶，保持传统的多神信仰。社会组织以大家庭为基本单位。目前约有200万人。

克丘亚族是居住在秘鲁、玻利维亚和厄瓜多尔安第斯高原的土著居民。玻利维亚克丘亚人主要分布于东部安第斯山脉的山坡地区和山谷地区，即今天玻利维亚的科恰班巴省、丘基萨卡省和波托西省，还包括拉巴斯省和奥鲁罗省的部分地区。人口总数估计在250万人以上。克丘亚人的主要身体特征是脸庞宽阔，眉骨突出，鼻子直而细，下巴短。其他特征大体上与艾马拉人类似，只是颧骨没有艾马拉人高，眼睛较艾马拉人大，脸部皮肤的色调较艾马拉人浅，胸腔也不像艾马拉人那样宽大。克丘亚人同艾马拉人一样，主要从事农业。农村公社（土语称"艾柳"）是其基本社会组织，生产中实行换工互助制度。在1953年土地改革时，政府同样从旧的大地产中划出了一部分土地分给他们。克丘亚人也有阶级差别，富人多着欧式服装，穷人则穿传统服装，其特点是头戴宽边帽，身披条纹斗篷。克丘亚人婚姻自主，有举行集体婚礼的习俗。克丘亚人手工艺发达，用羊驼毛做成的手工艺品精美漂亮，制陶业也达到一定的水平。克丘亚人崇拜太阳神，对地母神"帕查妈妈"崇敬有加，每年都要在农事祭祀仪式中用可可和烧酒来供奉这位象征丰收的神灵。

（2）少数民族

玻利维亚各少数民族可以按地理位置的不同划分为西部安第斯山地区的少数民族和东部平原地区的少数民族，约占玻利维亚全国土著居民总数的15%。

西部安第斯山地区的少数民族　分布于安第斯山地区的土著民族除了上述两个多数民族之外，还有两个历史悠久的少数民族，一个叫乌鲁族，另一个叫乌罗族。乌鲁人是玻利维亚的历史之谜。16世纪以前，这个民族曾占领着的的喀喀湖—波波湖—科伊帕萨湖流域的广阔地区；但这些人来自何方，讲什么语言，社会经济情况如何，人们都不清楚。现在，一般的说法是，这个民族是前艾马拉时代的土著居民。16世纪之后，这些人大部分被艾马拉人同化了，另一部分人则离开了湖区，迁徙到了别的地方。乌鲁人有3个分支,一支称"伊鲁伊托人"(Iruitos),是的的喀喀湖区的乌鲁人,因被艾马拉人同化,实际上已处于消亡的过程之中,目前只有几十人。另一支称"穆拉托人"(Muratos),是的的喀喀湖东部地区的乌鲁人,人数也很少,只有六七十户人家,聚居在3个村子里,总共400余人。最后一支叫"奇帕亚人"(Chipayas),人数较多,有2000人左右,是一个独居的、与外界很少联系的部族,被认为是比艾马拉人和克丘亚人还要古老的玻利维亚部族,大都居住在德萨瓜德罗河下游沿岸和波波湖附近。其最大的特点是保持了他们部族语言(奇帕亚语)的纯洁性。

乌罗族(Uro)是一个很特别的少数民族。他们居住在的的喀喀湖中独特的漂浮岛上,属玻利维亚最原始的居民,与外界很少往来。漂浮岛用香蒲草扎成,浮力很大。住宅也用这种草建成。乌罗人以捕鱼为生,每次下湖捕鱼前,都要举行隆重的祭湖仪式。捕鱼归来也要举行仪式。除了捕鱼,乌罗人还用香蒲草编织日常用具和工艺品。

东部平原地区的少数民族 这个地区的土著民族情况非常复杂,发展很不均衡,根据地区分布情况的不同,大致可分3个部分,即东部奥连特地区的土著民族、东南部查科地区的土著民族和北部亚马孙河流域地区的土著民族。

东部奥连特地区的土著民族主要指生活在玻利维亚最东部圣克鲁斯省的奇基托族、瓜拉约族、阿约雷奥德族和尤基族等几个印第安部族。奇基托人(Chiquitos)起源于阿鲁瓦格族,从来没有形成过一个统一的部族群体,他们是耶稣会传教士在建立土著居民皈依村的时候被聚集在一起的。耶稣会传教士还从当时多种多样的语言中选出一种来作为奇基托人的共同语言。正是这种语言成了他们主要的凝聚因素。奇基托人大都居住在圣克鲁斯省的奇基托、贝拉斯科和桑多瓦尔等几个州,一般在农场和牧场做雇工,以身体灵巧和耐力持久著称。他们几乎完全与白人的现代生活方式相同,但还保留一些传教士留下来的传统。瓜拉约人(Guarayos)居住在圣克鲁斯省努夫洛德查韦斯州北部地区,以及内格罗河与圣米格尔河之间的地区,有1万多人。他们是西班牙征服时代的伊塔蒂内斯人(Itatines),19世纪前半期皈依基督教。从那以后,他们在阿森雄、约塔乌、亚瓜鲁、

第一章 概　览

乌鲁比亚和圣巴勃罗建立了居民点。他们逆来顺受的品性使他们成了很受欢迎的农村雇工。他们的手工纺织技术非常出色，有些人还有很好的音乐才能。阿约雷奥德人（Ayoreode）来自巴拉圭，有1000多人，是个好战的、独立性很强的部族，属萨穆科语族，很少人能讲西班牙语。他们的社会是建立在克兰（clan）土地集体所有制的基础之上的；不过现在克兰已开始瓦解，出现了一种克兰个体化和土地分散化的趋势。尤基人（Yuqui）人数很少，只有100多人，主要以捕鱼和采集为生。

东南部查科地区的土著民族主要指图皮瓜拉尼族（Tupiguaraní），他们生活在丘基萨卡省的山区、圣克鲁斯省的沙漠平原和塔里哈省的半山谷地带。根据一些人种学家的研究，图皮瓜拉尼人来自大西洋海岸。他们为了寻找"美好的土地"，从大西洋海岸经由巴拉圭河及其北部支流逐步向南美大陆的内地迁移，分布于南美大陆的中央地区。人口最多时有20万人，他们对西班牙人从不屈服。因被奴役和感染疾病，人口大量死亡。由于移民路线的不同以及定居点的不同，形成了今天的几个不同的部族群体，这就是奇里瓜诺人、西里奥诺人、塔彼特人、辛巴人、马塔科人和瓜拉苏戈维人。奇里瓜诺人（Chiriguano）主要居住在圣克鲁斯市南面的山脚和平原，人数在2.5万人左右，其中还包括已经瓜拉尼族化的、原属于已经消亡的查内族（Chane）的伊索塞尼奥人（Izoceños）。奇里瓜诺人体格强壮，身材高大，勇猛好斗，曾经是对白人统治最有力的反抗者，直到19世纪最后几年才被暴力征服，1929年皈依基督教。西里奥诺人（Sirionó）主要居住在瓜巴伊河和伊奇洛河之间的雨林地带，过去是一个游牧民族，因使用特大号弓箭而被人种学家称为"长弓游牧族"（Nomads of the Long Bow）。现在他们大都定居在当地的农庄之中，从事农牧业劳动，只有极少数人还继续其游牧生活。辛巴人是瓜拉人中最保守的一个部族，至今仍保留着男人必须有唇饰的习俗，即在下嘴唇上穿孔，在孔里塞进一根精美的短木棒。他们从婴儿时代起就蓄头发，从不理发，而是将头发编成辫子，盘在头上，用手帕盖上，再戴一顶大帽子。为了保持他们的这个部族的外形标志，他们甚至拒绝上学读书，拒绝进教堂做礼拜。他们人数不多，大约只有200人。塔彼特人生活在皮科马约河南面的萨马伊瓦特和塞尔卡达一带。查科战争后，他们丧失了自己的土地。为了谋生，他们不得不在玻利维亚、阿根廷和巴拉圭三国的边界地区不断迁移，出卖劳力，被称为"三国种族"（etnia trinacional）。因1991年遭受一场霍乱，现在只有70人左右。马塔科人也生活在皮科马约河沿岸地带，以捕鱼、狩猎、采集为生。他们有十多个公社，每个公社20～400人，总共约2500人，是一个在查科地区定居的移民部族。瓜拉苏戈维人（Guarasugwe）又称保塞尔纳人（Pausernas），居住于伊特内斯河和巴拉圭河之间的地区。人们称他们为"巴西人"。20世纪80年代开始同伊特内斯河两岸的白人建立联系。从此，该部族逐步走向消亡。现在，他们的人数已不到1000人。

北部亚马孙河流域地区的土著民族指居住在潘多省、贝尼省和拉巴斯省伊图拉尔德州面积约66.5万平方千米的广阔地域上的印第安人。在这个地区的北部，有一个被人种学家称作塔卡纳人（Tacana）的部族，其中包括阿拉奥纳人（Araonas）、查马人（Chamas）、查科博人（Chacobos）、帕卡瓜拉人（Pacaguaras）、卡维纳人（Cavinas）、莱科人（Lecos）、埃塞埃哈人（Ese Ejja）、托罗莫纳人（Toromona）和亚米纳瓦人（Yaminawua）等多个部落。他们沿贝尼河下游而居，或居住在塔瓦马努河（Tahuamanu）、马努里皮河和阿布纳河两岸的森林之中。他们一般靠渔猎采集为生，每个部落人数都不多，有些部落已处于消亡之中。特别值得一提的是亚米纳瓦人。他们居住在亚马孙河流域地区最西北部的阿克雷河（Acre）和塔瓦马努河流域，主要居民点是科比哈附近的亚米纳瓦港，这是福音派教会创立的一个新的居民点，受巴西文化的影响很深。他们大部分时间是去巴西的牧场和秘鲁的庄园打工，或充当邻国商人的脚夫。随着季节工的需求变化，他们来回穿行于相邻三国的边界。在玻利维亚的最西北角有一个地方，叫"博尔佩布拉"（Bolpebra），这个地名就是由玻利维亚、秘鲁和巴西三国西文名称的头两三个字母（Bol-pe-bra）组成的，说明这个地方是三国亚米纳瓦人的会合点。亚米纳瓦人虽然有这个会合点，但由于受到三个国家混血人和克里奥尔人无所不在的渗透和影响，他们的部族同一性已经动摇。到21世纪初，这个部族只剩下120多人。

在这个地区南部的广阔草原和平原上，也居住着一批少数民族群体，他们有一个共同的名称，叫莫霍人（Mojos），包括马莫雷河右岸的伊托纳马人和包雷人、南面的查帕库拉人、中南部的莫赫尼奥人、东北部的尤卡巴瓦人、卡尼查纳人和莫维马人等众多部落，总人口为7万多人。人种学家一致认为，莫霍人起源于阿鲁巴科人（Aruvaco）。过去，他们是耶稣会传教士发现的聚集在这个地区的土著居民，现在，他们依然生活在这一地区，文化社会水平同奇基托人差不多，所操生计也差不多，只有查帕库拉人例外，这个部落人数很少，大多仍处于原始落后状态。

除上述各土著民族外，北部亚马孙河流域地区的印第安人还有一些尚处于原始生活阶段的土著群体。他们人数很少，且都已处于逐渐消亡的进程之中，如游移于贝尔德河、帕拉瓜河和伊特内斯河源头地区的萨拉贝卡人、保纳卡人和博罗罗人以及东部奇基托斯地区的波托雷拉人和佩诺基基亚人等。

2. 梅斯蒂索人（即混血种人）

在玻利维亚，白人种族同土著种族的融合进程从首批西班牙征服者来到玻利维亚就开始了，而且在整个西班牙统治时期都没有间断过，现在依然在继续。白人与土著居民的接触以及他们之间的通婚，是土著民族日渐减少，某些部族甚至消亡的主要原因之一。在东部地区和东南部地区的某些社区中，混血种居民已经完全取代了原来的土著居民。玻利维亚的混血种人不只是印欧混血种人，还有非欧混血种人，即非洲黑人同欧洲白人的混血种人。这种人称"穆拉托"，在18世纪末曾有12209人之多。

混血种人几乎是均衡地分布于全国的城镇和某些农村地区。他们是最具有国家一体性的居民。他们在玻利维亚全国人口中约占30%。

3. 欧洲白人及其他移民

玻利维亚的白种居民最早起源于殖民时期来到玻利维亚的西班牙人。他们受土著民族的影响很深，分布于全国各地，一般集中在城市和主要村镇。他们在玻利维亚白种居民中占多数。后来的白人移民虽然对玻利维亚的人口也做出了贡献，但人数不多。由于生活环境和职业的原因，白人很少定居农村，只有一些特定的农村地区才有白人。玻利维亚白人居民和后来移居玻利维亚的外国居民，约占全国总人口的15%。

在西班牙殖民统治初期，黑人曾作为奴隶被运到上秘鲁充当波托西银矿的苦力。后来他们大都成为劳役监工或农业雇工。据1793年的登记资料，当时玻利维亚有黑人441人，大都在科恰班巴省，其次在圣克鲁斯省。到19世纪末，玻利维亚的黑人增加到1520人。据蒙塔尼奥·阿拉贡（Montao Aragón）的研究，20世纪末黑人已经上升到6000人。几乎所有的黑人都讲西班牙语，也有一些黑人讲艾马拉语。

玻利维亚独立后，最早来到玻利维亚的欧洲移民是德国人。1850年，一批德国人带着资本来到了玻利维亚，并开始在玻利维亚经营大型贸易公司和某些工业企业。19世纪末又有一些阿拉伯富商来到玻利维亚。第二次世界大战前夕，许多犹太人来到玻利维亚避难，大都定居于拉巴斯城和科恰班巴城，也有定居于奥鲁罗、塔里哈和圣克鲁斯的。战后移民玻利维亚的还有欧洲的西班牙人、荷兰人、英国人、意大利人、瑞典人和瑞士人，美洲的美国人、加拿大人、墨西哥人和玻利维亚周边国家的人，亚洲的日本人、韩国人和中国的台湾人。据20世纪90年代的统计资料，在外国移民中，圣克鲁斯省的农业垦殖移民占的比例最大，大约占整个外国移民的63.7%。人数最多的是门诺派教徒的垦殖移民，有1.6万多人，大多来自巴拉圭、加拿大、墨西哥、伯利兹等美洲国家；他们生产的大豆占圣克鲁斯省大豆产量的50.1%。其次是日本的垦殖移民，达2000多人，他们在圣克鲁斯省生产的稻谷，占圣克鲁斯全省稻谷产值的28.6%。再次是1979年开始的苏联/俄罗斯的垦殖移民，达250多人，主要生产玉米。

（三）语言

玻利维亚是一个多民族国家，同时也是一个多语言国家。同美洲其他西班牙语国家一样，玻利维亚人大都讲西班牙语（卡斯蒂利亚语），但玻利维亚也存在种类繁多的土著语言。西班牙语是16世纪西班牙征服者和殖民者引进玻利维亚的。在西班牙殖民统治时期，土著居民仍然讲自己的语言。而且，传教士为了有效地开展传教活动，也学习和使用这里的土著语言。在经过一个多世纪的传教活动后，这里的土著语言也就有了同西班牙语相对应的词语和语法，从而在玻利维亚出现了一种语言现实同部族现实合而为一的现象：白人讲西班牙语；土著居民讲自己的土语，如艾马拉语、克丘亚语、瓜拉尼语等；混血人则讲双语，如西班牙语—克丘亚语、西班牙语—艾马拉语等。据 2001 年玻利维亚的人口普查，在玻利维亚，有 49.8% 的人只讲西班牙语；有 11.6% 的人只讲土著语言；其余三分之一以上的人则讲双语，即既讲西班牙语，也讲某种土著语言。①

1. 西班牙语（Español）

西班牙语是玻利维亚全国通用的语言，不但包括宪法在内的所有政府法令、文件、正式的仪典活动、所有的官方机构、主要的公司机构、媒体和商业机构都使用西班牙语，而且，绝大多数玻利维亚人也都已学会使用西班牙语。据 2001 年的人口普查，玻利维亚有 60% 以上的人讲西班牙语。不过，玻利维亚人所讲的西班牙语并不完全严格符合马德里皇家学院的标准和规范。由于西班牙语与玻利维亚土著语言的相互影响和相互渗透，再加上历史上征服者和殖民者所带来的西班牙方言的影响，玻利维亚人讲的西班牙语，无论在语音上，还是在语义上，都有自己的地方特色。譬如，在语音方面，玻利维亚人常常把"b"同"v"混淆起来，把"c"、"z"和"s"混淆起来。此外，几乎所有的玻利维亚人毫无例外地都把"ll"发成侧腭音，或发成"y"的音。"s"的发音在各个地区也不大一样：在山区，"s"是一个强音，且带颤音，有点类似"rr"的擦音；在东部地区，这个音发得比较柔和，不出声，如在词尾则有轻微的送气，或完全省略；在有些地区，一些通常由重音分开的音节，常有读作二重元音的倾向，如将"país"读作"páis"，将"paraíso"读作"paráiso"等。在语义方面，特点更加突出，很多本土的习语已被西班牙语吸收，其中有些词语还保留原来的发音不变，有些词则按西班牙语的规则加以修改。这些词语都已被收进马德里皇家学院编写的字典，标明为"玻利维亚方言词语"。有些词语虽然广泛流行，但因为没有对应的西班牙语，字典中就没有做这种注解，如"palliri""tunca""anco"等。还有一些

---

① Idiomas de Bolivia, De Wikipedia, la enciclopedia libre, http://es.wikipedia.org/wiki/Idiomas_ de_ Bolivia.

词语是西班牙语同土语融合的产物,如"canchamina""misachicu""monomaqui"等。

2. 土著语言

玻利维亚的土著语言具有明显的地区特点,可以按地区分布的情况将玻利维亚的土著语言划分为西部安第斯山地区的土著语言和东部低地地区的土著语言两大类。

西部安第斯山地区是人口集中的地区,这个地区的土著语言主要是古印加帝国两个土著民族的语言,即艾马拉语(Aimará)和克丘亚语(Quechua)。艾马拉语是玻利维亚最古老的语言,曾在蒂亚瓦纳科文化时代得到广泛传播。因为这种语言曾经是印加帝国库斯科最高统治者的私下用语,所以又有"印加人的隐秘语言"之称。艾马拉语发音特别响亮,音调转折尖锐,且有很多的喉音和爆破音,大部分词以元音结尾,因而表达力很强。在语法结构上一般是主语前置于谓语,形容词前置于名词,形容词无形态标志的变化。目前,玻利维亚高原的土著居民,包括拉巴斯省和奥鲁罗省的土著居民,大都讲这种语言。据估计,在玻利维亚全国人口中,讲艾马拉语的人口不少于20%。克丘亚语是安第斯山脉中部山地和山谷地带(包括科恰班巴、丘基萨卡和波托西3个省以及奥鲁罗省和拉巴斯省的部分地区)土著居民的语言。克丘亚语历史悠久,早在印加人进入这个地区以前,这里的一些土著人就已经讲这种语言。这种语言的语音变化、喉音、爆破音都同艾马拉语相似,但音调较为柔和。在语法上,克丘亚语是印第安语言中最完善的一种,有明确的动词变位形态,词语丰富,是玻利维亚土著语言中文学资源最多的语言。据估计,经常讲克丘亚语的人口约占玻利维亚全国人口的30%[1]。除了这两种语言之外,在西部地区的奥鲁罗省还有少数社区讲奇帕亚语(Chipaya)和乌鲁语(Uru),但人数不多。

东部低地地区的土著语言主要指安第斯山脉东侧的山麓地区和东部低地地区的语言。这个地区人口虽然较少,但土著语言的种类繁多,其中分

---

[1] The Columbia Encyclopedia, 6th ed., 2014, Columbia University Press.

布最广、最值得注意的是图皮-瓜拉尼语（Tupi-Guaraní）①。这种语言分布于塔里哈、丘基萨卡、圣克鲁斯和贝尼4个省。这个地区的奇里瓜诺人（Chiriguano）和瓜拉约人（Guarayo）都讲瓜拉尼语。他们所讲的瓜拉尼语比巴拉圭的瓜拉尼语还要正统，因为巴拉圭的瓜拉尼语已经受到西班牙语的过多影响，瓜拉尼语的许多词语在巴拉圭已经消失，但在奇里瓜诺人那里还继续使用。东部地区还有一种语言，叫作"奇基塔诺语"（Chiquitano）。18世纪这里的耶稣会传教士把这种语言称为"奇基托语"。现在，玻利维亚讲瓜拉尼语和奇基塔诺语的人越来越少。在这个地区北部的贝尼省还有一种语言，叫莫霍语（Moxos），是莫霍族土著居民所使用的语言。据传，古莫霍语曾经是这个地区耶稣会传教士为传教而使用的语言，现在则是圣伊格拉西奥的土著居民所使用的语言。同莫霍语有亲缘关系的语言还有包雷语（Baure）、伊托纳马语（Itonama）、卡尤巴瓦语（Cayubaba）、莫维马语（Movima）等。在潘多省和贝尼省的北部和东北部地区，还有一些土著居民讲埃塞埃哈语、卡维纳尼奥语、托罗莫纳语、雷耶萨诺语、阿拉奥纳语（Araona）、索诺内语（Sonone）、查玛语、查科博语（Chacobo）等。在圣克鲁斯省东部和接近巴西边界的地区，还有一些游牧居民讲佩诺基基亚语（Penoquiquia）、保纳卡语（Paunaca）、瓜拉尼奥卡语（Guaraoca）和帕雷西语（Paresi）。在这个地区的中部，还有一些土著居民讲奇马内语（Chimane）、尤基语（Yuqui）和尤拉卡雷语（Yuracare）。

根据"玻利维亚文化研究所"对玻利维亚各民族语言的调查研究和分类统计，玻利维亚有大小民族近40个，分属于13个语族。②玻利维亚土著语言的结构有一个不同于其他拉美国家土著语言结构的突出特点，就是它既有安第斯山地区古印加文化的语言，也有南美东南部低地地区瓜拉尼文化的语言；玻利维亚正是美洲印第安人这两大类语系的汇合区。

3. 官方语言

过去，由于玻利维亚土著居民在全国人口中占多数，因此，玻利维亚

---

① 图皮（Tupi）是南美洲印第安语的一个语系，瓜拉尼语属于这个语系，故称"图皮-瓜拉尼语"。"图皮-瓜拉尼语"可单称"瓜拉尼语"。
② Hugo Boero Rojo, Enciclopedia "Bolivia Magica", tomo I, p.113, Editorial Vertiente, 1993.

的法定官方语言除西班牙语外,也包括两个多数民族的语言,即克丘亚语和艾马拉语。但是,莫拉莱斯执政之后,决定实行多官方语言制度。根据2009年2月7日开始生效的新宪法,西班牙语和包括艾马拉语、克丘亚语和瓜拉尼语在内的36种土著语言都被认可为玻利维亚的官方语言,它们是:艾马拉语、阿拉奥纳语(Araona)、包雷语、贝西洛语(Bésiro)、卡尼查纳语(Canichana)、卡维纳尼奥语(Cavineño)、卡尤巴瓦语、查科博语、奇曼语(Chiman)、埃塞埃哈语、瓜拉尼语、瓜拉苏阿维语(Guarasuawe)、瓜拉约语、伊托纳马语(Itonama)、莱科语(Leco)、马查呼亚-卡利亚瓦亚语(Machajuyai-Kallawaya)、马奇内利语(Machineri)、马洛帕语(Maropa)、莫赫尼奥-特里尼塔里奥语(Mojeño-Trinitario)、莫赫尼奥-伊格纳西阿诺语(Mojeño-Ignaciano)、莫雷语(Moré)、莫塞顿语(Mosetén)、莫维马语、帕卡瓦拉语(Pacawara)、普基纳语(Puquina)、克丘亚语、西里奥诺语(Sirionó)、塔卡纳语(Tacana)、塔彼特语(Tapiete)、托罗莫纳语、乌鲁奇帕亚语(Uruchipaya)、温阿耶克语(Weenhayek)、亚米纳瓦语(Yaminawa)、尤基语、尤拉卡雷语、萨穆科语(Zamuco)。

新宪法第5条明确规定:中央政府和各省政府应该使用至少两种官方语言,其中一种必须是西班牙语,另一种则视所辖地区全体居民的语言使用需求、偏好和是否方便等情况而定;其他各地各级自治政府必须使用所辖地区自己的语言,其中之一必须是西班牙语。[①]

六 国旗、国徽、国歌与国花

2009年宪法第6条规定,玻利维亚国家的标志是红黄绿三色国旗、玻利维亚国歌、玻利维亚国徽、坎图塔花和帕图胡花。

(一)国旗

玻利维亚独立后的第一面国旗诞生于1825年。这一年的8月,刚刚获得独立的玻利维亚共和国召开了国民大会,通过了8月17日法令,规

---

① Constitución de 2009 del Estado Plurinacional de Bolivia.

第一章 概 览

定了这个新国家国旗和国徽的式样。该法令第一条规定，玻利维亚的国旗为红、绿两色；国旗自上而下分成3个平行的长方形条块：上下两块窄，为绿色；中间一块宽，为红色；在中间的一块上，均匀地分布有5个椭圆形的图案（由麦穗和黍子的图案镶边，中间是一颗黄色的五角星），代表当时玻利维亚的5个行省（查尔卡斯，即今波托西、拉巴斯、科恰班巴、圣克鲁斯和安托法加斯塔）。按官方规定，国旗分两种，一种有5个椭圆图案，称大旗；一种只有一个椭圆图案，称小旗。这面国旗只用了一年。

1826年7月，玻利维亚立宪大会召开会议，并于7月25日通过法令，对国旗做了修改。法令规定，国旗3个平行的长方形条块改为同等宽度，颜色也由两色改为三色，自上而下依次为黄、红、绿；国旗的中央为共和国国徽。

1838年圣克鲁斯将军创建秘鲁—玻利维亚联邦后，玻利维亚成为该联邦3个联邦州（北秘鲁、南秘鲁和玻利维亚）中的一个，采用1826年的黄红绿三色国旗。1839年联邦解散后，玻利维亚国旗保持不变。

伊西多罗·贝尔苏总统执政后，玻利维亚国民议会在1851年10月31日颁布法令，对国旗3个颜色的排列顺序做了修改，原来的顺序是自上而下为黄、红、绿，现改为自上而下为红、黄、绿。从此以后，玻利维亚国旗的三色设置沿用至今。但在历史演进中，玻利维亚国旗上的红、黄、绿3种颜色的象征意义已有所变化。在1851年诞生之初，三色旗象征玻利维亚3个自然界（动物、植物、矿物）、3大地理区域间的团结与和睦，以及国家发展的三部曲：过去为解放和自由而战斗的烈士们的鲜血，现在各个种族和文化所做的开创性努力，对国家下一代富有希望未来的期盼。三色旗也与克丘亚和艾马拉印第安人所使用的七彩方格旗（Wiphala）存在联系，暗含着七彩中的三种色彩融合之意。[①] 2009年，莫拉莱斯政府颁布第241号最高政令，对国旗色彩做了最新的官方诠释：红

[①] 七彩方格旗是印加帝国的正方形旗帜，由红、橙、黄、白、绿、蓝、紫7种颜色的方格拼缀而成，每种颜色占七个方格，沿左上—右下角的旗面对角线交错分布，共计49个方格。七彩方格旗对角线上的7个同色方格存在白、黄、红、绿四种变化，分别代表印加帝国的四个大区（苏约），白色代表玻利维亚所属的科利亚苏约（Collasuyo）。

21

色代表建立和保护共和国、巩固多民族玻利维亚国的英雄们所洒下的鲜血，黄色代表玻利维亚人民的矿产和地下资源，绿色代表自然资源和作为社会基本价值的希望。象征土著文化的七彩方格旗被作为国家标志写进玻利维亚2009年宪法，在政府机关等正式场合与国旗一同悬挂。此外，玻利维亚人在国庆日佩戴由国旗色布料制成的花结（escarapela），这种饰物也被作为国家标志而载入新宪法。

（二）国徽

玻利维亚的第一个国徽，也是在1825年国民大会上审定的。第一个国徽的图案相当简单。图案的主体是盾形，分成4个部分：其中上下两个部分为大部分，中间的部分又左右均分为两个小部分。上面的部分为蓝色的天空，上有5颗银星，代表当时玻利维亚的5个行省。下面的部分是波托西山，它坐落在金黄色的大地上，象征玻利维亚的矿物资源。中间部分的右侧是绿色的原野，原野上有一只羊驼，象征玻利维亚的动物资源；左侧是白色的原野，原野上有一棵被命名为面包树的大树，象征玻利维亚的植物资源。国徽的顶部是自由之帽；自由之帽两侧各有一个保护女神，她们高举着一面横幅，上面写着玻利维亚共和国的西班牙文名称"Repulica Bolivia"。

1848年贝尔苏总统执政后，对国徽做了一些修改。在格雷戈里·帕切科执政时期，政府于1888年7月14日颁布法令，最后确定了国徽的样式和含义。法令规定：玻利维亚共和国的国徽为椭圆形。国徽的中部和下部为波托西山，山前右面为一只羊驼，左面是一捆小麦和一棵面包树；山的上面是蔚蓝色的天空，天空有一些云彩，一轮红日升起在波托西山的后面。椭圆国徽的周围是带状镶边，镶边的上半部为金黄色，上有"玻利维亚"的西班牙文字样"BOLIVIA"；下半部为蓝色，象征蓝色的原野，上有9颗金星，代表玻利维亚的9个省。椭圆国徽的两旁各有3面国旗、1门大炮和2支步枪。在2门大炮的上方，左边有1柄印加人用的斧头，右边有1顶自由之帽。在椭圆国徽的顶部还有1只安第斯雄鹰张开双翼，立于相互交叉的橄榄枝和月桂枝之间。

法令还对国徽的使用做了规定。法令规定：国徽可挂在国家宫、省府、公共建筑及玻利维亚驻外使领馆的正门上方；国徽图案可用作国家大印（规格为80毫米长、78毫米宽）和各级政府不同规格的印章（从48毫米见方到20毫米见方不等）；国徽可以绘在军队的巨大国旗上（6米长、4米宽），可以绘在政府机关、玻利维亚驻外使领馆及公共建筑物所用国旗上；在公共节日和爱国活动中，公民应将绘有国徽的国旗竖立在他们的建筑物上。

2004年7月19日，卡洛斯·梅萨政府颁布第27630号最高法令，对1888年的国徽图案进行了如下修改：第一，将原国徽上的9颗金星增加为10颗，即把玻利维亚在太平洋战争中失去的海岸省以及后来新设的潘多省都包括在国徽图案之内；第二，用骆马替换了羊驼，用玻利维亚棕榈树取代了面包树，以更加凸显玻利维亚动植物资源的独特性；第三，在波托西山前增加了一座次峰，上面还立有一座耶稣圣心教堂。

（三）国歌

玻利维亚国歌诞生的时间要晚于国旗和国徽。建国之初，玻利维亚军乐队主要演奏通俗乐曲或西班牙军队进行曲，缺少受民众欢迎的爱国乐曲。巴利维安总统意识到创作国歌的必要性，并邀请侨居智利的意大利作曲家莱奥波尔多·贝内代托·温琴蒂承担此项重任。后者于1845年9月来到拉巴斯，启动创作玻利维亚国歌的工作。

温琴蒂夜以继日地工作，经过多次遴选，最终选取诗人何塞·伊格纳西奥·德桑希内斯撰写的歌词——《玻利维亚人，美好命运》，并完成谱曲工作。1845年11月18日中午12点，玻利维亚军乐队在穆里略广场的政府宫前首次演奏了这首爱国歌曲，并于当晚在新落成的拉巴斯市立剧院进行演出，以庆祝因加维战役胜利四周年。当晚的演出引起了强烈反响，歌曲得到了在场的玻利维亚政要和观众的认可与好评。

1851年，曼努埃尔·伊西多罗·贝尔苏总统签署最高政令，正式将《玻利维亚人，美好命运》定为玻利维亚国歌，并沿用至今。2009年宪法将每年的11月18日定为国歌日，规定在当天中午12点要举行展示乐谱原稿、演唱或播放国歌等纪念活动。

《玻利维亚人，美好命运》旋律雄壮，讴歌了玻利维亚人民不畏强

权、争取解放和自由的勇敢精神。歌词分为四段，第一段歌词是：

玻利维亚人，我们的愿望终于盼来了美好的命运，自由已经来到了祖国，我们结束了奴隶身份。昨天还是战争的骚动气氛，还是可怕的弹雨枪林，今天却是优美的和平曲调，团结歌声高唱入云。为了保持祖国的荣誉，我们发出新的庄严誓语，"自由人民宁死不屈！"

每段歌词的结尾都反复高唱"自由人民宁死不屈"，将爱国主义氛围推向高潮。①

（四）国花

1924年1月，萨维德拉政府颁布法令，决定将玻利维亚西部安第斯地区盛产的三色"坎图塔花"（Khantuta Tricolor）定为玻利维亚的国花，因为这种花的花冠为红色和黄色，花萼是绿色的，具有玻利维亚国旗的3种颜色。1990年4月27日，帕斯·萨莫拉政府又颁布法令，决定把盛产于玻利维亚东部亚马孙河流域平原地区的一种名叫"帕图胡花"（Patuhu Bandera）的热带花也定为玻利维亚的国花，因为这种花开在一种类似小香蕉树的植物上，花序延伸得很长，像一柄佩剑，花轴上的各个花瓣都有光泽鲜亮的红、黄、绿3种颜色，酷似玻利维亚国旗的颜色。该法令还决定将一枝三色"坎图塔花"和一枝旗色"帕图胡花"相互交叉，作为玻利维亚的国花。法令说，"三色坎图塔花和旗色帕图胡花可以加强玻利维亚东、西、南、北、中各族人民之间的兄弟情谊"；"一枝向右倾斜的三色坎图塔花和一枝向左倾斜的旗色帕图胡花相互交叉，交织在一起，象征玻利维亚共和国所有地区、种族、文化和自然财富的一体和联合"。②2009年，莫拉莱斯政府再次强调，国花代表玻利维亚的民族认同，以及国家各区域间的团结与文化交流。

---

① 中文歌词参见《世界国歌博览》，北方文艺出版社，1998。
② Decreto supreme No 22482 de 27 de Abrilde1990, http://www.solobolivia.com/historia/simbolos/putujubandera.shtml.

第二节 宗教与民俗

一 宗教

在玻利维亚，绝大多数人都信奉宗教，并或多或少地以一种兴奋的情绪去履行自己所信奉的宗教教义。玻利维亚的许多社会现象都直接或间接地同宗教有关。今天，尽管一般说来宗教信仰已经明显地松懈下来，但宗教信念仍然在玻利维亚社会各阶层人士的思想深处占有重要的地位。

（一）天主教

1. 概况

玻利维亚2009年宪法规定，"国家尊重和保障宗教自由和根据其世界观的精神信仰自由；政府独立于宗教"。在国民的信仰体系中，占统治地位的宗教仍然是罗马天主教。据2013年的调查，玻利维亚大约有76%的居民信奉天主教。

天主教在玻利维亚宗教界的统治地位是西班牙殖民统治者在16世纪建立起来的。当时，来到拉丁美洲的西班牙征服者和殖民者都是天主教的狂热信徒，他们严格遵守天主教信条，世代相传，并排斥一切异己，带有那个时代的极端严格和不宽容的特点。当时的西班牙传教士，都致力于向土著居民传播宗教和进行宗教教育，强迫他们放弃自己原来的宗教信仰，皈依天主教。譬如在18世纪70年代，天主教耶稣会就曾经在玻利维亚东部奇基托人和莫霍人聚居地区，建立了30多个所谓"天主教归化村"，集中向印第安人传播天主教。

玻利维亚独立战争爆发后，天主教虽然由于其坚持忠于西班牙殖民统治的立场而遭到沉重打击（拉巴斯主教被处决，教会财产被没收，许多修道院被关闭），但天主教在信仰上的统治地位并没有从根本上被动摇。尽管如此，耶稣会传教士先前在玻利维亚所建立的那些大规模的"天主教归化村"，并没有在共和国建立之后天主教的发展过程中发挥过多大作

用；在独立后的差不多一个世纪中，天主教只是在贝尼省的个别地区建立了几个传教中心。

玻利维亚的天主教同西班牙本土的或罗马的天主教还是有很大的差别。首先，玻利维亚的天主教是16世纪西班牙天主教与被征服时期上秘鲁本地宗教的混合物；玻利维亚的宗教表现出土洋结合的形式。其次，玻利维亚有相当多的人（特别是农民）表面上宣布信奉天主教，但实际信奉的还是他们的传统宗教。

从20世纪50年代起，天主教开始进行改革。这些改革都是由罗马教廷发出的指令推动的，是在"解放神学"思想的影响下进行的。改革派主张举行宗教仪式和宗教活动时都应使用当地的语言，宗教仪式应该从简，不要再使用传统的模拟像、祭坛和壁龛等。改革的目的是使天主教更加接近民众，在社会生活中发挥更大的影响力。

2. 天主教的活动

天主教传教士除了开展日常的宗教服务之外，最经常的工作就是向贫困民众提供"社会援助"，主要是向一些贫困社区提供必要的帮助，支持他们建立合作社和储蓄所，为贫困者开办诊所和建立家园，帮助偏僻地区的移民中心进行农村建设，改善农村生活条件，等等。由于参加宗教服务的教士人数不够（包括外籍教士），玻利维亚天主教传教士不得不求助在俗信徒一起参加服务。另外，天主教传教士十分重视教育工作，他们除了开办正规学校之外，还组织一些宗教团体和世俗机构在农村地区开办成人扫盲班，或提供无线广播课程。还有一些志愿团体，以流动小组的方式开展工作，志愿者奔赴一些落后地区，帮助那里发展教育和文化。

3. 天主教的组织系统

玻利维亚的天主教完全是按照罗马天主教教廷的规定建立的，有完整的组织体系。全国设苏克雷、拉巴斯、圣克鲁斯、科恰班巴4个大主教区，奥鲁罗、波托西、塔里哈3个主教区，潘多、雷耶斯、奎沃、奇基托斯、努夫洛德查韦斯、贝尼6个代牧区和科罗伊科、科罗科罗、艾基雷3个高级教士管辖区。大主教区是最高级别的管区，管辖本区内所有的各级教区组织。为了做好对信徒的宗教服务和精神引导工作，各大主教区、主教区、代牧区和高级教士管辖区都各有自己的小教区；玻利维亚有小教区400余个。教会最高权力机构是全国主教会议。教会出版自己的机关报《现状报》。

(二) 基督教新教

玻利维亚有相当多的人信奉基督教新教（protestantismo）。信奉新教的人统称"福音派教徒"或"福音派新教会教徒"。据2013年的调查，玻利维亚大约有新教教徒170万人，占玻利维亚人口总数的17%。

福音派新教来到玻利维亚的时间较短，大约是在19世纪末、20世纪初才开始在玻利维亚传教。最初，他们是在玻利维亚推广《圣经》，自称是"宗教书刊散发人"。后来他们就成了"传教士"。他们大都是美国人，是被他们所属的美国教会派到玻利维亚来的；来的时候都带上了发展新教徒所需要的足够人力和财力。由于他们坚持不懈的活动，福音派教义的传播进展迅速，新教徒的数量不断增加。

福音派教会没有天主教那样统一的教义和统一的组织系统。由于对《圣经》原文有各种不同的解释，福音派教会在玻利维亚形成了各种不同的教派，其中相当一部分在玻利维亚扎下了根。这样的派别主要有浸礼派、卫理公会、基督复临派、路德派、救世军、神召会、自由兄弟会等。

浸礼派（Bautista） 浸礼派是最早在玻利维亚建立的新教教会之一。早在1898年，加拿大浸礼会传教士就来到玻利维亚，在安第斯地区传播教义，使得不少人皈依了浸礼派教会。后来又来了一批巴西牧师，他们在玻利维亚东部地区传播教义，也取得了同加拿大传教士同样的成功。到20世纪末期，这两个组织已经联合起来。在各新教教派中间，浸礼派大概是宣传工作做得最多的教会，他们在拉巴斯拥有一个无线电台，用当地的土语进行广播宣传，还设立了一个专门散发简报和小册子的机构。为了培养当地的牧师，他们还在科恰班巴建立了一个神学院。

卫理公会（Metodista） 全名"玻利维亚卫理宗福音派教会"，也是较早建立的新教教会。1901年，卫理公会的一名传教士首次来到玻利维亚，并着手建立卫理宗福音派教会。该教会的中心任务是发展教育，

玻利维亚

并开展农村医疗服务。20世纪60年代以后，该教会在玻利维亚发展较快。

基督复临派（Adventista） 又称"星期六基督复临派教会"，始建于1907年，教徒有6000多人，其规模与卫理公会不相上下。该派教会在玻利维亚各主要城市和村镇都有教堂和热情的教民。他们除提供医疗服务之外，还在拉巴斯创办了一所师范学校，专门为艾马拉人的孩子培养教师。基督复临派教会的最基本的特点是接受摩西律法，偏爱新约全书，因而遵守古老的以星期六为安息日的说教，正式使用"星期六"的补充命名，不参加全国福音基督徒联合会。

路德派（Luterana） 玻利维亚教徒最少的一个教派，只在拉巴斯、奥鲁罗和科恰班巴三个省得到传播，人数不超过1500人，教民多是德国籍侨民以及斯堪的纳维亚移民的后裔，大多居住在拉巴斯城。

救世军（El Ejército de Salvación） 大约在20世纪30年代传入玻利维亚，主要在人口最集中地区开展传教活动。该教的组织是军事化的，甚至服装也是统一的制服，男女都佩戴同样的军衔章。20世纪80年代以前，该教在玻利维亚有3个兵团，分别设在拉巴斯、科恰班巴和奥鲁罗三省；进入80年代以后，开始在圣克鲁斯省筹建第4兵团。该教在社会精神病患者和贫困人口中开展的工作非常出色。

神召会（Asamblea de Dios） 又称五旬节派教会或圣灵降临派教会（Pentecostales），有秘密社团的性质，信徒们都有狂热的信仰立场和一些奇怪的习惯。他们的牧师在训导工作中都使用一种强烈的论战语调，不大愿意接近其他教派，特别是不愿意接近天主教。第二次世界大战后获得较大发展，成了玻利维亚第三大新教组织，教徒人数估计在6000人以上，大多集中在拉巴斯和圣克鲁斯两省。

自由兄弟会（Hermanos Libres） 自由兄弟会是一个普及于玻利维亚全国的新教教派，主要在玻利维亚东部地区和东北部地区一些非常落后的土著民族中从事社会福利工作和开展传教工作。该教的一个突出的业绩是建立了一个圣经教育函授系统，并在贝尼省巴卡迭斯州创办了一所暑期语言学院。该学院工作非常出色，已编写出20多种以西班牙语注释的上著民族语言词语汇编。

此外，玻利维亚的新教组织还有贵格会、信义会、玻利维亚印第安人传教会等。为了协调各新教教派的传教工作和服务工作，玻利维亚还建立了一些跨教派的新教组织，如玻利维亚福音派全国协会、玻利维亚福音社会行动委员会、切帕雷工作队、玻利维亚识字会等。

（三）土著民族的宗教

印第安人虽然大多数正式受洗为天主教徒，但他们同时也信仰自己民族的传统宗教。譬如印加人崇拜最高神"维拉科查"（Viracocha）和太阳神"印蒂"（Lnti）[①]，前者为创造之神，创造了天地、日月、星辰以及人类；后者为印加人的家族之神，其偶像为一个被金色光环围绕着的人物形象，被视为印加人的始祖。这种宗教传统直到现在仍在许多克丘亚人和艾马拉人中保留下来。实际上，印第安人的信仰同耶稣本身毫无关系。他们认为，在人的肉体内有两个魂魄：人一旦死亡，第一个魂魄即飞向远方，进入天堂；而第二个魂魄则集合肉体的所有善恶因素，在死者生活的场所附近停留。在天堂里，人们没有苦恼，大家过着渔猎、采集水果等一成不变的幸福生活；但是，在到达这个天堂之前，魂魄必须经过一年左右的长期旅行。因此，人们常送给魂魄食物、酒、古柯、武器甚至家畜，供其旅途之用。留下不走的魂魄则因为生前的恩恩怨怨而成为生者的不祥之兆，因此，人们必须将死者的所有东西全部烧掉，断其停留的物质基础；只有这样，魂魄才会逐渐消失。他们也有创世说，但他们的创世说是同古印第安人流传下来的宗教传说结合在一起的。譬如他们相信，在开天辟地之时，天神"库努"被原始人的恶习激怒了，降祸于人类，把大地变成了沙漠，把居民变成了低贱动物。后来，另一个叫作"帕查卡马霍"的天神对人类动了怜悯之心，让他们获得了新生。但是，这些人不争气，没有多久又堕落了，再一次激怒了"库努"，于是，他用洪水和地震把大多数人消灭了。幸存的人很后悔，对

[①] Hugo Boero Rojo, Enciclopedia "Bolivia Magica", Tomo Ⅱ, p. 283, Editorial Vertiente, 1993.

29

天祷告，愿意悔过；结果，一轮红日从的的喀喀湖最大岛屿的一块名叫"尤蒂卡尔卡"的岩石后面升了起来，人类又获得了新生。为防止人类再堕落，一个名叫"蒂克西维拉科查"的先知为人类规定了严格的纪律，并把金银财宝埋到了最荒僻的地方。但是，过了若干年，人类又忘记了先知的规定，再次作恶。于是，另一个叫作"图努帕"的先知就放了一把火，烧毁了房屋，烧死了许多人。人们被逼无奈，群起反抗，将"图努帕"打死，然后将他的尸体扔到湖上的一条小船上。这时，小船所在的湖边自动裂开，形成一条小溪。小船沿溪顺流而下，离开了的的喀喀湖。先知消失了，的的喀喀湖的湖水流入了波波湖。为了纪念先知，感谢太阳，这里的人们用长条石块砌起了名叫"普卡拉"和"卡查"的祭坛，年年在此举行庆典。这是印第安人所深信不疑的关于人类善恶斗争的传说。

  玻利维亚土著居民的宗教属于一种原始的多神教，几乎每个印第安人家族都有自己的家神。他们所崇拜的家神或是森林中的某种动物，或是河流湖泊中的某种鱼。印第安人普遍崇拜大自然，他们相信大山是有生命的，他们把安第斯山脉上的崇山峻岭奉为崇拜的偶像，把伊利马尼山尊为"众山之王"，认为它是玻利维亚气候的控制者。艾马拉人相信地球上住着很多的自然神灵，如守护神、山精、湖灵、闪电神、风神、冰雹神等。莫维马人甚至还迷信一个名叫"卡尼瓦瓦基尔莫"的坏精灵。科尤瓦瓦人也有同样的迷信。印第安人还非常崇拜伊利马尼瀑布，常常带着薰香、美酒、羊驼胎儿、香烟、糖果、面包和古柯叶去祭祀伊利马尼瀑布，请求它给自己的田地供水。他们还认为萨哈马峰和安科乌马峰是兄弟，而的的喀喀湖则是安科乌马峰的妻子；认为人和太阳都是从这个湖中产生的。印第安人还崇拜自己的肉体，对剪下的指甲和头发特别注重保存，总是精心地收藏到一个墙洞中。他们认为，所有在世的人，死后都会再生，但将来灵魂从坟墓中离开再投世时，必须具有身体的各部分，包括头发和指甲。在玻利维亚最偏僻地区的一些非常落后的土著群体里，还残存有原始的偶像崇拜、图腾崇拜和萨满教（Shamanismo）信仰。在印第安各部落中，巫师可以随心所欲地臆造神灵。因此，有些部族（譬如帕卡瓜拉人）的宗教因这些巫师的臆想不同而出现各种各样的差别；但有一点似乎是共同的，就是他们都相信有一个存在于人类之上的最高的生命，这个生命永远不会死；人之所以死，是因为他们中了邪；所以巫师在他们那里既是神父，又是医生。

对传统宗教信仰最为强烈的是瓜拉尼人和克丘亚人。在他们的信仰中，创造一切的造物主并不是西方人所说的那个上帝，而是的的喀喀湖中的太阳之子维拉科查。在日常生活中，他们最崇拜的是"命运和丰收之神"埃克科（Ekeko）和主宰耕种和收获的地母神"帕查妈妈"（Pachamama）。为了请求神灵恕罪，他们把山羊和羊驼的血洒在石头祭坛和木质十字架上。这种仪式在玻利维亚西南部卡兰加斯（Carangas）地区的山坡上极为常见。

总之，在玻利维亚土著居民的社会生活中，祖辈的传统信仰仍然起着重要的作用。他们的宗教实际上是传统信仰同天主教信仰的一种混合物。

（四）其他宗教

同基督教各派教会一样，其他一些非基督教宗教的传教士也在玻利维亚开展传教活动。这些宗教主要有耶和华见证教、摩门教、门诺教、摩西教、伊斯兰教、神道教、佛教、巴哈伊教、诺斯替教等。

耶和华见证教（Testigos de Jehová） 于20世纪40年代开始在玻利维亚传教，估计该教在玻利维亚有信徒上千人。

摩门教（Mormonismo） 自称"最终圣徒教"（Santos de los últimos días），也是20世纪40年代开始在玻利维亚传教。摩门教徒只承认耶稣死后不久用英文在铜板上书写的《摩门记》，并坚决为这部书的真实性辩护。目前几乎所有各省首府和各州主要市镇都有他们的教堂。

门诺教（Menonitas） 不仅是一个宗教组织，而且是一个秘传的保守组织，在玻利维亚的历史还不到半个世纪。首批教徒来自巴拉圭，后来又有一些教徒从墨西哥、加拿大和伯利兹来到玻利维亚。他们几乎全都定居在圣克鲁斯城附近的乡野，城里有他们的一家公共住所，该住所同时也是他们的宗教祈祷室和活动指导办公室。脱尘独居是他们的生活准则。他们常常穿着一种特制的衣服，三五成群，严肃而沉静地穿行于圣克鲁斯城的大街。他们虽以自己的勤劳献身农业，但拒绝在农业生产中使用机器。现在有教徒万余人。

摩西教（Mosaísmo） 即犹太教，是1940年前后开始移居玻利维亚的以色列人的宗教。拉巴斯城有一个小小的犹太人社区和一个犹太教教堂。

伊斯兰教（Musulmana） 信徒主要是定居玻利维亚的叙利亚人、巴勒斯坦人和黎巴嫩人，数量不多。

神道教和佛教（Shintoísta，Budista） 在玻利维亚，日本的移民很多，仅在圣克鲁斯省东北部和西北部地区的农业垦殖地就有日本移民8000～10000人，他们多数信奉神道教和佛教。

巴哈伊教（Fe Bahai） 在玻利维亚的拉巴斯、科恰班巴和圣克鲁斯等城市，有一些外国移民信奉起源于伊朗的巴哈伊教（旧译"大同教"），但人数不多，大约只有1500人。

诺斯替教（Gnóstica） 是一种融合多种信仰，把神学同哲学结合在一起的秘传宗教，强调只有领悟神秘的"诺斯"（即真知），灵魂才能得救。这种宗教只在一些文化程度较高的群体中有一些信徒。

（五）政教关系

在历史上，玻利维亚一直是一个天主教国家，宪法规定天主教是国家的国教，但也允许存在其他宗教信仰，并规定一切宗教平等，宗教活动必须受法律的约束，如公立学校只能开设宗教选修课，私立学校必须按官方的规定、计划和大纲来管理学校，宗教历史文物受国家保护，禁止出口，宗教组织如要集会游行必须先同有关当局商量，教会的《募捐资金报告》必须要办理公证，以保护教会免犯洗钱和接受毒品资金的错误，等等。政府设立外交及宗教部，由专门机构负责宗教方面的事务。2006年莫拉莱斯执政后，在政教关系上进行了改革，2009年玻利维亚新宪法废除了天主教的国教地位，实行政教分离制度，并规定国家尊重和保障宗教自由和信仰自由。[①]

---

① 参见 Constitución de 2009 del Estado Plurinacional de Bolivia，Artículo 4。

二　节　日

玻利维亚是一个节日众多的国家，各个种族的、各个地区的、带有各种宗教色彩和政治色彩的大大小小的节日不胜枚举，现按时间顺序将玻利维亚最主要的节日列举如下，并作简单介绍。

1月1日权威节（Fiesta de Autoridades）　这是每年元旦玻利维亚安第斯地区的共同节日。这一天，该地区所有公社和艾柳都要举行祝贺和款待任期届满官员的仪式，把现金放在这些官员和他们夫人的衣服上，把面包圈放在他们的帽子上，把橡皮球项链挂在他们的脖子上，以表示当地农民对这些官员所做工作的认可。

1月6日主显节（Fiesta de Reyes）　这是玻利维亚人纪念"东方三王"朝拜耶稣圣婴的节日，也是贝尼省巴利维安州国王村的保护神节。这一天，贝尼省的首府特立尼达市要举行盛大的民间艺术表演游行。在游行中，在一辆名叫"巴尔科"的"圣婴车"上，有几个打扮得花枝招展的土著妇女装扮成正在照顾刚降生的耶稣圣婴，旁边有3个头戴五彩缤纷葫芦冠、打扮成"东方三王"的朝圣者相陪。围绕着"巴尔科"圣婴车，有一大帮黑人翩翩起舞，随车行进。这个仪式被称为"巴尔科的入场"。

2月10日奥鲁罗节　纪念1781年2月10日塞瓦斯蒂安·帕加多尔领导的反对西班牙殖民统治的起义。

3月23日阿瓦罗亚节　纪念1879年爱德华多·阿瓦罗亚抵抗智利，为保卫玻利维亚领土而牺牲。

圣周节（Semana Santa）　是纪念耶稣蒙难的节日，一般在复活节前一周举行。各地庆祝的形式不一，比较普遍的做法是用树枝布置一个"耶稣蒙难处"，用农产品装饰一个供"耶稣蒙难日"游行队伍通过的拱门，表演各种宗教性的民间艺术等。在约塔拉地方，还要由卸任的政府官员表演把耶稣从十字架上解脱下来的一幕，他们把钉死耶稣的钉子都摆放在一个小花篮中，花篮由一个身着天使服装、取名"托科斯"的儿童端着。安第斯地区的有些地方还保留着"凯斯皮阿纳"习俗，即在"圣周节"期间，可以容许"偷盗"，因为"基督"已经死亡，他已经不可能看

到和惩罚这种不幸的行为。

4月15日塔里哈节 纪念1817年玻利维亚游击队联合阿根廷第四军在拉塔布拉达打败保皇派军队。

5月1日劳动节 纪念美国芝加哥工人1886年5月1日英勇罢工并争得8小时工作制的胜利。

5月3日十字节（Fiesta de la Cruz） 这是流行于玻利维亚全国的一个宗教节日。早在西班牙殖民者来到美洲以前，这个地区的古印第安人就有一个"十字节"，叫"查卡纳节"，但与西方的"十字节"完全不同，这是纪念标志收割季节开始的十字星座出现的节日。自西班牙殖民者征服这个地区之后，印第安"十字节"开始同西班牙"十字节"慢慢地调和起来，逐渐有纪念基督蒙难的意思。在一些艾马拉人公社里，人们开始用自己的农产品和水果来供奉钉在十字架上的基督。在科帕卡巴纳的十字节期间，人们不仅礼拜十字架，还要跳"利菲斯舞"和"印加人的忧伤"（Duelo de los Incas）等舞蹈。

5月25日丘基萨卡节 纪念1809年5月25日苏克雷城首先发出要求自由的呼声。

6月4日苏克雷牺牲纪念日 纪念南美独立战争著名领袖、玻利维亚首任总统苏克雷1830年6月4日遇害身亡。

6月24日圣胡安节 纪念命运之神圣胡安。人们相信，水与火是决定农民命运的，因此，在节日的这天晚上，所有的家庭都要在自己的住所点燃篝火，相信圣胡安的火会清洗他们的土地，然后让土地长满牧草和鲜花。南美洲的6月尽管天气很冷，但很多地方都要进行玩水的游戏，相互泼水。在圣克鲁斯省的贝拉斯科甚至还要集体沐浴，沐浴之后要光着脚从燃烧着的炭火上走过去，同时还要表演"摇篮舞"、"托莫里奥舞"和"奥希里斯舞"。在有些地方，人们还选择在这一天理发，相信在这一天理发后，头发会长得更多、更漂亮。

6月29日圣佩德罗和圣巴勃罗节 这是一个敬奉保护神的节日。这一天，很多地方都要以专门的舞蹈来敬奉自己的保护神。如在阿查卡奇地区，有一种特别的舞蹈，一群"士兵"围着一个头戴巨大纪念面具的

"著名舞者"跳舞。据传说，这个舞者注定是要带着这个地区所有的罪孽去见阎王的，因此，在节日前夕的一段时间里，这个地区的人一定要热情招待他，并整天用甜言蜜语哄着他，好让他尽职尽责地把所有的罪孽一个不漏地带走。

7月16日卡尔门节 这是拉巴斯城纪念军队保护神卡尔门圣母的节日，同时也是拉巴斯市民纪念1809年7月16日穆里略等先烈在拉巴斯城领导的南美洲第一次独立运动的节日。很多地方要上演各种各样的舞蹈和滑稽剧，特别是要表演从西班牙传入、目前尚残存在玻利维亚的中世纪骷髅舞《狂人帕利亚—帕利亚》。在苏克雷城，这一天还要举行"耶稣蒙难节"活动。

7月25日圣地亚哥节 这是一个礼拜土地圣徒圣地亚哥的节日，土著人则把这一天看作纪念闪电神"伊利亚帕"（Illapa）的节日。节日的突出特点是有许多的舞蹈队跳舞。特别是的的喀喀湖畔瓜基港的节日活动最引人注目。瓜基港附近的手艺人，特别是拉巴斯城的手艺人，都要来这里参加节日活动，他们来的时候带来许多舞蹈队，如魔鬼舞蹈队、黑人舞蹈队、"库利亚瓦斯"舞蹈队以及土著人的农民舞蹈队等。这一天还要举行纪念渡神"巴尔塞阿达"的仪式。

8月5日科帕卡巴纳圣母节（Virgen Copacabana） 这是礼拜玻利维亚最著名神殿中的湖泊圣母——科帕卡巴纳圣母的节日。这个节日历史悠久，早在西班牙殖民者来到美洲之前，科帕卡巴纳神殿就是印加帝国塔万廷苏约的主要神圣之所。节日期间有许多民间艺术演出队参加活动，参加节日活动的不但有来自玻利维亚本国的朝圣者和许愿者，还有许多来自秘鲁的朝圣者和许愿者。

8月6日国庆节 纪念1825年8月6日玻利维亚正式宣布独立和建立玻利维亚共和国。

8月不幸者节（El Aciago） 这是艾马拉人传统的民间节日，每年8月举行，一般要持续一个月。前半个月是祭祀地母神"帕查妈妈"的活动。人们要用美食来祭奠"帕查妈妈"；要在一些神圣的地方组织纪念"耶稣蒙难"的活动；还要进行集体斋戒，以表示对地母神的崇敬。后半个月则举行一系列仪式,以供奉人们心目中的恶魔。节日期间,大多数活动都是魔幻般的宗教仪式,各种经过专门训练的魔术师和巫师得以大显身手。

8月20日植树节 1939年,玻利维亚政府颁布法令,规定每年8月20日为植树节。

9月圣罗克节(San Roque) 这是塔里哈城传统的民间节日,于9月的第一个星期天举行,为期8天。节日的独特之处是有一大批三音管乐器吹奏者登台表演。另外,表演琼丘斯舞和体现野蛮部落遗风的杂技舞,也是节日的主要内容。

9月14日科恰班巴节 纪念埃斯特万·阿尔塞领导的第一次击败西班牙人的1810年革命。

9月24日圣克鲁斯节 纪念1810年9月24日圣克鲁斯参加拉丁美洲独立战争。

9月24日潘多节 纪念1938年布什总统(1937~1939年在任)决定建立潘多省。

10月罗萨里奥节 这是丘基萨卡省的传统民间节日,于每年10月的第一个星期天举行。特别值得一提的是丘基萨卡省塔拉布科的纪念活动。在那里,有来自各地的土著居民参加,他们还举办斗牛活动。另外,传统金银器商业中心乌拉马的纪念活动也很重要,那里的舞者都戴着各种银饰,并有最大型的"西库斯"乐队伴奏。

11月1日、2日万圣节和亡灵节 这是天主教教徒纪念众神和祈祷亡灵的节日。印第安人也利用这个机会举行纪念哥伦布以前时代自己祖先的仪式,他们通常是在家里举行仪式,纪念他们所热爱的一些死者,并去墓地祭扫死者的坟墓。

11月10日波托西节 纪念1810年爱国者佩德罗·科斯塔斯领导的反对西班牙总督的起义。

11月18日贝尼节 纪念1842年巴利维安总统(1841~1847年在任)决定建立贝尼省。

12月24~25日圣诞节 这是玻利维亚最流行的传统节日之一,有各种各样的地方风采。譬如在丘基萨卡，流行着一整套很重要的圣诞歌曲，人们还表演克里奥尔人降生的故事。在塔里哈，则有一整套出名的圣诞舞蹈节目，如"发辫舞""圣诞四对舞"等。在贝尼省，过去一般都要在12月28日演出滑稽剧《希律》，希律是传说中一个以杀害幼儿出名的犹太王。现在，这种滑稽剧已作为民间戏剧中的一种不良习俗被取消，取而代之的是上演一种取名《小天使》的舞蹈。

三圣节（Trinidad） 日期不定。节日期间一般都有大规模的民间艺术表演。在拉巴斯城的格兰波德尔区，参加演出的民间艺术团体达40多个。在贝尼省，三圣节还是该省首府特立尼达市的保护神节，因此，这里的三圣节以民众参与广泛著称，民众可以欣赏到许多重要的民间舞蹈节目，如《用砍刀开路者舞》《砍蔗工舞》等。

圣灵降临节（Pentecostés） 纪念圣灵和地母神"帕查妈妈"的节日，日期不定，盛行于整个安第斯地区。纪念的方法一般是在住所点燃薰香植物巴西普罗蒂乌木和一种叫"科阿斯"（Koas）的神木，在矿山和田野宰杀大羊驼，以祭献地母神。在有些地方还要表演舞蹈节目。

圣体节（Corpus Christi） 日期不定。节日期间人们都要穿戴最好的衣帽，售货摊都要用兰花装饰起来。科恰班巴省还保留着喝"奇恰酒"的习惯。

三 民 俗

玻利维亚是世界上美洲土著居民占全国人口比例最大的国家，土著居民占全国人口的半数以上。直到今天，土著各族都还或多或少地保留着他们本民族的传统习俗。因此，尽管在首都苏克雷、拉巴斯等繁华地带到处是一片现代景象，但就全国而言，特别是在土著居民聚居地，民俗风情则显得古朴而神秘，富有民族特色的事物比比皆是，令人目不暇接。

（一）特色活动

玻利维亚以农、矿立国，矿工的安全和农业的丰收对玻利维亚人民的生活至关重要。然而在历史上，悲惨的矿难和天灾时有发生，因此，在玻利维亚土著居民的民俗中，祈求神灵保佑、战灾避难的各种特色活动占有

很重要的分量。

狂欢节（Carnaval）　为了祈求矿工安全，玻利维亚每年四旬节开始前的几天（一般在3月底）都要举行规模宏大、隆重的狂欢节。因各地风土人情不同，狂欢节也有明显的地区差异。在全国各地的狂欢节中，规模最大、组织得最好、最激动人心的要算奥鲁罗市的狂欢活动。奥鲁罗是一个矿城，居民很早以前便从事锡矿开采。那时坑道内事故频发，严重威胁着矿工的生命安全。所以，矿工很早便信奉"坑道女神"，每年都要为"坑道女神"举行一次祭奠活动，以求得女神的保佑。每到这个时候，他们几乎把一年的积蓄全部花光，尽情地吃喝玩乐，以向"坑道女神"表示虔诚之心。最初（玻利维亚的第一次狂欢节举行于1789年），只有矿工参加，后来则打破行业界限，不分职业和年龄，人人都参加狂欢活动；但是，矿工仍是活动的主体。在狂欢节前的那个星期五，矿山要举行所谓"阿丘拉"（achura）仪式，由矿工代表向矿主介绍矿山最好的产品，然后，矿主将大量的饮料和糖果作为报酬散发给矿工。第二天上午8点，狂欢节正式开始，各色各样的民间艺术队伍，带着各自的用各种银器装饰起来的彩车，载歌载舞，一队接一队地沿着通往"坑道神庙"的大街行进。行进在队伍最前面的是一艘彩船，船上装满了奉献给"坑道女神"的各种金银器具和五花八门的古钱币。以魔王为首的魔鬼队伍则跳着魔鬼舞紧随其后。他们个个头戴五颜六色、长着犄角、瞪着大眼和张着血盆大口的魔鬼面具。舞蹈最后以天使圣·米盖尔制伏魔鬼，正义战胜邪恶结束。魔鬼队伍后面是一只人工操纵的保护"坑道女神"的大神鹰。为了再现印加帝国征服各部落的历史画面，"印加人"头戴羽毛高冠，不断地表演战争舞和狩猎舞。最后，队伍缓步来到"坑道神庙"。这时，舞蹈队要表演令人伤心的民歌《终点》，以纪念矿工的保护神"坑道女神"。这天晚上，各家各户要为"坑道女神"守灵。第二天凌晨，所有的游行者又都要带着他们的乐队来到"坑道神庙"，举行黎明弥撒。接着是每个民间艺术团体的综合舞蹈表演。下午，狂欢节进入高潮，除了民间艺术队伍参加外，还有真正具有狂欢节特点的化装人群和滑稽丑角参加。他们身穿奇装异服、面涂古怪脸谱，表演各种滑稽动作。夹杂在青年人中间的白发老人，则以他们幽默的表情和舞姿，博得了人们热烈的掌声和喝彩声。星期一开始狂欢节的告别弥撒。星期二是狂欢节的"奇阿利亚日"，举行播种赐福仪式（包括举行各种产品的竞赛活动），以作为狂欢节的结束。别具风采的奥鲁罗市狂欢节，每年都吸引着来自世界各地的众多游客。

阿拉西塔斯节（Fiesta de Alasitas） 为了祈求农业丰收和经济繁荣，玻利维亚首都拉巴斯每年都要在1月下旬过一个热热闹闹的阿拉西塔斯节。在艾马拉语中，"阿拉西塔斯"就是"采购"的意思，所以，"阿拉西塔斯节"也就是"采购节"，是拉巴斯最重要的手工艺品交易会，也是拉巴斯城市民纪念艾马拉民族保护神"埃凯科"（Ekeko）的节日。"埃凯科"神象征丰收、欢乐和繁荣。采购节每年1月24日开始，为期一周。在这一周中，拉巴斯各主要街道人山人海。街道两旁的货摊上摆满了精致玲珑的小物品，最吸引顾客的还是那些现代化的小商品，如微型小汽车、玩具小火车、模拟小别墅和一捆捆小钞票等。艾马拉人把从集市上采购来的小商品敬献给埃凯科神。敬奉的礼品不限种类，也不限数量，但敬献的方式颇为有趣。他们先做好上百个像火柴盒大小的小布袋，袋内装着买来的礼品，再用线绳或布条把小布袋穿在一起，挂在埃凯科神身上。神像身材矮胖，挺着大肚子，两手前伸，笑容可掬。在古印第安时代，这个神像是用金银铸成，或用石头雕刻而成的，现在则大多用陶土烧制而成，神像身上穿着艾马拉人的民族服装，头上戴着一顶用羽毛装饰的帽子。据说，向埃凯科神敬献什么，将来便会得到什么，敬献的礼品越多，得到的幸福也就越多。因此，善男信女争相敬献，这个象征"富足"的埃凯科神，全身挂满了人们认为一个家庭所必不可少的用品，或人们所渴望获得物品的象征品。除了向埃凯科神敬献礼品外，艾马拉族男女还发挥其能歌善舞的特长，在节日里尽情地欢跳各种民族舞蹈。

土豆开种节（Primera Siembra de la Papa） 为了祈求风调雨顺、农业丰收，玻利维亚农民每到土豆开种的时候（一般在每年的10月或11月上半月，具体时间视当年的气候而定）都要举行一个奇妙的、叫作"哈普奇里"（Japuchiri）的土豆开种仪式。"哈普奇里"是一个化身神鹰的人的名字，是开种仪式的主角。在开种的这一天，人们要把自己最满意的一对阉牛,用镜子(挂在牛的头顶上)、漂亮的驮鞍和彩色飘带装饰起来,牵到选定的地点。然后仪式开始。首先是这个名叫"哈普奇里"的人闪亮登场。他手里端着一碗汤药,妇女们在他身上洒满了一种用薰草制作的香水,表示土豆的病虫害已完全在他的掌控之中。接着是妇女们登场,她们开始用古柯叶"处理"准备播种的头几颗种子。"处理"程序结束后,"哈普奇里"就指定第一对阉牛开犁第一条垄沟。至此,播种正式开始。

(二)服饰

在服饰方面,玻利维亚的城市居民和农村居民差别很大。在城市,虽然一般人平时着装随便,但在正式场合,很多人都穿西装。特别是妇女,每到这种时候,她们一般都很讲究,服饰大多色彩艳丽,打扮得花枝招展。拉巴斯的贵妇人尤其讲究,她们至少要穿一条浆洗过的刺绣裙子,外面再套一件色彩艳丽的丝绒衫或长袍,并有意露出美丽的裙子饰边,脚上还要穿法国式高跟鞋。丘基萨卡妇女甚至还按西班牙卡斯蒂利亚人的传统,喜欢穿巴黎式或伦敦式的服装,以显示她们的高雅风度。但是,在广大农村地区,特别是落后的土著居民居住的地区,则完全是另一种情况。克丘亚人一般仍保留着古代服饰的许多特色。男子穿短外衣,下穿长仅过膝的裤子,肩上披一件斗篷。短外衣和裤子都是用自家织成的毛料做成的。斗篷是用两块方形的、有鲜艳图案的厚羊毛料子做的,缝制的时候沿边缝并在中间留下一个空当;穿时利用这个空当将斗篷从头上套下,披在双肩,胸前后背各一半;天热时可以把斗篷撩起来,像围巾似的搭在肩上。妇女的传统服装是短外衣、裙子和披肩。短外衣一般为白色,并用金属饰物装饰;裙子通常要穿好几条(有时甚至多达8条),一条比一条短,以使每一条裙子的彩边都可以显露出来;披肩用粗毛料做成,穿时在胸前用一个银制胸针别住,后背折叠成口袋状,可以用来背小孩或物品。克丘亚人大多赤足或穿凉鞋,只有在盛大节日的时候才有一些头面人物穿皮鞋。

艾马拉人的服装也相当传统。男子身穿一条长及踝骨的裤子和一件紧身短上衣,外罩一件斗篷,腰系一条宽大的腰带。妇女穿束腰紧身衣,腰上束一条宽而长的腰带,肩上披一条披巾,披巾一端束在头上,打成一个蝴蝶结；只有在节庆的时候，她们才穿上宽大多褶的长裙，披上色彩缤纷的披巾，戴上她们心爱的首饰。一般来说，艾马拉人的服装都是他们自己用由大羊驼毛或羊驼毛纺织的粗毛料缝制的；服装所用的料子、刺绣的颜色和图案，都是他们社会地位和部落的重要标志。虽然已有一些艾马拉人从市场购买工厂生产的布匹或成衣，但充其量也只是土洋结合，没法同城里人比。艾马拉人无论男女，皆穿凉鞋，鞋带系在脚脖上。有些地方只有男子穿凉鞋，女子则全年跣行，甚至在严寒时也如此。

除了克丘亚人和艾马拉人之外，玻利维亚还有很多更落后甚至非常落后的部落，他们的服饰就更简单和原始了。譬如奇里瓜诺人、托瓦人、乔罗蒂人、塔彼特人等，常用植物染料涂抹全身来打扮自己；塔彼特人甚至在自己的上嘴唇钻孔，穿进一根小木棒作为装饰品；伊托诺马族的小孩直到青春期才穿衣服；西里奥诺族的一些人不但终年不穿衣服，而且男女都爱剃光头，使外人很难分清对方的性别。

在玻利维亚土著民族的服饰中，最重要的是帽子。对于土著居民来说，戴帽子并不仅仅是为了御寒、防晒、好看，而且同他们的宗教信仰有关系。他们认为，帽子是保护头部的，头又是人体最神圣的部位，是灵魂的庙宇；头如果被磕伤，人的魂魄也就被撞跑了。在有些地区，帽子被视为神圣的招魂工具。当一个人不小心磕伤了头，"撞跑了魂"，他们可以借助帽子，到出事地点招回撞跑的魂，让灵魂重新附体。帽子还被视为一个人的尊严，如果帽子被人摘掉，那就等于丧失了尊严，受到莫大的侮辱。所以，土著居民无论大人小孩、男人女人，都不能不戴帽子。在玻利维亚，帽子的种类也很多，到处可以看到制作精美、图案复杂、色彩艳丽的机织帽子和手工编织的帽子。克丘亚人以戴长毛绒或天鹅绒制作的宽边浅顶帽作为最华丽的装束，帽子上常装饰有金银边和羽毛。艾马拉人夏天戴草帽，冬天戴毡帽，男子还要戴两层帽：里层是一种可以把两耳和后脑包起来的头饰，叫"戈罗"；外层则是戴在"戈罗"上面的宽檐帽，叫"欧贝洪"。在丘基萨卡省的塔拉布科地区，成年男子喜欢戴一种名叫"卡哈"的帽子，它的形状像西班牙军人的头盔；成年妇女则喜欢戴一种叫"帕恰"的帽子，这种帽子酷似拿破仑时期的椭圆帽。家里有丧事的人必须戴黑色的素雅帽；而在节日里，男女老幼则都戴贴花帽，即用花布剪成各种花朵、星状物贴到帽子上。总之，在玻利维亚，不论男女老少，亦不论晴天雨天，所有的人都有戴帽子的习惯。

（三）饮食

在玻利维亚的大城市，现在很多人已习惯吃西餐，主食有大米、玉米、小麦、木薯、甘薯等，副食有豆类、水果和肉类。山区和农村印第安人主副食原材料虽然与城市大致相同，但其做法、味道仍都是传统的。他们以玉米为主食，肉类不多见，但干鱼、鲜鱼、青蛙、昆虫是他们食品中的重要组成部分。居住在安第斯山一带的土著居民还有咀嚼古柯叶的习俗。古柯叶能生津止渴，增强身体御寒和承受劳苦的能力。玻利维亚城市居民的饮料主要是红茶以及从西方引进的可乐，还有近年来大规模生产的啤酒；而农村居民的饮料则主要是古柯马黛茶（Mate de Coca）和各种各样的土酒。譬如卡里古埃奥人以喝烧酒为人生最大的快乐；莫霍人爱喝一种自己酿造的发酵饮料；帕卡瓜拉人喜欢喝用玉米和木薯酿成的奇恰酒；西里奥诺人则是喝用水和从树上割下的蜂蜜搅拌、发酵而制成的一种类似甜酒的饮料。每次节庆活动，他们常常是以舞蹈开始，而以酩酊大醉结束。

玻利维亚也有一些有名的风味食品，如萨尔塔馅饼、里脊拼盘、辣鸡等。萨尔塔馅饼以肉末、鸡块、葡萄干、土豆块和油橄榄为原料，混合后在火炉上烤。烤好的馅饼质地松脆，十分可口。里脊拼盘的制作方法是将里脊肉油炸，再配上鸡块和炸香蕉。辣鸡的制作方法是将鸡块油炸，再配以炸葡萄干、辣椒及一种独特的、被称为"丘尼奥"（chuño）的配料。"丘尼奥"是克丘亚人的一种传统食品，用土豆粉做成，分黑白两种。黑"丘尼奥"的制作方法是将土豆放置在空旷的地上，白天洒上水，晚上冻结，冻透后在白天气温上升时用脚踏踩，使土豆分离出水分，做成一种糊状物，然后再将这种糊状物反复冻、晒几次，最后在冻态下保存。白"丘尼奥"的制作方法是将苦涩的土豆放入河水或湖水中浸泡数星期之后取出，用石器压榨，挤出水分，然后加以冷冻。"丘尼奥"通常做成糊状饮用，亦可做成各种饮料。干"丘尼奥"可以保存较长时间。

（四）住房

玻利维亚的城市建筑多是欧式的。每个城市大抵都有一个中心广场，广场周围分布着教堂、政府机关、警察局、商业区等。首都苏克雷是一座极繁华和高雅的城市。科恰班巴以漂亮的建筑和秀丽的风光而被誉为"花园城市"。塔里哈的欧式建筑、茂密的森林和优美的风光在南美享有盛名，素有"玻利维亚花园"之美称。

同繁华市区建筑形成强烈对比的，是印第安农民简陋的斗室或棚屋。艾马拉人过去世世代代都住在一种用黏土和石头砌成的、矮小的圆形建筑中；整个建筑只有一个门洞，形状类似碉堡，叫作"丘尔帕"（chulpa）。艾马拉人建造这种房子，既是用来抵御高原的恶劣天气，又是用作掩埋死人的墓室。今天在玻利维亚的高原上，仍可以见到不少这种房子的遗迹。莫霍人过着游移不定的生活，他们的房屋极其简陋，只不过是一些用以避雨的棚子而已。西里奥诺人的茅屋和草棚有的盖得很大，有的则很简单，只是用棕榈叶覆盖在一个用长短不齐的棍子搭成的架子上。现在，印第安人的住房条件虽然有一些改善，但因经济发展程度和生活方式的不同而差别极大，形式和规格也都不一样。但总的说来，玻利维亚农民的住房，特别是落后地区农民的住房，还没有摆脱传统的式样，也比较简陋；大体上是用砖块或石头砌成，用石板盖顶，有的用土坯垒成，盖上茅草；虽然比较结实，但离现代生活的要求还相距甚远。

（五）婚姻

玻利维亚城市居民的婚丧嫁娶同欧美国家相似，是按天主教习俗进行的；而印第安人的婚丧嫁娶虽然也有遵从天主教习俗的，但基本上按传统方式进行。譬如塔彼特等部族的男女青年只要互相表示亲昵，便可结婚。表达爱情的最好方式是恋爱双方用手捂住对方的脸，这被认为是非常亲切的举止。寡妇若再婚，须把头发齐根剪掉，每天哭一个小时，直到头发重新长出来为止，否则就不能结婚。科恰班巴妇女谦恭、善良、正直和诚实，是典型的贤妻良母。通奸对该族来说是最严重的犯罪。莫霍人的婚姻由家庭包办，允许多妻，时有丈夫虐待妻子的事情发生。

艾马拉人和克丘亚人的婚姻同他们的手工业关系密切。这两个高原民

族的印第安人，无论男女老少，都擅长纺织，他们织的布色泽艳丽、图案别致。姑娘为吸引小伙子的爱慕，常给自己织一件漂亮的衣服，以显示自己能干；小伙子则通常要织一条带子送给心上人作为报答。这时，姑娘可以为自己心爱的人织一个盛放古柯叶的口袋。在小伙子眼里，织布技艺高超的姑娘，必定会成为料理家务的能手，因此，这样的姑娘始终是小伙子追求的对象。艾马拉人实行严格的外婚制，任何人都不允许在母方氏族内结婚。也有的印第安部落按一种最原始的方式解决婚姻问题，即让年轻姑娘排成一行，由单身男子各自去挑选符合自己心意的人。结婚后，女人担负一切家务，还要纺织，男人则从事耕作和养殖。

（六）印第安人的丧葬

古代印第安人的丧葬习俗非常残酷，他们在埋葬因难产而死去的妇女时，还要把生下的孩子同死者一起埋葬；无用的老人也要由其子女弄死埋葬；孤儿也没有生存的权利，必须由其亲属弄死埋掉。显赫人物去世时，还要从其众多的妻子中挑选一位陪葬，以使死者在另一个世界里不感到寂寞。在有些印第安人部落，譬如在艾马拉人那里，他们把死者的尸体制成木乃伊，存放在一个叫作"丘尔帕"的墓室里，人们要举行祭祀仪式。在一般情况下，这墓室同时就是家人的住房。如果是上层人物家庭，他们将祖先的木乃伊装进一个皮袋，用轿子抬着上街展示，以显其家族的荣耀。在有的印第安人部落，在将死人埋葬后，过一段时间还要将死者的遗骨挖出来磨成粉，掺进小麦面里做成一种饼子赠给亲友吃。现在，虽然这些习俗已经少见，并且在天主教影响所及的地区已按天主教的习俗处理丧葬事宜，但印第安人传统葬俗的影响仍随处可见，譬如莫霍人实行土葬，死者的财产由其亲属瓜分；艾马拉人的坟墓比较讲究；在有些印第安部落，人们还有服丧的习俗，时间至少为一年，女人服丧要将头发剪短，用宽布将头包上；等等。

第三节 特色资源

玻利维亚虽然经济不很发达，居民生活水平不高，但山川秀丽，风景迷人，并拥有丰富的特色资源。白雪皑皑的群峰，壮美俊逸的峡谷，莽莽

第一章 概 览

苍苍的森林,一望无际的沃野,印第安人的小村庄,现代化的大都会,世界上海拔最高的首都,历史上闻名遐迩的矿业中心,世界上最高的滑雪跑道,世界上海拔最高的航运水道,地球上最多样的生态系统①,令人遐思的名胜古迹,独具特色的城市风貌,丰富多彩的手工艺品和民间艺术……所有这些无不令人心驰神往。

一 名胜古迹

(一) 的的喀喀湖

的的喀喀湖长192千米,宽64千米,海拔3800米,是世界上最高的可以通航的淡水湖。它是玻利维亚土著居民最心爱的故乡,是玻利维亚文化发源之地。玻利维亚土著居民始终相信,太阳就出生在这个湖中,湖中的太阳岛和月亮岛上居住着他们的民族之神。每当他们看到那清澈的湖水,蔚蓝的天空,安第斯山顶上皑皑白雪的时候,他们就会涌出一股柔和的感情。

的的喀喀湖中有太阳岛、月亮岛等36个小岛。太阳岛是玻利维亚的宗教圣地,因岛上土著居民建造的"太阳神庙"而得名。该岛在西班牙殖民统治以前曾是安第斯山脉居民的祭祀中心。相传建造太阳神庙的地方就是印加王朝创始人芒科·卡帕克和玛玛·奥柳被太阳神派到人间来时首先着陆的地方。他们在那里开始繁衍子孙,逐步形成了印加民族。因此,土著居民把太阳岛视为圣地,常把带来的祭物放在一块叫作"的的喀喀"的巨石上。后来,这块巨石的名称就逐渐成了大湖的名称。现在,岛上的太阳神庙只留下了一些残迹,但古印加王的一座王宫还保存得相当完好。

在的的喀喀湖畔还有一处游人感兴趣的地方,这就是科帕卡巴纳神殿。该神殿建成于1640年,是艾马拉人供奉科帕卡巴纳圣母的地方。相传建造神殿的地方就是艾马拉人古老传说中显灵的地方,是"时机突然降临"的地方,时至今日,科帕卡巴纳神殿仍然是美洲土著居民祈祷、

---

① 在全世界66个不同的生态系统中,玻利维亚就有32个。

朝圣之处。

（二）蒂亚瓦纳科文化遗址

在的的喀喀湖东南21千米处，是世界著名的蒂亚瓦纳科文化遗址。蒂亚瓦纳科文化大约出现于公元1世纪，是安第斯地区古文化的典型代表。据史家考证，"安第斯"一词原是居住在印加古都库斯科以东地区的一个部落的名称，在克丘亚语中就是"东方"的意思，后来人们就用它作为当地山脉的名称。安第斯古文化主要分布于南美洲西部与西北部，其中心地区在今秘鲁、玻利维亚一带，大约已有两万年的历史，蒂亚瓦纳科文化只不过是这种文化发展的一个阶段和一个部分，当然也是最光辉灿烂的部分。

据记载，蒂亚瓦纳科是南美洲一个古代城邦国家的都城。在土著居民的词语里，"蒂亚瓦纳科"就是"创世中心"的意思。该都城东西宽2.8千米，南北长1.6千米，是按星座定位建造的，分为宗教区、宫殿区和居民区。蒂亚瓦纳科文化就是以这个城邦国家的文化为代表的文化。该文化从公元1世纪一直延续到12世纪，其最兴盛的时期是公元10世纪左右。公元1200年以后，由于尚未清楚的原因，该城突然遭到摧毁，一个兴旺繁荣的都市从此消失。现遗留下来的著名古迹有周长640米的阿卡帕纳七层金字塔遗址、迷人的卡拉萨萨亚神庙遗址、卡拉萨萨亚神庙北墙上的扩音石、举世闻名的太阳门、用巨石砌成的半地下式神庙及其巨石围墙上的大量头像、占地两公顷的普马·蓬库金字塔神庙遗址、用以加固巨石围墙的铜铸金属铆子、著名的"庞塞"石碑和帕查妈妈石碑、蒂亚瓦纳科令人惊叹的排水系统遗址等。所有这些，都是当今举世瞩目的历史遗迹，是玻利维亚古代文明高度发展的见证。

（三）塔克西印加之路

这是前殖民时期安第斯土著居民留下的道路建筑工程遗址，距拉巴斯城约40千米。该道路从拉巴斯附近往东北延伸，力图穿越东科迪勒拉山脉。该路用方形石头块铺成，有些路段宽达5米。为克服山坡崎岖不平的问题，该路采用了阶梯式的设计，使每一级道路都保持平坦。为使道路免受山洪的冲击，有些路面稍向悬崖倾斜，有些路段则修建了排水沟，证明古安第斯人道路建筑技术已达到相当高的水平。塔克西道路虽然不是玻利维亚唯一的古安第斯人道路遗址,但是玻利维亚甚至整个南美洲保存最好的道路遗址。

(四) 塞罗里科矿山

"塞罗里科"是西班牙文"Cerro Rico"的音译,意即"富饶之山",又称"波托西山",是玻利维亚最早发现银矿的地方。该山从西班牙殖民统治初期开始就是今天玻利维亚这片土地白银财富的主要源泉。这座矿山虽然已有几个世纪开采的历史,但面貌几乎没有什么变化。在这里,游客们可以了解矿工的习俗和矿工们所熟悉的各种传说,特别是了解矿工们同古柯叶的不可分离的关系,矿工们同地母神帕查妈妈以及地狱之神蒂奥(Tío)之间的精神上的神秘联系。

(五) 东科迪勒拉山脉

东科迪勒拉山脉是拉巴斯城东北的一座西北—东南走向的山脉,长约160千米。整个山脉有600多个高度超过6000米的山峰,景色迷人,十分壮观,西班牙人称它为"雷亚尔"(Real)山脉,意即"王家山脉",现在又称奥连特(东方)山脉。在这里,游客们可以游览著名的孔多利利国家公园,参加查卡尔塔亚山坡的滑雪运动,欣赏伊利亚姆普山脚索拉塔殖民城的美丽风景。

(六) 永加斯

从东科迪勒拉山山脊到亚马孙热带平原的高温湿润地带,是一个特别的地区,人们称它为"永加斯地区"。这是广义的"永加斯"地区。本来意义的"永加斯"地区,仅指该地区中海拔600~2000米的地区,这里的特点是气候湿润,林木密集,永远是一片绿色。玻利维亚几个重要的农业城镇,如科罗伊科、丘鲁马尼、卡拉纳比、鲁雷纳巴克等,都坐落在这里,这是玻利维亚生产古柯、咖啡、木薯、辣椒和南瓜的地方,也是玻利维亚唯一的一个有大量非洲裔侨民的地区。

(七) 乌尤尼盐沼

在玻利维亚西南部海拔3656米、寒风冷冽的高原上,有一片辽阔的、面积达1万平方千米的盐碱沼泽地区,这就是举世闻名的世界最大的盐沼——乌尤尼盐沼。令人难以置信的是，乌尤尼盐沼尽管位于玻利维亚最干旱的地区，荒凉贫瘠，但呈现出一幅令人难以置信的美丽的画面。它像一个巨大无比的白雪皑皑的平原；周围的石头由一簇簇花一样的水藻化石形成，呈现出一片色彩斑斓的景象。盐沼周围有很多生产食盐的盐场，规模最大的有北部的萨利纳斯·德加尔西·门多萨盐场和南部的卡尔查盐场。盐沼东面有乌尤尼镇，海拔3665米，始建于1890年，是玻利维亚一个重要的铁路交叉点、矿业中心和地区商业中心。

（八）南利佩斯红绿湖

波托西省的南部是玻利维亚高原的最南端，是利佩斯山所在地。从乌尤尼盐沼往南，或者从玻利维亚东南角智利一侧的圣佩德罗德阿塔卡马镇进入玻利维亚后往北，都可以进入这个地区。这里是一个彩色的世界，到处都有被盐沼和活火山围绕的彩色湖泊，如白湖、红湖和绿湖。现在，整个地区都已被宣布为国家保护区，在这里可以看到小羊驼、美洲鸵鸟、兔鼠和频繁出现的火烈鸟。这里的红绿湖以及辽阔盐湖上的落日，因为景色奇特，最受游客的青睐。

（九）萨哈马峰和萨哈马国家公园

萨哈马峰是玻利维亚最高的火山山峰，海拔6542米，位于西科迪勒拉山脉玻、智两国边界附近的萨哈马国家公园，是高耸于周围一大群火山之中的一个已经熄灭的火山锥，锥顶完全被冰雪覆盖。山峰的东侧雨水较多，因而草木葱茏茂盛。山的北面、西面和南面分别有塔梅里皮、萨哈马和拉古纳斯3个村庄，从任何一个村庄都可以登上山峰，但因冰崖陡峭，比邻近的任何火山都更难攀登。山麓及其附近地区均为克纽阿林所覆盖。克纽阿林经济价值极高，20世纪初因广泛用于冶炼和铁路建设而遭到严重破坏。为保护克纽阿林，政府设立了玻利维亚第一个国家公园——萨哈马国家公园。公园面积10万公顷，萨哈马国家公园是玻利维亚最重要的森林保护区之一。区内生活着金蜂鸟、美洲鸵鸟、犰狳、小羊驼、火烈鸟、银鸥、小水鸡、安第斯反嘴鹬等许多珍奇动物。秀丽的风景、天然的温泉、盐湖以及积雪火山脚下的羊驼、美洲鸵鸟等动物，千姿百态，萨哈马国家公园是玻利维亚重要的旅游胜地。

（十）波波湖

在奥鲁罗省的东部，有一片浅水洼地。这就是玻利维亚的第二大湖——波波湖。该湖宽32千米，长90千米，海拔3686米，水深仅2.4～3米，枯水季节面积2530平方千米。该湖的水源主要来自德萨瓜德罗河和马尔克斯河，但排水河只有一条，即拉卡哈韦拉河，因此就形成了一种周期性的湖水泛滥的地理现象：每到雨季湖水水位高涨时，湖水即涌进湖西南80千米处的科伊帕萨盐沼。由于盐沼蒸发很快，水的含盐量很高，大量含盐量高的湖水渗进周围的土地，使湖畔地区形成一片盐沼，居民稀少。

（十一）奇帕亚人聚居地

奇帕亚是玻利维亚一个部族的名称，奇帕亚族居住在奥鲁罗省阿塔瓦尔帕州科伊帕萨盐沼北面的海拔3900米的高原上。原来主要靠渔猎和采集谋生，由于生态环境的变化，渔猎资源日渐减少，才从20世纪20年代起开始把经济的重心转向农业，从而开始了这个部族的一场真正的技术革命。但是它仍然是南美洲一个最古老的文化共同体。这个部族尽管历经艾马拉人的统治、印加人的统治和西班牙殖民者的统治，但至今仍然保持着它文化的高度同一性。基层组织仍然是艾柳，艾柳由家庭组成，每个家庭4～6人。传统的首领制度和长老会制度依然有效。现在只是多了一个由玻利维亚中央政府派来的地方长官，负责公社与国家之间的联系工作。奇帕亚人仍然用结绳记事的方法向部族成员进行传统教育，以保持部族的同一性。这个部族除了衣着、发式和圆形住所与众不同之外，还有一个突出的特点，就是它始终能保持本部族语言的高度纯洁性和同一性。

（十二）印卡利亚赫塔城堡遗址

印卡利亚赫塔（Inkallajta）是印加帝国的一个边界哨所，距科恰班巴城约140千米。印加帝国扩张到东科迪勒拉山脉东部边缘的时候，曾遇到来自东南部热带平原地区的游牧、半游牧民族的反抗，特别是奇里瓜诺人的反抗。当时，这些游牧、半游牧民族分布在今天塔里哈省的东部、圣克鲁斯省东北部和丘基萨卡省东部一带，他们不断地对安第斯山区的民族进行野蛮入侵，并一步步推进到了丘基萨卡和科恰班巴中央谷地一带。为了阻止这些放荡不羁的奇里瓜诺游牧民族的入侵和抢劫，印加人就在一些战略要地修建了一系列军事堡垒和哨所，叫作"普卡拉"（Pucaras）。现在，人们还可以看到这些建筑的不少遗址，其中最有特色、最有名的，就是科恰班巴省卡拉斯科州的印卡利亚赫塔城堡遗址。该城堡原来的名字已经湮灭，现在的名字是一个名叫伊萨克·诺比利奥的农庄主取的；按克丘亚语解释，就是"印加人的营房废墟"的意思。1913年该城堡遗址被一个名叫厄兰德·诺登斯乔尔德的科学家发现，随后即得到社会各界的重视，因为城堡保存得比较完好，建筑上很有特色：城堡的地基是一个大的平台；平台周围建有4~5米高的防卫墙；防卫墙上有壁龛和观察窗口；城堡院内有几所长方形的房子；场院的最高处孤立地竖立着一个岗楼。显然，这是一所相当完备的防御工事，代表了印加帝国军事建筑的发展水平。所以，近百年来，这里一直是旅游者最感兴趣的印加遗址之一。

（十三）卡拉斯科国家公园

从科恰班巴往东，经过陡峭的高山、深邃的河谷和古代土著居民留下的一个充满神秘色彩的文化遗址印加查卡，就到了卡拉斯科国家公园。卡拉斯科国家公园创建于1991年，坐落在科恰班巴省的东部，面积62万公顷。地形崎岖多变，最高处海拔4717米，最低处只有海拔250米。气温冷热悬殊，西南山地寒冷，北部低地炎热，无数的河流从世界上最高的雾林流向广阔无垠的亚马孙河流域，这是地球上物种最丰富的一个生态系统区。这里生长着5000多种植物，包括200多种鲜艳美丽的兰花，10多种棕榈树和各种蕨类植物，还有800多种鸟类以及其他为数不少的极珍贵的动物。

（十四）"埃尔普恩特"丛林旅馆

"埃尔普恩特"丛林旅馆坐落在潮湿的、草木繁茂的热带丛林地带，位于卡拉斯科国家公园的边缘。漫步在这片40公顷被保护的热带雨林之中，游人可以自己探索通向清澈溪流和天然水池之路，同时欣赏几十种稀奇的小鸟、无数美丽的蝴蝶和闪烁发光的昆虫。丛林旅馆有12套舒适的卧室，每套都有浴室、餐厅和酒吧。这里还设有吊床，游人玩累了，可以躺在吊床上好好休息。

（十五）萨迈帕塔要塞

萨迈帕塔（Samaipata）是圣克鲁斯省佛罗里达州的首府，一个美丽的圣克鲁斯人的村庄。村庄的名称"萨迈帕塔"在克丘亚语中即"在高处休息一下，吃点东西"的意思。顾名思义，这是一个行人打尖歇脚的地方。在没有修建科恰班巴—圣克鲁斯柏油公路之前，这里曾是赶着驮畜路经此地的人不能不休息的地方，因为从这里往前走不到几千米，就是人见人怕的"猴子坡"，那里的小路紧贴着悬崖，蜿蜒在密林覆盖的"隧道"之中，路面长年积水，略有小雨即成为一片烂泥潭。所以，在1952年以前，每到雨天，就有好几百个搞运输的人云集在这个村子里，得到村民的殷勤接待，他们有时一住就是好几个星期。柏油路修好之后，这个村子曾经一度衰落，成了一个贫穷的村子。但是不久，在离这个村子不到6000米的地方发现了一个重要的闻名于世的考古遗址——"萨迈帕塔要塞"，于是，这个村子又随之神奇地繁荣起来，成了世界旅游者都感兴趣的地方。

"萨迈帕塔要塞"是一个宏伟壮观的古露天神殿，位于圣克鲁斯城去往科恰班巴城的公路线上，离圣克鲁斯城约120千米。神殿建在一座1950米高的山峰之上。建造神殿的地方非常特别，它是在山顶上自西向东冒出的一块巨大的、石英砂质的、浅红色的石头。这块巨石长250米、宽60米，古土著艺术家在上面雕刻了石头阶梯、平台、壁龛、成双成对的基座以及很多动物，还有相互联系的水池和排水系统。他们仅仅依靠石头构成的高低差别，就建造了世界上最特别的一座神殿。西班牙征服者来到这里的时候，错误地将这个本来毫无危险的建筑看成是一个军事工程，因而给它取了一个不适当的名称——"要塞"（El Fuerte）。现在，这个面积约10公顷的考古遗址，不但是考古学家研究的对象，而且也成了一些神秘主义者冥想的对象，自然也是许多旅游者感兴趣的地方。

（十六）奇基塔尼亚耶稣会传教区

奇基塔尼亚是今天圣克鲁斯省奇基托斯州所属的一个地区，是奇基塔诺人生活的地方。16世纪西班牙殖民者就是从这个地区开始征服上秘鲁的。这个地区被征服后，殖民者在这里建立了莫霍斯管区，接着又在这里建立了圣克鲁斯城。但是，由于这个城市离其他殖民城市太远，很不安全，殖民者不得不在1621年将圣克鲁斯城从这里西迁至今天的所在地。圣克鲁斯城迁走后，广阔的奇基托斯地区实际上是被抛弃了，任凭来自沼泽地区的部族和巴西的冒险家对这个地区的入侵和劫掠。到17世纪中叶，这种入侵和劫掠越来越严重，迫使西班牙统治者不得不加以防御，于是将奇基托斯地区重新管理起来，使之发挥防御敌人的作用。这个任务就落到了耶稣会传教团的身上。从17世纪末期开始，耶稣会传教团陆陆续续在这里建立了很多土著居民"归化村"，将不信奉基督教的、分散的奇基托斯人聚集到一起，建立新的村庄，一方面向他们传教布道，迫使他们信奉基督教，另一方面在"归化村"建立各种工场或作坊，如木工作坊、铁工作坊、手工工艺作坊等，让土著居民在那里接受各种与公社需要有关的工艺培训和职业培训。土著居民不但在那里学到了耶稣会传教士所传授的各种工艺技术，而且也在实践中丰富了自己所掌握的工艺技术。他们运用自己所掌握的建筑技术，特别是木工技术，利用当地的木材，在奇基塔尼亚地区修建了一系列美丽的教堂和神殿，如建于1691年的圣哈维尔教堂、建于1709年的孔塞普西翁教堂、建于1748年的圣伊格纳西奥·德贝拉斯科教堂、建于1755年的圣安娜教堂、建于1721年的圣米格尔教堂等。这些木质结构的教堂大都富丽堂皇、精美绝伦，成为玻利维亚文化中一笔不朽的财富。现在，这些建筑已被联合国列为珍贵的人类文化遗产。这里美丽的农村风光与玻利维亚的历史文化以及宗教艺术相结合的文化景观，是世界上其他地方很难见得到的。

（十七）诺埃尔·肯普夫国家公园

诺埃尔·肯普夫国家公园创建于1976年，坐落在玻利维亚东部圣克鲁斯省东北部一块人迹罕至的土地上。生态科学家诺埃尔·肯普夫在这里考察的时候被毒品走私犯杀害，遂以他的名字命名，以纪念这位可敬的科学家。因交通不便，去这里旅游，一般要乘坐飞机。到了这个公园之后，沿玻利维亚和巴西的界河瓜波雷河顺流而下，一路上都是美不胜收的热带雨林风光、色彩缤纷的兰花和模样奇特的各种飞鸟，令人心旷神怡。该公园是玻利维亚最大的自然保护区。这儿栖息着600多种飞禽，其数量超过了整个北美洲。生活在瓜波雷河的河獭估计有上千头之多，是一笔十分可观的财富。公园中高达60多米的大瀑布，气势磅礴，蔚为壮观。由于大量垦荒者的迁入，乱砍滥伐现象和非法渔猎现象严重，公园面临前所未有的危机。由于人为的破坏严重地损害了自然环境，近年来游客人数锐减，而作为世界上最大的河獭栖息地的瓜波雷河也面临河獭绝迹的灾难。为了拯救诺埃尔·肯普夫国家公园的生态环境，世界各国的许多科学家在一些生态保护组织的赞助下，纷纷来到这里对公园里的美洲豹、貘、鹿、狼、蜘蛛、吼猴、龟类、鸟类以及濒危的河獭等动物进行调查研究，并建议将诺埃尔·肯普夫国家公园的面积增加两倍，使之成为南美洲最大的野生动物保护区之一。据玻利维亚旅游当局估计，在不久的将来，这里的自然环境定能吸引四方来客，给全世界久居都市的人们带来全新的感受。

（十八）切·格瓦拉英勇牺牲的地方

埃内斯托·切·格瓦拉出生于一个富裕的阿根廷人家庭。深切的人类同情心和热衷于冒险的浪漫天性促使他在学生时代就以打工的方式周游了几乎所有美洲国家。1954年，他还亲历了危地马拉人民抗击美国雇佣军的战斗，深刻意识到了人民解放事业的重大意义。随后，在旅居墨西哥期间，他遇到了正在秘密准备武装起义的古巴革命者菲德尔·卡斯特罗一行人，并加入了反对古巴独裁者的起义军。1959年古巴革命胜利后，切·格瓦拉担任古巴党政要职，并赴非洲参加过反殖斗争。到60年代，革命风云席卷整个世界，在振奋人心的大好形势下，格瓦拉提出了一个重要的思想：人应当是历史进程中的自觉因素，社会主义主要是精神和觉悟的产物，因此，他表示："我们对没有共产主义道德的经济型社会主义不感兴趣。我们要为克服贫困而战，也要为克服异化而战。"[1] 他认为，已经取得革命胜利的国家存在两种危险，一是革命者满足于局部地区取得的胜利，放弃无产阶级国际主义义务，最后败于国际帝国主义的强大体制；二是革命队伍内部滋生的官僚主义和意志衰退将导致未来的腐败。他说，无产阶级国际主义不仅是革命者的义务，而且是革命者的需要……古巴民族

---

[1] Ernesto che Guevara, *El Socialismo y el Hombre en Cuba*, Editorial de Ciencias Sociales, La Habana, 1993.

将为自己的革命先锋地位做出牺牲,革命领导人将为自己的表率身份做出牺牲。不久,切·格瓦拉果然用行动实践了自己的理想和诺言。1966年11月初,他秘密来到玻利维亚,组织了一支由古巴、秘鲁、玻利维亚等国52名革命者组成的游击队,在圣克鲁斯省的西部山地开辟了一个游击基地,再一次领导游击战争,试图在玻利维亚树立一个人民解放的榜样。1967年10月8日,他在玻利维亚圣克鲁斯省西部丘罗山谷的战斗中受伤被俘,次日被玻利维亚军人杀害于伊格拉镇附近的一所乡村小学。几十年过去了,全世界向往公正和美好生活的人们仍在深切怀念他的牺牲精神和伟大人格。为了纪念他,这里的瓜拉尼印第安人在格瓦拉战斗过的地方开辟了一个名叫"格瓦拉之路"(Ruta de Che)的旅游项目,引导游人参观当年游击队活动的地区,特别是格瓦拉指挥战斗、受伤被捕的丘罗山谷和格瓦拉英勇就义的伊格拉镇附近的那所乡村小学。

(十九)亚马孙河流域

亚马孙河流域是玻利维亚最吸引人的水域。游客们可以乘坐一种叫作"弗罗特尔"的小游艇在这里进行探险活动,寻找各种稀奇动物的行踪,体会同大自然密切接触、同这里的动植物密切接触的乐趣,还可以在河边景色宜人的地方或土著社区的边缘安营扎寨,欣赏亚马孙河流域的美丽夜景,访问当地的土著社区,同当地居民一起生活,了解他们的生活方式和近年来的社会变化,欣赏这里丰富多彩的民间艺术。在贝尼省首府特立尼达城西面约88千米处,还有一个以民间艺术而闻名遐迩的土著居民小镇,叫作"圣伊格拉西奥德莫霍斯"。这个镇现在已成为亚马孙地区的"民间艺术之都",每到宗教节日,几十个土著部族的队伍都来这里举行古老的宗教仪式,游客们可以了解亚马孙人的宗教信仰和玻利维亚悠久的历史传统,尽情欣赏他们的民间艺术,体验土著音乐的欢快节奏,欣赏土著舞者色彩鲜艳的服装。

二 著名城市

在玻利维亚广袤的土地上,一座座风景秀丽、历史悠久的城市镶嵌其间。它们既有深厚的文化底蕴,也不乏开放的现代气息。

（一）和平之城拉巴斯

拉巴斯是玻利维亚中央政府所在地，地处西经68°09′、南纬16°30′，所在时区为西四区，和北京的时差为12个小时（即比北京时间晚12小时），海拔3640米，人口76.46万人（2012年），是当今世界上地势最高的行政首都。四周群山环抱，白雪皑皑的伊延普山和伊利马尼山像白玉天柱矗立在它的一旁。这里气候凉爽，年平均气温为10℃，年平均降水量约550毫米。"拉巴斯"（La Paz）一词，西班牙语即"和平"之意，因纪念西班牙殖民帝国内战平定而得名。该城虽名曰"和平"，其实在历史上并不和平，位于波托西银矿与秘鲁总督区首府利马之间，为西班牙殖民者运输白银必经之地，常常成为权力之争的舞台，被称为"暴君的坟墓，胜利的祭坛"。20世纪以来，由于周围矿区的开发和交通运输业的发展，迅速成为全国最大的经济中心。这里交通便利，市内有公共汽车、小公共汽车、出租汽车和固定路线出租汽车，市外有交通网连接奥鲁罗、贝尼、特立尼达、科恰班巴、圣克鲁斯等主要城市，有多条公路与秘鲁相连，有铁路经的的喀喀湖水路与秘鲁的普诺港相通，有铁路和公路通往智利的阿里卡港和安托法加斯塔港，还有一个国际机场。

拉巴斯城的建筑和布局很有特色。城市的中心是著名的穆里略广场。广场中央耸立着南美民族独立运动先驱者佩德罗·多明戈·穆里略的铜像。广场南侧矗立着拉巴斯圣母天主教堂。该教堂始建于17世纪波托西银矿开采兴盛时期，属希腊—罗马式建筑风格。每逢重要的宗教节日或星期天，教堂内灯火辉煌。许多虔诚的土著居民手持蜡烛，一踏上广场就开始低头祈祷。教堂旁边是一座别致的白色三层楼建筑，它就是玻利维亚的总统府克马多宫，宫前有头戴饰盔、身穿天蓝色上衣和红色长裤的卫兵守护。每天12点，游人可以在这里观赏由科罗拉多斯步兵营举行的总统卫队换防仪式。以穆里略广场为中心，城市建筑依地势高低分层。最高的山坡上大多是农村移民和土著居民居住区，人口约占全市人口的30%；中间是行政中心和商业区，有总统府、政府宫、大使馆、大学和商店；最低处是高级住宅区，那里的卡拉科托和佛罗里达街海拔3200米，气候温和，杨柳成荫，呈现一片绿色，同高处的赭灰色形成鲜明的对照。不仅如此，

拉巴斯还有旧城与新城之分，圣弗朗西斯科广场以北为旧城区，那里的穆里略纪念馆、胡安·德巴尔加斯风俗博物馆、黄金博物馆、人种发展史和民间文化博物馆以及圣多明戈教堂是玻利维亚著名的建筑群。广场的东南方是新城区，是现代化的拉巴斯，这里车水马龙、摩天大楼、奇妙的喷泉、典雅的花园，无不可以与墨西哥城和加拉加斯城的繁华市区媲美。圣克鲁斯元帅大街及相连的普拉多大街，自西北向东南斜穿全城，路面宽阔，是全城的主要街道。街道西端的公园中耸立着南美解放者西蒙·玻利瓦尔的纪念像；街道东端的棕榈丛中矗立着另一位解放者苏克雷的纪念像；中间是共和国纪念碑。纪念碑的基座为一个六边形石柱，基座上竖立着一尊半裸的女神像。女神像一手扶宝剑，一手持橄榄枝，是该城市的和平象征。城北的埃尔阿尔托（El Alto）是拉巴斯城的卫星城。从这里鸟瞰拉巴斯全城，你会看到：白天，东科迪勒拉山脉连绵雄伟的山峰和蜿蜒曲折的峡谷，千姿百态；晚上，市区的万家灯火与广袤无垠的夜空繁星交相辉映，妙不可言；山腰，简陋的土著民房排列在山坡上；山下，在拉巴斯的闹市区，人们熙来攘往。当地出产的土豆和酢浆草、的的喀喀湖的鲜鱼、从其他地区运来的蔬菜和水果、现代化的日用百货和家用电器等，应有尽有。特别是玻利维亚的手工编织艺术品，已有4000年的历史，精美绝伦，被誉为"世界纺织史上的奇迹"。在莱昂·德拉巴拉小巷不远处，还有一处被称为"中国市场"的集市，那里出售各种各样的餐具。

拉巴斯城不但风景引人入胜，更重要的还是它的文化价值。拉巴斯地区是古安第斯文化的发源地，是玻利维亚历史文化的中心。拉巴斯城的周围有许多重要的历史文化遗址，如神秘的的的喀喀湖、世界著名的蒂亚瓦纳科文化、拉巴斯城的原址拉哈市、一水之隔的秘鲁库斯科和马丘皮克丘等。拉巴斯城内还有圣弗朗西斯科神殿和修道院、马克斯·德比利亚维德纪念馆、圣佩德罗教堂、圣多明戈教堂、卡尔门教堂等名胜古迹。

（二）历史名城苏克雷

苏克雷（Sucre）是玻利维亚的法定首都，最高法院所在地，丘基萨卡省首府。地处西经65°16′、南纬19°02′，所处时区为西四区，和北京时差为12个小时（即比北京时间晚12个小时），人口约30万人（2011年）。位于玻利维亚中南部地区的卡奇马约河谷地，海拔2790米。夏季平均气温为20℃~28℃，冬季平均气温为10℃~18℃。原为查尔卡斯的一个土著村落。1538年建城，先后用过"拉普拉塔"、"查尔卡斯"和"丘基萨卡"3个名称。殖民地时期曾是查尔卡斯主教管区首府和查尔卡斯检审庭所在地。1809年南美洲反对西班牙殖民统治的第一次起义就发生在这里。1825年玻利维亚独立后于1839年定其为共和国首都。翌年，为纪念玻利维亚解放者、共和国总统苏克雷元帅，更名为苏克雷城。1898年内战结束后，虽保留法定首都地位，但中央政府和议会均迁往新都拉巴斯。苏克雷城交通方便，有铁路通波托西、公路通科恰班巴、输油管道通卡米里油田，是苏克雷盆地农牧产品的集散地和加工中心，并有石油提炼、冶金、纺织、水泥、卷烟、水果罐头等工业企业。苏克雷是一座繁华而高雅的城市。市中心在殖民地时期的建筑一律为白色，有"美洲白城"之称。权贵人物的住宅都十分讲究，会客室富丽堂皇，且追求艺术情调；房间里大都装饰有从法国进口的高大镜子，天花板下大都挂有名画或名贵的大壁毯。市内名胜古迹甚多，有南美最古老大学之一的玻利维亚圣弗朗西斯科·哈维尔王家教廷大学，有许多殖民地时期的古老教堂，特别是17世纪的"大主教教堂"，有独立战争纪念碑、博物馆和独立宫。市区有景色奇异的7座小山，分别为"爱情之山"、"风之山"、"干旱之山"、"芦苇之山"、"废物之山"、"云雾之山"和"寒冷之山"，是苏克雷景观的一大特色。苏克雷完整地保留了古老城镇的特色，被联合国教科文组织命名为"人类文化遗产"城。

在苏克雷城东南64千米处，有一个著名的市场，叫塔拉布科市场（Tarabuco）。这个市场所在的塔拉布科镇是西班牙殖民统治者为供应波托西市场而于1580年建立的，现在已成为玻利维亚一个以印加时代传统音乐、服饰和舞蹈吸引世界游客的旅游中心。塔拉布科镇星期日的集市贸易非常有名，每到星期日，周围的土著农民都身着传统服装，去市场出售他们五彩缤纷的、设计独特的陶瓷产品和一种叫作"阿瓜约"（Aguayo）的纺织品。

（三）矿业古都波托西

波托西（Potosí）是南美洲地区的一个矿业古都，是玻利维亚西南地区重要的矿业城市，今波托西省首府。坐落在玻利维亚高原东部的波托西高地，位于西经65°45′、南纬19°35′，所处时区为西四区，和北京时差为12个小时（即比北京时间晚12个小时），海拔4200米，年平均气温10℃，冬季白天气温通常都在0℃以下。人口约24万人（2012年）。创建于西班牙人在波托西山发现银矿（1545年）之后的第二年，并很快以其富裕而闻名于世。城名"Potosí"源自克丘亚语的"potojchi"一词，意即"爆破"，因山内发出的隆隆响声而得名。波托西银矿的发现是近代世界经济史上最重大的事件之一。消息一传出，立即震惊世界，一向默默无闻的波托西顿时声名远扬，成千上万名逐利者从世界各地纷至沓来。到17世纪中叶，波托西的银产量几乎占世界银产量的一半，波托西也成了当时南美洲最大的城市。波托西的兴旺时代持续了一个多世纪，后因银矿的枯竭而衰落。进入20世纪后，又因锡矿的兴起而复兴。现为玻利维亚最大的工矿业城市。工业有冶金、制革、制鞋、食品加工、家具、电器制造等。交通发达，有公路与国内各主要公路系统相连；有铁路东通苏克雷，西至智利的安托法加斯塔；还有飞机场。尽管有洪水和偶尔发生的地震为患，但仍保留着殖民地时代城市的风貌：市中心是中央广场，广场周围是市政大厦、政府机关、造币厂、财政厅、天主教教堂、博物馆等；一条条狭窄的街道从中心广场向四周延伸；市内有著名的托马斯·弗里亚斯自治大学和里卡多·博尔克斯博物馆，有17～18世纪的王室钱币铸造厂和建立于1586年的圣胡安教堂。波托西城的名胜古迹和沧桑变化在拉美十分典型，被联合国教科文组织命名为"世界文化遗产"城。

（四）民间艺术之都奥鲁罗

奥鲁罗（Oruro）位于玻利维亚西部，是奥鲁罗省首府和主要铁路枢纽。该城坐落在玻利维亚高原东部，位于西经67°06′、南纬17°58′，所处时区为西四区，和北京的时差为12个小时（即比北京时间晚12个小时），海拔3706米，气候凉爽，年平均气温为10℃。原为乌鲁族人聚居地，称"乌鲁鲁"（Ururu），西班牙殖民者占领后，将其改称"圣米格尔"（San Miguel）。1595 年 5 月发现金矿后，西班牙人于 1606 年在此建城，取名"奥地利的圣菲利佩国王镇"，以纪念国王菲利佩三世。玻利维亚独立后仍沿用乌鲁族人的称呼，改用现名。原以开采银矿著称，发展很快；后因银矿枯竭而衰落。进入 20 世纪后，随锡矿开采和铁路建设而重新繁荣。现有人口 26.4 万人（2012 年），有一所大学和一所矿业学校，是玻利维亚锡工业中心，炼铁、冶金、食品加工、纤维和制鞋等工业较发达。奥鲁罗城的最大特点是交通发达，它是玻利维亚全国的交通枢纽，是世界海拔最高的铁路交通中心。泛美高速公路也通过这里，使之同南美各国相连接。这里还有民航通拉巴斯。卡米里油田通往拉巴斯的输油管也经过这里。因交通发达，每年都有不少游客来这里旅游观光。奥鲁罗的另一个特点是这里的民间艺术十分有名，被称为"玻利维亚民间艺术之都"。这里的狂欢节享誉世界。狂欢节一年一度，是一种宗教节庆活动。矿工们因生活条件恶劣，无力抵御因恶劣劳动环境而带来的各种灾害（矿区爆炸、坑道塌顶、硅肺病等），因而矿工们就把求平安的希望寄托于宗教神灵。这里流传着一个古老的传说，说矿井黑暗王国的统治者是一个名叫阿乌阿里的魔王和他漂亮而又阴险毒辣的妻子契娜·苏巴伊。矿区的一切灾难都是这个魔王和他的妻子带领他们的喽啰兴风作浪的结果。为了降伏作恶多端的魔王，每年复活节前的第 40 天，矿工们都要举行象征天使降伏魔王的宗教节日活动。届时，西部高原区、波托西、科尔克等各个矿区的矿工们都云集在奥鲁罗城。节前，城内大小商店各种各样的面具及化装服饰琳琅满目。这些面具及服饰色彩鲜艳，形象生动，造型千奇百怪，富有极大的艺术想象力。矿工们为了参加这一天的宗教节庆活动，常常不惜花费一年的积蓄来买一套自己理想的面具和服饰。节日那天，奥鲁罗城的大街小巷，到处都是穿着奇装异服、戴着各种各样面具的矿工及其家属。他们聚集在广场上，为"天使与魔鬼"搏斗的表演助威。魔王被天使战败后，还有一段魔王妻子苏巴伊用她的美貌诱使小天使、企图负隅顽抗的片断。当苏巴伊的阴谋即将得逞的关键时刻，矿工的保护神坑道圣母降临人间显灵，挫败了邪恶，给饱受痛苦和生活折磨的矿工们带来极大的精神安慰。奥鲁罗的狂欢节以其鲜艳的色彩、活泼的音乐和丰富多彩的民间艺术而闻名于世，每年年初（狂欢节每年2月举行）都会吸引很多国外游客来这里观光。

（五）幽雅之城科恰班巴

科恰班巴是玻利维亚的第三大城市，科恰班巴省首府。地处西经66°17′、南纬17°42′，时区为西四区，和北京的时差为12个小时（即比北京时间晚12个小时）。"科恰班巴"一词源自克丘亚印第安语"Khocha Pampa"，意即"遍布小湖的平原"。位于东科迪勒拉山脉东侧的科恰班巴盆地罗查河畔，海拔2553米，以气候温和著称。前身为奥罗佩萨镇，1786年提升为市。现有人口63.05万人（2012年）。市内有圣西蒙大学、市立图书馆、博物馆和考古博物馆。圣西蒙大学收藏有古印加时代的象形文字手稿，考古博物馆藏有蒂亚瓦纳科时代和印加时代的珍贵文物。该城的科恰班巴大教堂、圣阿古斯丁教堂、圣胡安·德迪奥斯教堂、圣弗朗西斯科教堂、圣多明戈教堂、圣特雷莎教堂等众多教堂均保留着西班牙殖民统治时期的建筑艺术风格。因地理上处于玻利维亚中心位置，这里交通便利，有航空、铁路、公路同首都拉巴斯相连，有公路同周围各省的首府相连，有铁路与西面的奥鲁罗、智利北部的安托法加斯塔港以及东面的阿基莱和圣克鲁斯相通，还有玻利维亚劳埃德航空公司的一个运营中心在这里经营省内外航空运输业务，是玻利维亚主要的交通枢纽之一。城市的周围是灌溉农业区，盛产粮食、土豆、咖啡、甘蔗、可可、烟草和水果，又邻近各矿业城镇，历来是全国最大的农产品集散地和加工中心，有"玻利维亚粮仓"之称。主要工业有石油提炼、食品加工、纺织、建材、卷烟、轮胎、制鞋、木材加工及家具制造等，特别是奇恰酒酿造业很有名。因有输油管通卡米里油田和圣克鲁斯附近油田，这里的炼油厂年加工能力达到216万吨。这里气候温和，风景秀丽，特别是城北海拔5180米的图纳里山，山巅白雪皑皑，景色壮观。近郊的圣萨瓦斯蒂安山谷，环境清静，风景优美；繁花碧树之间，有宏伟的独立英雄纪念碑，有建造于1910年的帕蒂尼奥大厦；附近有温泉浴场和游泳池，还有俱乐部、高尔夫球场等，是重要的旅游和休养胜地。1964年法国总统戴高乐曾休憩于此。

（六）贸易重镇圣克鲁斯

圣克鲁斯是玻利维亚第二大城市，圣克鲁斯省首府。地处西经63°14′、南纬17°45′，时区为西四区，和北京的时差为12个小时（即比北京时间晚12个小时），海拔480.06米，人口245.35万人（2012年），为玻利维亚人口最多的城市。位于玻利维亚辽阔东部低地的中央，气候温和，雨量丰富，适于种植水稻和甘蔗。自20世纪60年代玻利维亚南部油田开始大规模开发之后，农业迅速发展，主要农产品有甘蔗、稻米、咖啡、烟草等，工业主要有皮革制造、酿酒、食糖加工、石油精炼等，此外，水泥、卷烟和家具制造等工业也较发达。这里有大规模的天然气输送工程。交通发达，有公路通科恰班巴（1950年建成），再由科恰班巴通全国各省首府；铁路可达巴西的边境城市科隆巴（全长650千米），从科隆巴可通过巴西的交通系统直达大西洋港口；此外，这里还建有机场，是玻利维亚东部地区的交通枢纽。因为物产丰富，交通便利，圣克鲁斯成了附近地区热带和亚热带农产品的主要贸易中心，街道两旁各种贸易中心一个接一个，有甘蔗市场、稻米市场、可可市场、咖啡市场、烟草市场等，世界各国尤其是南美各国的商人云集于此，各种商品荟萃，交易活动热闹非凡，使该城成为名副其实的贸易重镇。该市的建筑颇有特色，街道完全是西班牙风格的棋盘式街道，曲曲弯弯，别有情趣。城市的南面和北面都储藏有丰富的石油和天然气，有输油管道通至锡卡西卡和亚力加，有天然气管道通至斯瓦拉港；石油和天然气的开采使这座贸易城更具生机与活力。总之，圣克鲁斯是玻利维亚发展最快的一个新兴经济中心，同时又保留了殖民地时期古老城市的特点，是旅游者感兴趣的地方。

三　建筑艺术与传统工艺

玻利维亚历史悠久、文化灿烂，在建筑艺术与传统工艺方面有卓越的成就和独特的风格，现存众多宏伟壮观的历史建筑。

在古文明时期，玻利维亚境内的土著各族人民掌握了高超的建筑艺术，并留下了以巨石建筑和道路体系为代表的历史遗存。公元3~8世纪，艾马拉印第安人创造的蒂亚瓦纳科文化进入繁荣时期，其位于的的喀喀湖南岸的遗址气势宏大，占地420公顷，内有金字塔、神庙、石门、石碑等建筑。整个建筑群用砂石板和玄武岩石块建成，有些石块重达百吨。石块取自4~5公里远的采石场，加工成长方形，垒砌整齐，不用黏合物，而是用青铜钉和铗加以固定。著名的太阳门由一块高约3米、长宽各约4米的巨石雕凿而成，门楣上刻有精致浮雕。蒂亚瓦纳科帝国解体后，科利亚文化兴起，在建筑艺术方面也卓有建树，如用巨石砌成圆柱体或方形塔冢，石块之间衔接紧密，不用连接材料，现存有著名的西育斯塔尼遗址（位于秘鲁境内）。公元13世纪，印加帝国入主玻利维亚高原，建造了许多巨石城堡和神庙，其独特风格是将石头雕凿成多边形的石方，主要建筑遗址有伊斯坎瓦亚古城、印卡利亚赫塔城堡和萨迈帕塔要塞遗址。印加统治者征调劳役修建道路，还使用羊驼运载原料和设备。北起厄瓜多尔的印加王家大道横贯玻利维亚中部，向南到达阿根廷的图库曼，长约6000千米。道路沿途建有1000多座驿站，供信使歇脚，驿站之间相隔约一天的路程。印加的桥梁建造技术比较发达，遇峡谷还搭建索桥。索桥的长度能够达到60米，用由龙舌兰纤维制成的绳索加以固定。玻利维亚境内的印加道路遗址主要位于蒂亚瓦纳科和塔西克。

在殖民地时期，欧洲近代建筑思潮传入玻利维亚，并与本土元素相结合，留下了以宗教建筑为代表的艺术瑰宝。1550~1650年，文艺复兴建筑风格传入玻利维亚，当时的教堂用厚土坯砌墙并建扶壁，内庭院适于冥想。位于的的喀喀湖附近的科帕卡巴纳教堂是这一艺术风格的代表，其外部是白墙绿顶，饰有罗马拱和小穹顶，其内部是镀以黄金的华丽祭坛，安放着用纯银制成的圣母像。坐落于苏克雷城的自由宫是另一座代表性建筑，原为耶稣会传教士生活和学习场所，后来成为玻利维亚发表独立宣言和成立首届国民大会的圣地，外部建筑简单，但内部建有漂亮的庭院和设计匀称的内室。1600~1770年，玻利维亚盛行巴洛克建筑风格，代表性建筑是银都波托西的圣阿古斯丁教堂和圣洛伦索教堂，前者由长形正厅和高穹顶构成，内部和外部装饰都很华丽，后者有工艺复杂的圆柱，建筑正面有精致的装饰。1700年之后，新古典主义建筑风格传入玻利维亚，影响了一大批建筑，如波托西和苏克雷两座中心城市的诸多教堂、波托西的王室钱币铸造厂，均以建筑宏伟和装饰华丽著称。在殖民地后期，玻利维亚涌现出了一批本土建筑师和工匠，他们参加重要建筑的修建和装饰，使当时的建筑呈现出"混合风格"（梅斯蒂索风格）。该建筑风格的特征是，建筑物的圆柱、外部装饰，罗马拱和内部自然光的使用均为新古典主义风格，大门和显著位置的窗户则装饰带有土著民族主题的精美石刻，如印加诸神、本地的动植物。拉巴斯的圣弗朗西斯科教堂的修建就体现了这种混合艺术的形成过程，即由西班牙人设计建造，但装饰细节由当地土著工匠完成。在玻利维亚独立后的19世纪，殖民地时期形成的各种建筑风格继续长期存在，并杂糅在一起。

进入20世纪，尤其是1950年之后，现代建筑在玻利维亚兴起。第二次世界大战之后，玻利维亚的城市化进程加快，推动了以新材料和新结构为主要特征的现代建筑的普及。在苏克雷、波托西和拉巴斯等历史悠久的城市，具有商业、居住、教育等用途的高楼拔地而起，建筑正面装饰玻璃，内部安装电气化设备，铁路、机场、高速公路等现代交通设施也应运而生，使城市颇具现代气息，但历史建筑的空间也受到挤压。新兴城市的建筑物大都用现代建材按现代理念建造而成，如1956年成立的圣克鲁斯建筑师协会推动了这座东部城市的规划与建设。该协会的成员大多留学欧美或其他拉美国家，具有现代建筑理念。他们在圣克鲁斯的公共工程，如道路铺设、街道拓宽、机场修建的规划与建设过程中发挥了重要作用，并将环线交通理念应用于城市的未来规划中，使圣克鲁斯的交通布局趋于现代，还为玻利维亚建筑人才的培养打下了坚实基础。卡洛斯·卡尔德隆是玻利维亚当代著名的建筑师，设计建造了拉巴斯法语联盟学校、拉巴斯通信大厦、塔里哈大桥、儿童博物馆等建筑，强调原创精神而非技术手段在建筑设计中的主导作用。①

---

① 本部分主要参考 Javier A. Galvan, Culture and Customs of Bolivia, ABC-Clio, 2011。

四 特色动植物

(一) 特色动物

1. 骆驼科动物

玻利维亚有4种只有南美洲安第斯国家才有的动物,这就是大羊驼(Llama)、羊驼(Alpaca)、小羊驼(Vicua)和原驼(Guanaco),统称为"骆驼科动物"。骆驼科动物最早起源于公元前7万年至公元前3.5万年时期的北美洲。随着冰冻的出现和北美草原环境的恶化,它们开始向南迁徙。到上新世和第三纪末,它们大规模向亚洲和南美洲迁徙。迁到亚洲的驼群逐渐形成了今天亚洲的骆驼科动物双峰驼和单峰驼;而通过中美洲地峡迁到南美洲的驼群,则到达了南美洲玻利维亚的塔里哈和阿根廷的北部。所以,玻利维亚的塔里哈地区和阿根廷的查帕德马拉尔地区就成了南美洲骆驼科动物的古生物中心和南美洲骆驼科动物的发源地。由于长期的进化,南美洲的骆驼科动物对于安第斯山脉高寒地区的各种不同的生态环境具有很强的适应性。

大羊驼是玻利维亚最主要的骆驼科动物,其数量遥遥领先于其他安第斯国家。大羊驼主要有两个品种,一种是多毛大羊驼,另一种是无毛大羊驼。在这两种深浅毛色的大羊驼之间,还有各种中间毛色的大羊驼。大羊驼虽然冠以一个"大"字,其实并不大,身高不足1米,体重最多110千克,酷似羊,且为反刍动物,因此,将它称作"骆马"显然不大合适。玻利维亚的羊驼主要有两种,一种叫苏里羊驼(Suri),一种叫瓦卡亚羊驼(Huacaya)。二者的区别主要在于形态和毛色,前者毛绺更长,形态干瘦,显得不如后者健壮。后者则驼毛更细,驼毛的纤维更短、更弯曲。

以上这两种羊驼因为肉、皮、毛、骨都可以利用,所以历来都是定居在安第斯高寒地区的印第安人赖以生存的基础,很早就成了印第安人的驯养动物;许多印第安人部落还把羊驼当成自己部族的图腾。与此大不相同的是小羊驼和原驼。这两种动物因为十分灵敏,且奔走速度极快,所以很难驯养。但是,因为小羊驼的毛皮非常珍贵,原驼的肉十分鲜美,它们都成了猎人们猎捕的对象。在玻利维亚的洛斯利佩斯地区和智利的科皮亚波地区，小羊驼现在已被视为一种新的、地区性的羊驼品种。小羊驼一般生活在南纬20°～南纬30°之间的地区，现在所存已经不多；尽管政府多方保护，数量也不过万余头。原驼在玻利维亚的遭遇更惨，目前只剩下几十头。

2. 蛇

在安第斯山脉的各个支脉中，在玻利维亚湿热的热带平原上，在亚马孙河流域和拉普拉塔河流域地区，生活着各种各样的蛇。主要有两大类，即毒蛇和蟒蛇。毒蛇主要有4种，即约佩罗霍博博斯蛇、小尾眼镜蛇、响尾蛇和司命女神蛇4种。约佩罗霍博博斯蛇一般栖息在浅湖、湖边、湖中以及牧草丰盛的地方，有水生的习惯。此种蛇在玻利维亚大约有10个亚种，其中一种被称作"鹦鹉蛇"的毒蛇，呈绿色，多数时间生活在树上。其毒液主要由各种可破坏人体组织的酶组成，有破坏神经的作用，能杀死血液中的红细胞。

小尾眼镜蛇（Micrurus）被当地人称为"科拉莱斯"（Corales）。这种蛇很小，只有20厘米长，生活在科恰班巴市周围的一些小山里；在丘基萨卡中央谷地、亚马孙平原和查科平原也可以见到它们的身影。这种蛇颜色鲜艳，有红的、黄的和黑的，皮上一般都有条状花纹。这种蛇看似温顺，很少咬人，常入户栖息，几乎像家养的一样，但毒性极大。因身体短小，如被这种蛇咬伤，伤口一般在脚趾或手上。毒液能破坏人的中枢神经和红细胞；中毒后由于红细胞被破坏，尿液顿呈红色，有一种血清注射液可解此毒。

响尾蛇（Crotalos）皮肤呈棕色，背部有黑色菱形花纹。一般生活在东科迪勒拉山脉东麓永加斯地区炎热的山谷地带、亚马孙盆地和拉普拉塔盆地。其特点是尾端有一个角质轮，运动时会发出一种特殊的打击声。这种声音可以使人在遭到攻击之前逃避。其毒液能破坏神经，摧毁红细胞，导致人体麻痹、眼皮下落和震颤，有一种抗蛇毒血清注射液可以解毒。

司命女神蛇（Lachetico）主要有两种，一种叫"普卡拉拉"（Pucarara），呈深棕色，背部有几何形花纹，生活在潘多省以及贝尼省北部和拉巴斯省北部潮湿的大森林中，身长可达4米，一旦攻击人，伤口都在高位，如胳膊上、脖子上和脸上，牧民都非常害怕这种蛇，因为即使骑在马上，也会被咬伤。另一种叫"带刺响尾蛇"（La cascabel de púa），尾端有一角质尖刺，其毒液极毒，与响尾蛇相似，没有专门的解毒剂可用，因此，被咬伤后必须用一种多效用的抗蛇毒血清注射液。

玻利维亚的蟒蛇又称王蛇，有好几种，如西库里蟒、耶尤蟒、阿马拉里蟒、索比蟒等。西库里蟒又称"森蚺"，是玻利维亚最大的一种蟒，身长10米，甚至更长；身体呈深棕色（东部地区还有一种黄色的），身上有黑色菱形花纹。在民间传说中，这种巨蟒被视为河流和湖泊的保护神，并被描绘成头部和背部之间长有鬃毛的一种怪物。这种巨蟒一般蜷曲于树枝之间或生活于河边和湖边的草木之中，喜攻击，习惯于水中生活。阿马拉里蟒又称"博耶蟒"，约5米长，身体呈棕灰色，身上有黑色菱形花纹。这种蟒喜欢吞食农田中的刺豚鼠等"强盗动物"，因此，许多农民都养殖这种蟒，让它来看守庄稼，使之免遭刺豚鼠等"强盗动物"的糟蹋。耶尤蟒长3米，有一身漂亮的皮肤，在阳光下闪闪发光。索比蟒身长3米，生活于潮湿的大森林中，发红的皮肤上闪烁着各种美丽的颜色。背上有黑色的菱形花纹和斑点。

3. 鱼

玻利维亚有3个界线明确的水系。一个是西南部的中央水系，一个是北部和东北部的亚马孙水系，还有一个是南部的拉普拉塔水系。每个水系都有品类丰富的渔业资源。

中央水系是一个湖沼盆地。在这个大盆地的的的喀喀湖、波波湖、德萨瓜德罗河、毛里河等河流和湖泊中，生长着各种各样的鱼类，如河鳟、苏切鱼、毛里鱼、伊斯佩鱼、乌曼托鱼、博加鱼、克利翁丘鱼、黑色卡拉切鱼等。当地渔民使用渔网就可以把这些鱼捕捞上来。的的喀喀湖的捕鱼季节是每年的11月10日至第二年的3月15日。该湖中最有名的鱼是一种类似鲑鱼的河鳟，从湖中捕得的最大的河鳟，重量可达17千克，长1.25米。

拉普拉塔水系主要有两条河，一条是皮科马约河，一条是巴拉圭河。皮科马约河的捕鱼业是玻利维亚最重要的商品渔业，全国鱼产品消费的大部分来自这条河。每年的4月至9月是这条河的捕鱼作业期。拉普拉塔水系最有名的鱼有鳐鱼、苏鲁比鲶鱼、尖吻鲭鱼、鲳鱼、金色棘鳍鱼、鲱鱼、鳗鲡、锯鱼和大帕库鱼。

但是，比较起来，渔产最多的还是亚马孙水系。这个水系的许多河流与海洋相连，是很多鱼类产卵的地方，因此，这里的鱼类要比封闭的的的喀喀湖水域丰富得多。据科学家初步调查，这个水系各大河流的鱼类品种极其丰富，马莫雷河有324种，马莫雷河流域有十分广阔的水域，以渔业资源丰富著称。其鱼类品种之多，在世界温带地区首屈一指。有趣的是，在它的324种鱼中，从重量来看，10～99克重的小鱼和不到10克重的小小鱼占总数的2/3；中等重量（100克至1000克）的鱼有41种，占总数的13%；最大的鱼只有15种。在41种中等重量的鱼中，只有一半具有商业价值，其余的鱼产量少，人们也不大喜欢吃。伊特内斯河有162种，贝尼—马德雷德迪奥斯河有99种。而且，这3条河的鱼类品种并不雷同。据皮尔逊1937年的调查研究，从贝尼河采集的163种鱼中，只有29%与马莫雷河相同。[1]亚马孙河流域的鱼类主要有金色棘鳍鱼、大帕库鱼、锯鱼、阿苏莱霍鱼、苏鲁比鲶鱼、巴格雷鲇鱼等。有些鱼很奇特，譬如金色棘鳍鱼有一口锋利的牙齿，性好斗，搏斗时常跳出水面，金黄色的鱼鳞闪闪发光，只有用钢质的钓鱼线和装有勺形挡板的高强度鱼钩才能捕获。又譬如阿苏莱霍鱼以躯体庞大著称，最大的阿苏莱霍鱼有2米多长，重150千克。

（二）特色植物

玻利维亚因为有许多不同的生态区，故植物也多珍奇品种。原产于安第斯山区的马铃薯、玉米和块茎作物酢浆草（Oca），在玻利维亚就有非常多的品种。据统计，马铃薯和玉米各有200多个品种，酢浆草有100多个品种；其中很多品种是别的地方所没有的。此外，玻利维亚还有很多珍奇少见的植物，最著名的有以下几种。

坎图塔花是生长在西部高原地区的一种美丽的花卉，帕图胡花是生长在东部亚马孙河流域大平原地区的一种美丽花卉，二者都天然地具有玻利

---

[1] Hugo Boero Rojo, *Enciclopedia "Bolivia Mágica"*, tomo I, Editorial Vertiente 1993, p. 100.

维亚国旗的红、黄、绿三色，因此现在已先后被定为玻利维亚的国花。

普亚树，全称"普亚雷蒙迪"（Puya Raimondi），是一种凤梨科植物，高十几米，生长在拉巴斯西南干燥的科曼切采石场或石坑里。此树是大自然的一大奇迹。它从生长到完全成熟需100年，故称"世纪树"。成熟时开花，花柱矗立在该植物之上，高度几乎占全树的2/3，十分雄伟。开花之后即在缓慢地自我燃烧中衰萎下去，直至化为一堆灰烬。奇怪的是，此植物只生长在玻利维亚高原的一个确定的地方，并伫立在寒风凛冽的石堆之中。据推测，该植物生长之地可能有地下热流或某种火山因素。其他个别地方如科恰班巴省波霍附近的孔多华恰纳和玻利维亚南部通图皮萨的公路旁边也可以看到一些较小的普亚树。

托博罗切斯树（Toboroches）生长在塔里哈省查科地区的沙地上，是玻利维亚的又一生物奇迹。该树几乎没有一片树叶，却挂满了白色、玫瑰色等各种颜色的美丽花朵，故当地人又形象地称它为"醉棒树"（Palo Borracho）。

托托拉草（Totora），亦称"宽叶菖蒲"，是的的喀喀湖和波波湖浅水中的一种野生香蒲属植物。此草用途极广，是湖岸居民和湖中岛民用来制作船只和修建房子的常用材料；它的嫩苗和嫩叶还是湖区人民的日常食品。托托拉草草丛中各种水鸟所下的大量鸟蛋更是湖区居民的美味食品。由于湖区人民的衣食住行几乎都离不开托托拉草，所以有学者认为，如果没有托托拉草，历史上的的喀喀湖文明的兴盛几乎是不可能的。

昆诺阿藜是安第斯山区的一种谷类植物，亦称"印加小麦"、"昆诺阿谷"、"藜麦"或"昆诺阿粟"。茎硬且直，长满毛刺，果实为粟，含有丰富的蛋白质，古代印加人称之为"粮食之母"，被联合国粮农组织推荐为最适宜人类食用的完美的全营养食品，是近年来玻利维亚农产品中最受欢迎的出口品。

第二章

历　史

玻利维亚历史大约可上溯至两万年前，其历史发展大体经过了古安第斯文明时期、西班牙殖民统治时期、近代玻利维亚和现代玻利维亚四个重要的阶段。

第一节　古安第斯文明时期（公元前 1.5 万年左右至公元 16 世纪初）

一　玻利维亚地域最早的居民

从考古研究的材料来看，玻利维亚地域最早人类的出现，可以上溯到 1.5 万～2 万年以前的旧石器时期。当时，一个被称作"维斯卡查尼人"（Viscachanense）的部落已居住在现玻利维亚拉巴斯省的锡卡西卡县（Sicasica）一带，离现在玻利维亚首都拉巴斯约 100 千米。这个部落以捕猎和摘取野果为生，除了粗制的石器之外，考古学家还发现有陶器、箭头等生产、生活器具，考古界称之为"维斯卡查尼文化"（Cultura Vizcachanense）。后来，在公元前 1 万年左右，阿亚姆比丹人（Ayampitinense）从北方迁移到玻利维亚南部塔里哈谷地一带。之后，又有一批乌罗人在奥鲁罗以南的波波湖一带定居下来。他们开始播种谷物，造船捕鱼，用弓箭狩猎，并发明了自己的语言——普基纳语和乌罗语。此外，在今奥鲁罗省西部的卡兰加斯地区，当时还居住着一个奇帕亚人的部落。所有这些部族都是玻利维亚印第安人的祖先，这里是美洲印第安文化的重要发源地。

二 蒂亚瓦纳科文化

大约在公元1世纪,居住在的的喀喀湖南端一带的艾马拉印第安人开始建立起一种原始形态的国家——"蒂亚瓦纳科帝国",并在几个世纪之后逐步创造出玻利维亚史前时期[①]最灿烂的蒂亚瓦纳科文化。蒂亚瓦纳科文化发展史大体上可划分为初期、中期和后期。

初期是公元1世纪至3世纪。此时期,在距的的喀喀湖南岸21千米处,蒂亚瓦纳科城邦逐渐形成。居民以渔猎为生。

中期又称古典期,是3世纪末至8世纪末。此时期,农业已有相当大的发展,农民驯养了大羊驼和羊驼,培植了马铃薯、昆诺阿藜和坎亚瓦等粮食作物。在农业生产中已广泛利用梯田、灌溉渠和肥料。蒂亚瓦纳科遗址的主要建筑被认为是在这个时期建成的。

蒂亚瓦纳科遗址由两部分组成。第一部分有阿卡帕纳金字塔、卡拉萨萨亚平台和半地下式神庙等。阿卡帕纳金字塔东西长140米,南北长180米,高15米。有方形的台座和台阶,表面铺砌石块。每层平台的护墙系在间隔排列的石柱间垒砌石块筑成。塔顶部可能是一座巨大的四方形庙堂,已被西班牙殖民者破坏。在离地15.24米高处有一个大水池。卡拉萨萨亚平台长128米,宽118米,在平台西北角,竖立着驰名世界的"太阳门"。太阳门高3.048米,长宽各3.96米,门洞高1.95米,厚0.91米。门楣上刻有精致的浮雕,中央是一虎(豹)头天神,头上放出光芒,脸呈方形,占整个雕像的1/3,鼻子高耸,嘴饕张,双目凹陷,眼中似有泪水滴出,故又有泪神之称。他身穿皮毛背心,腰上束带,双臂张开,右手持矛,左手拿箭袋,上身部饰有华丽的项链和鱼状护胸。两旁分三列共48个有翼人像,上下两列为猫科动物的头部,中间一列为鸟类头部,手持权杖或棍棒,面朝中间神像。太阳门现在的位置是在1908年修复时安

[①] "史前时期"指没有文字可考的历史时期,通常指西班牙入侵以前的时期。艾马拉人原来并没有文字,只有一些图画式的符号,这些符号从来都没有发展成一种完整的书写体系,而且也没有统一的标准,各部族之间所用的符号很不一致。

置的，其原来的位置不得而知，但太阳门上的雕像则普遍存在于安第斯地区的各种建筑、陶器和纺织品上，成为这种文化的特点之一。半地下式神庙呈方形，四边护墙嵌有头像，院内有两座人形石碑。第二部分是普马·蓬库双层平台，离阿卡帕纳金字塔 2000 米，平台呈 U 字形，上有寺庙。整个建筑由巨型的砂石板和玄武岩石块组成。有的石块重百吨以上。石块上凿有榫眼。石块与石块之间不用灰浆，而是用青铜钉和铗加以固定。这是南美古代最大的巨石建筑之一，其工程之完美足可以与世界上其他任何工艺建筑相媲美。如此巨大的石块，印第安人是如何搬运的，至今仍然是一个谜。除了建筑，考古发掘证明，这时期的制陶技术和冶金技术也达到了相当高的水平。

蒂亚瓦纳科文化的后期是 8 世纪末至 12 世纪，又称后古典期或扩张期。这时期，蒂亚瓦纳科帝国已经统辖今天的拉巴斯、科恰班巴、奥鲁罗等省，并扩张至秘鲁和智利的北部，其独特新颖的艺术风格、陶器图案、配色方法以及纺织花样也随之传遍了安第斯中部地区，即秘鲁高原及秘鲁沿海广大地区，北至秘鲁北海岸，南抵智利和阿根廷，成为古代印第安文化的代表。12 世纪以后，这种文化逐渐衰落、消失，据推测，很可能是因为当时这个地区发生了严重的旱灾。

三　科利亚文化

"蒂亚瓦纳科帝国"衰亡之后，在的的喀喀湖周围及其附近地区出现了 12 个政治上独立、有组织的艾马拉人的王国，如卢帕卡斯、科利亚斯、帕卡赫斯、卡兰加斯、卡纳斯、坎奇斯、查尔卡斯等，由于它们都有健全的政治组织，遂形成了一个以蒂亚瓦纳科城为中心的"科利亚帝国"（Imperio Colla）。在帝国内诸王国之中，最重要、最强大的是查尔卡斯王国。它位于今波托西省北部，并逐步扩大到今科恰班巴省南部，面积 3 万平方千米，人口 5 万，首都是萨纳卡（Sanaca），绝大多数艾马拉人都属于这个王国。

科利亚帝国在其存在的两个多世纪中，也创造了不朽的文化，被称为"科利亚文化"。科利亚文化首先是一种"医药文化"，科利亚王国也常被称为"医药之国"。直到现在,拉巴斯省北部的萨阿维德拉州还有8个社区的居民被称作"卡利亚瓦亚"(Kallawaya),意即"肩背药物者"。他们继承历史传统,常年在外行医,用草药给人治病。[1]

科利亚文化在建筑艺术上也有突出的贡献,在的的喀喀湖北面离普诺市约34千米的地方,有一个重要的科利亚文化遗址,叫"西育斯塔尼"(Sillustani)。这是公元12世纪至14世纪科利亚贵族(卡西克和祭司)的一个大墓地,海拔4000米,呈一半岛状,伸进美丽、神奇的乌马约湖。科利亚贵族有一种特殊的殡葬习俗,即先将死者的尸体按胎儿的姿态做成木乃伊,然后将其安放在一个被称作"丘尔帕"的圆柱体或方形塔冢之中。与其一起安葬的还有死者生前所用的金银器、陶器、食品等贵重陪葬品。最大的丘尔帕高12米,内径约7.6米,都用宽1.5米、高0.8米、略带弧度的长方形巨石建成,石头与石头之间无任何连接材料,完全靠重量相互咬合,其衔接之紧密,甚至连一个剃须刀片都塞不进去,虽已历经七八个世纪的风化,现在仍基本保存完好。西育斯塔尼遗址反映了科利亚文化与印加文化的融合,是南美洲印第安人历史上最令人惊叹的建筑成就之一。[2]

大约在公元13世纪,"科利亚帝国"被克丘亚人征服,成为"印加帝国"的一部分。

四 印加文化

"印加帝国"约在12世纪末逐渐兴起于今秘鲁的库斯科山谷。这个帝国的第9代国王尤潘基(Yupanqui,1438-1471)登基之后,开始大规模对外扩张,占领了蒂亚瓦纳科及"科利亚帝国"全境。到15世纪末16

---

[1] 参见 Cesar Augusto Barahona Obs, Ponencia: Una nueva espiritualidad después del Kharisiri, Chucuito, Peru, 2003。La cultura Kallawaya es Patrimorio Oral Mundial. http://www.laprensa.com.bo/.

[2] 参见 Conociendo Puno - 1998, http://www.inei.gob.pe/biblioineipub/bancopub/Est/Lib0259/tras1.htm. Tumbas de Sillustani: guardianes del sueo. http://www.averlo.com/Turismo/Sud_America/166.htm。

第二章 历 史

世纪初瓦伊纳·卡帕克（Huayna Capac）统治时期（约1465~1525），印加帝国达到其历史鼎盛时期，其版图包括今天的秘鲁、厄瓜多尔、玻利维亚、智利北部和阿根廷西北部的广阔地域，人口达1000万人左右。

印加帝国属于早期奴隶制国家，等级分明，吸取"科利亚帝国"政治组织的经验，建立了严密的社会管理体系。全帝国以库斯科为中心，划分成4个"苏约"（suyo），即4个行政区。每个苏约分若干省。最基层的行政官员称作琼卡·卡马约克，为10户之长；上面是帕恰卡·卡马约克，辖10个琼卡；帕恰卡之上是瓦兰卡·卡马约克；再上面是乌诺·卡马约克，最高一级官员是利亚克塔·卡马约克，其上则是印加王，印加王直接统辖利亚克塔。为了维持帝国的统治，印加统治者采取了统一军队（建立了一支20万人的军队）、统一语言（在全帝国推行克丘亚语）和实行"米塔"（Mita）徭役制等措施。在4个苏约中，玻利维亚属科利亚苏约，是在原科利亚帝国的基础上建立起来的，是印加帝国的核心部分。

在印加帝国中，玻利维亚的艾马拉人同安第斯山区克丘亚人以及其他诸印第安部族一起，共同创造了世界著名的印加文化。印加文化是拉美古代三大文明之一，达到了相当高的文明成就。经济以农业为主。所有土地的最高所有权属印加王，由印加社会的基层组织"艾柳"组织生产。艾柳系印加帝国的基本社会单位，由若干住在一起、具有血缘关系的家族组成，他们有共同的土地，崇拜同一图腾。艾柳的土地被划分为三部分：一部分为神庙所有，称"太阳田"，所收归神庙；另一部分为王室所有，称"印加田"，所收归王室；最后一部分为公社所有，称"公社田"，所收归艾柳。农作物多达40多种，如玉米、马铃薯、印加小麦、木薯、甘薯、棉花、花生、菜豆、葫芦、南瓜、番茄以及烟草、古柯等。在陡峭的山坡上，印第安人建造了大量的梯田和灌溉渠。这些灌溉渠有些是在天然岩石上钻凿而成的，有些是穿山凿洞，以石板铺底而成，其工程之浩大，可想而知。在有梯田的山上通常都竖有太阳历，便于农民计算播种和收割的最佳时间。当时使用的主要农具是被称为塔克利亚的木橛，这是一种带石尖或金属尖的弯曲木杆。人操作时用脚踏杆上的凹槽，使尖头深插土内，这种农具一直沿用至今。畜牧业也有一定的发展，大羊驼已被驯养为驮载工具，并已得到大量养殖。手工艺相当发达，有竖式、横式织机，织出的棉、毛织品花色多样，图案精美，色彩和谐。冶金技术有所发展，有锻造、模铸、镶嵌、焊接、铆接等加工方法。模铸的青铜刀具和武器，刀口都经过高温锻制，提高了韧度。用金、银制作的人物、动物塑像和饰品很多，且非常精致。

印加文化最令人钦佩的成就，是它的建筑艺术。印加帝国所建成的王家大道，全长约1.8万千米，主要干线有两条，一条沿海岸而筑，称海洋大道；一条修建在广阔的高原上，从今厄瓜多尔穿越秘鲁，经玻利维亚中部，再分别通到阿根廷北部和智利，称高原大道。干道宽4.5米，在有灌溉系统的地段，路旁筑围墙，让渠水从路侧流过；在攀越高山的路段修筑阶梯，采取盘桓上升的设计；通过沼地的路段，将道路筑在高高的石堤上；在穿越河流或峡谷的路段架设桥梁；路经深渊，则在深渊上架设吊桥。在两条干线之间还修建了若干支线，形成一个安全可靠的全国交通网，把帝国连成一个整体。此外，印加帝国的建筑成就还有雄伟的库斯科城和散布在各地的神庙和巨石城堡，统称为"巨石建筑"。将石头雕成多边形的石方，是此时期印加帝国建筑物的独特标志。印加建筑中最负盛名的是印加帝国古城遗址马丘皮克丘（Machu Picchu），其建筑特点是结构严谨牢固，不用灰浆，无浮雕一类的装饰物。

印加帝国还创造了一种叫"基普"的结绳文字。"基普"由横着的一条主绳和系在主绳上的一条条短细绳组成。印第安人通过在细绳上打结的方法来记载必须记载的事情。打结的形式和多少表示数字，按照10进位的计数方法，离主绳最远一行的结代表个位，次一行的结为十位，而后是百位和千位。如果某一行没有结，便表示零。细绳的不同颜色，表示不同的物件，如褐色表示马铃薯。"基普"的主要用途是计算征收到的赋税和统计人口。当时，印加帝国设有专门使用基普的人员，他们随时做好准备，以便按国王的指示使用基普，报告国王所需要的有关材料。

印加人发明的太阳历对日月星辰的运行规律计算非常准确，一年为365又1/4天，分12个月，每月30天，10天为一周，全年36周另加一个5天短周。

在医学方面，印加人继承和发扬了科利亚帝国的医药文化成就，能用草药治病，其对现代医药的贡献除古柯外，还有金鸡纳、吐根、番木鳖等。其外科手术，特别是穿骨术、移植术等，非常有名。

印加帝国的音乐、舞蹈以及木雕、石雕的技艺也颇具特色。印加人制作的陶器，如同其建筑，不崇尚雕饰，但造型生动，品种繁多。

总之，印加文化是古安第斯人民创造的，代表了安第斯文化的顶峰。它是世界文明的瑰宝。西班牙殖民者入侵后，印加文化遭到了毁灭性的摧残和破坏。

五 印加帝国时期的东部文化

印加帝国的扩张由于受到奇里瓜诺人的顽强抵抗，大体上只达到东科迪勒拉山脉的东麓或山梁，始终未能达到今玻利维亚的东部地区。因此，玻利维亚东部地区的文化属于另一种文化，是热带雨林地区居民为抵御洪水需要而创造的一种文化，其主要特点是路堤的建筑。路堤一般围绕村庄而建，高0.5米至5米，以保护村庄不受洪水泛滥之害。

另外，在印加帝国征服的边疆地区还有一种"边疆文化"，是印加文化与东部亚马孙文化既斗争又融合的文化。科恰班巴地区的"萨迈帕塔要塞"遗址就属于这种文化。萨迈帕塔要塞离科恰班巴古道约120千米，是玻利维亚东部地区最重要的一个考古发掘地。从发掘出的文物来看，这里不但是玻利维亚西部安第斯印加文化、东部亚马孙文化和东南部查科文化的汇聚地，而且还可能是玻利维亚历史上文化发展的一个核心部分。1998年，萨迈帕塔要塞被联合国教科文组织宣布为受保护的人类文化遗产。

第二节 西班牙殖民统治时期（1516~1825）

一 西班牙的殖民征服

西班牙殖民者最早是从玻利维亚东南方的巴拉圭入侵玻利维亚的。16

玻利维亚

世纪20年代，有关"白色王国"和"白银之山"的传说已经在西班牙殖民军中广泛流传，一个名叫阿雷霍斯·加西亚的冒险家，为了寻找这个"白色王国"和"白银之山"，决定率军出征传说中的富足而美丽的印加国土。1516年，他们从巴拉圭的亚松森出发，经过七八年的时间，穿越整个查科地区，来到了安第斯山区的东科迪勒拉山麓的乔克查卡（Choquechaca），也就是后来所说的"丘基萨卡"、"查尔卡斯"或"拉普拉塔"。他们是来到玻利维亚地域的第一批西班牙殖民者。

1535年，西班牙殖民军的另一名首领阿尔马格罗又率军从玻利维亚的西北侵入印加帝国的科利亚苏约（即今天的玻利维亚），并在帕里亚（今玻利维亚的奥鲁罗）建立了第一个殖民点。随后，为了掠夺波尔科地区的银矿，西班牙殖民军首领弗兰西斯科·皮萨罗又派他的弟弟贡萨洛·皮萨罗远征上秘鲁（今玻利维亚）。1538年，贡萨洛在查尔卡斯，即上述第一批殖民者到达的拉普拉塔（即今天的丘基萨卡），建立了殖民统治行政机构，开始了对玻利维亚的殖民统治。

二 殖民社会的建立

西班牙的查尔卡斯（今玻利维亚）殖民社会是西班牙殖民军征服的产物。为了对殖民地进行有效的统治，并尽可能多地从殖民地获得财富，西班牙殖民政府在玻利维亚实行了一系列旨在使征服者有可能控制土地、劳力和赋税的政治经济制度。这个进程大体上是在秘鲁总督托莱多统治时期（1569~1581）完成的。

（一）委托监护制和米塔制的建立

为了确保殖民地矿业生产和农业生产所需的劳动力和王室的贡赋收入，西班牙殖民者在征服上秘鲁后，很快就在这里建立了委托监护制（encomienda）和米塔制。"委托监护制"是一种将印第安人和贡税控制权委托给西班牙殖民者个人，封他们为"委托监护主"，同时要求他们承担起对印第安人进行监护和进行宗教教化责任的制度。在殖民统治的初期，查尔卡斯殖民地的农业是被委托监护主垄断的，他们垄断了廉价的印第安劳动力，垄断了西班牙王室委托的向印第安人征收贡赋的权力。到17世

第二章 历 史

纪50年代，这样的委托监护主在上秘鲁有80多个。① 但是，由于监护主为了谋取私利经常违背国王敕令，西班牙国王一直想改变这种制度，把印第安人置于自己的直接管辖和控制之下。到17世纪下半叶，委托监护制基本上被大地产制取代，转变为一种以土地租用换取印第安人劳动的制度。

"米塔制"是西班牙殖民者在矿业中推行的一种强制性劳役制度。它原本是印加帝国实行的一种轮换摊派的徭役制度。由于印第安人因感染欧洲疾病而大量死亡，波托西银矿劳力奇缺，为了解决波托西银矿的劳力问题，秘鲁总督托莱多在1570年决定将印加帝国的这个传统制度运用于殖民地矿业，强迫有劳动能力的印第安男子轮流为波托西银矿提供"米塔"。托莱多估计，随着波托西矿业的发展，每年都需要从查尔卡斯印第安人聚居的16个地区的139个村子摊派1.35万名"米塔"劳工，分成3班（每班4000多人）轮流去波托西矿山服役。为了提高矿山的生产效率，托莱多还进行了技术方面的改革，在银矿冶炼中引进新的汞齐法，以取代印第安人原始的"瓦伊拉"熔炉冶炼法。托莱多还在1574年颁布矿业条例，规定殖民地地下财富为国王所有；规定对银矿征收"五一税"（即要将收入的1/5上交王室），为此，托莱多还创建了波托西王室钱币铸造厂（1573），专门生产银锭和银币。1621年，西班牙人又在波托西修建了人工湖体系，以水力作为动力，提高了银矿砂的产量。

由于上述制度的建立与一系列改革措施的实行，查尔卡斯出现了一个持续的开发波托西银矿的高潮。这一高潮从1570年一直延续到17世纪下半叶。这是查尔卡斯经济发展的黄金时期。据统计，在这个时期，西班牙殖民者总共在这里挖掘矿井2000多眼，用800万印第安人的生命掠走了白银2.5万吨，价值约10亿美元，为当时西班牙王室提供了最主要的财源。波托西银矿业的繁荣也对当时的世界经济产生了巨大的影响，特别是对当时的秘鲁经济圈产生了巨大的影响。这个经济圈以波托西矿产品市场

---

① The Library of Congress, Country Studies, The Economy of Upper Peru, http://workmall.com/wfb2001/bolivia/Bolivia_ history_ the_ economy_ of_ upper_ peru.html.

为中心，包括了近处的科恰班巴、拉巴斯、塔里哈等地，以及遥远的基多、图库曼、布宜诺斯艾利斯、利马、阿雷基帕、库斯科等地区。由于这个巨大的经济圈的存在，波托西遂成为16世纪末至17世纪中叶世界人口最多的城市之一。

（二）城市的建立

为了巩固对玻利维亚地区的统治，殖民者在占领了上秘鲁之后，即在那里建立了一些人口集中、彼此可以相互支援的据点或城市。

殖民者建立的第一个城市是丘基萨卡，即今天玻利维亚的法定首都苏克雷所在地。这是西班牙殖民者首先到达的地方。由于殖民者在附近的波尔科发现了银矿，加上这里战略地位重要，秘鲁征服者皮萨罗早在1538年就委派安苏雷斯上尉在这里建城。当时，印第安人称此城为查尔卡斯，西班牙人则称它为拉普拉塔（意即白银城）。由于气候温和，土地肥沃，又有波尔科矿山巨大财富的支持，此城很快就繁荣起来，并逐渐成为玻利维亚的政治、文化中心。1558年西班牙王室在此设查尔卡斯检审庭，1624年又在此创办圣弗朗西斯科·哈维尔王家教廷大学，使该城享有"美洲雅典"的美誉。

殖民者建立的第二个城市是著名的矿业之城波托西。1544年的一天，在印第安人称为"苏马克奥尔科"（即今天波托西城所在的塞罗里科山）地方，一个印第安牧民在一堆篝火旁边睡觉，一觉醒来，突然发现一道道银光从篝火的灰烬中射出，这里发现了银矿！消息传出，西班牙人立即占领了这座山及其丰富的银矿资源。第二年，西班牙人开始在这里建造住房和仓库，开采这里的银矿，此即建城之始。1546年，西班牙国王卡洛斯一世签发敕令，将该城命名为"波托西帝国之镇"。随着银矿的加紧开采，波托西人口迅速增长，16世纪末，人口达16万人，是当时西半球最大的城市。

殖民者建立的第三个城市就是今天玻利维亚政府所在地拉巴斯。1545年，秘鲁总督区发生殖民征服者反叛西班牙国王的内战，西班牙王室派唐佩德罗·德拉加斯卡前往平定叛乱。平定之战于1548年胜利结束。同年，为了纪念内战的结束，德拉加斯卡委派阿隆索·德门多萨上尉在西部高原上的拉巴斯河谷建立此城,并命名为"努埃斯特拉·塞尼奥拉·德拉巴斯城",意即"和平圣母城"。拉巴斯地处河谷之中,能免遭高原寒风和冰雹的侵袭,同时又位于波托西银矿至利马等太平洋沿岸港口城市的中间,为商旅必经之地,因此商业发达。后发展成为玻利维亚的政治、工业、商业和交通的中心。

此后,为了确保防卫和粮食供应的需要,殖民者又相继建了几个城市。譬如,查尔卡斯东部几乎荒无人烟的丛林地带,常常发生瓜拉尼印第安人围攻巴拉圭亚松森城的事件,为了防止这类事件的发生以及为了建立亚松森城同查尔卡斯地区的联系,西班牙殖民当局从巴拉圭调派了一支军队在这里建立圣克鲁斯城。建城任务由努夫洛·德查韦斯负责,1561年2月建成。不久,为防御奇里瓜诺印第安人对查尔卡斯边境地区的威胁,路易斯·德富恩特斯又在1574年建立塔里哈镇。翌年,出于同样的目的,又建立托米纳镇。

为了解决殖民地各城镇及居民点的粮食供应问题,秘鲁总督托莱多于1571年8月派赫罗尼莫·德奥索里奥(Jerónimo de Osorio)在土地肥沃的科恰班巴盆地建城,命名为"奥罗佩萨国王镇",1786年改名为科恰班巴。出于同样的目的,西班牙殖民者又在离拉普拉塔不远的地方建塔拉布科镇(1583)和米斯克镇(1603)。

西班牙人在查尔卡斯定居的活动大致到17世纪初建立奥鲁罗城的时候达到了顶点。1595年,科尔克马尔卡教区牧师在乌鲁乌鲁地区的圣克里斯托瓦尔发现了金矿,消息传出,殖民者趋之若鹜。鉴于移民激增,查尔卡斯当局即申报在这里建立城市。为纪念国王菲利佩三世,将该城命名为"奥地利的唐菲利佩国王镇";独立后,始沿袭乌鲁族印第安人的称呼,将其改名为"奥鲁罗城"。

(三) 查尔卡斯检审庭的建立和殖民地的政治统治

西班牙在玻利维亚殖民统治的一个最重要的机构是检审庭,又称"王室法庭"(Real Audiencia)。检审庭是西班牙王室直接掌握的殖民地司法和行政机构,由4~12名检审官组成,首席检审官由国王亲自任命。检审庭的主要职责是:审理刑事和民事司法案件;对包括总督府在内的行政机关进行监督,定期对总督任职期间的工作进行检查;监督有关印第安人法律的实施情况,维护印第安人的利益;充当总督顾问,执行总督的命令,在新总督到任前由检审庭主席代行总督职务等。

查尔卡斯由于拥有丰富的银矿财富和众多可以充当劳动力的土著居民,特别受到西班牙王室的重视。1559年9月18日,西班牙国王菲利佩二世决定在这里设立检审庭,称查尔卡斯检审庭(Audiencia de Charcas)。检审庭总部设在拉普拉塔(当时又称丘基萨卡,即今天的苏克雷),属秘鲁总督区。1776年建立拉普拉塔总督区后,改属拉普拉塔总督区。查尔卡斯检审庭在建立的头两个世纪中,其管辖范围包括北至库斯科、南至布宜诺斯艾利斯(包括巴拉圭和图库曼)、西至太平洋(包括阿塔卡马)、东到巴西边界的广阔地域,形成一个与王室权力、总督权力相互协调的行政、司法统治系统。1784年布宜诺斯艾利斯检审庭建立之后,管辖范围大大缩小,仅限于拉普拉塔(包括奥鲁罗)、波托西(包括塔里哈)、拉巴斯和科恰班巴(包括圣克鲁斯、莫克索斯和奇基托斯)地区,即大体上相当于独立初期玻利维亚共和国的领土范围。通过王室检审庭的行政、司法系统,西班牙王室实现了对查尔卡斯广阔殖民地的严密控制。

在农村地区,西班牙殖民统治者则设立印第安人行政管区,授予印第安人传统领袖库拉卡(Kurakas)、伊拉卡塔(Hilakatas)和卡西克(Caciques)组织土著居民劳动力的职权,并充当西班牙政权与印第安人社区之间调解人的角色。为了具体控制印第安人公社的管理工作,西班牙殖民当局还在各个市镇设立了非宗教的市政议会,赋予市政议会管理警察、卫生、公共教育、社区基础设施以及物资供应等广泛的权力。王室财政当局则严密控制殖民地的税收以及与矿业有关的造币厂和银行。

(四)天主教教会的统治

在精神生活方面,西班牙殖民统治者从一开始就加强天主教在殖民地的统治。首先是允许天主教传教士随同殖民征服者一起出征。后来又允许天主教不同教派如方济各会、多明我会、圣奥古斯丁教派和耶稣会等的传教士加入殖民征服者的行列。1552年,天主教首先在拉普拉塔城设立主教区,半个世纪后又相继在拉巴斯城和圣克鲁斯城设立主教区(1605)。

1609年，拉普拉塔主教区提升为大主教区，拉巴斯主教区、圣克鲁斯主教区、巴拉圭主教区、图库曼主教区以及布宜诺斯艾利斯主教区统统隶属于拉普拉塔大主教区的管辖范围，教会权力在查尔卡斯得到了空前的巩固。

1671年，查尔卡斯检审庭授权耶稣会教团在查尔卡斯东部的莫克索斯地区和奇基托斯地区建立传教团。到17世纪末，耶稣会传教团已经在莫克索斯地区建立了8个传教区。在17世纪末至18世纪中叶的半个多世纪中，耶稣会传教团又在奇基托斯地区建立了10个传教区。由于耶稣会传教团的工作，各个部落的印第安人基本上被组织建立了从事农牧业和手工业的土著居民"归化区"或"归化村"，从而巩固了西班牙殖民者在查尔卡斯东部经常遭受葡萄牙人侵犯的边境地区的统治。但是，自1767年西班牙波旁王室政府下令驱逐耶稣会教徒之后，耶稣会的传教工作中断，查尔卡斯东部地区的管理权重新落入天主教其他教派的手里。

三 殖民统治后期的经济衰退和波旁改革

17世纪中叶后，一方面由于奴役性的米塔制度和欧洲疾病的传染造成大量矿工死亡，劳动力极端缺乏，另一方面由于新西班牙（今墨西哥）矿业的兴起，波托西遭遇了强有力的竞争对手；更重要的还由于波托西内部矿主与西班牙商人、巴斯克集团与"小羊驼集团"（土生白人）之间的血腥火拼，再加上1626年发生矿山大爆炸，上千人死亡，大半个波托西城被毁等原因，查尔卡斯的矿业生产急剧衰落。查尔卡斯经济的衰落和崩溃对秘鲁经济圈产生了长期的、深刻的结构性影响：原来相当繁荣的商品农业转向了自给经济，查尔卡斯殖民地陷入了持续一个世纪的经济大萧条。

1700年西班牙王室权力转入波旁家族之手后，菲利佩五世所派的几位总督开始在查尔卡斯进行改革，致力于振兴波托西矿业生产。为此，西班牙王室政府削减了矿产税；建立了旨在杜绝矿产品私人倒卖的圣卡洛斯银行（1751）；引进西班牙阿尔马登的汞，以解决矿业发展所不可少的汞的供应问题；改革米塔制度，规定所有的印第安人都要服徭役，以解决印

第安人劳动力短缺的问题；利用布宜诺斯艾利斯港作为白银出口的主要渠道，将波托西的贸易由原来的经过利马取向太平洋，转到了经过布宜诺斯艾利斯取向大西洋；等等。通过这些改革，查尔卡斯的银矿生产恢复到了一个相当高的水平。但是，由于改革加剧了对印第安人的压榨和虐待，结果引发了18世纪末期大规模的印第安人起义。

四　殖民统治后期的印第安人起义

在西班牙殖民统治的后期，在整个美洲大陆，印第安人起义此起彼伏。在查尔卡斯地区，波托西省查扬塔地区（Chayanta）也爆发了著名的印第安人大起义。这次起义爆发于1780年7月，起义领导人是托马斯·卡塔里兄弟。起义爆发后，力量迅速扩大，曾一度包围了查尔卡斯检审庭的首府拉普拉塔城。继这次起义之后，在奥鲁罗爆发了罗德里格斯兄弟领导的起义（1780年11月），在拉巴斯爆发了胡利安·阿帕萨领导的起义。特别是拉巴斯的阿帕萨起义，在玻利维亚印第安人斗争史上享有重要的地位。胡利安·阿帕萨是天主教的一名教士，因不满天主教的反动统治，最后与教会决裂，并改名图帕克·卡塔里，自称总督。他带领拉巴斯地区印第安人起义军辗转斗争达5个月之久，曾在1781年两次围困拉巴斯城。后殖民当局从拉普拉塔调来大批援军，才把起义镇压下去。除阿帕萨领导的起义之外，在拉巴斯省的拉雷卡哈地区还有何塞·加夫列尔的侄儿安德烈斯·图帕克·阿马鲁领导的印第安人起义。

这些主要由艾马拉印第安人和克丘亚印第安人发动的大规模反殖民统治的斗争虽然最后都失败了，但它们具有深远的历史意义。它们揭开了拉美独立运动的序幕，并永远鼓舞着印第安人为自己的尊严和解放而斗争。

第三节　独立之路（1809～1825）

一　早期解放运动

18世纪末，法国先进的启蒙思想开始在查尔卡斯地区传播。与此同时，美国的独立革命、法国的大革命以及宗主国西班牙波旁王室政府的改革，都对查尔卡斯的政治发展产生了深刻的影响。特别是波旁王室政府的改革在相当大的程度上改变了查尔卡斯地区的社会经济生活，使得渴望贸易自由的土生白人越来越感到殖民统治制度的可憎。1805年，拉巴斯城出现了一个名叫佩德罗·多明戈·穆里略的知识分子，他以张贴讽刺传单的方式开始了玻利维亚人民争取自由解放的斗争。

1808年，拿破仑一世出兵入侵西班牙，占领了西班牙大部分国土，囚禁了西班牙国王费尔南多七世，并宣布自己的哥哥约瑟夫为西班牙国王。这一事件发生后，西班牙人民纷纷拿起武器进行抗法斗争，这种形势为殖民地的独立提供了一个良好的机会。西班牙国王费尔南多七世被囚禁后，西班牙塞维利亚中央洪达派特使戈耶内切来到查尔卡斯，并带来葡萄牙王后卡洛塔（西班牙国王费尔南多七世的姐姐）的一封信，要求西班牙美洲在她兄弟被囚禁时期服从她的统治。查尔卡斯检审庭主席拉蒙·加西亚·皮萨罗赞成这个计划，但检审庭的法官们则坚决反对，认为这实际上是要把西班牙的殖民地转交给葡萄牙。1809年5月25日，加西亚·皮萨罗开始对反对派实行镇压，下令拘捕了有革命思想的民众领袖、土生白人苏达涅斯兄弟，结果激起了丘基萨卡人民的激烈反抗，民众举行了起义，高喊"费尔南多七世万岁！打倒恶劣的政府！"的口号，并攻占了皮萨罗的官邸，监禁了皮萨罗。与此同时，检审庭的法官们以费尔南多七世的名义解除了皮萨罗检审庭主席的职务，成立了自治政府，接管了皮萨罗的全部权力。

丘基萨卡起义是南美独立运动的先声，在南美洲解放运动史上具有重要的意义。

二 1809年7月16日革命

丘基萨卡的独立起义很快就波及查尔卡斯各个地区，反响最大的是拉巴斯，在那里爆发了著名的"7月16日革命"。7月16日是纪念拉巴斯保护神圣母卡门的传统节日，拉巴斯人民在革命者佩德罗·多明戈·穆里略等人的领导下决定在这一天举行起义。这天下午，人们抬着神像穿过大

玻利维亚

街，印第安人用芦笛吹奏着悲哀的曲调，围着神像跳舞。起义者则混在欢庆节日的人群中进城，来到拉巴斯广场附近的一个商店里，等待起义时刻的到来。晚上7点半，起义开始。起义者勇敢地向哨兵发起攻击，很快攻占了武器库，并囚禁了塔德奥·达维拉市长、拉桑塔主教和其他主要当权者。接着，起义者召开了市政大会。在市政大会上，起义者号召市民废除食品税，焚烧过去的债券。几天后，起义者成立了一个由穆里略领导的15人"辩护委员会"（Junta Tuitiva），并发表《辩护委员会宣言》。宣言谴责了殖民统治，宣布殖民者对殖民地的残暴统治"是完全非法的"，号召建立严格以美洲利益为基础的政权和"新管理制度"。宣言最后宣称："3个多世纪来，我们的原始自由一直被一个侵占者的专制统治和暴政践踏，我们被视为低等人类，被看成野蛮人，对此我们一直无动于衷……现在，终于已经到了在这些不幸的殖民地上升起自由旗帜的时候了！"[①]辩护委员会所做的第二件工作就是派人将拉巴斯起义的消息报告给丘基萨卡起义者。最后，也是最重要的，辩护委员会还任命穆里略为上校，授权他招募军队，准备保卫拉巴斯。

面对玻利维亚人民的起义，利马总督急忙派库斯科检审庭主席戈尔内切率几千殖民军进攻拉巴斯城。在殖民军的包围下，一方面由于"辩护委员会"内部发生了分裂，另一方面由于独立运动没有得到克里奥尔人和广大印第安人的响应，起义最后失败，穆里略等起义领袖被捕。第二年1月29日，玻利维亚历史上最著名的9位独立革命先驱[②]在拉巴斯中心广场被殖民者绞死。当革命志士走向绞刑架时，穆里略抖落了披在肩上的斗篷，用洪亮而豪迈的声音反复宣布："我点燃的火炬，谁也不可能把它扑灭！"几天以后，从布宜诺斯艾利斯调来的殖民军也到达了丘基萨卡，用武力恢复了西班牙殖民者在拉巴斯的统治，并以谋反罪囚禁了所有起义者。

---

① Historia de Bolivia, http://www.khainata.com/solobolivia/sp/s_histo.html.
② 他们是：P.D. 穆里略、B. 卡塔科拉、B. 布埃诺、M. 希门尼斯、M. 格拉内罗斯、J.A. 菲格罗阿、A. 哈恩、G. 兰萨、J.B. 萨加马加。

1809年7月16日革命虽然失败了，但它所发布的《辩护委员会宣言》是南美洲的第一个独立宣言，标志着南美洲独立运动的开始。

三　实现独立

1810年，在拉普拉塔总督区的布宜诺斯艾利斯爆发了争取独立的"五月革命"，并成立了布宜诺斯艾利斯革命洪达。布宜诺斯艾利斯革命洪达成立后，一直把占领处于保皇势力控制下的上秘鲁作为自己的战略目标，并不断派出革命援军远征上秘鲁。1810年11月，由何塞·卡斯特利领导的一支远征军在上秘鲁的绥帕查战役中获胜，但在的的喀喀湖附近的瓦基遭到戈耶内切的毁灭性打击，只好长距离后撤。1813年初，又一支解放军在曼努埃尔·贝尔格拉诺率领下进军上秘鲁，5月到达波托西，但11月又被西班牙将军佩苏埃拉打败。尽管如此，上秘鲁人民要求独立自由的斗争并没有停止，他们在大大小小的起义领袖的领导下，组织成一支支游击队在上秘鲁的各个地区开展活动。所以，在1810年以后的15年中，上秘鲁的独立斗争基本上是由散布在各地的游击队来承担的，进而涌现出了很多英勇机智的军事领导人，如阿约帕亚的何塞·米格尔·兰萨、拉古纳的曼努埃尔·阿森西奥·帕迪亚及其妻子——女英雄胡安娜·阿苏尔杜伊·德帕迪亚、塔里哈的欧斯塔基奥·门德斯（绰号埃尔莫托）等。

19世纪20年代，由于西班牙发生革命，西班牙殖民军丧失了从宗主国获得增援的可能性，南美独立战争出现了新的转机。1821年6月，委内瑞拉最终赢得独立。1822年5月厄瓜多尔解放。1823年，南美独立运动领袖西蒙·玻利瓦尔应邀率领3000名士兵向秘鲁进军，并在1824年8月的胡宁战役和12月9日的阿亚库乔战役中，大败殖民军，取得了南美独立战争的决定性胜利。胡宁战役和阿亚库乔战役胜利后，秘鲁很快解放。接着，玻利瓦尔派安东尼奥·何塞·德苏克雷将军率哥伦比亚军队进军上秘鲁。1825年4月，起义军在图穆斯拉战役（la batalla del Tumusla）中彻底击溃了残余的西班牙殖民军，标志着西班牙殖民统治在上秘鲁的结束。

1825年8月6日，苏克雷将军根据查尔卡斯多数居民的愿望，在丘基萨卡召开的制宪会议上庄严宣布，上秘鲁脱离西班牙帝国，脱离利马和布宜诺斯艾利斯的控制，建立独立的共和国。根据这次会议制定的法律，新共和国由上秘鲁的5个省（拉巴斯、波托西、丘基萨卡、科恰班巴和圣克鲁斯）组成。为纪念解放者玻利瓦尔将军，新共和国命名为玻利瓦尔共和国。1825年10月3日，新共和国改名玻利维亚，西蒙·玻利瓦尔被宣布为新共和国的国父和第一任总统。

第四节　近代民族危机（1825～1935）

从玻利维亚独立到查科战争爆发的大约一个世纪的历史，是玻利维亚的近代史。这是一部玻利维亚人民遭受战争苦难、主权蒙受屈辱、国家饱经危难的历史。

一　独立派与合并派之争

独立战争前，查尔卡斯（上秘鲁）是拉普拉塔总督区的一部分，但从历史、文化和经济上来看，它同秘鲁总督区联系紧密，有理由并入秘鲁。所以，在玻利瓦尔最初的计划中，并没有在查尔卡斯建立独立共和国的考虑；但同时他又担心如果查尔卡斯合并于秘鲁，秘鲁共和国力量的增长就有可能威胁大哥伦比亚自身存在的基础。正是出于这种担心，他最后只好授权苏克雷允许查尔卡斯独立。同时也正因为这一点，玻利维亚独立的地位是不稳固的。

1826年1月，委内瑞拉发生派斯将军领导的分离运动，玻利瓦尔不得不离开玻利维亚回到加拉加斯。玻利瓦尔走后，按宪法规定，由苏克雷将军代理总统职务。1826年5月26日，议会选举苏克雷为玻利维亚共和国总统。苏克雷虽然支持玻利维亚独立，但无论是秘鲁还是玻利维亚，都有一股强大的社会势力把实现上秘鲁（玻利维亚）与下秘鲁（秘鲁）的合并作为自己的奋斗目标；而这一目标的实现则又是玻利维亚的邻国阿根廷和智利坚决不能容许的。1828年4月，秘鲁借口要平定哥伦比亚军队在玻利维亚的叛乱，出兵入侵玻利维亚，力图将玻利维亚合并于秘鲁。为了让秘鲁撤军，苏克雷同意辞去玻利维亚总统职务，并撤走独立战争时期进入玻利维亚的哥伦比亚军队。苏克雷辞职后，玻利维亚议会于1829年选举安德烈斯·德圣克鲁斯为总统。圣克鲁斯虽也是独立战争的著名英雄，但在玻利维亚独立的问题上是一个坚定的合并派。1835年，秘鲁发生内乱，奥尔维戈索、加马拉和萨拉维里三人之间展开了激烈的权力之争。乘此机会，圣克鲁斯应奥尔维戈索之请进军秘鲁，先后打败了萨拉维里和加马拉，将秘鲁划分成南秘鲁和北秘鲁两个省，并把这两个省与玻利维亚合并，建立了"秘鲁—玻利维亚联邦"，自任联邦最高保护者——"护国主"。但是，秘鲁—玻利维亚联邦的建立，立即遭到邻国阿根廷和智利的反对。1837年，阿根廷和智利两国军队从陆路和海路同时向玻利维亚发起攻势。圣克鲁斯对两国军队的入侵采取了坚决抵抗的立场，但最后在1839年1月20日的永盖战役中被智利军队包围。经过5个小时的激战，玻利维亚军队大败。战败的圣克鲁斯不得不在2月20日引咎辞职，流亡厄瓜多尔，秘鲁—玻利维亚联邦也随之解体。

永盖战役失败后，原秘鲁—玻利维亚联邦所属玻利维亚的总统何塞·米格尔·德贝拉斯科立即打出苏克雷的旗号，宣布反对圣克鲁斯，在丘基萨卡成立所谓复兴政府（gobierno de la restauración）。不久，圣克鲁斯的支持者也发动政变，在科恰班巴城建立"维新"政府。与此同时，曾随圣克鲁斯出征秘鲁、永盖战役失败后既反对圣克鲁斯又反对贝拉斯科的何塞·巴利维安将军，也回到拉巴斯城。这样，玻利维亚的这三派政治势力就同时在苏克雷、科恰班巴和拉巴斯建立了3个统治中心，玻利维亚政治陷入了空前混乱的局面。

由于玻利维亚政局混乱，1839年再度就任秘鲁总统的阿古斯丁·加马拉认为合并玻利维亚的时机已经到来，就在1841年率领6000人的秘鲁军再次侵入玻利维亚，并很快占领了拉巴斯城。面对祖国危亡的威胁，玻利维亚各派势力终于团结到了巴利维安的周围，共同御敌，并在因加维战役中击败了秘鲁军。因加维战役胜利后，何塞·巴利维安被玻利维亚军队拥立为总统。在他的领导下（1842～1847），玻利维亚制定了新宪法，整顿了信贷制度，建立了矿业银行，努力发展矿业，并致力于开发东部地区，设置贝尼省。至此，玻利维亚的独立地位才算基本巩固下来。

二 单一矿产品出口经济

玻利维亚独立后，不但独立地位很不稳固，经济也很脆弱。在独立战争时期及独立后的 25 年中，曾经享有盛名的查尔卡斯的白银生产几乎完全崩溃，大部分矿井被废弃，采矿业基本处于相对停滞状态。从 19 世纪中期开始，由于西方发达国家的第二次工业革命对世界各地的原料产地和市场产生了异乎寻常的兴趣，玻利维亚的采矿业开始走上复兴的道路。一方面由于英国、智利等外国资本开始大量投资玻利维亚矿业，另一方面由于玻利维亚国内一些在经营商品农业中积累了资本的大商人和土地贵族开始冒着风险对采矿业进行了巨额投资，建立了万查卡矿业公司（Huanchaca）、雷亚尔索卡冯矿业公司、瓜达卢佩矿业公司（Guadalupe）以及阿塔卡马太平洋沿岸地区的卡拉科莱斯银矿（Caracoles）等重要的矿业股份公司和大型银矿，玻利维亚再次成为精炼银的主要生产国之一。在 19 世纪下半叶，玻利维亚的白银产量稳步增长，从 1850～1859 年的年均 20.15 万银马克增长到 1890～1899 年的年均 165.58 万银马克，40 年间增长了 7 倍多。[①] 所以，19 世纪 50 年代到 19 世纪末期的 50 年在玻利维亚历史上被称为"白银时代"。

19 世纪 90 年代以后，世界市场发生变化，一方面白银价格持续下跌，另一方面欧洲市场对锡的需求突然大增。与此相适应，玻利维亚的产业结构也发生了变化：白银采矿业急剧衰落，锡矿业迅速发展。到 1900 年以后，玻利维亚采矿业的重点已由银矿业转向了锡矿业，采锡业成了玻利维亚的首要工业。1900～1909 年，锡的年均产量为 1.50 万吨；1910～1919 年为 2.47 万吨；1920～1929 年为 3.32 万吨；1929 年的产量高达 4.72 万吨。[②] 玻利维亚的经济从"白银时代"过渡到了"锡矿时代"，甚

[①] 参见莱斯利·贝瑟尔《剑桥拉丁美洲史》（中文版）第五卷，社会科学文献出版社，1992，第 566 页。

[②] 莱斯利·贝瑟尔：《剑桥拉丁美洲史》（中文版）第五卷，社会科学文献出版社，1992，第 565 页。

至玻利维亚共和国也被称为"矿业共和国"。

在锡矿业的发展中,除了欧洲、北美和智利的资本纷纷投向锡矿业外,玻利维亚本国也涌现出了一批大锡矿企业家。西蒙·伊图里·帕蒂尼奥就是一个代表。他原是一家主要销售矿业用品的杂货店的雇员,仅仅凭着店主当工资付给他的一纸矿山转让契约,就成了一个矿主,并很快成了世界著名的锡矿大王,雇用矿工1万多名,资本达5亿美元,控制着玻利维亚锡矿生产的一半以上,年收入超过玻利维亚全国的年财政预算。

采矿业的发展也带动了其他经济部门的发展。首先,采矿业的发展不但需要大量的劳动力,也需要大量的食品。采矿业对食品的巨大需求刺激了玻利维亚高原和次高原地区商品农业的发展。其次,银矿和锡矿的开采是为了供应欧洲和北美的市场,随着采矿业的发展,出口贸易也有所增长。在1900~1930年的30年中,玻利维亚的出口总额(折合今天的货币)从3565.8万玻利维亚诺增加到1.0031亿玻利维亚诺;其中矿产品所占的比重从67%提高到93%,1924年甚至高达95%。[1] 最后,采矿业、商品农业和对外贸易的发展,迫切需要改变单靠畜力运输的原始交通状况。因此,从潘多总统执政(1899~1904)开始,玻利维亚就大力引进铁路设施,建设现代铁路网。到1925年,玻利维亚的铁路干线网基本建成。与此同时,玻利维亚的经济增长率不断提高,从1900年的1.1%提高到1930年的3.8%。作为采矿工业服务中心的拉巴斯城也随之繁荣起来,并成了玻利维亚议会和政府所在地。

但是,玻利维亚经济的这种增长只是采矿业的一种畸形的增长,是一种典型的半殖民地性质的、单一矿业经济国家的经济增长。因此,这种增长是脆弱的,它越来越受国际经济势力的左右,只要矿产品的国际市场价格发生变化,玻利维亚的经济就会立即陷入危机。如19世纪末,由于世界白银价格下跌,玻利维亚的白银采矿业就走向衰落;第一次世界大战前夕,由于国际贸易突然陷入停顿,玻利维亚的矿产品出口就减少了1/3;

---

[1] 参见莱斯利·贝瑟尔《剑桥拉丁美洲史》(中文版)第五卷,社会科学文献出版社,1992,第579页。

1929年资本主义世界爆发经济危机后，玻利维亚也立刻陷入严重的经济危机。尤其突出的是，这种经济的发展只是外资经营下的某几个矿业"飞地"及与矿业"飞地"有关的少数部门的发展，全国广大地区及其他经济部门的落后状况并没有改变。

三 考迪罗政治和寡头政治

玻利维亚独立后，尽管玻利瓦尔为这个新共和国起草了宪法，规定实行美国式的选举制度，即各省设选举团，选举团由公民直接选举产生的选举人组成，选举人任期4年，他们的职权是投票选举国会议员，提名产生一切公职人员（如法官、省长、市长、教区牧师或代理牧师等）的候选人；他们代表公民的要求和利益，并对行政官员实行监督，对行政官员的违法越轨行为提出申诉。鉴于玻利维亚情况复杂，局势动荡，宪法还规定玻利维亚实行权力高度集中的总统职务终身制。但是，由于独立革命只是宣布了玻利维亚的独立，并没有经历社会制度的根本变革，因此，玻利维亚宪法只是一纸空文，根本无法落实。玻利维亚独立后的一个世纪，实际上是一个漫长的政治动荡的时期以及考迪罗和寡头独裁统治的时期。

（一）考迪罗政治时期（1825~1880）

所谓考迪罗（Caudillo），就是指在独立战争中涌现出来的一批军事领导人或准军事领导人。他们在新生共和国的建国初期，穷兵黩武，争权夺利，力图实现玻利维亚领土的统一，建立自己的绝对权力。这个时期著名的考迪罗有巴利维安、贝尔苏、科尔多瓦、利纳雷斯、梅尔加雷霍、德阿查、莫拉莱斯和达萨等几位"将军"。

何塞·巴利维安（José Ballivián）虽然以卓越的军功维护了国家的独立，并在建国的工作中有所建树，但他在1848年1月的一场兵变中被推翻。兵变的头子是曼努埃尔·伊西多罗·贝尔苏（Manuel Isidoro Belzú）将军。贝尔苏出身贫寒，在因加维战役中战功赫赫，就任总统后实行有利于印第安人的政策，力图将土地归还印第安人村社，提高棉布进口税，鼓励国内生产，但同其他考迪罗一样，他也以恐怖手段对付自己的政敌，大量拘捕、杀戮和流放反对派人士。他在执政的8年中，曾42次大规模镇

第二章 历 史

压军事叛乱，杀害了数千人。他的考迪罗主义政策在玻利维亚历史上被称为"贝尔苏主义"（Belcismo）。

接替贝尔苏就任总统的是另一位考迪罗豪尔赫·科尔多瓦（Jorge Córdova）将军。豪尔赫·科尔多瓦是贝尔苏的女婿，就职于1855年。他上任后，政局极其动荡，他在位仅两年就发生起义和暴动33次，最后在1857年9月8日被利纳雷斯领导的暴动推翻。

何塞·马里亚·利纳雷斯（José María Linares）于1858年3月就任总统。他是玻利维亚历史上第一位文职总统。但他一上任就宣布自己是独裁者。为了消除长年不断的军事叛乱，他着手整顿军队，把军队的人数从6000人削减至1200人。在治理国家方面，他力图改革政府部门的弊端，提高行政、司法和财政机构的效能，并制定比较公平的税收制度。为了减少国家的行政支出，他首先削减自己的薪金，然后又减少各部部长和雇员的薪金。另外，他还实行更自由的贸易政策，促进国际贸易。但是，他对军队的整顿激怒了军队，1861年1月14日，陆军部长何塞·马里亚·德阿查（José María de Achá）伙同利纳雷斯的义子费尔南德斯以及拉巴斯行政长官桑切斯发动政变，推翻了利纳雷斯政府。政变后，他们成立了三人执政委员会，联合执政。同年召开制宪会议，通过了玻利维亚的第8部宪法，德阿查将军被任命为临时总统。新宪法规定恢复国会一院制，并规定"戒严"为维护公共秩序的一种手段。在第二年5月的大选中，德阿查正式当选总统。新总统曾试图改革土地法和矿业法，均没有成功。1861年10月，为了镇压反对派，他所任命的拉巴斯军事统帅在拉巴斯进行了骇人听闻的大屠杀，杀害了前总统科尔多瓦以及所谓"贝尔苏分子"100多人，激起了广大民众的反抗，民众举行武装起义，将这个刽子手击毙。1864年12月28日，梅尔加雷霍将军发动政变，夺取了政权。

马里亚诺·梅尔加雷霍（Mariano Melgarejo）是玻利维亚历史上，甚至拉美历史上最臭名昭著的考迪罗之一，被称为"野蛮的考迪罗"。梅尔加雷霍天性残暴，凡是对政府不满的人，他都一概杀害。为了争夺权力，他亲手杀害了前总统贝尔苏。他纵酒、赌博、贪污、玩弄女性，过着骄奢淫逸的生活。他用啤酒喂马，强迫部下在地上打滚以取乐。他命令群众像欢庆"复活节"那样庆祝他的生日。他把国库当成了自己的钱袋。在他的统治下,国家政治腐败,工厂停业,学校关闭。为了弥补政府财政亏空和满足他个人挥霍的需要,他大肆剥夺印第安人的财富,强行拍卖印第安人公社的土地。他的倒行逆施和凶恶残暴,激起了玻利维亚人民的激烈反抗。1871年1月15日,拉巴斯城爆发了由莫拉莱斯领导的大规模民众抗暴斗争,1300多人付出了生命,终于迫使这个被称为"灾祸飓风"的考迪罗逃亡秘鲁。最后,他被自己爱妾的哥哥杀害,死在利马的寓所里。

梅尔加雷霍逃亡后,阿古斯丁·莫拉莱斯(Agustín Morales)接任玻利维亚总统。这位考迪罗与梅尔加雷霍一样刚愎自用,残酷成性,胡作非为,执政仅一年即被他的亲侄子枪杀。莫拉莱斯死后,阿道弗·巴利维安(Adolfo Ballivián)将军当选总统,并于1873年就职。此人曾试图遏制军队在国家事务中的作用,努力按宪法规定办事,实行出版自由等自由主义政策,但由于健康的原因,执政不到一年即将职位让给玻利维亚的元老托马斯·弗里亚斯(Tomás Frías)。这时候,国内出现暴乱,为了平息暴乱,弗里亚斯要求他的陆军部长伊拉里翁·达萨(Hilarión Daza)将军给予支持。达萨将军却在平息暴乱之后发动政变,接管了政府,自立为总统。达萨上台后,同样实行独裁统治,残酷镇压民众的反抗,严厉禁锢新闻自由,任意挥霍国家财产,并违反1874年签订的玻智两国边界条约,强令增收智利安托法加斯塔硝石公司税金,激化两国领土之争,导致太平洋战争的爆发。

(二)寡头政治时期(1880~1935)

从19世纪中叶开始,由于矿业的发展,玻利维亚出现了一个势力日益壮大的矿业主阶级。这个阶级为了加快矿业的发展,开始组织政党,积极参与国家的政治生活。19世纪80年代,玻利维亚出现了两大政党,一个叫自由党,一个叫保守党,后来又出现了"共和党"。3个党虽然名称不同,但都代表大矿业主阶级的利益,都希望国家稳定,迫切要求成立稳定的文人政府,用政府的财力加强基础设施建设,从而降低矿业生产的成本,提高矿业生产的收益。太平洋战争失败后,考迪罗政治威信扫地,政权开始转到了代表矿业主阶级利益的新兴政党手里,从而开始了所谓

"矿业共和国"时期。

矿业共和国发展的历史大致可以分为3个时期：第一个时期是"白银时代"后期的保守党统治时期（1884~1899）。由于太平洋战争的失败，1880年就任总统的坎佩罗将军在新兴矿业主集团的压力下，开始在玻利维亚建立一个向文职自由派矿业寡头开放的政府。此后的4届保守党政府基本上都是文人寡头性质的共和制政府。保守党执政时期实际上就是"白银巨头"统治的时期。

到19世纪90年代，玻利维亚开始从白银时代进入锡矿时代，出现了以锡矿繁荣为经济基础、以北方拉巴斯为中心的自由党的地区主义狂热，形成了北方自由党同南方保守党对立的局面。1898年，由于保守党在议会提出政府必须设在首都丘基萨卡（苏克雷）的"激进法案"，南北两派的矛盾激化，自由党不顾保守党的反对，于1899年在拉巴斯建立了以何塞·曼努埃尔·潘多·索拉雷斯将军为首的政府洪达。因为他们的口号是地区自治和联邦主义，这次政变被称为"联邦主义革命"（revolución federal）。"联邦主义革命"胜利后，夺得政权的自由派将中央政府迁到了拉巴斯，潘多将军担任玻利维亚总统。玻利维亚由此开始了自由党执政的时代（1899~1920），这是矿业共和国的第二个时期。

1920年，新成立的共和党在锡矿大王帕蒂尼奥等锡矿主的支持下，发动政变，夺取了政权。从此，自由党执政时代结束，玻利维亚进入共和党统治的时期，这是矿业共和国的第三个时期。共和党由原自由党和保守党的部分成员组成，代表锡矿业繁荣时期新兴的城市手工业主和商人的利益。

在整个矿业共和国时期，政权都掌握在矿业寡头的手里，有些总统本人就是"矿业大王"，譬如保守党执政时代的总统格雷戈里奥·帕切科、阿尼塞托·阿尔塞等。在这个时期，历届政府都把矿业主阶级的利益看得高于一切，不大顾及民族主权，被称为"反民族主义政府"。它们解决国家经济困难的办法往往是将矿产的开发权转让给外国公司，在对国家极其不利的条件下接受外国银行的贷款。玻利维亚最大的"矿业大王"帕蒂尼奥甚至将自己公司的总部迁到了美国（1924），登记注册成了一家美国公司。所以，近代玻利维亚的民族危机是同矿业寡头的统治密切相关的。实际上，寡头统治与考迪罗统治并没有本质上的区别，政变与军事镇压仍然是他们的主要统治手段。据统计，在独立后的一个世纪中，玻利维亚共发生各类武装政变190次，40位总统中有6位被暗杀。所以，有史学家认为，近代玻利维亚的历史实际上就是一部"考迪罗的历史"[①]。

四 领土争端与民族危机

一方面由于玻利维亚的独立地位是靠其邻国的相互牵制维持的，基础很不稳固；另一方面由于玻利维亚统治阶级（矿业主阶级）的利益是同外国资本相联系的，是一个依附性阶级，力量极其脆弱；同时更由于19世纪50年代后玻利维亚新发现的资源如橡胶、鸟粪、硝石、石油等在国际市场上的价格日益提升，为众多西方列强和邻国所垂涎，因此，玻利维亚盛产这些资源的边境地区和沿海地区就一直是西方列强及其邻国的控制对象和蚕食的对象，从而在近代玻利维亚的历史上一次又一次地引发领土冲突和边境战争，使玻利维亚陷入深重的民族危机。

（一）19世纪60年代的领土危机

玻利维亚重大的领土危机开始于19世纪60年代。1867年，由于巴西对玻利维亚盛产橡胶的边境领土提出强烈要求，玻利维亚总统梅尔加雷霍与巴西签订条约，把玻利维亚东部马托格罗索和西北部阿克里地区总共约10万平方千米盛产橡胶的土地割让给巴西，以交换玻利维亚在亚马孙河及其他巴西河流航行的权利。这个条约虽然给梅尔加雷霍本人带来了所谓"帝国大十字勋章"，但给玻利维亚民族带来了耻辱，招致同胞们对他的唾骂。

（二）太平洋战争（1879～1883）

1863年，当时属于玻利维亚领土的太平洋沿岸阿塔卡马地区，发现了新的硝石矿和鸟粪。这是一片干燥荒芜的土地。此前，玻利维亚很少往

---

① Bolivia: Land of the Modern Conquistador, http://www2.truman.edu/~marc/webpages/andean2k/military/Bolivia.html.

这片贫瘠的沙漠地带移民，只把它当作一个有潜力的出海通路。但随着硝石的发现，这个地区忽然有了极大的商业重要性，于是，玻利维亚便同早就对这个地区提出主权要求的智利发生了冲突。为了解决这个地区的主权问题，当时的玻利维亚总统德阿查一方面同智利进行谈判，以求和平解决争端，另一方面又准备向智利宣战，并在1863年议会上做出决议：如果关于硝石矿藏的和平调解不能成功，玻利维亚就不得不同智利交战。

1864年，西班牙政府为了掠夺这个地区的硝石矿藏和鸟粪资源，曾派舰队占领秘鲁盛产硝石和鸟粪的钦查群岛，并向卡亚俄港开炮。为了抵御共同的敌人，智利、秘鲁、厄瓜多尔和玻利维亚组成了"四国联盟"，一致抵抗西班牙侵略者。在这场反侵略的斗争中，为了表示合作的诚意，玻利维亚梅尔加雷霍政府曾同智利签订了1866年条约，放弃了原来捍卫领土的强硬立场，划定了一条含糊不清的界线，并将阿塔卡马地区的鸟粪开采权租让给智利公司。条约规定，凡是在南纬23°～南纬25°地区发现和开采的物产，将为两国共有，为日后的太平洋战争埋下了祸根。

1873年，阿道弗·巴利维安当选总统，他为了保卫玻利维亚的海岸安全，重整军备，制造军舰，加强海防力量，并同秘鲁签订秘密联盟条约。1874年阿道弗·巴利维安总统病逝，弗里亚斯接任总统。他在上任的同年即同智利签订新的边界条约，确定南纬24°线为两国边界，收回南纬21°线以南遭智利侵占的大片领土。为了对智利的让步表示感谢，玻利维亚承诺在25年内不增加在南纬23°线和南纬24°线之间地区经营的智利硝石公司的税收。但是，1876年政变上台的考迪罗伊拉里翁·达萨违反这个条约的规定，在1878年强令智利安托法加斯塔硝石公司对每100磅出口硝石增付10分钱税金，在遭到拒绝后便没收该公司的财产。此举破坏了本来已经缓和的两国之间的关系。1879年2月14日，智利政府应安托法加斯塔硝石公司的请求，出兵占领安托法加斯塔，并向玻利维亚内地卡拉马推进。3月1日，玻利维亚向智利宣战。

卡拉马是阿塔卡马沙漠中距太平洋不远的一个绿洲，玻利维亚爱国者爱德华多·阿瓦罗亚率领一支135人的队伍，在这里同1000多人的智利入侵军展开了英勇顽强的战斗。智利军队凭借强大的军事力量在卡拉马击

玻利维亚

败玻利维亚军队之后，很快占领阿塔卡马地区，并要求秘鲁放弃它同玻利维亚签订的同盟条约。当这个要求遭到秘鲁拒绝后，智利即在4月5日向玻利维亚和秘鲁宣战。

5月21日，秘鲁海军在海军上将米格尔·格劳的指挥下在伊基克海战中获胜，一度掌握制海权，保卫了秘鲁海岸线的安全。但这种局面只维持了不到5个月。同年10月8日，在安加莫斯岬海战中，秘鲁海军惨败，"瓦斯卡尔号"军舰沉没，格劳丧生，制海权被智利掌握。随后，智利军队即通过海路在阿里卡和伊基克之间的皮萨瓜港登陆，全歼那里约1000名玻利维亚和秘鲁守备士兵。达萨总统率2000人的军队从塔克纳救援皮萨瓜，但中途又下令回师。皮萨瓜战役失败后，达萨总统威望丧尽，被迫逃亡欧洲。1880年1月，纳西索·坎佩罗将军接任玻利维亚总统兼联军司令。1880年初，智利军队1.2万多人在塔克纳登陆。同年5月26日，玻利维亚总统坎佩罗将军率玻秘联军与智利军队会战于塔克纳附近的阿连萨高地。当时，玻秘联军不到1万人。坎佩罗为弥补军力上的不足，决定采用夜袭的办法，兵分两路围歼智军。没想到子夜时分，秋雾升起，联军迷失方向，只好撤回，但在撤回途中被敌人发现。第二天中午，做好了充分准备的智利军队乘酷热的天气向疲惫不堪的玻秘联军发起了猛烈的攻击。战斗一直持续到黄昏，联军大败，阵亡5000多人，伤者无数，很多士兵和军官被俘。余下的玻利维亚军人被迫退回高原，实际上退出了战争。阿连萨高地战役后，玻利维亚所有盛产硝石的沿海地区都被智利军队占领。此后，智利军队把矛头转向秘鲁，并于1881年1月占领利马。1883年10月22日，秘鲁与智利在利马北面的安孔城签订了《安孔条约》，太平洋战争宣告结束。

1884年4月，玻利维亚与智利在智利中部城市瓦尔帕莱索签订《停战协定》，实际上承认智利对阿塔卡马地区的占领。1895年，玻智两国签订和约，智利同意以获得阿塔卡马为交换条件，归还一个原属玻利维亚的港口，并在两年内给予玻利维亚一条通向该港口的走廊地带。但智利并没有履行条约。1904年，两国才正式签订和平条约。玻利维亚放弃了原来所坚持的必须获得一个太平洋港口的要求，同意割让在太平洋战争中被智利占领的太平洋沿岸盛产硝石的全部土地（约12万平方千米）；智利则承诺修建一条从阿里卡到拉巴斯的铁路，提供30万英镑的赔款，为玻利维亚国内铁路建设贷款提供担保，并放弃它与玻利维亚贸易上的特惠国待遇。从此，玻利维亚无论在事实上还是在法律上都成了一个没有出海口的内陆国家。

（三）中查科地区的丧失

1889年，阿尼塞托·阿尔塞政府将南部中查科地区17万平方千米的土地给予阿根廷，交换条件是阿根廷放弃对玻利维亚塔里哈地区的领土要求。

（四）阿克里战争（1903~1904）

根据1867年玻利维亚与巴西签订的条约，亚马孙河流域的阿克里地区属玻利维亚。自19世纪70年代橡胶在世界市场上开始走俏之后，这个地区因盛产橡胶而吸引了邻近地区大量巴西人来到这里。1899年，玻利维亚政府在新建立的阿隆索港设立海关，对运出阿克里地区的橡胶征收30%的关税，引起当地巴西人以及此前垄断关税收入的巴西亚马孙州的不满。不久，在一个名叫加尔维斯·罗德里格斯的西班牙人的领导下，这里的移民发动叛乱，攻占了阿隆索，驱逐了玻利维亚官员，并在巴西亚马孙州和帕拉州等州的支持下宣布成立独立的"阿克里共和国"（República del Acre）。1901年，玻利维亚政府派军队打败了分离主义者，恢复了秩序。此后，玻利维亚政府将阿克里地区租给了美英资本的"纽约玻利维亚辛迪加"。此举再一次引起当地巴西人的反叛，他们在普拉西多·德卡斯特罗（Placido de Castro）领导下和巴西亚马孙州的积极支持下，围攻阿隆索港，并再次宣布独立。当玻利维亚总统潘多亲自率领军队前往镇压时，巴西政府也在1903年2月宣布派兵进驻阿克里。鉴于力量对比悬殊，玻利维亚执政的自由党政府决定将这个地区卖给巴西，以便用出卖国土所得的收入投资兴建采矿业所需要的交通运输系统。同年11月17日，双方签订《佩特罗波利斯条约》，巴西以250万英镑以及马德拉和阿布纳之间的一小块土地换得了玻利维亚阿克里地区的19.1万平方千米土地。从此，玻利维亚的阿克里地区成了巴西的领土。

(五) 查科战争 (1932~1935)

查科位于美洲大陆南部的中心,东起巴拉圭河和巴拉那河,西至塔里哈省和圣克鲁斯省的安第斯山麓;北邻南纬18°左右的亚马孙盆地;南接阿根廷的萨拉多河和潘帕斯,面积大约65万平方千米。这里土地肥沃,人烟稀少。独立战争以来,查科地区就一直存在领土纠纷。玻利维亚认为,早在1809年独立革命开始的时候,玻利维亚人就已经居住在这个地区;而巴拉圭认为,早在西班牙殖民者皮萨罗到达之前,他们的祖先就已经到达了皮科马约河,并征服了该地的印第安人。经过1864~1870年的巴拉圭战争,巴西和阿根廷以胜利者的身份夺去了这块土地的一部分。余下的部分(主要是北查科地区)就成了玻利维亚和巴拉圭两国争夺的对象。进入20世纪后,两国的领土纠纷有增无减。巴拉圭开始在巴拉圭河以西地区以及皮科马约河两岸修筑碉堡,并把铁路修到有争议的北查科地区。玻利维亚不甘示弱,也沿着皮科马约河修起了碉堡。后经阿根廷出面调停,双方于1907年签订了《皮尼利亚—索莱尔条约》,冲突得以暂时缓和。但是,到20世纪20年代,查科地区发现石油,这一发现使得这片土地的价值突然上升,外国石油公司争相进入这一地区。美国的美孚石油公司同英荷壳牌石油公司在这个地区发生了严重的冲突,前者支持玻利维亚,后者支持巴拉圭。在两个公司的挑动下,玻巴两国的边界纠纷变得更为复杂。1923年,玻利维亚总统萨维德拉得知巴拉圭人又有西移的行动,就决定废除《皮尼利亚—索莱尔条约》,沿边界修筑了更多的要塞,冲突由此激化。1927年2月,两国爆发军事冲突。为解决边界争端,两国从1927年9月开始,一直在阿根廷首都布宜诺斯艾利斯进行谈判,谈判持续到第二年的7月,仍未能达成任何协议。1928年12月5日,巴拉圭300多名士兵突然袭击玻利维亚靠近皮科马约河的巴瓜迪亚堡。当时,堡垒中只有一支25人的守备队。由于军力悬殊,巴瓜迪亚堡被夷为平地,守备队多人阵亡,其余被俘。这一事件发生后,两国断交,玻利维亚总统西莱斯命令玻军进攻巴拉圭的博克伦堡。12月14日,玻军攻克了该堡。经泛美联盟调解仲裁会议的调解,两国于1930年4月达成一项临时停战协定。尽管如此,两国紧张关系并没有缓解。1932年6月,两国为争夺

第二章 历 史

博克伦堡不宣而战。同年 9 月，巴拉圭军队夺回博克伦堡，并向西推进。11 月，玻利维亚政府任命原德国军事顾问孔德为军队统帅，率军抵抗。孔德虽然在 12 月打了一次胜仗，阻挡了巴军的西进，但从 1933 年 1 月起，孔德几次以重兵攻打巴拉圭南部重镇纳纳瓦堡，都未能取胜。此时，国际联盟和泛美联盟呼吁两国停火，并成立中立国委员会进行调停，但遭到交战国的拒绝。1933 年 5 月 10 日，两国正式宣战。

战争正式打响后，巴拉圭军队开始深入查科地区，并相继夺取了玻利维亚数座要塞。在这种情况下，玻利维亚更换统帅，解除了孔德将军的职务，任命恩里克·佩尼亚兰达将军为玻军统帅。鉴于战火继续燃烧，泛美联盟在蒙得维的亚召开了第 7 届拉丁美洲会议，专门讨论玻巴战争问题。与会代表敦促两国停火，并强烈要求尽快结束战争。在泛美联盟的安排下，两国于 1933 年 12 月 19 日签订停战协定。但是，停战只维持了两个星期。1934 年 1 月 7 日，战争重新开始，巴拉圭军队继续向西推进。1934 年 4 月，巴军开始进攻玻利维亚在皮科马约河上游的重镇巴利维安要塞。经过几个月的围攻，巴军于 11 月 17 日攻陷该要塞，玻利维亚军全线溃败。趁着这个机会，巴拉圭军队大举进入玻利维亚无争议领土，直接威胁玻利维亚的石油产区。但是，巴军在靠近塔里哈省的蒙斯特镇遭遇玻利维亚军民的英勇抵抗，被迫撤退。尽管如此，玻利维亚军队已筋疲力尽，困顿不堪。他们大都来自高原地带，不习惯这里的热带气候和恶劣环境，加上供给困难，他们经常是躲在战壕中，以树根、龙舌兰、马具、皮带充饥，遭受着比巴拉圭人的子弹更可怕的灾难——蛇咬、虫蜇、疟疾、痢疾、结核病、饥饿和干渴。干渴的折磨使得他们中的许多人为了寻找一口水而迷失在森林中，倒毙在林间的小路上。不仅如此，在后方的广大农村地区，这些战士的亲人还在为捍卫自己的土地而进行着殊死的斗争；玻利维亚已是一个被内战严重削弱、丧失了全国团结一致对外作战能力的国家。最后，在中立国委员会的努力调解下，两国于 1935 年 6 月 12 日签署了停战协定。停战以后，两国在布宜诺斯艾利斯进行和平谈判。谈判持续了 3 年之久，最后双方才在 1938 年 7 月 21 日签署了《布宜诺斯艾利斯议定书》。在这场战争中，玻利维亚付出了 7 万人的生命，丧失了面积约

23.4万平方千米的国土。

经过几次战争和签订屈辱性条约,玻利维亚丧失了总计约126.52万平方千米的土地,独立初期所拥有的236万平方千米的土地①只剩下了不到一半。这是玻利维亚民族危机最深重的时期。

五 种族矛盾与印第安人起义

无论是考迪罗的独裁统治、矿业主和大庄园主的剥削,还是不断发生的侵略战争,所有的灾难最后都落到了劳苦大众特别是印第安人劳动者的身上。所以,近代玻利维亚的历史也是一部国内阶级斗争和种族斗争日渐激化的历史。

独立伊始,玻利维亚就面临严重的财政问题。由于独立战争的破坏和殖民地时期依附性矿业经济的衰落,全国一片破落景象,为了落实急需的200万美元的预算款,新政府恢复了本来已在1825年宣布废除的土著居民的贡赋。这一措施虽然解决了玻利维亚36%~40%的国家财政开支问题,但加剧了玻利维亚的种族矛盾。

独立初期,玻利维亚历届政府为了维持政局的稳定,基本上是维护土著居民的公社制度的。但是,从19世纪50年代末开始,由于新兴自由主义潮流的全球性泛滥,玻利维亚的矿业主和大庄园主以及代表他们利益的考迪罗政权和寡头政权都把矛头对准印第安人公社,开始了一个残酷掠夺印第安人土地的进程。1866年3月30日,玻利维亚总统梅尔加雷霍甚至颁布法令,规定所有土地都属国家所有;印第安人要想合法占有国家的土地,必须在法令颁布后的60天内进行登记,并缴纳25~100比索,以购买私人地契;逾期不登记,没有私人地契者,其土地一律予以剥夺并公开拍卖。据统计,从1866年3月30日到1869年12月31日,梅希纳内斯

---

① 根据1825年8月玻利维亚独立大会的决议,玻利维亚的领土边界是:北部从亚巴里河(Yavari)发源地到马德拉河的汇合处;南部从托尔多斯(Toldos)和中查科直到萨尔塔(Salta)地区;东部以马德拉河、伊特内斯河(瓜波雷河)和巴拉圭河为界,到马托格雷索地区;西部则直到太平洋,包括太平洋沿岸地区,总面积为236.3769万平方千米。参见 "Perdidas Territoriales", http://www.solobolivia.com/geografia/perdidas.shtml。

州216个公社的土地，拉巴斯省109个公社的土地，科恰班巴省塔帕卡里15个公社的土地，丘基萨卡省扬帕埃拉斯12个公社的土地，塔里哈省4个公社的土地，奥鲁罗省3个公社的土地以及波托西省1个公社的土地，都被政府全部或部分地拍卖，政府从拍卖中共获得164172英镑的收入。1870年，政府又进一步拍卖土地，获得67637英镑。这种对印第安人明火执仗的掠夺，激起了印第安人激烈的反抗。1866年就有2万印第安人奋然起义，扑向拉巴斯城。这次起义被镇压下去之后，从1869年开始，又连续3年爆发大规模的印第安人起义。面对印第安人的激烈反抗，阿古斯丁·莫拉莱斯总统曾不得不答应印第安人收回自己大部分公社土地的要求。但是到托马斯·弗里亚斯执政（1874~1876）之后，印第安人又遭受了一次野蛮的以消灭公社土地所有制、彻底破坏印第安文化根基为目的的所谓"土地改革"。

进入19世纪80年代以后，由于在当时西方工业化国家主导的全球化进程中，自由资本主义思想占统治地位，公社土地被认为是国家发展的障碍，必须予以消灭。1880年，玻利维亚议会甚至正式通过法令，批准取缔印第安人公社，强迫其成员购买私人地产证。所以，从19世纪末到20世纪初这个时期，是玻利维亚矿业寡头集团不惜任何代价剥夺印第安人土地，寻求巩固大地产制度，企图将占人口绝大多数的印第安人排除在国家发展进程之外，以建立一个矿业寡头和土地寡头专制国家的时代。据估计，1880年，印第安人公社仍拥有全国土地的一半，而到1930年，它们所拥有的土地已经不到全国土地的1/3。因此，从1880年到1930年的这半个世纪也是印第安人为捍卫自己的土地而不断地、顽强地进行英勇斗争的时代，其境况甚至比战争更加惨烈。这期间规模最大的印第安人起义发生在1927年7月，称"查扬塔起义"（Alzamiento de Chayanta）。当时，从波托西省查扬塔山区的起义中心到邻省丘基萨卡省的边界，众多的印第安农民纷纷以投石器和套索武装起来，举起了起义的旗帜，并把因丧失土地及经常成为剥削对象而感到不满的公社社员、大庄园的佃农以及小商人团结到自己的旗帜下，组成了起义联盟。起义得到了共和国首都（苏克雷）知识分子和工人组织的声援和支持，他们认为玻利维亚应该进行重

大的土地改革，以解决印第安农民的土地问题；但主张消灭公社土地制度的大庄园主、大地主以及当权的地方政府则在军队的支持下组成了强大的反起义阵营。经过政府军一个多月的残酷镇压，到1927年9月初，起义被镇压下去。这次起义虽然失败了，它的影响却是深远的。鉴于印第安人反抗之激烈和玻利维亚政治危机之严重，当时的西莱斯政府不得不在1927年10月15日颁布法令，对所有参加起义并在苏克雷受到司法起诉的印第安人一律予以赦免。

第五节　现代变革历程（1935～　）

一　历史的转折与1952年民族民主革命（1935～1964）

（一）历史的转折

查科战争爆发时，几乎所有的人都认为玻利维亚很容易获胜，因为玻利维亚军队不但在人数上远多于巴拉圭军队，而且还高薪聘请了德国顾问担任指挥官和训练军队。但是，事实完全相反，战争最后还是以玻利维亚的惨败告终。这个事实震动了全国上上下下，使玻利维亚从经济基础到人民的政治意识都开始发生巨大的变化，成了玻利维亚历史的一个转折点。

首先，在玻利维亚经济史上，查科战争标志着采矿业扩张的结束。此后，采矿业的生产和生产力都开始下降，从战争结束后到1952年，采矿业的产业结构和投资结构几乎没有发生变化。在农村，自19世纪80年代开始一直延续到20世纪20年代的大庄园制度的大扩张进程也到此结束。

其次，查科战争的失败给玻利维亚人民带来了深重的灾难，玻利维亚人民，特别是退伍军人义愤填膺，认为战争的失败，寡头政府负有不可推卸的责任，因而要求用激进的办法来解决玻利维亚的政治问题和经济问题。从查科战争中醒悟过来的青年和退伍军人以及新一代的玻利维亚人开始就一些被战争延误了的根本性问题，如自然资源的开发，在私人矿业主支配下国家经济所处的依附地位，在农村引起众多暴力冲突的土地占有问题，被剥夺土地的广大印第安农民、工人和矿工的悲惨状况等，展开全国性的辩论，改革已成了众望所归的诉求。

最后，在一个活跃的、越来越重要的中产阶级的推动下，战后的玻利维亚出现了一批新的政党和新的领袖，他们通过各种可能的方式，公开传播各种思想，如民族主义、马克思主义、国家社会主义等。继1934年创立托洛茨基派革命工人党之后，1936年和1937年又先后成立了社会党（PS）和玻利维亚社会主义长枪党（FSB）。3年后，在何塞·安东尼奥·阿尔塞等一些倾向于支持苏联的马克思主义知识分子的推动下，又诞生了左派革命党（PIR）和吉列尔莫·罗拉（Guillermo Lora）领导的新的托洛茨基派革命工人党（POR）。1941年1月15日，一些具有强烈改革意识和改革要求的知识分子、青年民族主义者和前查科战争战士，在维克托·帕斯·埃斯登索罗（Victor Paz Estenssoro）等人的领导下创建了民族主义革命运动党（MNR）。这是一个带有社会主义倾向的民族主义政党。1942年6月，该党制定了具有民族主义和民主主义性质的政治纲领，主张建立一个强有力的中央集权政府，进行旨在改善农民生活、实现矿山国有化、让每个人都有选举权的社会改革，对玻利维亚的政治发展产生了巨大的影响。这时期，玻利维亚也开始有了新型的工会组织，如1943年出现的玻利维亚矿工工会联合会。玻利维亚的劳工运动发展较早，但早期的工人运动一般限于经济斗争，很少有明确的政治纲领。1950年，工人阶级的先锋队——玻利维亚共产党（PCB）正式诞生。在新一代的工会组织中，马克思主义思想等激进的意识形态有明显的影响，如1946年11月在普拉卡约召开的矿工非常大会就一致通过了一个以马克思主义理论为指导的、题为《普拉卡约论题》（La Tesis de Pulacayo）的纲领，认定玻利维亚已经是一个资本主义国家；在这个国家中，资产阶级没有能力实现资产阶级民主革命的任务，因此，工人革命不可以超越资产阶级民主革命的阶段；玻利维亚的无产阶级必须要同农民、手工业者以及其他小资产阶级结成革命联盟；这个联盟的国家表现就是无产阶级专政，而工人阶级则是这个国家的领导核心；革命不应该停留在资产阶级民主的范围之内，而是要对私有财产制度进行深刻的改造。①

总之，在查科战争失败之后，玻利维亚出现了一个政治激进化和迫切要求改革的局面，进入了一个新的、改革与革命的历史时期。

（二）改革派的奋斗及其失败

战争失败后，文人寡头政府和传统政党土崩瓦解。一些由青年学生和退伍士兵组成的激进政党和团体登上政治斗争的舞台。他们都怀有一种因战争失败而渴望复仇的意识，希望能利用激进的改革手段，在短期内改变玻利维亚的面貌，但遭到保守派的拼命抵抗，结果出现了一个改革与反改革、自由与保守激烈斗争的动荡时代，改革的努力始终未能获得成功。

1936年5月17日，激进派军人发动军事政变，推翻特哈达·索尔萨诺（José Luis Tejada Sorzano）政权，由参谋长戴维·托罗（David Toro）上校担任总统。戴维·托罗曾在查科战争中担任最高指挥部总参谋长，任总统后，一反"矿业共和国"时期的自由主义政策，宣布军事社会主义纲领，创建国家社会主义党，并推行一系列激进改革，如在政府机构中建立劳工部，由工会领导人担任部长；将新泽西美孚石油公司在玻利维亚的财产收归国有，同时成立国营玻利维亚石油矿藏管理局；创办矿业银行，资助中小采矿企业的发展；实行交通运输国有化；改善工人的劳动条件，增加工人工资；对地主未被利用的土地实行征税；限制商业的利润额；等等。但是，这些措施事实上并没有得到完全实行。仅没收美孚石油公司财产一项就激怒了当时的美帝国主义。结果他执政仅一年多一点就被美国资本支持的赫尔曼·布什（German Busch）上校推翻。

赫尔曼·布什也是查科战争中的著名指挥官。他上台后在强大改革潮流的推动下继续推行改革。他召开了新的、第一次有工人代表参加的制宪会议，并以墨西哥1917年资产阶级民主宪法为榜样，制定了一部以发展社会福利为目标的新宪法（即"1938年宪法"）。宪法规定全部矿山资源归国家所有，规定政府对影响国家经济命脉的工商业有干预权，承认工人有集体订约、罢工及组织工会的权利，建立新的公共卫生部，承认妇女有

---

① 参见 *La Tesis de Pulacayo*，http：//www.bolpress.com/temas/minas/tesis.htm。

第二章 历　　史

选举权和受教育权，节制垄断资本等。他还在1939年6月7日颁布法令，规定所有大矿山主出口锡矿砂所得的外汇必须百分之百地交给政府，然后从政府换回本国货币。但是，同他的前任政府一样，改革受到了国内外大资产阶级，特别是锡矿大王"神圣同盟"的阻挠。1939年8月23日，赫尔曼·布什在绝望中自杀身亡。

赫尔曼·布什自杀后，政权落到了保守派军人手里。在保守派军人和矿业财团联合一致的支持下，恩里克·佩尼亚兰达将军于1940年4月当选玻利维亚总统。佩尼亚兰达上台后立即与美国结盟。为了获得美进出口银行的贷款，他同美孚石油公司达成协议，给予该公司200万美元的赔款，以补偿1937年托罗政府没收该公司财产时所受的损失。佩尼亚兰达政府还将前任政府的所有改革措施都予以废除，印第安人再一次丧失了一切社会福利，矿工们又不得不在悲惨条件下挣扎，他们的反抗遭到了政府的残酷镇压。1942年12月，卡塔维矿区的7000名矿工因忍受不了锡矿大王帕蒂尼奥的压迫而举行罢工。帕蒂尼奥矿业公司是美国洛克菲勒财团控制的锡矿公司，其锡产量占玻利维亚全国锡产量的43%。为了维护该公司对矿工的残酷剥削，政府竟出动军队镇压。罢工矿工的妻子儿女在前面引路，组成3个纵队向军队逼近，军队竟受命向他们开枪，当场就有几十名妇女、孩子和矿工倒在血泊之中，造成了震惊全国的"卡塔维大惨案"。佩尼亚兰达的倒行逆施引起了广大民众的不满，特别是引起军队中左翼力量的激愤。左翼军官为了推进改革，组织了一个名叫"圣克鲁斯元帅共济会"（或"祖国道义共济会"）的秘密组织。1943年12月，这个组织在左派革命党和民族主义革命运动党的支持和参与下，以不流血的政变，推翻了佩尼亚兰达政府。

佩尼亚兰达政府被推翻后，以"祖国道义共济会"领导人瓜尔维托·比利亚罗埃尔（Gualberto Villarroel）少校为首的军事执政委员会接管了国家。该委员会与民族主义革命运动党联盟，共同执政。在比利亚罗埃尔总统的领导下，玻利维亚的改革运动重新兴起。1945年，比利亚罗埃尔政府颁布新宪法，恢复了1938年宪法中经济民族主义和国家干预经济的原则，并增加了给予妇女选举权、总统和副总统任期6年且不得连选连

玻利维亚

任等条款。比利亚罗埃尔政府以严厉手段镇压反对派,抑制大矿业主和大庄园主势力,维护工人阶级和印第安人的利益,支持组建矿工工会联合会。1945年5月,比利亚罗埃尔政府还在拉巴斯城召开玻利维亚历史上第一次印第安人全国大会,宣布废除土著劳役制度,并建立全国农民联合会。比利亚罗埃尔的政策遭到右翼势力的极端仇视。1946年7月,拉巴斯城发生右翼势力操纵的大规模流血暴动,一伙暴徒残酷地将比利亚罗埃尔击毙在总统府,并将其尸首悬挂在总统府前面广场的路灯杆子上。

比利亚罗埃尔被害后,保守派再度登上政治舞台。1947年,在改革派领导人都逃亡国外的情况下,玻利维亚举行了总统选举,保守党候选人恩里克·埃尔佐格以不到1000张选票的多数当选总统。这时期,改革与反改革的斗争更加激烈。1949年8月,由于政府逮捕了著名的工人领袖、参议员胡安·莱钦,卡塔维矿的矿工举行了同情罢工,罢工过程中有两名美国工程师遇害,政府即派军队进行野蛮镇压。为了反抗镇压,矿工举行了起义。在民族主义革命运动党领导下,起义蔓延到全国很多地方,并得到除拉巴斯城之外所有大城市人民的支持,史称"1949年内战"。起义被镇压后,埃尔佐格被迫辞职,由副总统、强硬派保守党人马梅尔托·乌里奥拉戈伊迪亚接任总统。在他的统治下,玻利维亚成为一个"公开的警察国家"①。

在"公开的警察国家"的专制统治下,美国资本不但控制了玻利维亚的锡矿业,还控制了玻利维亚石油等其他矿业部门,垄断了玻利维亚的对外贸易;玻利维亚人民的劳动所得大都落进了美国大亨们的腰包。② 在美国垄断资本的盘剥下,玻利维亚矿工的生活状况不断恶化。他们的工资只有美国矿工工资的4%。微薄的收入使得他们的居住条件极端恶劣,营养不足,同时由于劳动强度大,60%以上的人患了结核病。为了生存,矿工们不断开展罢工斗争,如1942年卡塔维的大罢工、1944年奥鲁罗的大罢

---

① 罗伯特·巴顿:《玻利维亚简史》(中文版),辽宁人民出版社,1975,第352页。
② 譬如美国洛克菲勒财团控制的帕蒂尼奥矿业公司1940～1948年所获得的利润是其投资的450多倍,利润率高达42.7%。参见李春辉、苏振兴、徐世澄主编《拉丁美洲史稿》,商务印书馆,1993,第502页。

工、1949~1950年卡塔维等矿区的大规模罢工、1950年首都拉巴斯工人的总罢工等。占玻利维亚经济自立人口75%（1950年）以上的农民，由于失去了土地，或只有一小块土地，他们除了受地主的欺压外，还要受征税者、牧师、官吏、商人和警察局长的剥削。这些剥削者像刺马针，刺在农民的身上。为了反抗剥削压迫，印第安农民在1947~1948年多次举行起义。

总之，到20世纪40年代末，玻利维亚的民族矛盾和阶级矛盾空前激化，改革与反改革的斗争已经到了白热化的程度，不但下层社会不再愿意像原来那样生活下去，统治阶级也不能像先前那样统治下去了，这意味着革命风暴的来临已不可避免。

（三）1952年"四月革命"

民族主义革命运动党成立之后，积极领导反对矿业主的斗争，为维护民族和矿工的权益而斗争，在民众中的威望越来越高。在1951年5月的大选中，民族主义革命运动党提出了矿山国有化、土地改革等革命口号，得到广大群众的拥护，该党的候选人埃斯登索罗获得43%的选票，得票率居第一位。由于得票没有超过半数，根据1947年宪法的规定，议会应该从得票最多的前三名竞选人中选出总统。但是，即将离任的乌里奥拉戈伊迪亚总统借口维护民主共和体制，于5月16日中止了议会活动，把政权交给了军队。以总司令巴利维安·罗哈斯将军为首的军事执政委员会掌握政权后，立即宣布大选结果无效，并严厉镇压人民的抗议活动，禁止罢工和示威游行，禁止发表反对军事执政委员会的言论。巴利维安政府的反动独裁统治引起全国人民的反对。1952年初，流亡智利的民族主义革命运动党领导人西莱斯（Hernán Silez Zuazo）回国，与另一位民族主义革命运动党领导人、矿工工会领袖胡安·莱钦·奥肯多（Juan Lechin Oquendo）一起，领导了反对军事独裁统治的斗争。他们一方面在拉巴斯、波托西、圣克鲁斯等地发动群众，秘密组织武装力量，另一方面积极做警察部队的工作，争得他们的支持。警察部队首脑、内政部长安东尼奥·塞莱梅表示愿意参加和指挥起义，条件是革命成功后由他担任总统。

1952年4月9日，西莱斯和莱钦领导拉巴斯人民举行武装起义，拉开了玻利维亚资产阶级民主革命的序幕。

起义的枪声在拉巴斯打响后，苏克雷等城市相继爆发大规模武装起义。当时正值复活节，起义的工人和警察部队一起，以参加神圣事业的大无畏精神同政府的正规军展开了激烈的巷战。战斗开始时，起义军处于劣势。政府军从圣豪尔赫兵营向市区进攻，他们用高射炮、迫击炮和飞机轰炸街道上的起义战士。猛烈的炮火使起义军暂时受挫，本来承担总指挥任务的警察头子塞莱梅吓得跑到智利大使馆避难。但是，起义者并没有被吓倒，他们在西莱斯和莱钦的指挥下继续战斗，而且越战越勇，很快占领了武器弹药库。起义民兵在取出武器装备了自己之后，斗争形势迅速好转，连在街上卖东西的印第安妇女都参加了战斗。起义军在占领了空军基地和总统府之后，军政府的头目仓皇逃跑，民族主义革命运动党最终赢得了胜利。4月11日，西莱斯进入总统府，站在俯瞰穆里略广场的阳台上，宣布起义胜利。这次起义经过3天激烈的巷战，死亡1500人，历史上称"四月革命"。

（四）民族主义革命运动党政府的革命措施

4月16日，民族主义革命运动党领袖埃斯登索罗回到玻利维亚。他向聚集在穆里略广场的5万多名欢迎民众表示，他一定要把矿山的财富用于为玻利维亚民族谋利益。在民族主义革命运动党的领导下，玻利维亚组成了由埃斯登索罗任总统、西莱斯任副总统的民族民主政府。这个政府在"四月革命"胜利后的12年中，领导玻利维亚人民进行了一系列经济的、政治的和社会的改革。

1. 矿山国有化

1952年5月13日，埃斯登索罗颁布法令，成立一个由政府、矿工、工程师和律师代表组成的委员会，专门研究矿山国有化问题。委员会经过调查研究，向政府提交了一份内容详细的报告。报告揭露了三大锡矿公司控制国家政治和经济的情况，以及偷税、造假账和镇压工人等罪行，并提出了国有化方案。同年10月2日，政府命令成立玻利维亚矿业公司，负责全国矿业的勘探、开采、收购和矿砂出口等工作。1952年10月31日，埃斯登索罗总统来到卡塔维矿，当着2万多名矿工和他们的家属的面签署了矿山国有化法令，将外资控制的帕蒂尼奥、阿拉马约和霍赫希尔德三大锡矿公司所属的企业和租让地收归国有，交予玻利维亚矿业公司管理，并赋予这些锡矿公司的工人管理的责任。当晚，从首都拉巴斯到全国各地，到处一片欢腾，人们载歌载舞，庆祝矿山回到国家手中。

革命前，玻利维亚帕蒂尼奥等三大锡矿公司主要由美国、智利和瑞士等外国资本控制，垄断玻利维亚全国锡矿生产的70%到80%。据1930～1950年的统计，玻利维亚锡矿的年出口值达10亿美元，其中绝大部分流进了三大公司的腰包。除此之外，三大锡矿公司凭借其强大的经济实力，还操纵着国家政权，控制着玻利维亚的舆论。因此，民族主义革命运动党政府除将三大公司收归国有外，还查封了代表它们利益的3家主要报纸（《日报》、《最后一点钟报》和《理性报》）。同时也给了他们适当的赔偿，赔偿总额达2212.6万美元。

玻利维亚矿业公司在接管三大锡矿公司后，继续发展锡矿生产，同时还着手开发锑、钨、白银、石油和天然气等资源，开始朝着矿业生产多样化的方向迈进。

2. 土地改革

革命前，落后的封建生产关系在农村占统治地位。少数大庄园主占有大片土地，而广大的印第安农民却无地可种，或只有一块小得不能糊口的土地。到1952年，全国5230个大庄园拥有全国私有土地的93%，而57820户小农仅占有全国农田的0.4%。大庄园规模很大，最大的两个庄园竟然分别占地202万公顷和160万公顷。这种封建的生产关系严重束缚着农业生产力的发展，玻利维亚这个75%以上是农业人口的国家，粮食却不能自给，40%的粮食和农业原料需要从国外进口。

为了改变这种落后的生产关系，民族主义革命运动党政府于1953年初成立了以西莱斯为首的土地改革法起草委员会，起草了《土地改革法》。1953年8月2日，埃斯登索罗总统在科恰班巴附近的乌库雷纳，当着15万名印第安农民的面签署了《土地改革法》。签字仪式结束后，人们开怀畅饮，纵情歌舞，庆祝这一历史性的胜利。

《土地改革法》提出了重新分配土地、废除土著劳役制、发展印第安公社、增加农业生产、保护自然资源和向东部移民6项目标。《土地改革法》还对不同地区的私有地产、中小地产、农业合作社、印第安公社和资本主义农业企业土地占有的最高限额做了明确的规定，规定小地产（小农）在不同地区可占有3～35公顷耕地，中地产可占有24～600公顷土地，农业企业可占有81～2023公顷土地。对于超过限额的土地，政府将有补偿地强行征收，并把征收来的土地分配给农民。农民分得土地后，在25年内须缴纳25%的税，并在此期间不得将土地转卖给他人，只能还给国家。大庄园主按土地时价领取土地债券，作为被征收土地的补偿。据统计，到1962年，政府给12.6万户农民发放了土地证，共分配土地425.1万公顷。

玻利维亚东部是平原地区，土地肥沃，气候温和。由于历史的原因，那里人烟稀少，土地无人耕种。为了发展农业，民族主义革命运动党政府提供贷款，鼓励高原农民向东部移民。这项计划收到一定效果。1954年，连接圣克鲁斯和科恰班巴的公路修通以后，就有1.2万名移民定居于公路沿线。他们组织合作社，为拉巴斯生产了大量热带水果。圣克鲁斯省是移民的重点地区。这个省的政府不但把土地分给从高原来的印第安人和查科战争的退伍军人，还把土地分给来自日本、巴拉圭和加拿大的外国移民。移民的辛勤劳动，大大提高了大米和糖的产量。几万移民的开发，使东部地区发展成为玻利维亚重要的农牧业和农产品加工工业基地。

《土地改革法》的实施，动摇了封建土地制度，推动了农业资本主义的发展，改变了玻利维亚农村的面貌。到1964年，有2.5万名农民参加了300多个农业合作社，农业生产总量得到了恢复和提高。过去必须进口的大米、可可和食糖，现在已自给有余；在拉巴斯和波托西这样的高原城市，也能买到新鲜的蔬菜、水果和牛奶。

3. 普选制度

革命前，玻利维亚的选举法对选民的资格限制很多，致使这个当时已有320万人的国家，只有不到20万人有选举权，广大的印第安农民被排除在政治生活之外。"四月革命"后，埃斯登索罗总统决定改变这种状况。他于1952年7月21日颁布法令,规定凡年满21岁的公民,不论性别、教育程度、职业和收入状况,均有选举权。按照这个法令,全国拥有选举权的公民达150万人,所增加的选民大部分是没有文化的印第安农民。在1956年6月12日的大选中,有111.9万人投票,这在玻利维亚历史上是空前的壮举。82%的选民选举原副总统、民族主义革命运动党的领导人西莱斯为新的玻利维亚总统。

4. 教育改革和社会福利

1953年6月30日,埃斯登索罗政府专门开会研究教育改革问题,并成立了全国教育改革委员会,负责全国教育改革工作。1955年1月20日,政府颁布《玻利维亚教育法》,建立了带有资产阶级民族民主革命色彩的现代教育制度。按照该教育法所确立的宗旨,国家教育的任务主要在于培养劳动公民,而不只是为大学输送优秀人才。为此,玻利维亚采用了双轨教育制度:印第安人在农村工作部管辖的学校学习,所学内容必须与农村地区社会、经济和政治发展的需要相联系;城市居民则继续在教育部管辖的学校学习。双轨教育制度取得了明显的成效:全国新建了几百所学校,在校学生从1950年的12.8万人增加到1964年的58.7万人;农村适龄儿童入学率有了较大提高,仅1960年一年,农村小学生人数就达到20.55万人。在发展初等教育的同时,政府还积极开展扫盲教育。1956年6月10日,政府下令进行为期10年的扫盲运动。扫盲运动的重点在农村,1960年后逐渐扩展到城市。由于资金不足,扫盲运动计划没有很好地完成。

针对国内存在医生不足、婴儿死亡率高、居民患病人数多等社会问题,政府于1956年12月制定了《基本社会福利法》。该法规定设立国家社会保险基金会,基金会的基金由雇主和雇员共同负担,雇主要向国家社会保险基金会缴纳相当于工资总额30%的金额,雇员也要拿出7.5%的工资交给基金会。然后由基金会发放补助金,帮助解决工人的病、残、伤、老等问题。到1964年,已有13万名雇员和35万名家属享受到了基金会补助金的资助。

5. 军事制度改革

埃斯登索罗总统执政后,马上解散了1.2万人的旧军队,把他们的武器交给了在革命过程中建立起来的民兵组织，只保留少量的边防军。1961年通过的第17部宪法规定了民兵的合法地位。

以上改革措施，打击了外国垄断资本的势力，动摇了以大庄园制为主的封建土地制度，扩大了代议制民主政府的基础，为玻利维亚资本主义的发展创造了条件。

（五）1964年军事政变与革命的终结

1952年革命尽管从根本上改造了玻利维亚社会，但新的政治秩序并未完全建立起来。除了一个强大的工会组织之外，几乎没有创立任何新的、能够有效控制各种社会力量及其要求的机制。因此，随着改革的深入，革命遇到了严重的困难，国内出现了超高通货膨胀（通胀率超过了900%），以及由此引起的尖锐的经济、政治和社会冲突。1956年埃尔南·西莱斯·苏亚索当选总统，玻利维亚进入民族主义革命运动党第二届政府（1956～1960）执政时期。面对严重的经济困难，革命政府开始对原来的政策进行调整。首先是在国际货币基金组织的赞助下接受了美国的"稳定化计划"。按照这个计划，西莱斯政府采取了停止印刷纸币、实行由政府控制的自由汇率、冻结工人工资、取消对粮食和其他生活必需品的补贴、停止招雇新的矿工等措施，并以这些措施为条件从美国和国际货币基金组织获得了一笔贷款，从而逐步稳定了动荡不已的经济。

其次是批准1955年制定的新石油法（Código de Petróleo），放宽了对外国石油公司在玻利维亚勘探和开采石油的限制。外国公司只需缴纳11%的开发税，并向玻利维亚政府缴纳30%的利润，便可在玻利维亚开采石油。很快，玻利维亚政府就同美国海湾石油公司签订了为期40年的合同，该公司获得了在原美孚石油公司的租地上钻探和开采石油的权利。与此同时，玻利维亚政府接受了美国的援助。

西莱斯政府的政策调整，损害了民众的利益，引起了民族主义革命运动党内部的分裂。1959年，曾任外交部长和内政部长的格瓦拉·阿尔塞以民族主义革命运动党已经背叛了自己的原则为理由，于9月退党，并组建"真正民族主义革命运动党"。1961年，该党改名为"真正革命党"。1964年3月，以莱钦为首的党内左派也从党内分出，建立新的政党——

左翼民族主义革命党。1952年开始的玻利维亚革命陷入了严重的政治危机。

在1964年5月31日的大选中,埃斯登索罗第三次当选总统。由于民族主义革命运动党已经分裂,埃斯登索罗只能依靠军队的力量连任总统,由他的竞选伙伴雷内·巴里恩托斯·奥图尼奥(René Barrientos Ortuño)将军任副总统。1964年11月4日,军队在副总统巴里恩托斯的领导下发动政变,推翻了埃斯登索罗的合法政府,成立了由雷内·巴里恩托斯·奥图尼奥和阿尔弗雷多·奥万多(Alfredo Ovando Candia)两人领导的军事执政委员会。

民族主义革命运动党领导的玻利维亚革命旨在建立一种国家资本主义制度和一个现代工业化国家,1964年11月的军事政变,宣告了这一革命目标的落空和为时12年之久的玻利维亚革命的结束。

二 军政府时期(1964~1982)

1964年政变后,玻利维亚出现了一个左右翼军人交替执政的军政府时期。

(一)右翼巴里恩托斯军政府的统治

军事执政委员会执政后,继续其前任所开启的逐步取消和软化1952年革命计划和革命政策的进程。为了争取民众的信任,军事执政委员会解除了全国戒严令,释放了政治犯,允许工会领袖和工会会员的交往,甚至允诺要继续实现1952年革命的目标,进行土地改革和实行矿山国有化,实现国家的发展和工业化等。但是,这都是一些空话,实际上他们实行的是军事独裁,让军人进入各级政府机构,并拥有至高无上的政治控制大权。他们派军队进驻各大矿区,禁止工人罢工,解雇工会领导人。1965年5月,军政府还拘捕了著名的工会领袖莱钦,并将他驱逐出境。接着又镇压矿区的总罢工,降低矿工工资,占领玻利维亚总工会总部。

1966年7月,巴里恩托斯依靠由人民基督教运动、正统革命党、左派革命党、查科战争退伍军人联盟和社会民主党5个党派组成的所谓"玻利维亚革命阵线"的支持,当选为玻利维亚总统。巴里恩托斯上任后，对外依附美国，按美国约翰逊政府所要求的条件与美国签订总额达6000万美元的贷款、赠款和技术援助协定，与美国海湾石油公司续订合同，将马蒂尔德矿租给美国菲利普斯公司；对内实行专制独裁统治。1967年，该政府颁布新宪法，否定民兵组织的合法性。不久又颁布《国家安全法》，限制民众的自由，取缔"玻利维亚矿工工会联合会"（FSTMB），使6000多名矿工流落街头，并派军队镇压矿山工人的抗议活动。1967年6月24日是玻利维亚传统的圣胡安节，矿工工会决定在这一天组织各矿工人代表在"20世纪矿"集会，商讨要求增加工资的问题。正当矿工代表载歌载舞欢庆节日的时候，军政府突然派军队进行袭击，打死矿工27人，制造了震惊全国的"圣胡安惨案"。与此同时，巴里恩托斯政府还派出强大军队围剿切·格瓦拉领导的游击队。切·格瓦拉是阿根廷裔古巴革命领导人之一，原名埃内斯托·格瓦拉·德拉塞尔纳。1960年，他提出了"游击中心理论"，主张建立国际游击基地，训练各国游击队的骨干力量，然后在各国创建新的游击中心，领导本地革命，进而解放南美，解放全世界。为了实践这个理论，格瓦拉于1966年11月初秘密来到玻利维亚，组织了一支由古巴、秘鲁、玻利维亚等国52名革命者组成的游击队，在圣克鲁斯省西部尼亚卡河附近的一个庄园里建立起一个"国际基地"。由于叛徒的出卖，"国际基地"被暴露。巴里恩托斯政府立即派一个团的兵力，在美国的援助下，对游击队进行围剿。这支孤立无援的小小游击队在格瓦拉的领导下，与强大的敌人进行顽强的斗争。最后在1967年10月8日的丘罗山谷战斗中，遭到了覆灭性的打击，格瓦拉也受伤被俘。第二天，美国中央情报局指使玻利维亚军队在伊格拉镇的一个村子里将格瓦拉杀害。

（二）左翼奥万多军政府的统治

1969年4月27日，巴里恩托斯空难丧生后，副总统西莱斯·萨利纳斯（Adolfo Siles Salinas）代为总统，但很快便被一场军事政变推翻，奥万多·坎迪亚将军担任总统。奥万多出身贫寒，政治上是一个社会主义者，执政后被称为"平民总统"。他是迄今为止玻利维亚唯一一位批准用全国工人大会取代全国国会的总统。他的目标是建立一种民众主义性质的军政府。他宣布实行民族主义的执政纲领，表示要维护国家资源的民族主权，奉行独立和中立的外交政策。他宣布废除《国家安全法》，命令军队撤离矿区，允许工人重建玻利维亚总工会，并让被流放者回国。同时，奥万多政府还废除1955年《石油法》，并在1969年10月17日下令将控制玻利维亚石油生产80%的美国海湾石油公司在玻利维亚的财产收归国有。同年12月，政府还宣布对矿产原料的贸易实行国家垄断。这些措施得到了民众的拥护，但遭到国内右翼势力的反对。1970年10月，奥万多政权被右翼陆军司令米兰达推翻。

（三）右翼军人政变的失败和昙花一现的左翼托雷斯军政府

米兰达的军事政变持续不到一周，又被具有民族主义倾向的何塞·托雷斯将军粉碎。1970年10月17日，托雷斯（Juan José Torres González）就任总统（1970~1971）。托雷斯上台后，执行民族主义政策。1971年1月，他在玻利维亚总工会等左派力量的支持下，将从事铜渣加工的美资国际金属加工公司收归国有。同年4月又宣布废除同美国马蒂尔德矿业公司的合同，收回了开采锌矿的租让权，并驱逐了美国驻玻利维亚的和平队，征用了美国在玻利维亚的文化中心。对于国内的垄断资本，托雷斯采取限制的政策。1970年，军政府限制冶金企业中的私人资本，由国家垄断这个行业的生产。与此同时，政府还宣布大型糖厂也由国家控制，并建立国营制糖企业。在政治上，托雷斯默认了左派力量在1971年6月26日召开的人民代表大会，该大会的代表来自矿山工人、制造业工人、大学生、知识分子和农民等各个阶层，他们要求成立民兵组织，以重新唤起民众的热情。上述这些激进措施均遭到右翼势力的激烈反对。1971年8月，托雷斯政府被乌戈·班塞尔（Hugo Bánzer Suárez）上校发动的军事政变推翻。

（四）右翼班塞尔军政府的独裁统治

乌戈·班塞尔建立的军政府执政7年，是20世纪玻利维亚历史上掌权时间最长的总统。在这7年中，班塞尔权力的鼎盛时期是1974~1976年。1974年11月，他突然宣布取消计划中的大选，禁止所有政党、工会以及其他社团的活动，建立了一个清一色的军人内阁。

班塞尔军政府在政治上实行高压政策，禁止左派政党、工会和学生联合会开展活动，大学被长期关闭，进步人士被拘捕、流放。在他执政的头

6年中，有1.5万人被关进监狱，1.9万人被流放国外。1973年3月他还恢复了《国家安全法》，限制民众的自由。对于工农群众的抗议斗争，军政府更是严厉镇压。1972年10月，他镇压了拉巴斯工人的罢工斗争。1974年1月又血腥镇压科恰班巴地区农民争取公平价格的斗争，杀害了100多名无辜农民。1976年6月，高原地区的矿工为争取生存权而举行罢工，又遭到军政府的残酷镇压。

在经济上，军政府采取了一些有力的措施吸引外资。首先是在1971年颁布《投资法》，接着又在1973年颁布《石油法》。为吸引外资，军政府还大力发展基础设施，在公路方面建成了拉巴斯至贝尼的公路，完成了奥鲁罗至坦博盖马多公路沥青路面的铺设，并开始建设拉巴斯至埃尔阿尔托的高速公路；在铁路方面进行了铁路设备的全部更新。与此同时，军政府还开辟了几条国内外航线。由于大量外资的注入，玻利维亚的经济发展较快。1971~1976年的6年中，国内生产总值的年均增长率达到了6%。但是，由于经济增长是依靠外资实现的，玻利维亚的外债也急剧增加，从1971年的7亿多美元增加到1978年的25亿美元。

在外交上，班塞尔政府的全部精力都集中于解决出海口问题。班塞尔上台伊始，即宣称要"不惜一切代价"重新获得出海口。他还发誓要在1979年太平洋战争100周年前解决这个问题。但是，一方面由于他准备接受的"以领土换出海口"的方案遭到国内各阶层人民的反对，另一方面由于玻、智、秘三国立场相距甚远，多次谈判均以破裂告终，没有取得任何有效的结果。

1976年以后，由于石油产量下降，玻利维亚的经济发展速度放慢。与此同时，班塞尔的权力也迅速衰落。1978年7月9日，玻利维亚举行了已中止12年之久的大选。在这次大选中，官方的总统候选人、原内政部长胡安·佩雷达·阿斯本（Juan Pereda Asbún）将军以50%的选票当选。选举结果一公布，各反对派即群起攻之，纷纷揭发和谴责军政府在大选中的舞弊行为。7月19日，全国选举法庭宣布选举结果无效。两天后，佩雷达将军在圣克鲁斯省的支持下发动军事政变，夺取了政权。21日晚，班塞尔宣布辞去总统职务，结束了他7年的统治。

(五) 动荡的政局与军人统治的结束

佩雷达通过政变上台后,玻利维亚的政局十分动荡。军事政变不断,总统走马灯似地更换。佩雷达上台不到 5 个月,陆军司令帕迪利亚(David Padilla Arancibia)就在 1978 年 11 月 24 日发动政变,夺取了政权。帕迪利亚执政不到一年,拉巴斯军校司令纳图什·布什(Alberto Natusch Busch)又在 1979 年 11 月 1 日发动政变,占领了总统府,自封总统。纳图什的政变招致国内外一片抗议之声。在国内外强大的压力之下,纳图什不得不宣布下台,国民议会选举女议长莉迪亚·盖莱尔·特哈达(Lydia Gueiler Tejada)为临时总统。1980 年 6 月 29 日,玻利维亚举行大选。在 13 名候选人中,得票最多的前 3 名依次为人民民主联盟的候选人西莱斯、民族主义革命运动党候选人埃斯登索罗和民族主义民主行动党候选人班塞尔。但他们的得票都没有超过半数。根据宪法的规定,议会将在 8 月 3 日召开会议,从上述 3 人中选出总统。但是,未等会议召开,军队就在 7 月 17 日发动了政变,夺取了政权,建立了以陆军司令加西亚·梅萨为首的军政府。加西亚·梅萨是在大毒枭罗伯特·苏亚雷斯·戈麦斯的支持下发动政变的,被称为"可卡因总统"。梅萨上台后,直接参与毒品走私,对古柯主要种植区恰帕雷的古柯贸易实行垄断,使得毒品生产和毒品走私成为公开的活动。在梅萨统治期间,贪赃枉法成风,腐败丑闻频出。为了维持统治,梅萨政府大肆镇压工人的罢工,逮捕反对政变的政界人士,清除军队中的反对派。梅萨的倒行逆施遭到国内各阶层人士的激烈反对,也遭到国际舆论的谴责。在这种形势下,梅萨不得不在 1981 年 8 月 4 日宣布辞职,把政权交给由陆军参谋长塞尔索·托雷利奥等 3 人组成的军人执政委员会。9 月 4 日,该委员会任命托雷利奥为总统。

在班塞尔下台之后的 4 年中,由于政局动荡,经济形势也急剧恶化。70 年代那种比较繁荣的景象已不复存在。1980 年,玻利维亚的锡产量再度下降,人均收入水平落到了拉美倒数第一的地位(海地除外)。到 1982 年,经济危机进一步加剧,工人罢工、教师罢教、学生罢课等群众运动此起彼伏,纷纷要求军政府下台。在这种情况下,托雷利奥不得不宣布辞职,陆军参谋长吉多·比尔多索(Guido Vildoso Calderón)接任总统,同时宣布将在1983年4月举行大选。这时，国内要求军政府下台、恢复民主秩序的群众运动风起云涌。1982年9月6日，科恰班巴5万名居民举行集会，宣布从7日起举行不定期罢工，要求军队把政权交给民选政府。9月15日，拉巴斯和全国各地成千上万的工人举行示威游行，要求"面包和自由"。军政府眼看已经无法控制局势，就在1982年9月27日颁布法令，宣布从10月1日起，恢复1980年议会，由议会从1980年选举中得票最多的3名候选人中选出总统。10月5日，议会进行选举，选举人民民主联盟的总统候选人西莱斯·苏亚索为总统。西莱斯从70年代末开始，就组织左派联盟参加竞选，并先后3次在全国大选中赢得多数，但是都因为军人政变和议会花招而未能执政。这一次选举制度的恢复在玻利维亚政治史上有重要的意义。10月8日，当西莱斯从利马回到拉巴斯的时候，数以千计的人冒雨前去欢迎。10月10日，西莱斯在拉巴斯正式就任总统，从1964年开始的、持续了18年之久的军人统治宣告结束。

三　民主化与新自由主义时期（1982~2006）

1982年西莱斯就任总统后，玻利维亚进入了一个所谓政治民主化和新自由主义经济改革的时期。在这个时期中，政权的更替虽然采取了民主的形式，但局势的发展更波澜起伏，危机不断。

（一）债务危机与西莱斯政府的困境

西莱斯上台后，玻利维亚国内形势十分严峻，不但经济衰退，而且社会动荡。尤其严重的是，这时候的玻利维亚已经找不到贷款，政府的债券也没有买主。为了扭转危机，西莱斯提出了"拯救国家全面计划"，其主要措施是：通过汇率管理外汇；通过提高出口税限制出口；通过按价格变化实行最低工资指数化来稳定物价和工资；通过把所有按美元计算的合同一律改为按比索计算来实行经济的非美元化；等等。但是，所有这些措施都没有取得预期的效果，国内形势更加恶化。

首先，经济危机进一步加深。从1982年开始，玻利维亚经济连续几年都是负增长（1982年的经济增长率为-4.4%，1983年为-6.3%，1984年为-0.3%）；1984年通货膨胀率高达2000%以上。到1984年，

第二章 历　史

政府已无力偿付外债，不得不于该年5月30日宣布暂停支付所欠国际私人银行的外债本息。同年11月24日，政府又不得不颁布法令，宣布比索将贬值77.7%；大米、糖、肉类、油、面包、蛋类、各种燃料、民用和工业用电随之大幅度提价，其提价幅度从40%到500%不等。

其次，社会冲突加剧。西莱斯执政后，玻利维亚不断发生工人罢工、私人企业主罢业、教师罢教和公职人员罢工事件。罢工斗争不但次数多（据统计，1982年10月至1983年10月，共爆发罢工220多起），而且行业广，过去主要是矿山工人罢工，这时各行各业的工人都参加了斗争，如1983年4月农业工人罢工、8月全国各大城市数十万名工人要求遏制通货膨胀和失业大游行、10月6万名公职人员罢工、11月10万名公共部门职工大罢工等。

最后，政治危机加深。执政的人民民主联盟内部出现分裂，多次发生内阁危机。西莱斯就职不到3个月，以海梅·帕斯·萨莫拉（Jaime Paz Zamora）为首的左派革命运动党就宣布退出内阁，出现了第一次内阁危机。1983年5月，又有3名部长（2名属于左派革命运动党，1名属于无党派人士）提出辞职，政府又面临第二次内阁危机。据统计，在西莱斯执政期间，内阁先后改组了10次，政局十分混乱。此外，由于西莱斯政府按美国的要求对贩毒团伙进行了严厉的打击[1]，贩毒集团进行报复，1984年6月30日凌晨绑架了西莱斯总统，绑架达10日之久。

由于形势日益恶化，西莱斯政府难以继续执政，不得不在1984年11月接受反对党的要求，将原定于1986年的大选，提前到1985年5月举行。民族主义民主行动党候选人班塞尔和民族主义革命运动党候选人埃斯登索罗得票最多（分别获得29%和26%的选票），但都没有超过半数。根据规定，议会要从他们中选出一人担任总统。8月5日，议会选举埃斯

---

[1] 1983年5月24日，政府下令逮捕与毒贩分子有牵连的前总统路易斯·加西亚·梅萨和他的内阁部长20多人。7月7日，西莱斯命令军队紧急待命，准备逮捕贩毒头子、"可卡因大王"苏亚雷斯·戈麦斯。1984年10月25日，缉毒部队开进贝尼省的3个庄园，查获可卡因300千克。1985年4月2日，玻利维亚警方逮捕了一批贩毒分子，缴获可卡因1260千克和部分车辆。

登索罗为玻利维亚共和国总统。

（二）埃斯登索罗的新经济政策

埃斯登索罗就任总统时，玻利维亚经济已陷于崩溃。年通货膨胀率高达 8170%[①]。出口锐减，1985 年马口铁和天然气出口减少 70%。人均国内生产总值比 1980 年减少 1/5 以上。公共部门财政赤字相当于国内生产总值的 1/4。国际储备枯竭，外债多达 50 亿美元。玻利维亚成了南美社会状况最恶劣的国家，人均国内生产总值为 570 美元；婴儿死亡率高达 11‰，产妇死亡率达 4‰；仅 69% 的城市人口和 10% 的农村人口有自来水供应。埃斯登索罗当选后，民众对他寄予很大的希望，希望他能逐步降低通货膨胀率，稳定人民的生活。但是他没有这样做，而是进一步推行前总统班塞尔的新自由主义政策，并将该政策取名为"新经济政策"。

"新经济政策"主要包括以下几项内容：①改组国营企业，先后关闭了 17 座亏损的大矿山，解雇职工约 5 万名。②实行大幅度货币贬值，将 1 美元兑换 7.5 万比索贬值为 1 美元兑换 100 万比索，并且从 1987 年 1 月 2 日起，正式发行新货币——玻利维亚诺，以取代原货币玻利维亚比索。③实行紧缩政策，削减公共开支，取消各种补贴，以减少财政赤字。④实行汇兑自由，把外逃的资金再吸引回来。⑤冻结或削减工资，镇压工人运动。⑥为了吸引和利用外资，宣布愿意重新谈判还债条件，并郑重表示，新政府任何时候都不会否认它所欠国际私人银行的债务。为了使新经济政策得以顺利实施，埃斯登索罗还起用一大批企业家和银行家担任政府部长。新经济政策实施的第二年，国际货币基金组织即同意向玻利维亚贷款 5.14 亿美元。不久，安第斯开发协会也向玻利维亚贷款 2750 万美元。

新经济政策实施 3 年后，玻利维亚经济状况虽然明显好转（通货膨胀率从 1985 年 9 月的 23000% 下降到 1988 年底的 20.9%，国内生产总值从负增长提高到正增长，1988 年增长率为 2.5%），但也带来严重的负面影响：工人失业，城市失业率高达 11.7%；人民生活水平急剧下降。因此，新经济政策从实施开始就遭到各界人士的反对。1985 年 9 月初，玻

---

① Herbert S. Klein, *A Concise History of Bolivia*, Cambridge University Press, 2003, p.241.

利维亚工人在全国范围内举行了罢工和抗议活动。在以后的几年中，反对新经济政策的斗争扩展到社会各阶层，罢工、罢课、抗议、游行等群众斗争此起彼伏，社会矛盾加剧。

1989年5月，玻利维亚如期举行大选。参加竞选总统的9名候选人都没有获得超过半数的选票。8月5日，议会组织对得票数最多的3名候选人进行投票表决，最后选出左派革命运动党候选人海梅·帕斯·萨莫拉为新一任总统。

（三）萨莫拉政府的改革措施

海梅·帕斯·萨莫拉宣誓就职后，建立了由左派革命运动党和民族主义民主行动党共同组成的新政府。萨莫拉政府继续执行自由主义的新经济政策。1990年4月，政府宣布支持对全国2/3的国营企业逐步实行私有化。1991年12月，议会又通过法令，决定对所有国营企业（少数具有战略意义的国营企业除外）实行私有化，以加快经济自由化进程。

为了加快经济的发展，萨莫拉政府积极发展与邻国的关系。首先是加强同秘鲁的关系。萨莫拉上任后不久（1989年10月18日）即与秘鲁签署有关加强一体化进程和联合打击贩毒活动的行动计划。同年11月12日又与秘鲁签署两国建立自由贸易区的协定，规定自即日起至1993年12月31日，自动免除6000种商品的关税。1992年1月，两国总统签署双边友好合作和一体化协议，秘鲁承诺在伊洛港为玻利维亚提供一个使用期为50年的工商自由区和一个使用期为99年的旅游自由区，并为玻利维亚使用伊洛港设施提供一切方便。其次是加强同阿根廷和巴西的关系。1989年12月13日，萨莫拉访问阿根廷，与阿根廷签订了8个双边经济、技术合作协定。1990年8月15日，萨莫拉和巴西总统科洛尔签订了双边合作协定和为期25年的巴西购买玻利维亚能源的协定。1992年8月17日，两国在圣克鲁斯签署了在两国之间修建天然气管道，将玻利维亚的天然气输送到巴西的协议。最后，玻利维亚也注意发展同智利的关系。1993年4月6日，玻利维亚与智利签订经济互补协定，对80多种商品互免关税。

为了鼓励国内外私人企业家投资石油和矿业部门，萨莫拉政府在

1990年下半年和1991年上半年先后颁布投资法、矿业法、石油工业法等新的法律，为扩大私人投资创造法律条件。1990年1月至1992年2月，玻利维亚国家石油公司与外国企业签订了10个勘探和开发石油资源的合同。

在民主化进程方面，玻利维亚全国2915个城市都在1991年12月1日成功地进行了市政选举，选出了新的市长和市议会成员。全国各政党16668名候选人参加了角逐。在这次选举中，玻利维亚第一次实现由无党派人士组成的选举委员会主持选举工作。

在1993年6月的大选中，民族主义革命运动党候选人贡萨洛·桑切斯·德洛萨达（Gonzalo Sánchez de Lozada）获得35%的选票。桑切斯联合其他3个小党组成联盟，获得了议会的多数席位。8月4日，议会批准桑切斯为下一届总统。

（四）桑切斯政府的"资本化"政策

1993年8月6日，桑切斯就任总统。他上台后继续执行新经济政策。1994年3月21日，桑切斯正式颁布实施《资本化法》，对6家大型国有企业（国家石油矿藏管理局、国家电力公司、国家电信公司、国家铁路公司、玻利维亚航空公司和国家冶金公司）实行资本化，即部分私有化。

按照《资本化法》，国家通过对国有企业进行资产评估，确定其账面价值，然后进行国际招标，将企业改组成混合股份公司，到1997年8月5日，即桑切斯任期结束，除国家冶金公司因参与投标的公司全部撤出而未实现资本化外，其余5家国有大型公司都实现了资本化，共吸收外资16.71亿美元。资本化的实施使得玻利维亚国家的外汇储备增加，由1992年的2.63亿美元增至1997年7月的10.48亿美元，为经济的中速温和增长创造了条件。1991~1998年，玻利维亚经济年均增长率达到4.2%。

尽管资本化改革收到一些成效，但也给玻利维亚的经济带来严重的负面影响。首先是国有资产严重流失。如国家铁路公司仅以3910万美元与智利的"百十字"公司实现了资本化，远远低于账面价值的5300万美元。其次是国家财政收入减少，加重了国家的财政负担。长期以来，国家财政收入的主要来源之一是国家石油矿藏管理局，这一企业实现资本化后，上缴利润的比重由65%下降到45%。仅这一项，国家每年就减少1.8亿美元的收入。有些企业资本化后，其原来的债务由国家承担，仅国家铁路公司就转给国家债务4000万美元。最后，改革并没有创造新的就业机会。尽管政府严格限制资本化企业裁员，但是，这些资本化企业也没有创造新的就业机会，解决不了城市失业问题。据联合国拉美经济委员会统计，从1994年到1997年，玻利维亚的城市失业率逐年增加，从3.1%上升到了4.4%。

桑切斯除在经济上进行结构调整外，还在教育、选举制度、国家行政等方面进行了改革。他提出并实施了大众参与计划，把国家的财政预算权下放给全国312个基层市政当局；他领导开展反腐败运动，弹劾了两名最高法院法官，并对左派革命运动党领导人与贩毒集团有牵连的案件提出诉讼。所有这些政策都得到人民的拥护。

（五）新自由主义末期的政治危机

从班塞尔再度执政到卡洛斯·迭戈·梅萨的短命政府这个时期，是玻利维亚政局最动荡的时期。

1997年6月，玻利维亚如期举行大选，前军政府总统、民族主义民主行动党的班塞尔，以反对党联盟候选人的身份赢得了选举，当选为新一任玻利维亚总统。在他执政期间，玻利维亚得到世界银行和国际货币基金组织对债务负担最重的贫穷国家的减债优待。但是，由于广大民众反对他的新自由主义政策，政局十分不稳，屡屡发生内阁危机。特别是2000年4月在科恰班巴发生的饮水危机[①]和同年9月在全国范围内爆发的

[①] 1999年9月，在世界银行的推动下，一家名叫比奇特尔公司的多国公司同班塞尔总统签订了一个关于科恰班巴供水服务私有化的合同。该合同正式将科恰班巴饮水的供应业务授权给一家名叫图纳里的水业公司，这是一个由比奇特尔公司、美国艾迪生公司、西班牙阿文戈亚康采恩以及两家玻利维亚公司组成的商业财团。此后不久，水费就增加了50%，引起广大居民的坚决抗议。2000年4月，抗议斗争达到高潮，发生了被称为"饮水战争"（Guerra del Agua）的流血冲突。冲突中至少有一人被警察杀害，170多人受伤。由于经济瘫痪，骚乱升级，班塞尔政府不得不撤销了与比奇特尔公司的合同。

社会危机①，使得整个国家处于动荡之中，班塞尔的统治难以为继。2001年，班塞尔总统由于健康状况恶化于8月7日辞职，由副总统豪尔赫·基罗加宣誓就任总统。基罗加的任务是完成班塞尔总统任期，并主持2002年的总统选举。

在2002年6月的总统选举中，经过两轮投票，民族主义革命运动党的领袖贡萨洛·桑切斯·德洛萨达被选为玻利维亚共和国第63任总统（这是他第二次当选总统）。桑切斯于8月6日正式就职。因为在第一轮选举中只得了22.5%的选票，他的权威十分脆弱，执政不到半年，即发生了严重的政治骚乱。骚乱从公共部门职工反对政府工资预算提案和增税政策的罢工开始，很快发展成为时两天的暴乱，造成了31人死亡的严重悲剧，致使他的内阁成员全体辞职。2003年9月，因桑切斯决定用50亿美元修建一条经智利向美国和墨西哥市场输送天然气的天然气管道，对桑切斯自由主义市场经济政策不满的矿工、农民、古柯种植者以及土著居民再一次发起抗议运动，爆发了玻利维亚历史上从未有过的"天然气冲突"（Gas War）。冲突持续发展，最后在首都拉巴斯和埃尔阿尔托酿成严重的"十月惨案"，致使70多人死亡，400多人受伤，桑切斯总统不得不于10月17日辞职，流亡美国。

桑切斯辞职后，国会任命副总统卡洛斯·迭戈·梅萨行使总统职权。卡洛斯·迭戈·梅萨接任后，组织了一个由无党派政治家组成的内阁，表示将大力清除政府中的腐败现象，对1995年以来的国有企业私有化进程重新进行审核，并许诺要就出口天然气问题举行公民投票，以结束冲突，实现全国和解。但是，桑切斯执政期间爆发的"天然气冲突"仍在持续，由于几乎没有得到任何政党的政治支持，梅萨从2003年10月17日执政到2005年6月6日只一年零八个月就不得不在严重的社会动荡的压力下提出辞职，由当时最高法院主席罗德里格斯（Eduardo Rodríguez Veltze）出任临时总统。

---

① 班塞尔政府为适应美国反毒的要求，在玻利维亚实行以武力强行根除古柯植物的政策。为捍卫自己的古柯种权，反对政府根除传统古柯植物的政策，玻利维亚的土著居民，特别是拉巴斯、科恰班巴和圣克鲁斯三个省的土著居民和工会组织，以罢工和设置路障等手段，同进军古柯种植区的武装力量进行了坚决的斗争。

四 莫拉莱斯执政后的新探索（2006~ ）

2005年12月18日，玻利维亚举行总统选举，艾马拉族印第安人、玻利维亚争取社会主义运动党领导人埃沃·莫拉莱斯以53.74%的绝对多数选票当选玻利维亚总统，并于2006年1月22日正式就职。他是玻利维亚历史上第一位印第安人总统。在就职仪式上，他表示，他将"改变历史"；他的执政"将是全世界土著居民追求平等公正的开始"，他宣誓要在玻利维亚走出一条符合本国特点和利益的、自主发展之路，按他的解释，也就是要走出一条渐进式的、"建立在互惠与团结之上的"、"社群社会主义"或"印第安社会主义"之路。总之，莫拉莱斯的执政在玻利维亚历史上开辟了一个在"社群社会主义"概念下探索适合自己国情发展道路的历史时代。

为实施"社群社会主义"的执政理念，莫拉莱斯依靠人民，克服重重困难，大力进行宪政制度改革，制定并通过了新的宪法（2009年），确认玻利维亚是多民族、多文化国家，强调建立保障多民族经济、政治和文化权利的国家制度，宣布将原国名"玻利维亚共和国"改为"多民族玻利维亚国"（El Estado Plurinacional de Bolivia）。与此同时，他着手实施重大的社会经济改革，如提出复合经济发展模式；实行石油和天然气国有化，将国家主要资源收归国有；进行土地改革，使贫苦农民拥有自己的土地；制定国家五年发展计划（2006~2011年），强调要改变新自由主义的发展模式；大力开展扫盲和扶贫工作；奉行独立自主的外交政策，反对新自由主义的新殖民主义政策，捍卫主权和发展权，致力于推动拉美一体化进程，努力创建一个以印第安文明和价值为根基、以独立战争英雄的思想为指导的"拉美大祖国"；等等。

莫拉莱斯执政以来的10余年是玻利维亚发展史上发展速度相当快的时期，在2012~2014年三年里，经济年平均增速高达5.71%。[1] 2015年

---

[1] 孙宇：《玻利维亚有望成为2014拉美地区经济增速最快国家》，http://news.china.com/news100/11038989/20141009/18839174.html。

玻利维亚

1月莫拉莱斯在第三次就任玻利维亚总统后表示，在新任期内，他的政府将致力于城市科学化管理体系的建设，加快本国的工业化发展进程，大力开发技术，以逐步摆脱对外国技术的依赖。此外，新政府将努力支持扶贫工程，争取在2020年任期结束时，使本国的贫困人口比重下降到8%至9%[①]。

第六节　著名历史人物

西蒙·玻利瓦尔（Simón Bolívar，1783—1830）　南美独立运动领袖，委内瑞拉民族英雄，玻利维亚首任总统。1783年7月24日生于委内瑞拉加拉加斯一个土生白人地主家庭。1811年7月5日委内瑞拉宣布独立后获上校军衔。1813年指挥爱国军与西班牙殖民军战斗，不断取得胜利，并攻入加拉加斯，荣获"解放者"称号。1819年大哥伦比亚共和国成立后任该共和国总统。1823年进军秘鲁，翌年解放秘鲁。1825年上秘鲁解放后被尊称为"上秘鲁之父"，被授予"国父、保护人、第一任总统"的头衔。为了表示对他的敬意，新共和国以他的名字命名，称"玻利维亚共和国"。1826年发起召开巴拿马会议，提出建立"美洲联邦"的思想。1827年9月正式行使大哥伦比亚共和国总统职权。1830年4月，因未能维护大哥伦比亚的统一而辞职。同年12月17日在圣马尔塔附近的亚力杭德里诺庄园病逝，终年47岁。

安东尼奥·何塞·德苏克雷（Antonio José de Sucre，1795—1830）　南美独立战争爱国军将领，玻利维亚共和国开国总统。1795年生于委内瑞拉库马纳市土生白人贵族家庭。1810年委内瑞拉独立运动开始后即投身解放事业。1818年被提升为将军，先后担任解放基多地区的大哥伦比亚军队总指挥和远征秘鲁的大哥伦比亚军队前锋部队指挥官。1824年12月9日率秘鲁解放军在阿亚库乔与西班牙殖民军决战，以不足6000人歼敌1万余人，取得了南美独立战争的决定性胜利，被授予"阿亚库乔大

[①] http://forex.hexun.com/2015-01-23/172678022.html.

元帅"称号。然后又挥师东进，于1825年2月解放上秘鲁。同年8月6日，上秘鲁宣布独立，定国名为玻利维亚。翌年5月26日，苏克雷被玻利维亚议会选为终身总统。1828年7月为摆脱与秘鲁的军事冲突而宣布辞职。1830年1月被选为大哥伦比亚共和国国会主席，极力维护大哥伦比亚的统一。同年6月4日被敌人暗杀。时年35岁。

佩德罗·多明戈·穆里略（Pedro Domingo Murillo，1757－1810） 玻利维亚独立运动的先驱。1757年9月17日出生于拉巴斯。1781年参加秘鲁图帕克·阿马鲁二世领导的反对西班牙殖民统治的起义。失败后继续进行革命宣传工作。1809年5月25日丘基萨卡革命的消息传到拉巴斯后，他立即领导反西班牙殖民统治的武装起义，占领拉巴斯城，并召开市政大会，号召人民"用自己的鲜血和财产保卫国家的独立"。同年7月21日领导成立辩护委员会，发表著名的独立宣言。同年11月起义失败被俘，牺牲在拉巴斯中心广场殖民者的绞刑架上。

安德烈斯·德圣克鲁斯（Andrés de Santa Cruz，1792－1865） 玻利维亚总统。1792年11月30日出生于拉巴斯附近的瓦里纳。1803年参加西班牙军队，后转入爱国军。曾参加圣马丁和玻利瓦尔指挥的解放南美的著名战役，被授予"塞皮诺大元帅"称号。1828年苏克雷辞职离开玻利维亚后，他被议会推选为玻利维亚总统。主张玻利维亚与秘鲁合并。1835年趁秘鲁发生内乱，率军入侵秘鲁，并组成秘鲁—玻利维亚联邦，自任联邦的最高保护者——护国主。此举遭到阿根廷、智利两国的反对，并引发战争。1836年11月兵败永盖村，引咎辞职，逃亡厄瓜多尔。后被流放欧洲，1865年死于法国圣纳泽尔。

何塞·巴利维安（José Ballivián，1805－1852） 玻利维亚总统。1805年出生于拉巴斯的一个贵族家庭。早年参加西班牙军，1820年转入爱国军。在远征秘鲁的战斗中，功勋卓著，被升为将军。在1841年抗击秘鲁侵略军的因加维战役中击溃秘鲁军，确保了玻利维亚的独立，被军队拥立为总统，并在1843年国民大会上正式当选总统。1846年再次当选总统。1847年12月因国内发生军事叛乱而辞职。1852年10月15日死于巴西里约热内卢。

玻利维亚

帕斯·埃斯登索罗（Víctor Paz Estenssoro，1907 – 2001） 四次当选玻利维亚总统，民族主义革命运动党创始人。1907年出生于塔里哈省的一个中产阶级家庭。1927年在拉巴斯圣安德烈斯大学获法学学士学位，同年开始从事律师工作。1938年和1940年两次当选众议员。1941年创建民族主义革命运动党，主张建立一个强有力的中央集权政府和实行民族民主改革。1952年4月9日领导武装起义，推翻军政府的统治，并于4月16日就任玻利维亚总统。在其第一任总统期间，进行了比较深刻的资产阶级民主改革，如实行矿山国有化、开展土地改革、实行普选等。1960年第二次当选总统后，实行依靠美国、联邦德国和泛美开发银行贷款和技术的"三边计划"和反劳工政策，引起广大工人的强烈不满。1964年5月第三次当选总统后，很快被副总统雷内·巴里恩托斯将军发动的军事政变推翻，流亡秘鲁。1985年再次当选总统后，实行新自由主义政策。

埃尔南·西莱斯·苏亚索（Hernán Siles Zuazo，1914 – 1996） 玻利维亚总统（1956~1960，1982~1985），左翼民族主义革命运动党领导人。1914年出生于拉巴斯，是前总统埃尔南多·西莱斯之子。曾参加查科战争。1941年与埃斯登索罗一起创建民族主义革命运动党，任党的副主席。1952年4月9日，与工会领袖莱钦·奥肯多一起领导反独裁统治的人民武装起义，并取得胜利。1956年当选总统。任内提出反对通货膨胀、提高矿业生产、扫除文盲和增强国家团结的任务。接受美国巨额贷款，实施放开价格、取消粮食价格补贴、停止招收矿工的所谓经济稳定计划，遭到工会的反对。工人频频罢工，政府多次进行镇压。任职期满后任外交使节，先后出使乌拉圭、西班牙等国。1971年退出民族主义革命运动党，并于1972年另建左翼民族主义革命运动党。1982年10月，比尔多索军政府下台后被推举为总统，任内提出恢复民族经济、稳定社会秩序和维护政治多元化等目标，但收效甚微，不得不提前举行大选。卸任前（1985年7月）玻利维亚与我国正式建立外交关系。

胡安·莱钦·奥肯多（Juan Lechin Oquendo，1915 – 2001） 玻利维亚工人运动领袖，左翼民族主义革命党领导人。出身贫苦，参加过查科战争。1945年任锡矿工人联合会执行书记。1952年同民族主义革命运动党领导人埃尔南·西莱斯一起领导人民武装起义，推翻巴利维安军政权，建立了革命民主政府。同年4月组建玻利维亚总工会，任总书记。1960年当选副总统。因埃斯登索罗在其第二次执政（1960~1964）的后期执行反劳工政策，莱钦坚决辞去副总统职务，退出民族主义革命运动党，另建左翼民族主义革命党。莱钦毕生为捍卫工人的利益而斗争，直至2001年8月27日病逝于拉巴斯。

埃沃·莫拉莱斯（Evo Morales, 1959– ）艾马拉族印第安人，争取社会主义运动党主席，古柯种植农运动领袖，玻利维亚多民族国家总统（2006~2009，2010~2014，2015~　）。1959年10月26日出生于奥鲁罗省奥林诺卡村的一个农民家庭，未受过高等教育。年轻时当过矿工、面包工和泥瓦匠，后随父母迁至恰帕雷地区，在那里目睹一名工会会员被农村禁毒巡逻队活活烧死的惨状，立志支持工会工作。1981年任当地工会体育书记，1988年任特罗皮科工会联合会领导人。1997年组建争取社会主义运动党，并作为科恰班巴省恰帕雷和卡拉斯科州的代表当选为众议员。2001年，在美国驻玻利维亚大使馆的压力下，被指控与萨卡瓦农民对抗政府销毁古柯作物流血事件有牵连而被开除出议会，但他仍宣布作为争取社会主义运动党候选人参加2002年6月27日的总统竞选，并在这次大选中位居第二，在议会中争取社会主义运动党赢得35个议席。在2005年12月18日的大选中，莫拉莱斯赢得54%的选票，当选总统，成为玻利维亚建国以来首位印第安人总统。2009年12月6日，玻利维亚举行新宪法颁布后的首次全国大选，莫拉莱斯以64.2%的得票率再次当选，并在2014年10月的大选中成功连任。莫拉莱斯在执政期间积极推行各项改革，赋予印第安人更多的权利，建立多民族民主政治，实施国有化和土地改革，奉行独立自主的外交政策。

阿尔瓦洛·加西亚·利内拉（álvaro García Linera, 1962– ）玻利维亚政治家、活动家、政治评论家，玻利维亚多民族国家副总统。1962年10月19日出生于科恰班巴。中学毕业后，就读于墨西哥国立自治大学，成为一名数学家。回国后立志实现其社会主义理想，加入卡塔利主义组织"红色艾柳"（Ayllus Rojos），并受马克思主义启示，在玻利维亚西

玻利维亚

北部地区他家乡的一些公社进行了一系列社会主义试验。失败后走上了更激进的道路，与费利佩·基斯佩（Felipe Quispe）一起，组织图帕克·卡塔利游击队。被捕入狱后，在狱中攻读社会学。获释后任大学教授、政治分析家和新闻评论员，以支持南美洲土著民族和左翼政治运动而闻名。2005年大选前夕，出版专著《玻利维亚社会运动社会学》（*Sociología de los Movimientos Sociales en Bolivia*），在玻利维亚有重要影响。在2005年大选中，作为莫拉莱斯的竞选搭档被选为玻利维亚副总统。主张玻利维亚石油天然气产业国有化，坚决捍卫"土地母亲权利法"（Law of the Rights of Mother Earth）[①]。多年来一直是争取社会主义运动党的理论家和智囊。

[①] 即2010年12月由多民族立宪议会通过的第071号法。该法将"土地母亲"定义为"公共利益的集体主体"，享有法律所规定的7项固有权利，即生命权、生活多样性权、水资源权、新鲜空气权、均衡权、生命系统恢复权、无污染生活权。

第三章

政　治

同拉丁美洲的一些联邦制共和国不同，玻利维亚是一个单一制多民族共同体国家，实行参与制、代议制和公社制等多种形式的民主制度，宪法规定主权属于玻利维亚人民。2009年之前，国家实行西方的行政、立法和司法三权分立的政治制度；2009年之后，多民族选举机构也被列为国家权力机构，玻利维亚实行四权分立制度。此外，玻利维亚还设有多民族宪法法院、最高选举法院、共和国总审计署、人民申诉局、国家总检察院和多民族国家最高国防委员会等重要国家机构。行政首脑为玻利维亚多民族国家总统。

第一节　政治制度的演变

玻利维亚独立后，政治上一直动荡不已，经常遭受暴动、政变和兵变之害。据统计，在1825年独立至20世纪80年代的一个半世纪里，共发生政变180多次；只是近30年来，玻利维亚才基本确立起政权和平交接的政治秩序。由于政变不断，随着政变者意图的变化，玻利维亚的宪法及其所规定的国家政治制度也频繁发生变化。

一　独立初期的考迪罗主义政治

独立后的头一个世纪，玻利维亚基本上是考迪罗统治或寡头统治，实行所谓"考迪罗主义政治"。1809年玻利维亚独立运动开始时提出的纲领，是一个从西方学来的自由主义的纲领：名义上实行共和民主制度，事实上政权完全掌握在与军人势力以及大地产主相联系的考迪罗手里，根本不存在民主制度所需要的政党制度。玻利维亚的政党最早出现于19世纪50年代贝尔苏统治时期，当时，大地产主阶级为了反对贝尔苏政权对经济的干预，曾经成立了一个党，叫作"红党"。太平洋战争（1879～1883）失败后，由于统治阶级在如何对待智利的问题上发生了分歧，玻利维亚出现了两个党，一个称"保守党"，一个称"自由党"，前者代表中部和南部银矿主阶级的利益，后者代表拉巴斯及北部地区锡矿主阶级的利益。晚些时候又出现了一个共和党。尽管有了这些政党，但严格地说，这些政党都还算不上现代政党，实际上自由党和共和党都是矿业寡头的代言人，统治权都掌握在矿业寡头手里，实行的还是传统的寡头政治制度。自由党的统治在1920年被共和党推翻。此后，自由党也就丧失了影响力，再没有成为政治舞台上的主要角色。

二 20世纪30年代至60年代的民众主义政治

1929～1933年世界经济危机以及玻利维亚在查科战争（1932～1935）中的灾难性失败，引发了寡头政治制度的急剧崩溃和暴风骤雨式的政治改革。起初，玻利维亚的传统政党还想继续把持政权，阻挡改革的浪潮，恢复战前社会的面貌，但都被改革的潮流摧垮。战争和危机把民众都动员起来了，玻利维亚出现了一系列新的民众主义政党，如工人革命党（1934）、玻利维亚社会主义长枪党（1937）、左派革命党（1940）、民族主义革命运动党（1941）、社会民主党（1944）等。这些政党都以这种或那种方式对现行政治制度的形式和实质提出了疑问，进行了批判。但是，这些政党也都是按照或仿效国外的各种政党建设方案建立的，它们的许多领导人都是查科战争时期被流放到邻国的一些政治家，他们受邻国反对派政党斗争经验的影响很深，有些政党甚至是在国外建立起来的。譬如工人革命党是在阿根廷的科尔多巴建立的；玻利维亚社会主义长枪党是在智利的圣地亚哥建立的；左派革命党的建立受秘鲁马克思主义理论家马里亚特吉的影响很深；民族主义革命运动党的建立受秘鲁人民党的影响很深；等等。因此，他们对玻利维亚本国的国情并没有深刻的认识。此外，玻利维

第三章 政　　治

亚政党的建设也遇到了社会条件的严重阻碍。这个阻力就是玻利维亚社会的极端复杂性，就是在玻利维亚各民族、各地区和各部门之间社会发展程度的极度不平衡。由于这些原因，刚刚登上政治舞台的各个政党和各个派别，在玻利维亚的社会性质问题、印第安人问题、土地问题、矿业问题和普选等问题上都发生了严重的分歧，引起了激烈的政治论战，达不成思想上的统一。尽管如此，形势的发展还是把暴力革命推上了玻利维亚的历史舞台，开辟了一个民众主义政党——民族主义革命运动党领导革命和改革的时代。

在革命的开始阶段（1952～1956），一切都是生机勃勃的，革命取得了丰硕的成果。首先，普选使玻利维亚的大多数居民参与了政治，选民由原来的20万人增加到近100万人；其次，以前一直处于封建、半封建关系束缚之下的农民变成了现实可能的土地所有者；最后，矿业的国有化结束了玻利维亚"矿业大王"们的超越国家的权威。所有这些都使玻利维亚从根本上发生了改变，民众的动员达到了一个从没有过的高度。但是，由于在政治思想上没有达成共识，民众主义政治始终没有能实现制度化。结果，随着民众动员的深入，政治上的分裂也就开始了。首先是革命领导集团民族主义革命运动党同左翼力量的矛盾加深。起初，民族主义革命运动党是想学习墨西哥革命制度党，通过执政党的组织结构，把玻利维亚所有的工会组织都控制起来，使之支持自己的政权。但是，在玻利维亚，总工会虽然是执政党成立的，但它有自己独立的目标，即要求参政和参与经济管理，而且，在当时的形势下，它还获准自由组织民兵。结果，玻利维亚总工会成了一个向执政党的领导地位提出挑战的自治组织，二者之间的关系并不是执政党所希望的那种领导与被领导的关系，而是成了两个政治集团之间的一种对等的关系。随着工会组织力量的增长，民族主义革命运动党只好依靠改组的政府军来控制工会及其所领导的民兵，加上执政的民族主义革命运动党采用国家资本主义的发展模式，把有组织的劳工群众的要求摆在次要的地位，它同工人的矛盾就越来越深化了。与此同时，玻利维亚共产党和工人革命党也都力图使民族主义革命运动党的改革激进化，以便把"资产阶级民主革命"推进到一场"社会主义革命"。其次，右翼势力的增大。1952年革命取得胜利之后,唯一的一个反对党就是玻利维亚社会主义长枪党,当时,它的力量并不大,但是,随着改革的深入,这个党依靠受到土地改革打击的大地产主阶级的支持,力量日益壮大。最后,在左右两派的压力下,革命领导集团民族主义革命运动党自身也开始分裂。第一次分裂发生在1959年,这一年,原外交部长和内政部长瓦尔特·格瓦拉·阿尔塞以"民族主义革命运动党背叛自己的原则"为由,退出了该党,另立"真正民族主义革命运动党"。第二次分裂发生在1964年,这一年,以玻利维亚的工人领袖莱钦为首的党内左派从党内分裂出去,建立了"左翼民族主义革命党"。由于力量的不统一,特别是由于民族主义革命运动党内部的分裂,玻利维亚的民众主义政权只坚持了12年就被1964年的一场军事政变推翻了。

三 20世纪60年代至70年代的军人独裁政治

民众主义政权被军事政变推翻后,军人上台执政。从此,玻利维亚历史上出现了一个为期18年之久的军人独裁统治时期(1964~1982)。这个时期大体上可以分为右翼巴里恩托斯军政府统治时期、左翼奥万多军政府和托雷斯军政府统治时期以及右翼班塞尔军政府统治时期三个阶段。

巴里恩托斯从1964年11月发动政变夺取政权到1969年4月空难丧生,一共执政四年多。在政变的初期,巴里恩托斯还不敢完全否定1952年革命的目标,但到完全控制政权后,特别是当选总统(1966)后,他就公开实行对外依附美国、对内镇压民众的政策。在他执政期间,玻利维亚按美国政府的条件,向美国借款6000万美元,将马蒂尔德矿山租给美国菲利普斯公司;颁布《国家安全法》(1967),否定民兵组织的合法性,限制民众的自由;取缔"玻利维亚矿工工会联合会",镇压矿山工人的抗议活动,制造了震惊全国的"圣胡安惨案"(27名矿工被杀害);派出强大军队围剿切·格瓦拉领导的游击队,并在美国中央情报局指使下将受伤被俘的格瓦拉杀害。

奥万多和托雷斯两届军政府在1969~1971年先后执政,中间发生了一次失败的右派军人政变。奥万多被称为"平民总统",他宣布废除《国家安全法》，允许工人重建玻利维亚总工会，废除1955年《石油法》，将美国海湾石油公司在玻利维亚的财产收归国有，并宣布对矿产原料的贸易实行国家垄断。托雷斯将军是在右派军人米兰达军事政变失败后就任总统（1970~1971）的。他执政后，继续推行民族主义经济政策，将美资国际金属加工公司收归国有，废除同美国马蒂尔德矿业公司的合同，收回该矿的租让权；宣布大型糖厂由国家控制，建立国营制糖企业；驱逐美国驻玻利维亚的"和平队"。托雷斯政府的激进政策遭到右翼势力的激烈反对。1971年8月，班塞尔上校发动政变，政权又落到了右翼军人手里。

班塞尔军政府执政的7年（1971~1978），是玻利维亚历史上最专制独裁的时期之一。它取消了计划中的总统选举；恢复《国家安全法》，禁止所有政党、工会以及其他社团的活动，关闭大学，拘捕和流放进步人士，镇压拉巴斯工人的罢工斗争，镇压科恰班巴地区农民争取公平价格的斗争，杀害100多名无辜农民，1.5万人被关进监狱，1.9万人被流放国外。但与此同时，军政府也先后颁布《投资法》和《石油法》，大力推进公路、铁路等基础设施的建设，以此来吸引外资。由于外资的注入，玻利维亚这几年经济发展很快。1976年以后，由于石油产量下降，玻利维亚的经济发展速度放慢，班塞尔的威权也迅速衰落，不得不恢复中止了12年之久的大选。

总之，20世纪六七十年代玻利维亚军人独裁统治时期，并不是一个独立、统一的军人集团统治玻利维亚的时期，而是玻利维亚左、右两派军人相互斗争和交替执政的时期，经历了一条从右翼军人统治到左翼军人统治再回到右翼军人统治的马蹄形发展轨迹，反映了玻利维亚左右两翼政治势力都想通过暴力维护国家统治秩序，从而按照自己的方案解决国家发展问题的愿望。

四 20世纪末叶的新自由主义政治

1982年10月军政府被迫下台后，玻利维亚恢复了按民主选举程序更换政权的制度，开始了所谓"民主化"的进程。由于1985~2005年玻利维亚实行新自由主义的"新经济计划"（New Economic Plan），这个时期

玻利维亚

玻利维亚的政治亦被称为"新自由主义民主政治"或"新自由主义政治"。在这一时期,新自由主义民主政治制度的内在矛盾得到了充分的暴露,一方面资本的自由性导致经济上的压迫加强,另一方面政治的民主性导致政治上的自由度加大,结果是受压迫的广大民众纷纷拿起民主的武器为争取自己的正当权益而斗争,涌现出了大量的民众组织和规模宏大的民众运动。譬如原来由于军政府残酷镇压而被迫转入地下的工人运动,现在又能公开开展斗争了。在80年代前半期,他们举行了几百次罢工,显示了自己的力量。自政府颁布法令对国有矿业公司实行改组和私有化之后,他们为了生存,纷纷组织起来,发起合作化运动,组织小规模的矿业合作社。截至2001年6月,这样的合作社已有514个,合作社社员约5万人,生产锡、银、钨、金等多种矿产品,其出口的矿产品约占玻利维亚全国矿业出口品的30%,解决了30万人的吃饭问题。由于他们的发展受到资金、技术等各种限制,矿工们从合作化运动一开始就不断地进行斗争。为了领导和协调全国各合作社的斗争,玻利维亚矿业合作社全国联合会(La Confederación Nacional de Cooperativas Mineras de Bolivia)应运而生。2001年6月,他们曾发动1.2万名矿工进军首都拉巴斯,要求政府拨款1亿美元来振兴全国500多个矿业合作社;要求政府给予他们同多国公司一样的待遇,并要求提供仓库、机械零部件、电力、矿业银行等基础设施。2003年6月,他们又以封锁通往拉巴斯、奥鲁罗、波托西、科恰班巴等省主要公路为手段,发动了强有力的斗争,要求政府拨款5000万美元,以支持合作矿业的发展,还要求政府对振兴合作矿业提供技术援助。

在这个时期,农民运动也有了新的发展。玻利维亚的农民运动最初是作为印第安人的政治运动出现的,目的是争取土著居民的社会、经济和文化权利,但往往忽视了土著居民具体的土地要求。在军政府统治期间,由于土地问题日益严重,农民的土地所有权意识日益提高,越来越认识到全国土著居民团结的必要,认识到要想争得自己的权利,玻利维亚所有的艾马拉人、克丘亚人和瓜拉尼人都必须联合起来。所以,在军政府的统治行将崩溃的时候(1979),他们立即组织起来,成立了"玻利维亚唯一农业工人工会联合会"(La Confederación Sindical única de Trabajadores

第三章 政　治

Campesinos de Bolivia）。自从实行新自由主义政策以来，围绕土地问题和古柯作物问题的农村阶级矛盾和民族矛盾日益激化。为了争得自己的土地所有权和生产的自由权，玻利维亚的农民运动高涨。这主要表现在两个方面，一是"无土地农民运动"的发展，二是古柯种植农运动的发展。无土地农民运动是近年来出现的农民运动。鉴于土地问题的严重，玻利维亚国会曾在 1994 年的宪法修改法中肯定了大地产制的不合理性和农民土地要求的合理性，明文承认、尊重和保护印第安人的社会、经济和文化权利，特别是有关其原有村社土地的权利，确保其对自然资源的持久利用。此后，玻利维亚农民以宪法为武器，展开了多种多样的斗争，经济上为获得一小块土地而斗争，政治上为争取土著民族（玻利维亚多数民族）的自治权，在玻利维亚建立一个新的多民族国家而奋斗。2002 年 8 月 12 日，"玻利维亚唯一农业工人工会联合会"还在塔里哈城召开全国代表大会，全国 9 个省的代表都参加了这次大会。大会最后通过的决议要求政府把没有耕作的土地分配给无地的农民，如果政府拒绝这样做，该联合会将联合玻利维亚无土地农民运动等组织，用自己的办法从大地产主和外国人手里收回自己的土地，以求得土地占有的合理化。

古柯种植农运动（El Movimiento Cocalero）也是 20 世纪 90 年代以来兴起于玻利维亚的一种农民运动。古柯种植地区，特别是恰帕雷地区的古柯种植农，为了反对政府在美国政府压力下销毁古柯作物的政策（在 1997~2002 年，班塞尔政府和基罗加政府曾在恰帕雷地区毁掉了 6 万公顷的古柯作物），争取作物选择和作物种植的自由权，纷纷组织起来，在"争取社会主义运动党"领袖埃沃·莫拉莱斯的领导之下同政府的暴力压迫做斗争。譬如在 2003 年 1 月反对销毁古柯作物的斗争中，他们采取了封锁公路的斗争手段，并与武装警察展开了流血斗争。他们不但要求自由种植古柯，而且还反对通过智利输出天然气给美国，反对玻利维亚加入美洲自由贸易区。

在新自由主义政治时期，由于工农民主运动和印第安人民主运动的发展，玻利维亚的政治制度发生了传统政党所无法左右的许多新的变化。第一，各左派政党在经历了西莱斯政府时期严重的"政治、社会灾难"之后，都力图进行重建，或出现了分化和改组的现象；而且这次的重建、分化和改组都具有明显的反对新自由主义的特征。譬如左派革命运动党就在重建中发生了分裂，从该党中分裂出来的一部分人于1985年1月15日组成了"自由玻利维亚运动党"（Movimiento Bolivia Libre）。"自由玻利维亚运动党"建立后注重在工人、农民和土著居民中开展工作，为争取土著居民的政治和经济权益而斗争。该党在国际上与拉美社会党联系密切，是拉美社会党协调局成员。该党的奋斗目标是实现以政治多元化为特征的社会主义，倡导"革新、公正、民主"的政治改革方案，主张民众参与和社会正义，主张建立和发展一种由国家、集体和私人3种所有制组成的混合经济，对外主张加强拉美团结和南南合作。第二，过去一直统治政界的传统政党，如民族主义革命运动党、左派革命运动党和民族主义民主行动党等，由于推行有损于民众利益的新自由主义政策，声望都已经明显下降，它们再也不能像过去那样单独争得竞选的胜利，单独执掌国家政权，只能同其他政党联合起来，才有希望参与执政。譬如在1985年以后的5次总统选举中，除了1985年这一次选举是民族主义革命运动党获胜之外，其余4次都是联合竞选才解决问题的。第三，在这个时期涌现出了许多以地区利益、种族利益以及个人忠诚为基础的政治势力，出现了一大批新的政党，如"自由玻利维亚运动党"（1985）、"祖国意识党"（1988）、"四月九日革命先锋党"（1989）、"公民团结联盟"（1989）、"玻利维亚革新联盟"（1993）、"新共和力量党"（1996）、"玻利维亚起义党"（1996）、"左翼革命阵线"（1996）、"争取社会主义运动党"（1997）、"玻利瓦尔运动党"（1999）、"无畏运动党"（1999）、"帕查库蒂土著运动党"（2001）等。在这些新出现的政党中，有一些是明显代表新兴利益集团的，如"祖国意识党"的社会基础就是近年来日益增加的移民群体和广大就业于"非正规部门"的民众，其中印第安人居多；他们虽然在经济上有非同小可的意义，但社会地位非常低。这个党成立于1988年，是因为发生了埃斯登索罗政府非法关闭无线电广播电台的事件而成立的。它所追求的目标是要保持自己的文化价值和文化特性，主张进行一场绿色革命，将玻利维亚建成一个农牧业、农工业强国。这个党一成立就参加了

1989 年的总统竞选,并赢得了 11% 的选票,在政府中拥有 2 个部长职位,一下子成了玻利维亚的第四大党。又譬如在玻利维亚的啤酒企业界也出现了一个民众主义政党,叫"公民团结联盟"。这个党是为挽救啤酒业的命运而建立的,主要成员为工人、农民和中层知识分子。该党也是成立不久就在 1993 年大选中赢得了第四大党的地位,后来又在 1997 年大选中与民族主义民主行动党等联合竞选获胜,参加联合政府,在内阁中拥有一个部长职位。更令人注目的是创建于 1997 年的"争取社会主义运动党",这个党代表的是下层民众的利益,特别是古柯种植农的利益,是一个以社会主义为奋斗方向的土著主义左翼政党;它通过对政府市场政策的批判,通过对美国的对玻政策,特别是美国强行要求玻利维亚根除古柯种植的政策的坚决批判,不断扩大自己的影响,居然在 2002 年的总统选举中,一举成为玻利维亚的第二大党。

总之,在玻利维亚新自由主义经济改革和所谓政治民主化时期,玻利维亚政治发展的一个突出的结果就是新自由主义民主政治走向了它的反面,出现了反对新自由主义的民主运动,特别是出现了反对新自由主义的土著民族的人民民主运动。人们把这种民主运动的发展称为"多民族民主政治"(Multiethnic Democracy)。[1]

五 跨入 21 世纪以来多民族人民民主政治的探索

在 2005 年 12 月的全国大选中,争取社会主义运动党总统候选人埃沃·莫拉莱斯以 53.74% 的高得票率获胜。莫拉莱斯执政后,进一步推进多民族民主政治的发展与探索,积极推行以修宪为核心的政治制度的改革。

在 2006 年莫拉莱斯开始执政的时候,顶层设计的发展模式曾一度是所谓"安第斯 - 亚马孙资本主义"(capitalismo andino amazónico)的模式。但是,到 2009 年宪法成功颁布后,玻利维亚领导集团的思想出现了

---

[1] Herbert S. Klein, *A Concise History of Bolivia*, Combridge University Press, 2003, p. 262, p. 239.

玻利维亚

一个转变,开始把社会主义视为该国追求的前景和可能的目标,并表示要把国家引向"社群社会主义"(Socialismo Comunitario)。按玻利维亚战略规划部副部长的解释,"社群社会主义"是一种"独特的"社会主义,是玻利维亚人民在社会斗争和反殖民斗争中发明的另一种社会主义,是一种同"重新采用原农民土著民族和人民的公社遗产和经验"相联系的社会主义;它有两个主要的、相互联系的要素,一是原土著公社制度的遗产和经验,二是劳动人民的反资本主义计划。[①]所以,玻利维亚2009年以来政治制度的改革是同建设"社群社会主义"的思想和目标相联系的。改革的中心目标是要建立一个以印第安人为主体的、各民族一律平等、多民族人民民主的新国家,建立一种能保证广大土著居民参政权利,保障多民族经济、政治和文化权利的国家制度。经过两年多激烈斗争而通过的新宪法明确将玻利维亚定义为"一个自由、独立、主权、民主、跨文化、分权和自治的、单一制的、多民族共同体的社会法治国家";是一个"建立在国家一体化进程内的政治、经济、法律、文化和语言多元化基础之上"的国家,土著居民"拥有符合宪法和法律的自主权、自治权、文化权以及认可其机构和加强其领土实体的权利";国名也由长期使用的"玻利维亚共和国"改为"多民族玻利维亚国";印第安人不仅作为公民而且作为土著民族,其独立与民主的权利得到国家的认可和保障,如新宪法规定,国家保护印第安人的土地,印第安人享有在自己的土地范围内开发资源、保持传统文化习俗和宗教信仰,根据自己的宇宙观行使其政治、法律和经济制度等权利;36种土著语言均被定为玻利维亚的官方语言;对于面临消亡的某些印第安种族,若其自愿采取孤立自守的生活方式,国家亦将给予保护和尊重。为数不多的非洲裔玻利维亚群体也享有国家授予印第安人的同样的经济、社会、政治和文化权利。新宪法强调所有人的权利平等和政治平等,反对任何形式的歧视,如种族歧视、性别歧视、肤色歧视、年龄歧视、身份歧视、出身歧视、文化歧视、国籍歧视、语言歧视、宗教歧

---

① Bernardo Corro Barrientos, Socialismo Comunitario, 2010. http://www.alminuto.com.bo/content/socialismo-comunitario.

视、意识形态歧视、政治或哲学派别歧视、婚姻状况歧视、经济或社会状况歧视、职业歧视、教育程度歧视、残疾歧视等。

总之，自莫拉莱斯执政以来，玻利维亚的政治进入了一个"社群社会主义"导向的、多民族人民民主政治发展和探索的新阶段。在2014年10月12日的总统选举中，莫拉莱斯以更高的61.04%的得票率再次赢得选举的成功，开始他的第三个总统任期。此次选举表明，莫拉莱斯的政治地位比较稳定，得到了工人阶级及土著居民的坚定支持，也在一定程度上赢得了历来对莫拉莱斯政权持反对态度的东部富裕地区人民的支持；莫拉莱斯政府的政治改革有望获得进一步的深化。但改革与反改革力量的角逐仍将继续下去，新制度运行机制的完善仍将任重道远，前面的道路仍将是曲折的。

第二节 宪法

一 历史上的宪法

自1825年独立至2009年，玻利维亚共颁布了17部宪法。玻利维亚的第一部宪法是拉美独立运动的领袖玻利瓦尔起草的。1825年8月6日，玻利维亚国会（上秘鲁各地区代表大会）在宣布玻利维亚独立的同时，还要求南美洲解放者玻利瓦尔为新生的独立国家起草一部宪法。玻利瓦尔答应了，并允诺在1826年5月25日以前完成此项工作。1826年11月19日，玻利瓦尔起草的宪法草案在玻利维亚制宪会议上得到通过。这就是玻利维亚的第一部宪法，又被称为"终身宪法"，因为该宪法规定：总统终身任职并有权任命副总统和各部部长。国家权力分立法、司法、行政和选举四个部分，实行一种四权分立的体制。该宪法还规定立法机构（国民议会）由参议院、评议院和监察院组成，实行三院制；每院设20个成员，参议员任期8年，评议员任期4年，均由选举产生；监察院人员终身任职，由任命产生。参议院是主要立法机构，负责制定法律和教会条例，提名州长、市长、县级以下法官。评议院负责制定关于资产、和平与战争的法律，视察行政权所属的各个部门。监察院行使政治和道德权，负责监督政府工作，监督宪法和法律的实施。司法机构独立行使职权。行政权属于总统、副总统和政府。选举院负责选举制度的实施，规定每100人中选出一名选举人，任期4年，任务是投票选举国会议员，并提名法官和其他重要官员。

1831年，安德烈斯·德圣克鲁斯总统召开第二届制宪会议，制定了一部带有更多自由色彩的新宪法。新宪法保持了政府的共和体制，但取消了总统职权终身制，规定总统任期为4年，可以连选连任；总统在得到国务会议和最高法院的同意之下，有权解散议会。此外，新宪法还取消了原宪法规定设立的第四权力机构"选举院"，并将三院制议会改为两院制议会。

在此后的50年中，玻利维亚共颁布了8部宪法：1834年宪法、1839年宪法、1843年宪法、1851年宪法、1861年宪法、1868年宪法、1871年宪法和1878年宪法。其中以1861年宪法较为重要，该宪法标志着自由主义原则开始走向胜利。1878年宪法颁布后，玻利维亚开始了一个为期十几年的相对稳定的阶段。1890年，玻利维亚议会对1878年宪法进行了重大改革，颁布了新的宪法，这就是1890年宪法。该宪法后来成了玻利维亚政治建设的主要依据；尽管后来政府对宪法的修改不断，但在一个多世纪中，基本上维持了1890年宪法的基本框架。

进入20世纪30年代之后，玻利维亚又先后颁布了1938年宪法、1945年宪法、1947年宪法和1961年宪法4部宪法。这个时期是玻利维亚民众主义思潮高涨的时期，也是玻利维亚进行大规模改革和革命的时期，因此，这个时期的宪法大都引进了社会宪政制度（constitucionalismo social）的内容。

1967~2009年，玻利维亚实行的宪法是1967年宪法。该宪法由雷内·巴里恩托斯政府于1967年2月3日颁布。该宪法共4编，235条，另有临时条款2条。该宪法明确规定，玻利维亚是一个自由、独立、主权的、实行中央集权制的共和国；采用代议制民主形式的政治体制；主权属于人民；主权不可侵犯，也不受约束；主权由立法、行政和司法三个权力机构行使；三权既独立又协调，是玻利维亚治国之本；人民只能通过自己的代表和依法设立的政权机构商讨国是和治理国家。宪法规定，行政权由总统、副总统和内阁行使；总统、副总统由直接普选产生，任期 4 年，不得连任；内阁各部部长由总统任命；立法权属议会，议会设众参两院；司法权由各级法院行使。国家立法机关和行政机关设在拉巴斯，最高法院设在法定首都苏克雷。全国划分为 9 个省，省下设州、县和区。省长、州长皆由总统任命。市有自治权，设市议会。宪法还规定了修改宪法的程序。

1994 年，玻利维亚对 1967 年宪法进行了重要修正。这一年通过的《国家宪法改革法》对 1967 年宪法进行了修正。其中最重要的修正是对玻利维亚国家定义的修正，按传统的定义，玻利维亚"是一个自由、独立、主权的"共和国，现在除坚持这一定义之外，还规定玻利维亚是一个"多民族和多文化的"共和国。这一修正的重要意义在于，玻利维亚宪法第一次在法律上承认了各族印第安人的政治权利。与此相联系，宪法还承认各种印第安语言在教育、法律及行政方面享有与西班牙语同等的地位。另外，"改革法"还规定，行政权继续掌握在由直选产生的总统手中。总统任期由 4 年增加到 5 年，不得连选连任，但可隔届当选一次。副总统不得在下届当选总统或副总统。选民年龄限制由 21 岁降至 18 岁。选举由法定的选举委员会监督。如果没有一位候选人获得大选多数票，则由议会在得票最多的 3 位候选人中选出新总统。如果总统在任期内逝世，则由副总统继任；如果副总统不能履行职责，则由参议院议长以临时国家元首身份代行职权。议会由 27 名参议员（每省 3 人）组成的参议院和 130 名众议员组成的众议院组成。根据 1994 年的宪法改革法的规定，玻利维亚全国划分为 65 个政治选区，每个选区人口约 10 万人。众议院 130 名议员的半数由直选产生；另一半议员则依比例代表制原则产生。65 个选区的候选人由政党选出，并首先在各选区进行初选。宪法改革前，政党领袖可以指定全部议员，改革后只能任命 65 名议员。总统任命各省省长。市长和市政议员的任期从 2 年增加到 4 年。"宪法改革法"还规定设立巡视官职位，建立司法委员会和宪法法院。

二 2009年宪法

目前，玻利维亚实行的宪法是2009年宪法。这是玻利维亚的第17部宪法。该宪法从2006年8月成立制宪议会，2007年完成起草工作，2008年在严重的政治斗争中获得国会批准，到2009年经全民公投获得通过，历时两年零5个月，是玻利维亚历史上首部由制宪议会制定、全民公决通过的宪法。该宪法分五部分：第一部分，"国家的根本基础、权利、义务和保障"；第二部分，"国家的功能结构和组织"；第三部分，"国家的领土结构和组织"；第四部分，"国家的经济结构和组织"；第五部分，"法规的级别与宪法改革"。整个宪法贯穿着多民族民主政治、社会公正、"社群社会主义"和"多元文化"的理念，从结构到内容都不同于以往的宪法，主要表现在以下几个方面。

第一，过去的宪法大多肯定玻利维亚为一个"实行中央集权制的共和国"，新宪法则强调玻利维亚多民族国家的性质，将玻利维亚定义为"一个自由、独立、主权、民主、跨文化、分权和自治的、单一制的、社会权利的、多民族共同体国家"[1]，并将国名从原来的"玻利维亚共和国"更改为"多民族玻利维亚国"。

第二，新宪法赋予公民比旧宪法多得多的权利。新宪法将公民的权利分为基本权利、公民权与政治权、土著民族和土著居民权、社会和经济权、教育与文化权、社会交往权六大类，下分公民权、政治权、环境权、健康和社会保障权、劳动与就业权、财产权、家庭的权利、老年人的权利、残疾人的权利、被剥夺自由的人的权利、用户消费者的权利、教育权、高等教育权、文化权、科学、技术和研究权、运动和娱乐活动权等17小类，总共90多条，几乎囊括了"三代人权"的全部内容。[2] 特别值

---

[1] Constitución Política del Estado Plurinacional de Bolivia. http://www.harmonywithnatureun.org/Content/documents/159Bolivia%20Consitucion.pdf.

[2] "三代人权"的理论是由联合国教科文组织专家卡雷尔·瓦萨克提出的。第一代人权是指公民权利和政治权利，其核心是自由权。第二代人权是指经济、社会和文化权利，其核心是要求平等和社会公正。第三代人权是指联合国成立以来出现的新权利，比如民族自决权、发展权、和平权、环境权等。

得注意的是,新宪法特别重视土著民族和土著居民的权利。新宪法第二条明确规定:"鉴于殖民统治前就存在土著民族和土著居民,以及他们的祖先对这片土地的统治,因此,他们在国家统一框架内的自由决定权是有保障的,即他们拥有符合宪法和法律的自主权、自治权、文化权、认可其机构和加强其领土实体的权利。"[1] 新宪法所设定的"土著民族和土著居民权"一节,是以前所有16部宪法都未曾有过的,它详细规定了玻利维亚土著民族和土著居民所应享有的18项权利,如"自由存在权"、"文化、宗教信仰、精神、风俗习惯和世界观的自我认同权"、"自决权和土地权"、"土地集体所有权"、"圣地保护权"、"创建和管理自己通信系统、通信手段和网络的权利"、"土著民族传统知识、传统医学、语言、仪式、象征标志和服装受重视、尊重和发扬的权利"、"适当管理与利用生态系统的权利"、"拥有、评价、利用、推动和发展土著民族自己集体知识产权的权利"、"实施多文化、跨文化和多语种教育的权利"、"实施免费、普及、尊重土著民族宇宙观和传统习俗的保健制度的权利"、"实施符合自己宇宙观的政治、法律和经济制度的权利"、"分享居住地区自然资源开发利益的权利"、"土著土地自主管理权和在该土地范围内独家开采可再生自然资源的权利"、"参与国家组织和机构的权利"等。新宪法还规定:"濒临绝种危险的和自愿处于隔离状态的土著民族和土著居民,其个人和集体的生活方式均将受到保护和尊重";"处于孤立状态的土著民族和土著居民享有维持现状并依法划定和巩固其占有和居住的地域的权利";"非洲裔玻利维亚人在一切相应的方面都享有与宪法所规定的土著民族和土著居民所享有的同样的经济、社会、政治和文化权利。"

第三,改革原来的"代议制民主形式",实行一种新的、复合式的民主制度。新宪法规定,玻利维亚国家采用男女条件平等的参与制、代议制和公社制民主形式进行治理。"参与制"是一种直接参政的方式,公民有权参加全民公投,有权直接参与立法、全国代表大会、市议会和事先协商

---

[1] *Constitución Política del Estado Plurinacional de Bolivia*, http://www.harmonywithnatureun.org/content/documents/159Bolivia%20Consitucion.pdf.

等政治活动。"代议制"是一种议会政治的方式，依法进行普遍、直接和秘密的投票，选举产生立法机构。"公社制"是一种土著民族传统的治理方式，主要是依法按照各土著民族和土著居民自己的规则和程序指定和任命领导人和代表。

第四，将原来的行政权、立法权和司法权三权分立的政治体制更改为行政权、立法权、司法权和多民族选举权四权分立的政治体制。新宪法将国会更名为"多民族立法议会"，并规定参众两院都为土著民族特别保留一定数量的席位。新宪法还规定实行常规司法与适合土著民族传统的社群司法并行的司法制度。整个国家的运作系统均建立在这四种权力机构相互独立、分权、协调和合作的基础之上，并通过这四种相互协调和合作的权力机构组成整个国家的公共权力。

第五，改革原有的国家行政区划体制，实行符合宪法的地方自治制度。新颁布的《地方自治法》将玻利维亚的区域自治按居民的民主意愿以及宪法和法律规定的条件划分为四种，即省自治、州自治、市自治和土著民族区域自治。省自治政府由省议会和省行政机构组成。省议会由普遍、自由、秘密和义务投票选举产生的省议员以及由土著民族选举产生的省议员组成。省行政机构由省长领导。州自治政府由州议会和州行政机构组成。州议会议员由该州普选产生。市自治政府由市议会和一个由市长领导的行政机构组成。市议会由普选产生的市议员组成。土著民族和土著居民的自治是一种作为行使自决权的土著民族的自我治理，其人民依照他们自己的规则和制度，协调其与现行宪法和法律的关系，共同享有其自己的领土、文化、历史、语言以及法律、政治、社会和经济机构。每个土著民族自治区，将根据宪法、法律以及他们自己的规则和程序，制定该自治区自己的法规。自治政府行政机构的人选除必须具备入选公职人员的一般条件外，还必须在所在的省、州定居至少两年以上，年龄在 21 周岁以上。自治区政府最高行政官员的任期为 5 年。

第六，新宪法承认玻利维亚存在国有、私有、合作和社群四种经济所有制形式，明确规定玻利维亚采取四种所有制形式并存的混合经济发展模式，国家政权在经济中发挥重要作用，国有经济指导和控制国民经济的战略部门,并主导石油、天然气、矿产、水等自然资源的开发,同时认可、尊重、保护和促进土著民族社群经济的发展,限制大地产和双重地契。

第七,新宪法规定,宪法的整体改革或根本性改革将根据全民投票所表达的民众意志由全权多民族立法议会进行;宪法文本必须得到立法议会三分之二以上票数的通过;改革的生效还必须通过宪法公投,并获得多数民众的同意。

总之,新宪法是一部具有玻利维亚"社群社会主义"特色的宪法。

第三节 立法机构

玻利维亚现行宪法将国家权力分为立法权、行政权、司法权和选举权四个部分,实行四权分立制度。行使这四种国家权力的机构分别称"立法机构"、"行政机构"、"多民族司法机构"和"选举机构"。

立法机构是行使立法权的机构。在玻利维亚,立法权属全国议会。玻利维亚从独立的时候开始就有了议会。1825年7月10日,独立战争刚刚取得胜利,来自丘基萨卡、拉巴斯、科恰班巴、圣克鲁斯和波托西5个行政区的39名代表,在丘基萨卡召开第一次代表大会,宣布了共和制度在玻利维亚的诞生。因此,1825年7月10日也就成了玻利维亚国会创立的日子。

玻利维亚的议会最初实行三院制(参议院、评议院和监察院),但从19世纪30年代开始按西方惯例实行两院制,即由参议院和众议院组成,是全国最高的立法机构,拥有通过和修改法律、审查议员资格、处理违宪议员、弹劾政府部长等职权。

2009年通过的玻利维亚新宪法对原来的国会制度进行了改革,将国会更名为"多民族立法议会",它是唯一有权通过和批准在整个玻利维亚境内实施的法律的立法机构。多民族立法议会由国家副总统任主席。立法议会的例会为常设会议,每年8月6日开幕,会期为90个工作日,亦可依照政府的请求,将会期延长至120个工作日。每年两次休会,每次15天。在休会期间,由议会委员会行使职权。议会委员会亦由国家副总统任主席。多民族立法议会的例会通常在首都苏克雷举行,亦可按总统的提议经全体议员决定另择地点举行。如发生紧急事件,议会主席或国家总统可召开立法议会的非常会议。

多民族立法议会议员的任期为五年,可以连选连任一次。其候选人必须具备当选公职人员的一般条件,选举时已年满18岁,选举前在所属选区已居住至少两年。按宪法规定,立法议会议员不得担任任何其他公职(大学教学工作除外)。立法议会议员在行使职权期间享有人身和住所不受侵犯的权利。在法律面前,立法议会议员不享有豁免权,但在刑事诉讼中,对议员不得使用防范性拘留措施。议员如果死亡、辞职、因刑事案件而被判撤职、无理由离职连续六个工作日以上或一年断续离职11天以上,即丧失其议员资格。

多民族立法议会有如下职权:接受国家总统和副总统的宣誓;接受或拒绝国家总统和副总统的辞职;批准国家实行紧急状态;任免最高法院、宪法法院法官和最高检察院检察官以及全国选举法庭成员;批准并监督执行国家预算;颁布、解释、撤销、废除和修改各项法律;以三分之二票数选举产生多民族选举机构的六个成员;依法批准设立新的土地单位并规定其地界;批准行政机构提出的经济和社会发展计划;批准由行政机构签署的、与自然资源以及战略部门有关的公众利益合同;批准国家公共财产的转让;批准按宪法所规定的方式由行政机构签署的国际条约;确定币制;确定度量制度;管控和监督国家机关和公共机构;向政府各部部长个人或集体提出质询,并以议会议员三分之二多数票通过审查结果,包括撤销部长职务;批准对总统、副总统、内阁部长和省长提起诉讼和进行审判;管控和监督各公共企业、合资企业以及所有有国家经济参与的企业;批准军队、武器和军事装备的出境,并限定其出境原因和时间;批准外国军事力量的临时入境和过境,并限定其入、过境原因和停留时间等。

多民族立法议会由众议院和参议院两院组成。众议院设130个席位,议席总数在各省之间的分配由全国选举机构依法根据最近人口普查每省居民的数量来确定。众议员的名额应反映每个政党、公民团体或土著居民所获票数的比例。众议员产生的方法是:在130个众议员席位中,一半由单名制选区以简单多数票选举产生;另一半由多名制选区按选举法所规定的比例代表制度选举产生。为了公正起见，法律指定一个最低限度的席位给予人口最少、经济发展程度最低的省份。为确保所有土著民族人民有比例地参政，宪法还规定，玻利维亚除单名制选区和多名制选区之外还特设土著民族特别选区。特别选区只能设在农村地区，设在那些土著民族居民仅占人口少数的省份。特别选区的设置由全国选举机构决定。众议员的任期为5年，任期届满时全部改选。众议院的主要职权是：制定和通过众议院组织章程；认证多民族选举机构授予的众议员委任状；对违法众议员实行制裁；批准国家总预算；批准行政机构提交的社会经济发展计划；批准或修改有关税收、公共信贷或补贴方面的法律；批准由国家总收入担保的贷款合同；批准和平时期所应维持的军事力量；就多民族宪法法院法官、最高法院法官和司法行政监察处官员的职务犯罪提出控告；就政府参与的社会经济机构及其他机构领导人的任命问题向总统提名候选人；对司法行政监察处的候选人进行预选，并向多民族选举机构报告预选结果；等等。众议院现设有以下委员会：宪法委员会，财政委员会，经济发展委员会，人权委员会，社会政策委员会，人力发展委员会，劳动和佣工制度委员会，政府委员会，防卫和武装力量委员会，国际政策委员会，可持续发展委员会，地方分权和公民参与委员会。

参议院总共设36个席位，9个省每省4个席位，也由直接普选产生。参议员的任期也是5年，任期届满全部改选。参议院的主要职权是：制定和通过参议院组织章程；认证多民族选举机构授予参议员的委任状；对违法参议员实行制裁；对职务犯罪的多民族宪法法院法官、最高法院法官、农业环境法院法官和司法行政监察处官员进行审查和裁决；批准向对国家做出杰出贡献的人授予公共荣誉称号；按行政机构的建议批准海、陆、空三军将领和玻利维亚警察部队将官的晋升；批准或拒绝国家总统关于驻外大使和全权公使的任命；等等。参议院现设有以下委员会：宪法、司法、法警、最高检察院、人权和选举制度委员会，政府、国防、警察和反毒品走私委员会，对外关系、宗教、一体化和议会间事务委员会，财政、经济和信贷政策委员会，社会发展和互助社委员会，劳动、性别和世代事务委员会，可持续发展、经济发展和基础设施委员会，人民参与、地方政府和

地方分权委员会，农业、农民、土著村落和种族委员会，工业、商业、旅游业和科技委员会。

多民族立法议会的立法程序比较严格，按宪法规定，任何一个公民、议员、行政机构、法院和自治政府都有权提出立法倡议。法案可以由两院任何一院的议员提出。法案提出后即首先进入该提案议院的立法程序，将法案送交该院的一个或多个有关委员会进行审核。在相关委员会对该法案做出审核报告后，该法案即提交该议院全体会议进行讨论和表决。法案在提案议院通过后即转交给另一个议院审查和讨论。如果获得通过，该法案就可以作为法律交行政机构颁布实施。如果另一个议院对法案进行了修正或修改，而这种修正或修改又获得原提案议院绝对多数议员的同意，该法案即被视为通过。如果原提案议院对另一个议院所做的修正或修改不予接受，那么，两院将按原提案议院的要求在二十天内召开全体会议，对该法案进行进一步的讨论，并由多民族立法议会按绝对多数议员的意见做出决定。如果30天过去了，负责审查工作的另一个议院仍未对该法案表明立场，该法案亦将交多民族立法议会全体会议讨论表决。如果获得通过，该法案即作为法律交总统颁布执行；如果遭到拒绝，仍可在下一届立法议会会议上重新提出。多民族立法议会已经批准并已送交总统的法案，总统如有意见，仍有权在法定的10天内进行审察，并向议会提交考察报告。如议会认为考察报告言之成理，证据确凿，就按考察报告的意见对法案进行修改，然后交总统颁布执行；如议会认为考察报告没有道理，该法案就由议会予以颁布。

本届立法议会系2014年10月选举产生。各政党在本届国会中的席位分配如下：争取社会主义运动党113席（参议院25席、众议院88席），全国团结阵线41席（参议院9席、众议院32席），基督教民主党12席（参议院2席、众议院10席）。执政的争取社会主义运动党继续保持议会第一大党的优势地位，有利于推动莫拉莱斯政府各项改革政策的制定与实施。

第四节 行政机构

行政权由国家行政机构行使。国家行政机构由国家总统、副总统与政府各部部长组成。现分别介绍如下。

(一) 国家总统

玻利维亚实行总统制，总统是国家元首兼政府首脑。总统由5年一次的、直接的、强制性的、自由的和秘密的普选产生。总统候选人的条件是：必须年满30岁，参选前需在国内定居5年以上，具备与参议员相同的条件；选举前的半年内不得担任政府部长职务或其他政府领导职务；选举前一年内不能与总统或副总统有血亲关系或姻亲关系；总统候选人不能是武装部队的现役人员，不得是任何宗教的教士和传教士。获得50%以上有效选票，或者获得最低限度40%的有效选票、其与第二候选人的票数差至少在10%以上的总统候选人，即当选为总统。在任何候选人都未能满足这些条件的情况下，将在第一轮投票之后的六十天内对两个得票最多的候选人进行第二轮选举。得票较多者即当选为国家总统。选举、计票和宣布当选均需在公开和定期的会议上进行。

按新宪法的规定，总统有如下职权：保证履行宪法和法律；维持和维护玻利维亚国家的统一；领导制定与执行国家的政策；领导公共管理和协调政府各部的工作；领导制定国家的外交政策，依法任命外交使节，签署国际条约，接待外国使节；要求多民族立法议会主席召开特别会议；颁布多民族立法议会批准的法律；发布最高法令和决议；管理国家的财政收入；向多民族立法议会陈述国家经济和社会发展计划；向多民族立法议会提交国家总预算法草案，每年按预算向议会提交政府开支报告；每年向多民族立法议会提交国情咨文；经多民族立法议会同意颁布大赦或赦免令；依法任命国家总审计长、中央银行行长以及银行监管机构和金融机构的最高领导人；维护国家的安全；任免武装部队总司令、陆军司令、空军司令和海军司令；任免国家警察部队总指挥官；任命政府各部部长；任命国家总检察长；向多民族立法议会提交经济紧急法草案；行使海军大将的职权，保卫国家的独立和领土完整；宣布国家进入紧急状态；行使玻利维亚土地改革署最高权力，签发土地分配和再分配的有效证书；等等。总统在未经多民族立法议会授权的情况下因公离开玻利维亚领土最多不得超过十天。

玻利维亚

总统的任期为5年，可以连选连任一次。在国家总统缺失的情况下，总统职务由副总统代理；如果副总统缺失，总统职务由参议院主席代理；如果参议院主席也缺失则由众议院主席代理。在国家总统缺失的情况下，无论由谁来代行总统职务，均不得超过90天，必须在90天内举行新的总统选举。现任总统为埃沃·莫拉莱斯，他是玻利维亚历史上第61~63任总统（玻利维亚历任总统见表3-1）。

表3-1 玻利维亚历任总统一览表

时　　间	姓　　名
1825~1826	西蒙·玻利瓦尔（Simón Bolívar）
1826~1828	安东尼奥·何塞·德苏克雷（Antonio José de Sucre）
1829	（代总统）何塞·米格尔·德贝拉斯科（José Miguel de Velasco）
1829~1839	安德烈斯·德圣克鲁斯（Andrés de Santa Cruz）
1839~1841	何塞·米格尔·德贝拉斯科（José Miguel de Velasco）
1841~1847	（临时总统）何塞·巴利维安·塞古罗拉（José Ballivián Segurola）
1847~1848	（临时总统）欧塞维奥·吉拉尔特（Eusebio Guilarte）
1848	何塞·米格尔·德贝拉斯科（José Miguel de Velasco）
1848~1855	曼努埃尔·伊西多罗·贝尔苏（Manuel Isidoro Belzú）
1855~1857	豪尔赫·科尔多瓦（Jorge Córdova）
1857~1861	何塞·马里亚·利纳雷斯（José María Linares）
1861~1864	何塞·马里亚·德阿查（José María de Achá）
1864~1871	马里亚诺·梅尔加雷霍（Mariano Melgarejo）
1871~1972	阿古斯丁·莫拉莱斯（Agustín Moreles）
1872~1873	托马斯·弗里亚斯（Tomás Frías）
1873~1874	阿道弗·巴利维安（Adolfo Ballivián）
1874~1876	托马斯·弗里亚斯（Tomás Frías）
1876~1879	伊拉里翁·达萨（Hilarión Daza Grosole）
1880~1884	纳西索·坎佩罗（Narciso Campero）
1884~1888	格雷戈里奥·帕切科（Gregorio Pacheco）
1888~1892	阿尼塞托·阿尔塞（Aniceto Arce）
1892~1896	马里亚诺·巴普蒂斯塔（Mariano Baptista）
1896~1899	塞维罗·费尔南德斯·阿隆索（Severo Fernández Alonso）
1899~1904	何塞·曼努埃尔·潘多·索拉雷斯（José Manuel Pando Solares）

续表

时　间	姓　名
1904~1909	伊斯梅尔·蒙特斯(Ismael Montes)
1909~1913	埃利奥多罗·比利亚松·蒙塔尼奥(Eliodoro Villazón Montaño)
1913~1917	伊斯梅尔·蒙特斯(Ismael Montes)
1917~1920	何塞·古铁雷斯·格拉(José Gutiérrez Guerra)
1921~1925	胡安·包蒂斯塔·萨维德拉(Bautista Saavedra)
1925~1926	(临时总统)费利佩·塞贡多·古斯曼(Felipe Segundo Guzmán)
1926~1930	埃尔南多·西莱斯·雷耶斯(Hernando Siles Reyes)
1930~1931	卡洛斯·布兰科·加林多(Carlos Blanco Galindo)
1931~1934	丹尼尔·萨拉曼卡(Daniel Salamanca)
1934~1936	何塞·路易斯·特哈达·索尔萨诺(José Luis Tejada Sorzano)
1936~1937	(政府委员会主席)戴维·托罗·鲁伊洛巴(David Toro Ruilova)
1937~1939	赫尔曼·布什(Germán Busch)
1939~1940	(临时总统)卡洛斯·金蒂纳利亚(Carlos Quintanilla)
1940~1943	恩里克·佩尼亚兰达·德尔卡斯蒂略(Enrique Pearanda y del Castillo)
1943~1946	瓜尔维托·比利亚罗埃尔(Gualberto Villarroel)
1946~1947	(政府委员会主席)托马斯·蒙赫·古铁雷斯(Tomás Monje Gutiérrez)
1947~1949	恩里克·埃尔佐格(Enrique Hertzog)
1949~1951	马梅尔托·乌里奥拉戈伊迪亚(Mamerto Urriolagoitia)
1951~1952	(军政府主席)乌戈·巴利维安·罗哈斯(Hugo Ballivián Rojas)
1952~1956	维克托·帕斯·埃斯登索罗(Víctor Paz Estenssoro)
1956~1960	埃尔南·西莱斯·苏亚索(Hernán Siles Zuazo)
1960~1964	维克托·帕斯·埃斯登索罗(Víctor Paz Estenssoro)
1964~1965	(军政府主席)雷内·巴里恩托斯·奥图尼奥(René Barrientos Ortuño)
1965~1966	(军政府主席)阿尔弗雷多·奥万多·坎迪亚(Alfredo Ovando Candia)
1966~1969	雷内·巴里恩托斯·奥图尼奥(René Barrientos Ortuño)
1969~1970	阿尔弗雷多·奥万多·坎迪亚(Alfredo Ovando Candia)
1970~1971	胡安·何塞·托雷斯(Juan José Torres González)
1971~1978	乌戈·班塞尔·苏亚雷斯(Hugo Bánzer Suárez)
1978	胡安·佩雷达·阿斯本(Juan Pereda Asbún)
1978~1979	(军政府主席)戴维·帕迪利亚·阿兰西维亚(David Padilla Arancibia)
1979	(代总统)瓦尔特·格瓦拉·阿尔塞(Wálter Guevara Arce)
1979	阿尔贝托·纳图什·布什(Alberto Natusch Busch)
1979~1980	(代总统)莉迪亚·盖莱尔·特哈达(Lydia Gueiler Tejada)

续表

时　间	姓　名
1980～1981	路易斯·加西亚·梅萨·特哈达（Luis García Meza Tejada）
1981～1982	塞尔索·托雷利奥·比利亚（Celso Torrelio Villa）
1982	吉多·比尔多索·卡尔德隆（Guido Vildoso Calderón）
1982～1985	埃尔南·西莱斯·苏亚索（Hernán Siles Zuazo）
1985～1989	维克托·帕斯·埃斯登索罗（Víctor Paz Estenssoro）
1989～1993	海梅·帕斯·萨莫拉（Jaime Paz Zamora）
1993～1997	贡萨洛·桑切斯·德洛萨达（Gonzalo Sánchez de Lozada）
1997～2001	乌戈·班塞尔·苏亚雷斯（Hugo Bánzer Suárez）
2001～2002	豪尔赫·基罗加·拉米雷斯（Jorge Quiroga Ramírez）
2002～2003	贡萨洛·桑切斯·德洛萨达（Gonzalo Sánchez de Lozada）
2003～2005	卡洛斯·迭戈·梅萨·希斯贝尔特（Carlos Diego Mesa Gisbert）
2006～	胡安·埃沃·莫拉莱斯·艾马（Juan Evo Morales Ayma）

（二）副总统

副总统职务的设置及其变更，是玻利维亚行政机构的一个特点。玻利维亚从建国之初就设立了副总统职务。1826年11月19日的《玻利瓦尔宪法》就规定在总统之下设副总统；副总统由总统提名，经国会选举产生，负责外交、战争和军事等广泛的工作，类似于政府总理。尽管如此，但玻利维亚的头两位总统（玻利瓦尔和第一任民选总统苏克雷）领导的政府都没有设副总统，只是到1828年12月18日才根据1826年宪法选出了玻利维亚的第一个副总统何塞·拉蒙·德洛艾萨（José Ramón de Loayza）。但他只当了5天副总统（1828.12.26～1829.1.1）就下台了。1831年宪法修改了副总统选举法，副总统由国会选举改为由教区选举委员会选出，任期4年，没有连选限制，并明确规定副总统可以按总统的意见担任任何部长职务，丧失了1826年宪法规定的广泛的职权。1839年宪法规定废除副总统职务。1878年宪法又恢复了副总统职务，并规定副总统担任参议院议长职务，在总统缺失时代理总统职务；这是一个介于行政权与立法权之间的职务，具有行政权和立法权的双重性质；选举方法与总统相同，也由直接选举产生，任期4年，任期届满不能连选连任，也不能立即选为总统。1888年，宪法规定设两名副总统，即第一副总统和第二副总统；第一副总统的职务与先前规定的副总统职务相同，第二副总统则除了根据需要担任部长职务之外，只有一项职务，即在第一副总统缺位、辞职或死亡的时候接任第一副总统。这种设置一直延续到1920年。1921年，国会对宪法进行了修订，决定取消第二副总统职务的设置，恢复单一副总统的制度。此后，除了1939年宪法修正案废除了副总统职务和在军政府统治时期间断了13年之外，这种制度一直延续到今天。在此期间，副总统职务最大的变化，就是1938年宪法第一次明确规定由副总统担任全国国会主席，统一领导参众两院的工作。这实际上是在立法机构中设置了一个新的高级领导职位。此前，这一工作虽然也是由副总统担任，但其只是以参议院议长的名义担任，并没有"国会主席"的头衔。1967年宪法还增加了一条补充规定：鉴于副总统是参议院和全国国会的当然主席，他理所当然地享受参议员和众议员同样的豁免权和特权，但同时又重新规定了对副总统连选的限制：只有在任期届满4年之后才能参与竞选总统或副总统。1994年修改宪法时在副总统问题上只是将任期从4年改为5年。

由于玻利维亚实行总统制，副总统实际上很难发挥作用，或根本没有发挥作用。玻利维亚有两句名言充分反映了这种情况。一句是著名工人领袖胡安·莱钦·奥肯多的话，他说："副总统职务是车子的第五个轮子。"另一句是总统海梅·帕斯·萨莫拉回忆他当副总统时候的话，他说："总统什么事都不让我做，甚至连买面包都不让我做。"所以，在玻利维亚历史上，共和国副总统一般都是默默无闻、不为人知的。到20世纪末，由于民主制度的恢复，政界对副总统职务有了新的观念，副总统职务也开始从一种个人的安排逐步转变成一种制度和机构的设置。这个转变开始于路易斯·奥西奥的工作，他首先提出要把副总统职务变成一个加强民主机构的舞台的思想。维克多·乌戈·卡德纳斯和豪尔赫·基罗加的工作也朝着这个方向努力，基罗加甚至走得更远，提出要将担任国会主席的副总统确立为此前一直处于分立状态的参众两院统一的最高领导；国会中也有不少人考虑制定一部《立法权组织法》，将这一从理论角度提出的方案写进法律，以便通过副总统的权力实现议会的一体化。莫拉莱斯总统执政后重视副总统职位的设置。新宪法规定副总统的当选条件和产生办法完全与总统一样；副总统也和总统一样，可连选连任一次。按新宪法的规定，副总统主要有以下5项职权：①在本宪法所规定的情况下代理国家总统职务。②协调行政机构、多民族立法议会和各自治政府之间的关系。③参加内阁会议。④在政府总的政策方针方面协助总统的工作。⑤与国家总统一起参与外交政策的制定并履行外交使命。现任副总统是阿尔瓦罗·加西亚，任期为2014～2020年。

（三）政府

政府是主管国家行政工作的最高机构。20世纪90年代以来，玻利维亚政府在机构设置上变动较大。在1993～1997年桑切斯政府时期，行政机构由3个大部（经济发展部、人力发展部和环境保护及可持续发展部）以及传统的外交部、内政部、财政部、劳动部、国防部等政府各部组成，同时还新建了司法部、总统事务部、社会通信部和资本化部。1997～2002年，班塞尔政府又对行政机构设置进行了改革，它以财政部、可持续发展与规划部以及生产支援部三个部作为政府的三大支柱部，保留了原来的外交部、劳工部、内政部、司法部、国防部和总统事务部，重建了保健部、教育部、农牧业部和交通运输部，另外还新建了社会发展部以及同投资相联系的出口促进部。2002年德洛萨达总统就职后组成的政府共设17个部，除总统事务部、外交部、内政部、国防部、财政部、司法与人权部、经济发展部、公共卫生与社会保险部、劳工与微型企业部、文化教育与体育部、对外贸易与投资部、住房与基本服务部12个部外，其余5个部均称"不管部"，即负责市政发展的不管部、负责农民和土著事务的不管部、负责金融服务的不管部、负责石油及能源的不管部以及负责可持续发展和计划的不管部。

在政府治理水平方面，近几十年来玻利维亚也有很大变化。20世纪中叶以前，玻利维亚的行政管理还相当落后，根本就不存在现代行政管理所要求的那些社会统计技术和社会科学的理论与实践。譬如在20世纪50年代以前，玻利维亚就没有进行过人口普查。20世纪50年代之后，情况

第三章 政　　治

发生了很大变化。1950 年，玻利维亚开始进行第一次人口和土地普查。两年后，新的革命政府就是根据这一次的普查资料制定了一个雄心勃勃的国家发展规划，其中包括国民经济计划和一个相当彻底的土地改革法。当然，那时的普查工作还是非常初步的，譬如当时政府对农村土地的评估，就主要以土地所有者的自我评估为依据，政府的税收机关也是根据土地所有者的自我评估征税。实际上，直到 50 年代中期真正的外国技术援助到来之前，玻利维亚政府对自己的财政状况还不曾有过真正的、详细的了解。甚至在革命过去了一代人之后，大部分对当局有用的行政信息还都是由美国使团和顾问提供或处理的。到 60 年代中期，巴里恩托斯政府因为使用了美国国际开发署（USAID）的一套管理系统，日常行政工作的效率大大提高，给他的政权带来了较好的声誉。到 70 年代，一个合理竞争的、信息灵通的技术官僚集团开始在玻利维亚立稳了脚跟。此后，玻利维亚的公共行政管理在主要方面都达到了较高的水平，足可以与拉美地区的标准水平媲美。但是，玻利维亚的这种进步在质的方面还是不稳定的。譬如在 1990 年，国家矿业公司（COMIBOL）最终被命令与外国投资者成立合作企业时，玻利维亚"还搞不清楚它都拥有哪些矿，这些矿在哪里，值多少钱"①。尽管如此，在 80 年代中期以后所举行的一系列复杂的全国选举的选民登记和计算选举结果方面，玻利维亚政府已没有实际的困难，财政和测绘系统也变得相对地有效率。

莫拉莱斯执政后，对政府机构进行了调整。新宪法规定，政府各部部长都是公仆，都要为他们在各自职务范围内所采取的行为负责。政府各部部长的任免由总统负责。担任政府各部部长的人必须符合入选公职人员的一般条件，年龄在 25 岁以上；不是多民族立法议会的议员；不是金融机构或公司的领导、股东或伙伴；不是总统或副总统助手的配偶或亲戚；也不是直接或间接同国家有现行债务关系或合同关系的人。

按新宪法的规定，各部部长有如下职权：建议和协助制定政府的总政

---

① 伦敦《金融时报》，1990 年 3 月 5 日。

策；建议和领导制定本部门的政府政策；在所属部门实施公共行政管理；颁布其职权范围内的行政规则；向多民族立法议会提供所需要的报告；等等。

现任政府是2014年1月组成的，总共设22个部，是历届政府中设部最多的一届政府。为配合改革的需要，本届政府专设了"农村发展和土地部"、"分权和自治部"、"国家法律保护部"、"透明和反腐败部"、"社会联络部"、"矿业和冶金部"、"油气资源与能源部"、"生产发展和多种经济部"8个部。政府各部的人事安排为：外交部长戴维·乔盖万卡·塞斯佩德斯、总统事务部长胡安·拉蒙·金塔纳、内政部长卡罗斯·罗梅罗、国防部长鲁文·萨阿韦德拉、司法部长伊丽莎白·萨伊达·古铁雷斯·萨拉萨尔、环保和水利部长何塞·安东尼奥·萨莫拉、发展规划部长埃尔瓦·比维安娜·卡罗·伊诺霍萨、经济与财政部长路易斯·阿尔韦托·阿尔塞·卡塔科拉、生产发展和多种经济部长特雷莎·莫拉莱斯·奥利维拉，公共工程、服务和住宅部长阿图罗·弗拉迪米尔·桑切斯，矿业和冶金部长马里奥·比雷拉、油气资源与能源部长胡安·何塞·埃尔南多·索萨、教育部长罗伯特·阿吉拉尔、文化部长巴布罗·格鲁奥克斯、卫生部长胡安·卡洛斯·卡维蒙特斯，劳动、就业和社会保障部长达尼埃尔·桑塔利亚·托雷斯，农村发展和土地部长内梅西亚·查科略·托拉、分权和自治部长克劳迪娅·佩尼亚、国家法律保护部长伊丽莎白·阿里斯门迪·丘马塞罗、透明和反腐败部长纳尔迪·苏克索、社会联络部长阿曼达·达维拉、体育部长蒂托·蒙塔尼奥·里维拉。

第五节　多民族司法机构

玻利维亚新宪法规定："司法权来自玻利维亚人民，它建立在独立、公正、法律保障、公开、诚实、快速、免费、多元司法、跨文化、公平、服务社会、公民参与、社会和谐和尊重法律等原则基础之上。"

莫拉莱斯政府在司法权方面最重要的改革是将司法权分为"普通司法权"（Jurisdicción Ordinaria）、"农业环境司法权"（Jurisdicción Agroambiental）和

"原农民土著司法权"（Jurisdicción Indígena Originaria Campesina）三个部分。

普通司法权由最高法院、省法院、裁决法庭和法官行使。最高法院（Tribunal Supremo de Justicia）是普通司法权的终审法院，它由高级法官组成。高级法官由普选产生，任期6年，不得连选连任。高级法官不得属于任何政治组织。高级法官的任职条件是必须年满30岁，有律师头衔，曾出色地担任过8年以上的律师或大学教授。最高法院的职权是：行使最高上诉法院的职权；解决省法院之间的权限冲突；应国家总检察长的要求组织合议庭（tribunal colegiado），对国家总统、副总统的职务犯罪进行最终判决；按司法委员会的提名任命省法院的法官；起草司法法律议案，并呈报多民族立法议会；审理并解决特别改判案件；等等。每个省在首府设一个省法院，省法院的法官由多民族立法议会任命，任期6年。省以下的州及重要城镇设裁决法庭，其法官由最高法院任命。

农业环境司法权由农业环境法院和法官行使。农业环境法院是行使农业环境司法权的最高专门法院。该法院特别要遵循社会功能、一体化、即时性、可持续性和跨文化等原则。入选农业环境法院的法官，除必须具备农业环境方面的专业知识外，还必须具备与最高法院法官相同的条件。选拔的办法与任期也与最高法院法官相同。农业环境法院的职权如下：审理和解决农业环境案件的上诉问题；审理和最终解决农业环保合同、谈判、授权，可再生资源利用权的分配和再分配等问题所引起的行政诉讼程序问题；组织农业环境法庭；等等。

原农民土著司法权由土著民族自己的司法当局行使。原农民土著司法权具有同普通司法权平等的地位。土著居民，不管是作为原告还是被告，检举人还是控告人，上诉者还是保护原判者，都属于原农民土著司法权的管辖范围。土著民族司法当局须按《司法权管辖范围法》的规定审理土著居民的法律事务；他们可按他们自己的原则、文化价值观、规则和程序行使司法职权。所有公共当局和所有玻利维亚人都应尊重原农民土著司法权的决定。

在玻利维亚的司法系统中，除了上述行使司法权的机构外，还有两个

重要的机构，一个是"司法委员会"，一个是"多民族宪法法院"。司法委员会（Consejo de la Magistratura）是司法系统的管理机构和纪检机构，负责制定司法系统的管理政策，控制和监督司法系统的行政和财务管理。司法委员会遵循公民参与原则。司法委员会的委员通过全民普选的办法从多民族立法议会提出的候选人中选举产生，任期为6年，不得连选连任。司法委员会委员的职权是：对司法机构的委员、法官、助理及行政人员实行纪律管制；当最高法院和农业环境法院法官在任职期间犯下法律所确定的严重错误的时候，督促对这些法官执行撤职处分；管控和监督司法机构的资产和财政管理；调查和评价司法管理人员和辅助工作人员履行职能的情况；为最高法院任命省法院法官选拔候选人；通过业绩评比和能力测试任命预审员；任命司法机构的管理人员；等等。

多民族宪法法院（Tribunal Constitucional Plurinacional）行使宪法自身的司法权，是一个维护宪法最高权力、确保宪法权利和宪法保障得到尊重和实施、解决法律纠纷、裁定是否违宪的司法机构。多民族宪法法院的法官按多民族性标准和最高法院法官选举的程序选举产生，其任职期限与最高法院法官相同。多民族宪法法院的职权是：负责宪法及法律的解释；最终审理与解决法律、自治章程、组织宪章、法令和所有非司法性决议和条例违宪的纯法权诉讼；审理和解决公共权力机构之间的权限冲突；审理和解决多民族政府、各自治区单位以及分权单位之间的权限冲突；审理与解决反对税收、税率、专利和捐款的上诉案件；审理与解决违抗立法机关决议的上诉案件；审理与解决法律草案违宪的案件；审理与解决在批准国际条约之前确保其合宪性的案件；审理与解决局部修改宪法的程序是否合宪的案件；审理与解决原农民土著司法权与普通司法权以及农业环境司法权之间的冲突案件；等等。

2011年10月，玻利维亚选举产生了新的一届司法机构的法官，总共56人，其中男女法官各28人，印第安人法官占多数。贝尼省籍法官贡萨洛·乌尔塔多和印第安人女律师克里斯蒂娜·马马尼分别当选为最高法院院长和司法委员会主席。现任总检察长为马里奥·乌里韦·梅伦德雷斯。

第六节 选举制度与选举机构

一 选举制度

（一）选举制度的沿革

玻利维亚的选举制度经历了由间接选举到有限制的直接选举，再到普选的发展历程。1825~1850年，玻利维亚实行间接选举总统的制度，即各省通过直接选举组成选举团，再由选举团选举国会议员，而总统则由国会选举产生。1850年之后，玻利维亚总统开始由选民直接选举产生，但选民资格受到财产、收入和职业等条件的限制，广大印第安农民被排斥在国家政治生活之外，1855年全国仅有1.35万人投票，选举还经常受到军事考迪罗的操控。1880年之后，玻利维亚建立了具有寡头政权性质的文人政府，这种政府只代表说西班牙语的人，至多占全国人口的四分之一。到1900年，玻利维亚全国仅有3万~4万选民，自由党、保守党、共和党等寡头政党通过暴力和贿选控制选举。查科战争摧毁了寡头政治，1938~1951年，玻利维亚选民的限制条件有所减少，但仍限定为有文化的成年男性公民，仅有少数公民获得了参政机会。1952年，玻利维亚民族主义革命运动党政府颁布法令，规定凡满21岁的公民，不论性别、受教育程度、职业和收入状况，均有选举权。大量没有文化的印第安农民获得了选举权，全国选民的数量从20万人跃升到150万人，国家开始进入普选制度时代。民主选举制度在1964~1982年受到军人独裁的破坏，但在1982年之后逐渐步入正轨。自1987年起，玻利维亚还实行市长和市议会的地方选举。

（二）现行的选举制度

2010年6月16日，玻利维亚总统在政府宫颁布了《多民族选举机构法》（Ley del Organo Electoral Plurinacional）。该法的颁布宣告了玻利维亚第四个权力机构的诞生，按莫拉莱斯的说法，这是确保加强民主和人民团结的深层次结构改革的一个重要的机制，使玻利维亚有了一个不但能选举国家领导人，而且也能撤销他们，让玻利维亚人民能够通过投票决定国家政策的重要工具。他说，有了这部法律，玻利维亚进入了一个新的阶段，玻利维亚人民有了一种"先进的和现代的"机制来加强民主，理性地、更好地做出决策。①

按新宪法和《多民族选举机构法》的规定，玻利维亚公民年满18岁即有选举权；但叛国者和诈骗公共资源者例外。选举实行平等、普遍、直接、个人、秘密、自由和义务地投票。

政府公职人员的候选人，除多民族司法机构和宪法法院有特殊资格规定的职位之外，其余都将在平等条件下依法通过选举产生。任何候选人都不得同时竞选多个公职，或同时参加多个选区的竞选。

公民团体和政党领导人、候选人的内部选举，也将在多民族选举机构的领导和监督下进行，以保证男女选民的平等参与。

凡实施公社民主制的土著民族地区，选举按土著民族自己的规则和程序在选举机构的监督下进行。选举机构的监督责任主要在于使土著民族地区的居民能够严格按土著民族自己的规则和程序选举其领导人、代表和候选人。

居住在国外的玻利维亚人有权依法参加国家总统和副总统及其他公职人员的选举。

居住在玻利维亚的外国人有权依据国际互惠原则参加市政选举的投票。

二 选举机构

宪法规定主权属于玻利维亚人民，并规定玻利维亚人民的主权不可剥夺，不可侵犯，因此，在莫拉莱斯政府的政治改革中，人民的选举权被列为国家的第四大权力而写进宪法，并建立了一系列确保人民选举权的多民族选举机构，它们是：最高选举法院、省选举法院、选举法庭、选举评判委员会和选举公证人。

---

① Promulga Evo Morales nueva ley electoral de Bolivia. http：//spanish.peopledaily.com.cn/31617/7027668.html.

最高选举法院（Tribunal Supremo Electoral）是最高级别的选举机构，具有对全国选举事务的管辖权，由7名成员组成，任期6年，不得连任。其中至少有两名为土著出身。7名成员中的6名由多民族立法议会以三分之二以上票数选举产生，1名由国家总统任命。最高选举法院的主要职权是负责组织和管理选民登记，组织、管理和实施选举并负责宣布选举结果。

省选举法院（Tribunales Electorales Departamentales）是省一级的最高选举机构，其成员由省立法议会以到会议员三分之二多数票选举产生，并保证其选出的成员中必须至少有一名是该省土著民族的人员。省选举法院的成员也必须年满30岁，并有高等学历。

选举法庭（Juzgados Electorales）是省以下的地方选举机构。

选举评判委员会（Jurados de las Mesas de sufragio）和选举公证人（Notarios Electorales）是选举的监督机构。

所有多民族选举机构成员的选举都必须事先发布举行选举的公告，并通过公开竞争，选择最有能力和最有功绩的人员。选举机构的最根本的任务是确保宪法有关条例和《多民族选举机构法》的有效实施。

第七节 主要政党与重要社团组织

一 主要政党

独立后的玻利维亚是一个多党制国家，几乎在任何一个历史阶段都存在大大小小的政治派别或政党，它们通常分为左、中、右三派，各派又有激进、极端、温和等多种倾向，各政治组织的面貌又受考迪罗主义、民众主义、工人运动、农民运动等多种因素的影响，兴衰起伏，变化不已，情况非常复杂。自20世纪90年代实行新自由主义政策之后，社会冲突迭起，各政治组织内部普遍出现分裂趋势，传统政党制度开始丧失公信力和权威，许多政治家开始把自己装扮成反对传统政治的人物，许多传统政党不是走向消亡，就是改头换面。所以，自20世纪末以来，特别是进入21

玻利维亚

世纪之后，玻利维亚政治舞台上涌现出了许多新的政党。据 2014 年的统计，玻利维亚有知名政党 30 多个，其中国会政党 4 个（争取社会主义运动党、全国团结阵线、基督教民主党、无畏运动党），其他全国性政党近 20 个（玻利维亚农民爱国阵线、玻利维亚社会主义长枪党、玻利维亚共产党、自由玻利维亚运动党、帕查库蒂土著运动党、民族主义民主行动党、新共和力量党、玻利维亚进步计划—国家团结党、社会民主运动党、进步计划党、革命左派阵线、革命左派运动新多数党、民族主义革命运动党、社会联盟党、社会民主力量党、社会主义党、公民团结联盟、玻利维亚工人社会联盟、玻利维亚绿党等）。地方政党 11 个（贝尼省的亚马孙汇聚党、贝尼优先党和自治民族自强与变革党，丘基萨卡省的重振自由民主党和四·一九长枪党，拉巴斯省的主权运动党，波托西省的波托西地区公民阵线和乌卡利库纳公民联盟，圣克鲁斯省的真理与社会民主党，塔里哈省的通向改革之路党和民族自治力量党等）。下面简要介绍几个主要的政党。

争取社会主义运动党（Movimiento al Socialismo）　创建于 1997 年 7 月，是一个以"社会主义"为方向的左翼土著主义政党。在 2002 年的总统选举中，该党一举成为玻利维亚第二大党，此后接连取得 2005 年、2009 年和 2014 年三次总统和国会选举的胜利，至今已连续执政 10 余年。该党坚决反对西方的自由市场政策，提出"社群社会主义"思想，旨在反对新旧殖民主义，回归传统的平等、互惠与和谐的社会。其基本主张是：在玻利维亚实现社会正义，建立没有剥削和压迫的新社会；承认人类权利的普遍原则；建立和完善社群民主，在不同社会组织之间达成共识、互相尊重和互相认可的基础上实现真正意义的参与式民主；社群、工会和家庭是社会发展的基础，应受到各级政府的保护；建立"拉美大祖国"，继承和发扬为争取独立、捍卫土著文明而斗争的革命英雄主义思想；反对企图支配和操纵人民意志、侵占国家财富、操控国家未来命运的美洲自由贸易区计划，反对和谴责新殖民主义、霸权主义、军国主义和黩武主义；声援为自由、正义、国家主权而斗争的力量和运动；保障充足的粮食供应；建立行之有效的、没有任何歧视的医疗卫生服务和教育体系；捍卫贫困民众的政治、经济、社会和文化权益；建设和谐与和平的玻利维亚。自该党执政以来，玻利维亚进行了包括国有化、土地改革、宪政改革在内的一系列制度变革，有力地推动了国家的发展和进步。在2014年大选中，该党赢得317万张选票，占总选票的61.36%；在众议院130个席位中占88席；在参议院36个席位中占25席。

全国团结阵线（Frente de Unidad Nacional） 创建于2003年，是一个新兴右翼政党。创建人萨穆埃尔·多里亚·梅迪纳（Samuel Doria Medina）是玻利维亚水泥企业巨头。该党呼吁支持"那些能创造就业机会却未能参与国家决策的企业家"。按该党自己的说法，该党的政治目标是"建立民主团结、充分发展、尊重人权、对国家的多样性有清醒认识和致力锻造自己命运的玻利维亚"。在玻利维亚政界，该党持温和的第三种力量立场。其选举基础是城市中产阶级。在2005年立法议会的选举中，该党总统候选人多里亚·梅迪纳赢得7.8%的选票，在2009年的大选中赢得5.65%的选票。在2014年大选中，该党总统候选人梅迪纳获得24.23%的选票，居第二位。经过这次竞选，该党在参议院中赢得9个席位，在众议院中赢得32个席位，是埃沃·莫拉莱斯政府面对的最大的反对党。

基督教民主党（Partido Demócrata Cristiano） 创建于1954年，当时称基督教社会党，1964年改为现名。其智力基础是玻利维亚天主教行动和"整体人道主义"研究中心，主张走介于"资本主义与社会主义"之间的"第三条道路"，认为这是一条比任何竞争性社会政治制度更人道和真正民主的道路。该党曾参加1958年和1962年的国会选举，抵制1964年和1966年总统选举。1967年参加巴里恩托斯军政府。当发生军队血腥镇压矿工事件之后，该党陷入内部分裂，该党的左翼力量脱离该党，组建左派革命运动党，右翼力量组建基督教民主联盟。在班塞尔独裁统治时期，该党因坚持自由和民主而遭到镇压。在1979年大选中，该党与民族主义革命运动党、真正革命党、共产党（马列）以及图帕克卡塔里革命运动党四个党联合组成"民族主义革命运动联盟"，支持民族主义革命运动党的领袖埃斯登索罗竞选总统，在议会赢得12个席位。1982年恢复民主制度后，该党在玻利维亚政坛的地位不断提高，2005年后成为反对派的骨干。在 2014 年大选中，该党候选人豪尔赫·基罗加·拉米雷斯得票居第三位，在议会中赢得 12 个席位。

无畏运动党（Movimiento sin Miedo） 创建于 1999 年 3 月 1 日，是玻利维亚的一个进步政党，致力于捍卫人权和反对腐败。领袖是律师胡安·德尔格兰纳多（Juan del Granado）。德尔格兰纳多曾在 2000 年以后任拉巴斯市市长。在 2005 年大选前夕，该党与争取社会主义运动党结成政治联盟，支持总统候选人埃沃·莫拉莱斯竞选，获胜后在众议院赢得 4 个席位，但不久即与争取社会主义运动党产生分歧，并在 2010 年 4 月的地方选举中，赢得 21 个市市长的职位，大大加强了反对党的地位。在 2014 年的大选中，该党反对莫拉莱斯连选连任玻利维亚总统，并提名德尔格兰纳多为该党总统候选人。但该党只获得 2.71% 的选票。

玻利维亚绿党（Partido Verde de Bolivia，PVB） 创建于 2007 年 8 月 9 日。其缔造者是马尔戈特·索里亚·萨拉维亚（Margot Soria Saravia）。该党主张绿色政治，并在 2008 年加入"环球绿党联盟"（Global Greens）。2013 年 11 月，该党宣布将与"科里亚苏约艾柳及马尔卡斯全国委员会"（简称"科纳马克"）联合参加 2014 年 10 月的全国大选，竞选玻利维亚总统。但不久该委员会领导人拉斐尔·基斯佩（Rafael Quispe）宣布，"科纳马克"的目的并不是要赢得总统职位，而是要在多民族立法议会中有自己独立的代表。这些代表将为一个多民族国家而工作，并将在 2019 年的大选中赢得政权，从而能把这个有殖民地倾向的国家改造成一个独立的多民族国家。2014 年 6 月 26 日，该党最后选出了自己的总统候选人——土著居民领导人费尔南多·巴尔加斯（Fernando Vargas）和副总统候选人——绿党创始人马尔戈特·索里亚·萨拉维亚。但该党只赢得 2.65% 的选票。

社会民主运动党（Movimiento Demócrata Social） 创建于 2013 年 12 月 15 日。前身为创建于 2009 年大选前夕的人民共识党（Popular Consensus）。在 2009 年的全国选举中，该党同全国团结阵线结成选举联盟，支持全国团结阵线总统候选人萨穆埃尔·多里亚·梅迪纳竞选，失利后决定创建社会民主运动党。2013 年 6 月，人民共识党、真理与社会民主党以及更新自由民主党等几个党向最高选举法院申请联合登记注册,最高选举法院没有批准,但授权"人民共识党"更名为"社会民主运动党"。从此,人民共识党不再存在,取而代之的是"社会民主运动党"。该党总部设在科恰班巴,主席为鲁文·科斯塔斯,信奉地方主义和自由主义,是一个同玻利维亚右翼势力以及同玻利维亚东方诸省自治运动有联系的政党。

民族主义革命运动党(Movimiento Nacionalista Revolucionario) 创立于1941年。1932~1935年查科战争后,玻利维亚丧失了北查科大部分领土,国内民族主义情绪高涨。在这种形势下,一些具有民族主义倾向的知识分子和参加过查科战争的退伍军人于1941年1月25日创建该党。主要创始人有维克托·帕斯·埃斯登索罗、埃尔南·西莱斯·苏亚索、瓦尔特·格瓦拉·阿尔塞和胡安·莱钦·奥肯多等。1943年12月,该党联合部分青年军官推翻代表大矿主利益的恩里克·佩尼亚兰达政府,参与执政。1946年7月军事政变后,该党遭到镇压,成为非法党。1952年4月9日,该党发动并领导人民武装起义,推翻乌戈·巴利维安独裁政权,开始了拉美历史上有名的玻利维亚革命。4月16日,该党领袖帕斯·埃斯登索罗就任总统,玻利维亚民族主义革命运动党连续执政12年(1952~1964)的历程由此开始。该党自称是一个多阶级政党,是工人、农民和中产阶级的革命联盟,信奉"革命民族主义",主张彻底摆脱落后和对外依附,实现政治、经济和文化的真正独立,建立真正的主权国家。执政初期曾积极推行一系列民族主义改革措施,如矿山国有化、土地改革、实行普选、发展教育等。但几年后,由于政策上的分歧,党内开始分裂,先是1959年瓦尔特·格瓦拉一派脱党,组成真正民族主义革命运动党,后改名为"真正革命党"。接着,以莱钦为首的党内左翼退党,另组"左翼民族主义革命党"。1964年11月该党政府被军人巴里恩托斯政变推翻后,曾支持军人乌戈·班塞尔·苏亚雷斯政变,并参加班塞尔政府,从而又引起新的分裂。70年代后半期和80年代前半期该党曾连续三次参加全国大选,均未获胜,直至1985年7月,该党领导人埃斯登索罗才竞选获胜,第4次就任总统。任内(1985~1989)该党急剧右转,政治上主张意识形态多元化；经济上推行自由市场经济改革，减少国家干预，对战略性国有企业实行"资本化"，对其他国有企业实行私有化，对工会横加镇压。在1989年5月的大选中虽然得票居第一位，但因在议会选举中未能获得多数票而下野。1992年贡萨洛·桑切斯·德洛萨达出任党的领导后，曾先后在1993年和2002年两次作为该党的总统候选人参加大选并获胜，但因为继续推行新自由主义政策，第二次执政不到一年即被声势浩大的民众运动赶下台。此后，民族主义革命运动党一蹶不振，成为一个小党，2014年大选后，该党在玻利维亚议会中已无一席之地，现任领导人是吉列尔莫·贝德雷加尔·古铁雷斯（Guillermo Bedregal Gutiérrez）。

社会民主力量党（Poder Democrático Social） 创建于2005年，前身是乌戈·班塞尔·苏亚雷斯创立于1979年的民族主义民主行动党（Acción Democrática Nacionalista）。2001年8月班塞尔总统因病辞职后，副总统豪尔赫·基罗加接任总统和该党主席。到2005年大选的时候，基罗加抛弃该党的名称，以一个新的"社会民主力量党"（Social and Democratic Power）候选人的身份参选。社会民主力量党在意识形态上信奉民族主义、新自由主义和保守主义，主张改革现有经济模式，维护社会稳定，促进生产发展。该党是国际民主联盟的成员，属右翼政党。该党表面上是一个新党，实际上仍然是"民族主义民主行动党"的继续，它的结构、意识形态和支持者基本上都与它的前身无异。

玻利维亚进步计划—国家团结党（Plan Progreso para Bolivia-Convergencia Nacional） 创建于2009年9月，是2009年大选以来玻利维亚最大的、联盟式右翼反对党。参加该联盟的有曼弗雷德·雷耶斯·比利亚代表的新共和力量党、前拉巴斯省长何塞·路易斯·帕雷德斯代表的玻利维亚进步计划党、路易斯·阿尔贝托·塞拉特领导的玻利维亚自治党、巴勃罗·卡马乔·尼古拉斯·贝德雷加尔领导的人民党以及吉列尔莫·贝德雷加尔·古铁雷斯领导的民族主义革命运动党。在2009年的选举中，该党的总统候选人曼弗雷德·雷耶斯·比利亚赢得26.46%的选票，位居全国第二，在多民族立法议会中拥有130个众议员席位中的37个、36个参议员席位中的10个，是玻利维业议会中的第二大力量。但到2014年大选前夕，该联盟已经丧失作用。

玻利维亚共产党（Partido Comunista de Bolivia） 创立于1950年1月，由脱离左派革命党的部分青年马克思主义者建立。同年2月被宣布为非法。1952年4月参加民族主义革命运动党领导的推翻军政府的武装起义，胜利后取得合法地位，从事维护工人权益的斗争。20世纪60年代因国际共运大论战而发生分裂，以中央委员费德里科·埃斯科瓦尔和中央候补委员奥斯卡·萨莫拉为首的一批党员于1965年4月成立玻利维亚共产党（马列）。在军政府统治时期（1971~1978年）再次处于非法状态。1978年同左翼民族主义革命运动党和左派革命运动党等建立人民民主联盟，该联盟在1980年大选中获胜，但因军人政变而未能执政。1982年恢复民主后，1980年议会重新得到承认，人民民主联盟执政。玻利维亚共产党在议会中拥有12个议席，在内阁中拥有2名部长职位。1984年11月因政局恶化而退出政府。1988年9月，同自由玻利维亚运动、社会党等建立左派联盟，参加1989年大选，得票占选票总数的8%，在议会拥有一个议席。该党在总工会和矿工联合会中一直有很大的影响，但1991年苏联解体后，以中央书记奥斯卡·萨拉斯为代表的"革新与改革"派另建民主社会主义抉择党，影响力明显下降。该党自称是工人阶级先锋队，以马克思列宁主义为行动指南，最终目标是实现社会主义和共产主义。1990年12月，该党第6次全国代表大会重申坚持马克思列宁主义革命原则，坚持社会主义。该党反对新自由主义经济政策，主张维护国家主权，发展民族经济，深化民主进程，扩大民众参与，在发展民族经济的同时解决社会问题，使国家走向公正发展的道路。对外坚持反帝反殖反霸立场，支持不结盟运动，推动拉美国家的团结与合作，主张和平解决玻利维亚出海口问题。该党的最高权力机关是全国代表大会；中央领导机构是中央委员会、政治委员会和书记处。按现行政党法的规定，只有党员超过5.7万人的政党，才有资格参与竞选。在2003年的选举中，玻利维亚共产党虽然是选举登记的19个政党之一，但由于该党没有按规定在2003年8月28日以前呈交该党的党员名册，该党的参选资格被取消。2014年，一批青年马克思主义者集体退党，另建玻利维亚革命共产党，声称遵从马克思、恩格斯、列宁、斯大林的教导，主张恢复格瓦拉主义游击队的名誉，反对修正主义，拒绝21世纪的社群社会主义的新理论，信奉科学社会主义理论。它的主要阵地在学校，在中学有一个叫"革命学生民主组织"的阵线，在大学有一个叫"大学人民反帝倾向"的阵线。其中央政治局的机关刊物为《红色》（*Tinta Roja*）。

二 重要社团组织

20世纪80年代以来，玻利维亚不但出现了许多新的政党，而且也出现了许多新的社团组织，如古柯种植农组织、印第安人组织、工会组织、农民组织等。据统计，2006年玻利维亚有非政府组织410个。在玻利维亚诸社团组织中，最有实力的是玻利维亚总工会、玻利维亚唯一农业工人工会联合会、玻利维亚矿业合作社全国联合会和玻利维亚矿工工会联合会4个组织。

玻利维亚总工会（Central Obrera Boliviana） 1952年4月成立，是一个联合玻利维亚所有工业部门工人的工会组织。由于矿业在玻利维亚的经济中历来都具有重要的地位，因此，从20世纪40年代中期开始，"玻利维亚矿工工会联合会"就成了玻利维亚工人组织的脊梁。1952年玻利维亚革命开始后，领导革命的民族主义革命运动党为了把矿工工会联合会以及其他的工会都组织到执政党的领导之下，就在1952年创建了玻利维亚总工会。按民族主义革命运动党原来的设想，是想学习墨西哥革命制度党，通过执政党的组织结构，把玻利维亚所有的工会组织都控制起来，使之支持自己的政权。但是，在玻利维亚，玻利维亚总工会虽然是由执政党建立的，但有另一种想法，即要求参政和参与经济管理，而且，在当时的形势下，它们还获准自由组织民兵。结果，玻利维亚总工会成了一个向执政党领导地位提出挑战的自治组织，二者之间的关系并不是执政党所希望的那种领导与被领导的关系，而是成了两个政治集团之间的一种对等的关系。随着工会组织力量的增长，民族主义革命运动党只好依靠改组的政府军来控制工会及其所领导的民兵。由于执政的民族主义革命运动党采用国家资本主义的发展模式，把有组织的劳工群众的要求摆在次要的地位，它同工人的矛盾越来越深。事实上，在玻利维亚总工会看来，当时的玻利维亚国家已成了民族主义革命运动党占有的一个工具，必须把它夺过来，为工人阶级谋利益。玻利维亚总工会同玻利维亚政府的这种矛盾到20世纪60年代中期革命政权被推翻、军人实行专制统治之后达到了顶点。在军政府长期残酷的镇压下，玻利维亚总工会被迫转入地下。1978年军政府被迫表示恢复选举制度之后，玻利维亚总工会作为唯一一个能代表工人阶级利益的机构重新登上政治舞台，领导工人为争取自己的政治、经济和社会权益而斗争。工人的力量在20世纪80年代前半期西莱斯·苏亚索执政时期达到了顶点，他们在经济几乎陷入崩溃的危急时刻，举行了几百次罢工，这虽然显示了自己的力量，但同时也丧失了民心，引起舆论对工人做法的厌恶，从而导致自己的力量受到严重削弱。所以，到帕斯·埃斯登索罗领导的民族主义革命运动党在新自由主义旗帜下再度执政之后，玻利维亚总工会几乎已经没有力量发动和组织全国性的总罢工了。这时期，总工会的工作只集中于反对玻利维亚矿业公司的改组，因为国营矿业公司改组，造成了大批矿工失业。为了反对国营矿业公司改组，制止该公司大批解雇矿工，维护矿工的权利，玻利维亚总工会曾于1986年9月组织了一次大规模的"生存进军"。这次斗争取得了令人鼓舞的胜利，迫使政府同工人进行谈判。经玻利维亚天主教主教会议的调停，双方达成了协议，政府同意推迟实施改组法，同意矿业公司在做出改革决定的时候征求工会的意见，并许诺不再大规模解雇工人，同意玻利维亚矿业公司的就业人数保持在1.7万人以上。尽管斗争取得了巨大成就，但这个协定还是遭到了激进派工人领袖的反对，他们组成所谓"联合轴心"，反对这个协定。结果，政府以工会撕毁协定为借口，强行实施了改组法，总工会遭到了更惨重的失败。在近年来的社会运动中，玻利维亚总工会重新焕发活力，成为2003年科恰班巴省反对水资源私有化和2005年反对梅萨政府的示威活动的重要组织者。总工会的活动得到了莫拉莱斯及其领导的争取社会主义运动党的支持，后者执政后将总工会的许多改革诉求付诸实施，如持续提高最低工资标准，将石油和天然气资源收归国有等。

玻利维亚唯一农业工人工会联合会（La Confederación Sindical única

玻利维亚

de Trabajadores Campesinos de Bolivia) 这是一个把玻利维亚所有土著民族都组织起来的土著居民组织，创建于1979年6月26日玻利维亚总工会召开的"农民团结大会"期间。玻利维亚的农民运动虽然从最初出现印第安人政治运动的时候开始，就为争取土著居民的社会、政治和文化权利而斗争，但忽视了土著居民具体的土地要求、农村发展的要求和参与自然资源开发的要求。鉴于政府的许诺总是让土著居民受骗，土著居民越来越认识到土著居民全国大团结的必要，认识到要想争得自己的权利，玻利维亚所有的艾马拉人、克丘亚人和瓜拉尼人都必须联合起来。为此，他们建立了这个组织。这个组织的宗旨是要为玻利维亚的土著民族争得作为多数民族的自治权，在玻利维亚建立一个新的多民族国家。2002年8月12日，该联合会曾在塔里哈城召开全国代表大会，玻利维亚全国9个省的代表都参加了大会。大会通过了要求政府把没有耕种的土地分配给无地农民，以实现土地占有合理化的决议。以上诉求在2009年新宪法公投和限制大地产公投中得到反映，并在莫拉莱斯执政以后逐步得到实施。在当前关于举行修宪公投以决定莫拉莱斯是否可以无限期连选连任的问题上，该组织初步决定提议莫拉莱斯再连任一个任期。

玻利维亚矿业合作社全国联合会（La Confederación Nacional de Cooperativas Minerales de Bolivia） 这是全国矿业合作社的最高联合组织。自政府颁布21060号矿业法令，对国营矿业公司实行改组和私有化之后，玻利维亚西部高原地区的广大矿工为了生存，纷纷组织起来，发起合作化运动，组织小规模的矿业合作社，发展手工式的采矿业。为了领导和协调全国各合作社的生产和斗争，他们建立了玻利维亚矿业合作社全国联合会。这个组织的宗旨是代表各成员合作社的合法权益，协调各成员合作社的生产和社会活动，以一切可能采用的有效方式促进全国矿业合作事业的发展，并参与解决各成员合作社之间的冲突。该联合会成立后，已组织了多次争取自己权益的斗争。据该组织主席里卡多·佩雷斯（Ricardo Pérez）称，进入21世纪后，玻利维亚已经有合作社1500个，这些合作社的总资产已经达到11亿美元，占全国国内生产总值的3.5%，为大约100万玻利维亚人解决了就业问题。

玻利维亚矿工工会联合会（La Federación Sindical de Trabajadores Mineros de Bolivia） 这是玻利维亚的一个传统工会组织，是玻利维亚总工会的成员。在历史上，玻利维亚的工会组织和工人斗争一直是由矿业部门的工人领导的。尽管在国营矿业公司实行私有化时期，这个部门的工会组织曾被关闭，力量被大大削弱，但工人们仍以新的形式坚持斗争。头戴安全帽的矿工经常走在反对政府新自由主义经济政策的游行队伍前列，与广大民众一起迫使德洛萨达和梅萨两位总统下台，后来又坚决支持2009年宪法公投。该组织提出的矿业国有化、提高工资等问题在莫拉莱斯执政后得到解决。

其他的重要社团组织还有玻利维亚西部高原地区土著农业工人的组织"科利亚苏约艾柳和马尔卡斯全国联合会"（La Confederación Nacional de Ayllus y Marcas del Qollasuyu）、古柯种植农为反对政府在美国政府压力下销毁古柯作物而组织起来的农民团体"古柯种植农运动"（El Movimiento Cocalero），以及代表玻利维亚全国所有工业部门和工业家利益的组织"玻利维亚私人企业主联合会"（La Confederación Empresarios Privados de Bolivia）等。

第四章

经　济

第一节　概述

玻利维亚地处南美洲心脏地区，自然资源丰富，人口密度每平方千米不到10人（2012年），日子本应好过，但是，由于它是内陆国家，大部分国土为崎岖多变的崇山峻岭和热带雨林，交通十分不便，加上独立以来军事政变频繁，政局长期动荡，近十年来虽然经济发展较快，人均国内生产总值已提升至3061美元（2014年），但仍然是南美洲最贫穷的国家。

玻利维亚在1825年独立到1952年革命的120多年间，存在封建性大庄园制度和依附性资本主义制度两种经济制度共存的局面。前者对印第安人实行超经济强制剥削制度，无偿占有印第安人的劳动成果，在广大的农村几乎不存在任何现代农业企业的经营方式；后者只存在于矿业部门，虽然也使用当时的先进技术，却是一种完全依赖于西方中心国家资金、市场和技术的"矿业飞地"式经营模式，其先进技术的效用从来只限于"矿业飞地"以内的范围，无法给全国的发展带来好处。1952年"四月革命"后，玻利维亚虽然进行了矿业国有化改革和土地改革，沉重地打击了封建性的大庄园制度，但这次革命很不彻底，坚持的时间也不长，这种双重经济制度的局面并没有发生根本性的变化。到20世纪80年代，债务危机和经济衰退席卷整个拉丁美洲，玻利维亚也未能幸免，国内生产总值连续6年下降，恶性通货膨胀一度高达11749.63%。为了摆脱危机，玻利维亚在债权国的压力下，开始实行"华盛顿共识"所要求的新自由主义性质的经济体制改革，紧缩开支，取消价格控制和补贴，发行与美元挂钩的新货币玻利维亚诺，改革税制，对中小型国有企业实行私有化，对交通、能源、电信等大型战略性国有企业实行部分私有化（即所谓"资本化"），等等。这些改革虽然给玻利维亚经济带来了活力，但并不能改变玻利维亚贫困落后的状况。相反，新自由主义经济政策的弊端日益凸显，财政赤字居高不下，公共服务投入乏力，贫困现象日趋严重，贫困人口（日均收入低于2美元）占全国人口的70%；失业率高达14%，非正规就业率超过50%；文盲率高达40%。

2006年莫拉莱斯上台执政后，对玻利维亚的经济制度进行了全面的改革。目前，玻利维亚实行一种"多元经济"的体制，在这种体制中，并行存在四种经济组织形式，这就是"公社经济的组织形式"、"国有经济的组织形式"、"私有经济的组织形式"和"合作经济的组织形式"。公社经济是指建立在土著民族和土著农民自己的经济原则和经济观点基础上的生产和再生产系统。私有经济是一种以尊重和发挥私人首创精神为目的、让他们为社会经济的发展做贡献、为国家经济的独立做贡献的经济。国有经济是指那些为国家所有，能代表玻利维亚人民行使自然资源所有者的权利，能对自然资源的生产链与产业化进程实行战略控制，能直接生产商品和服务，并确保社会参与经济管理，确保劳动者参与决策和共享好处的企业及其他经济实体。合作经济是劳动者团结、合作、不以营利为目的的劳动组织形式，主要指社会生产中的合作社组织。这四种不同的经济组织形式在法律面前是完全平等的，但相互间并不孤立，而是按宪法的规定，在"互补、互惠、团结、再分配、平等、法律保障、可持续性、平衡、正义和透明等原则"的基础上相互协调，并可以组成混合企业。

玻利维亚现行的多元经济体制体现了玻利维亚"社群社会主义"的特色，它有三个明显的特点。第一，强调国家的作用。宪法明确规定："国家对经济发展及其规划进程实施全面的领导"；"所有的经济活动都应有助于加强国家的经济主权，不允许私人经济力量积累到危及国家经济主权的程度"；"在有公共需要的情况下，可以对必要的工商活动实行国家垄断"；等等。第二，强调消除贫困和消除社会经济排斥。宪法规定：

"所有形式的经济组织都有义务创造体面的工作机会和对减少不平等和消除贫穷做贡献";国家要致力于逐步消除"在获得生产性资源方面的不平等"和"地区之间的不平等";"禁止私人垄断和寡头垄断";无论是本国人还是外国人,都不得组织以控制和独占生产和销售为目的的社团或签订这种性质的协定。第三,强调保护本国利益。宪法规定:"自然资源的开采应优先使用本国生产设备";"自然资源和战略能源贸易中的销售价、进出口税、特许权使用费等都必须由国家考虑决定";等等。

莫拉莱斯执政以来,在经济的各个方面都进行了重大的改革,并致力于国家的工业化和现代化。首先,国家对自然资源和国民经济各战略部门实行国有化政策。莫拉莱斯执政伊始,即签署了第28701号最高政令,宣布对本国石油、天然气资源实行国有化。随着该法令的颁布,军队和国家检察机关即占领56个油气田及2家炼油厂,保证了政策的落实。玻利维亚国有石油公司还通过购买的方式,从原有大股东巴西石油公司和法国道达尔公司手中获得境内天然气管道公司的控股权。此后,国有化范围扩大至矿业、电力、电信和运输等经济部门。2012年底,莫拉莱斯政府将西班牙伊维尔德罗拉电力公司旗下的巴斯电力公司和厄尔费欧电力公司收归国有,后又对西班牙著名基建企业阿伯蒂斯公司旗下的玻利维亚机场服务公司实施国有化。按玻利维亚新矿业法的规定,国家矿业公司与本国或外国企业开展合作,国家矿业公司的股份不得低于51%。

其次,进行土地改革。莫拉莱斯上台后签署了新的土地法,对原有的土地法进行了重大修改。根据新土地法,政府有权向庄园主征收闲置土地,分配给无地农民。此外,政府还向在国有土地上耕种的无地农民出让土地产权。2009年1月25日,玻利维亚举行关于限制大地产的全民公决,多数选民支持个人拥有土地面积的限额为5000公顷。

再次,鼓励多种所有制经济共同发展。政府通过国有企业投资国民经济的各个领域,氯化钾和锂碳酸盐厂、水电站、火电站、糖厂等项目的投资额均达数亿美元,而丙烯和聚丙烯化工厂、乙烯和聚乙烯化工厂则是投资均超过17亿美元的超大项目。与此同时,政府通过提供贷款和财政援助大力扶持合作社和公社经济的发展。如2008~2010年登记在册的矿业合作社由447家增长到635家,在矿业合作社就业的劳动力占全行业劳动力的83%。政府还大力改善乡村地区的饮水、道路和住房等基础设施,推广农业生产技术,以促进印第安公社经济的发展。私有经济也得到保护和扶持,国家通过提供银行贷款和技术援助支持中小私有企业、自营职业者和小商小贩的经营。

最后,实行收入再分配改革。2010年12月,莫拉莱斯政府颁布第65号法令,宣布实行养老金国有化再改革,旨在建立一个管理规范的、经济的、有效率的、性别公平的以及能够提供就业机会的养老金制度。为了解决居民住房困难问题,玻利维亚政府在2011年颁布了"社会团结住房计划",由政府投资建设保障性住房,金融机构还为保障性住房申请人提供优惠贷款。物价补贴也是调节收入分配的重要手段。2013年前,玻利维亚的城市电费为0.63玻利维亚诺/千瓦时,农村电费为1.59玻利维亚诺/千瓦时,为了缩小城乡电费差距,政府拿出拉巴斯电力公司利润的15%来补贴农村电力价格。

莫拉莱斯执政十余年来,上述政策取得了明显的成就,玻利维亚经济的各个部门都有较大的进步,特别是在全球金融危机期间表现突出。在2008年开始的、由美国雷曼公司倒闭所引发的全球金融危机时期,拉丁美洲国家曾普遍出现经济衰退,然而玻利维亚却仍然能保持3.5%的增长率,在当时的拉丁美洲,玻利维亚属于经济增长幅度最大的国家。不仅如此,莫拉莱斯政府还创造了玻利维亚经济持续十年较快增长的纪录。在莫拉莱斯执政的第一年(2006),玻利维亚的国内生产总值只有90亿美元,到2014年就已经增加到320亿美元,9年中增长了2.6倍。在莫拉莱斯执政之前的2003年,玻利维亚的人均国内生产总值还不到900美元,而到2007年就已达到1377.5美元。到莫拉莱斯执政的第5个年头,世界银行负责安第斯国家的领导人费利佩·哈拉米略曾宣布,玻利维亚已经从一个低收入国家过渡到一个中等收入国家。[①] 此后,玻利维亚的经济继续增长,到2012年,玻利维亚的人均国内生产总值已上升到2470美元,到

---

① http://www.bbc.co.uk/mundo/economia/2010/08/100810_0235_bolivia_banco_mundial_gz.shtml.

2014年则超过3000美元。当然，这在南美洲仍然是最低的，在整个拉丁美洲地区，也仅仅高于海地、尼加拉瓜和洪都拉斯，居拉美倒数第四位，在2014年世界人均GDP排名中居第127位。但是，就增长速度方面来说，尽管2014年玻利维亚GDP的增长率（5.5%）比前一年（6.8%）有所降低，但在拉美仍仅次于巴拿马，居第二位。玻利维亚2000~2014年主要经济指标见表4-1。

表4-1　2000~2014年玻利维亚主要经济指标

年　份	2000	2005	2010	2011	2012	2013	2014
名义GDP(亿美元)	84.0	95.73	195.04	237.75	268.73	303.81	338.93
实际GDP增长率(%)	—	4.4	4.1	5.2	5.2	6.8	5.5
外汇储备(亿美元)	11.52	17.14	97.30	120.20	139.27	144.30	153.83
汇率(玻利维亚诺∶美元)	6.18	8.10	7.07	6.99	6.96	6.96	6.96
外债(亿美元)	67.40	76.66	60.17	64.48	69.05	78.95	82.27
失业率(%)	7.5*	8.1*	7.8	7.6	7.5	7.4	7.3

资料来源：The Economist Intelligence Unit Limited, Country Profile, Bolivia, 2003; The Economist Intelligence Unit, Country Report, Bolivia, 2015; * CEPAL, *Balance Preliminar de las Economías de América Latina y el Caribe 2008*, http：//www.eclac.org/publicaciones/xml/5/34845/Anexo_estadistico.pdf。

2015年12月31日，玻利维亚政府颁布"2016~2020年经济社会发展五年计划"，计划在未来5年中将公共投资增加到485.74亿美元，将国内生产总值提高到570亿美元，实现人均国内生产总值超过5000美元，平均经济增长率达到5.8%，年均出口总额达到160亿美元。[1]

第二节　农　业

本节所说的农业系指属于第一产业的广义农业，即以水土为劳动资料

---

[1] 中国驻玻利维亚大使馆经济商务参赞处：《玻利维亚政府发布2016~2020年经济社会发展计划》，2016-01-05，http：//bo.mofcom.gov.cn/article/jmxw/201601/20160101226809.shtml。

玻利维亚

进行生产的种植业、林业、畜牧业和渔业。玻利维亚的农业有两个突出的特点。第一，近年来发展虽有起伏，但总的说来增长迅速（见表4-2）。第二，随着玻利维亚工业和服务业的发展，农业产值占国内生产总值的份额逐年下降（1960年为30%，1986年为28.5%，1995年为15%，1998年为15.4%，2000年为14%），但农业人口占全国人口的比重没有按相应的比例减少（直至2011年，农业人口仍占全国经济活动人口的三分之一），这是玻利维亚经济的一个尚待解决的结构问题。

表4-2 2006~2014年玻利维亚农业生产总值年增长率

单位：%

年份	2006	2007	2008	2009	2010	2011	2012	2013	2014
增长率	4.3	-0.5	2.6	3.7	-1.2	3.1	4.1	4.7	12.1

资料来源：CEPAL, Economic Survey of Latin America and the Caribbean, 2015, p.7。

一 种植业

玻利维亚经济虽然以农业、矿业为主，但种植业并不发达，长期处于靠天吃饭的状况，至今粮食生产尚不能满足本国的需求。玻利维亚地形复杂，有多种不同的地形地貌和不同的气候地带。在玻利维亚1亿多公顷土地中，一半以上为林地（约占51%），三分之一以上为永久牧地（约占31%），只有200多万公顷为可耕地，约占全国土地面积的2%。

在20世纪50年代开始的土地改革之前，玻利维亚农村存在三种土地所有制：公社所有制、小农所有制和大庄园所有制。公社所有制是印第安人的土地所有制度。1950年，全国200万印第安人有公社3779个，土地720万公顷，其中耕地面积为17万公顷。小农所有制经济是一种以家庭为基础的自给自足的自然经济。1950年有小农约5.63万户，其中80%的农户的土地面积不到10公顷。大庄园所有制是在西班牙殖民者入侵之后发展起来的土地所有制。1950年全国有大庄园约8000个，占全国私有土地的99%以上（其中2个最大的庄园分别有土地202万公顷和160万公

第四章 经　济

顷，而5万多户小农拥有的土地仅占私有土地的0.4%），有大约20万印第安人在这些庄园里劳动。庄园主通过雇工制、租佃制和分成制等方式将农民紧紧地束缚在小块土地上。这种落后的生产体制严重阻碍了农业生产力的发展。所以，土地改革是玻利维亚"四月革命"之后民族主义革命运动党政府所采取的三大重要措施之一。从土地改革开始到1978年的25年中，玻利维亚大约有73.65%的农村居民得到了政府颁发的土地证，获得了一份土地。

　　由于历史的原因，玻利维亚人口集中在西部高原和峡谷地区，但那里的土地比较贫瘠，人均耕地少，而人烟稀少的东部平原地区却有大量肥田沃土无人耕种。因此，向东部移民也是解决土地问题的重要措施。1952年革命之后，政府通过提供贷款和给予奖励等办法鼓励高原地区农民向东部平原地区迁移，并在那里建立新的垦殖区吸引农民去落户。经过多方面的努力，东部地区的农业有了较大的发展，除了种植稻谷、甘蔗和棉花，以满足国内的需求外，也种植燕麦、香蕉、马铃薯、可可、咖啡、大麦、洋葱、柑橘等。

　　经过上述改革，玻利维亚农村生产关系有了一定程度的改变，以家庭为基础的"农民农业"开始在农村占优势；采用现代农具和耕作方法的、专业化的资本主义农业有了较快的发展，农业的商品率有所提高；种植业在农业中的比重由50年代的48.7%提高到1975年的66.2%。特别是东部热带低地地区，由于商业性农业生产基础牢固，生产利润高，1/2以上的农业信贷和国际开发资金都流向这里，因而商品农业发展较快，目前已成为玻利维亚的"大农场"，提供差不多全国3/4的农产品。但是，由于机械化水平低下，投资水平低，基础设施落后，玻利维亚的农业发展缓慢，仍然处于靠天吃饭的状况。玻利维亚处于周期性遭受厄尔尼诺现象（沿南美洲太平洋沿岸周期性出现的暖流）侵害的地区，每年三四月份该国东北部地区都会发洪水。1984年、1992年和1997年厄尔尼诺所带来的恶劣天气，都在东北部地区造成严重水灾，导致农业萧条。除此之外，玻利维亚还常有旱灾发生。1988年、1995年和1996年的严重旱灾极大地影响了玉米、小麦、稻谷和大豆的商业性生产。

玻利维亚

20世纪90年代，玻利维亚政府重视农业。鉴于玻利维亚土地集中程度仍然很高，政府于1996年10月又一次通过了土地改革法，限制土地的集中。新法律允许国家没收弃耕地（连续两年不纳农村财产税的土地，即被视为弃耕地）和使用不足的土地。新法律还赋予小农和印第安公社土地以财产权利，这种权利可通过市场销售转变成资金，目的在于使土地拥有者能够获得资本。法律还限制了外资在经济作物种植及出口领域的经营规模；授权政府通过征收新的农村财产税遏制土地投机活动。与此同时，政府还出台一项耗资近23亿美元的农业改造计划，其主要目标是改变经济发展中的二元结构，在农业生产和农村基础设施建设（公路和农村金融服务网络）方面加强公共投资的力度，促进现代技术的应用，改善卫生和教育状况，促进自然资源的有效利用。到90年代后期，玻利维亚高原地带已开始利用塑料薄膜大棚进行商业性农业生产。在政府政策的鼓励下，90年代玻利维亚农业发展很快，从1990年到1997年的8年中，农业生产总值的年均增长率达到了13.7%。但是，由于当时的政府实行新自由主义政策，这种发展并不稳定，1997年后，增长率又急剧下降，1998～1999年大约只有1.1%。尤其严重的是，土地所有权高度集中的趋势并没有得到控制，全国耕地的80%集中在5000名地主手中，而300万农民只拥有20%的土地。土地问题仍然是玻利维亚非常突出的社会问题。

2006年莫拉莱斯执政后，玻利维亚新政府停止了以往历届政府实施的新自由主义政策，开始推行新的土地改革。2007年颁布的新《土地法》，对个人所能拥有的土地面积进行了限制。政府还依法收回全国1000万公顷闲置土地，按一定比例连同产权一起无偿分配给无地农民和土著居民。新政府不仅重视土地问题的解决，还制定了"农村可持续一体化发展"（Desarrollo rural integral sustentable）战略，将可持续的农村一体化发展列为国家经济政策的基本部分，摆在优先地位，特别是强调"粮食安全和粮食主权"的重要性。为此，宪法规定，"加强农业和农工联合企业生产结构内部的联合和互补"，"加强小农牧业生产者经济、家庭经济和集体经济"；促进有机农业产品的生产和商业化；在各级各类教育中，加强农业生产和生态的技术教育；"在整个农业生产链中建立技术革新和改造机制，确保对农业生产的技术支持"；创建种子银行和遗传研究中心；对生物和遗传资源的进出口实行国家管制政策；国家对中小型农业生产者提供优惠政策，以弥补其因农业产品与其他经济产品之间不平等交换所造成的损失。上述土地改革和一系列重农、惠农政策满足了土著居民长期以来期望拥有自己土地的愿望，激发了农民种田的积极性，玻利维亚的农业生产有了新的发展，取得了明显的成就。玻利维亚农产品主要有昆诺阿藜[1]、黍子、小麦、大麦、薯类、棉花、咖啡、烟草、甘蔗、向日葵和古柯等。2009年，玻利维亚小麦供应自给率由2005年的20%提高到40%。2012~2013年全国农作物种植面积达到331万公顷，较2007~2008年增加了53万公顷。其中糖类、油料作物和棉花的种植面积最大，在2012~2013年接近165万公顷，其次为谷物，其种植面积为103万公顷，薯类、蔬菜、水果和饲料作物的种植面积也在10万公顷以上。与此同时，农作物的产量也大幅提高，由2007~2008年的将近300万吨增长至2012~2013年的535万吨，增加了235万吨，增幅高达78%，其中玉米、小麦等的产量翻了一番。2014年种植业增长率为2.9%，其所创造的价值占整个国内生产总值的13.2%。[2] 同年，农产品出口值创历史最高纪录，达到3.14亿美元，同比增长4.8%。

在玻利维亚政府2015年底发布的"2016~2020年经济社会发展五年计划"中，玻利维亚政府计划在2015年之后的五年中将农作物种植面积由350万公顷提高到470万公顷，机械化种植面积由260万公顷提高到380万公顷，可灌溉面积由36.2万公顷提高到70万公顷；并要实现农业生产多样化，提高有机产品的生产。

---

[1] 昆诺阿藜亦称藜麦，是玻利维亚土著居民的主要传统食物，已经有5000~7000年的种植历史，曾被古代印加人称为"粮食之母"。由于它是唯一一种能满足人体基本营养需要的单体植物，联合国粮农组织已于2011年将其推荐为最适宜人类食用的一种全营养食品，并通过决议将2013年设为"藜麦年"，以促进人类营养健康和食品安全，实现千年发展目标。

[2] The World Factbook, 2015, https://www.cia.gov/library/publications/the-world-factbook/geos/bl.html.

玻利维亚

二 林业

玻利维亚全国50%以上的土地为热带和亚热带森林所覆盖,森林资源特别丰富,计有各类林木200多种,出产多种名贵木材,如栎木、胡桃木、松柏、桃花心木、月桂树、奥乔奥木(ochoo)、塔拉拉木(tarara)、希特丘图鲁吉木(jitchuturugui)、苦配巴树、坚木、白花曼陀罗、乌隆德树、轻木等。林业是玻利维亚一个重要的出口创汇部门。

近20多年来,玻利维亚林业发展较快。1977年玻利维亚生产木材约15.4万立方米,而到1998年,光是出口的木材就达21.8万立方米,价值5080万美元,仅次于大豆,居非传统出口商品第二位。据20世纪90年代末期的统计,玻利维亚的林业产值约占国内生产总值的1%~2%。到2005年,玻利维亚的木材出口总值达5610万美元,占当年全国出口总值(27亿美元)的2.08%。[1]

但是,近几年来,玻利维亚的木材工业陷入困境。政府对原料生产"过分"管制,造成生产的官僚化;林业用柴油配给减少,限制了许多企业的生产;巴西货币贬值致使大量廉价巴西木材涌进玻利维亚市场;不景气的木材企业得不到银行的贷款。据统计,2000年之前,玻利维亚80%的木材原料购自本国市场,而2000年以来这个比例已经下降到25%。在2011~2014年的4年间,埃尔阿尔托、拉巴斯、圣克鲁斯和科恰班巴等大城市至少有3800个微型和小型的木材生产单位关闭;很多大中型企业也不得不大量裁员。2007年,玻利维亚的木材及其制品的出口值曾经创造过1.27亿美元的纪录;而到2014年,玻利维亚的木材及其制品的进口值达到0.75亿美元,超过出口值900万美元。[2]

---

[1] Bolivia: Wood Industry, 2006, http://bolivia.usembassy.gov/uploads/images/CkyM2t4CKJH7aeI6vGn_MQ/MRWood2006.pdf.

[2] *La industria maderera de Bolivia arrastra cuatro años de crisis*, La Razón, 02 de agosto de 2015, http://www.la-razon.com/suplementos/financiero/industria-maderera-Bolivia-arrastra-crisis financiero_0_2317568346.html.

90 年代以来，历届政府都重视发展林业。鉴于毁林现象严重，玻利维亚政府曾在 1996 年颁布新的森林法，规定伐木者必须按每公顷 1 美元的税率纳税；征税所得款项都得用于林业的发展，主要是用于设立国家森林开发基金。2012 年 8 月，玻利维亚政府又在亚马孙地区组建由国防部、环境部和公共工程部联合指挥的生态保护部队，以保护国家自然保护区内的森林资源，防止非法毁林占地及非法古柯种植活动。在玻利维亚政府 2015 年底发布的"2016～2020 年经济社会发展五年计划"中，玻利维亚政府计划在五年中扩大森林覆盖面积 75 万公顷。

三　畜牧业

玻利维亚畜牧业的发展主要集中在亚马孙热带雨林和草原地区，因为这个地区有适于玻利维亚特色动物——骆驼科动物生长的生态条件。玻利维亚的骆驼科动物，包括大羊驼、羊驼、小羊驼和原驼。在 1970 年秘鲁普诺动物学会议上，这几种动物都被正式命名为"骆驼科动物"。大羊驼有多毛的坦普里大羊驼（Thampulli）和无毛的卡拉斯大羊驼（Kcaras）等多个品种；羊驼有苏里羊驼和瓦卡亚羊驼（前者比后者干瘦，羊驼毛更密，纤维更短、更弯曲）等。小羊驼现在被视为玻利维亚洛斯利佩斯地区（Los Lipes）的一个新的羊驼品种。原驼根据其栖息地区生态系统的不同，也可分为 6 个不同的种群。原驼在玻利维亚数量很少，可以说面临着灭绝的危险。

大羊驼和羊驼是由野原驼驯养而成的家畜，具有很高的经济价值。它们的毛是出口产品，每年可产羊驼毛 2000 吨左右，为玻利维亚创造 2000 多万美元的价值；肉是重要的消费品，玻利维亚平均每年消费羊驼肉 1.04 万吨。小羊驼的毛皮极其珍贵，因过分捕猎，已濒临灭绝。

长期以来，大羊驼和羊驼的繁殖基本上为自然选择，人为的经济性选择程度很低。现在，为了培育经济价值高的纯色品种，玻利维亚政府已在帕塔卡马亚（Patacamaya）建立了一个实验站，专门繁殖纯色的大羊驼和羊驼。20 世纪上半期，安第斯地区小羊驼数量不断减少，到 20 世纪 60 年代，玻利维亚全国小羊驼只有 1096 只，其中 96 只在乌利亚乌利亚动物保护区，其余 1000 只散落在全国各地。为此，玻利维亚曾于 20 世纪 60 年代同秘鲁签订《拉巴斯条约》，严禁猎杀和捕捉小羊驼，严禁进行小羊驼及其产品的贸易。此条约后来又扩大到整个安第斯地区，加强了保护小羊驼的国际合作。在国内，玻利维亚成立了有全国林业发展中心等有关单位参加的玻利维亚小羊驼委员会，以加强对小羊驼的保护。此外，为了加强大羊驼、小羊驼生产技术的研究、传播和应用工作，玻利维亚政府还专门授权玻利维亚农牧业技术委员会（IBTA）领导帕塔卡马亚和乌利亚乌利亚两个实验站的实验工作和技术转让工作，并大力推进双边和多边国际合作计划。

由于玻利维亚政府对发展畜牧业的重视，近年来玻利维亚畜牧业发展迅速。2010 年全国牛存栏数达到 799 万头，羊 214 万只，猪 257 万只。2013 年，牛存栏数增加到 884 万头，羊存栏数增加到 237 万只，猪存栏数增加到 286 万只。此外，大羊驼和羊驼的数量也都增加了，2013 年大羊驼存栏数达到 283 万头，羊驼的存栏数达到 40 万头。

四　渔　业

玻利维亚尽管是一个内陆国家，但渔业资源丰富。按最保守的估算，在玻利维亚 200 万公顷产鱼的自然水域中，每公顷水域至少每年可产鱼 200 千克，产鱼总量每年在 4 亿吨以上。但是，在过去一个长时期中，玻利维亚实际上每年仅产鱼 2300 吨。这个巨大的差距同玻利维亚人的食品消费观念有关：玻利维亚人蛋白质消费严重不足，造成对鱼产品市场的需求很低，从而影响了玻利维亚渔业的发展。但是，由于扩大了鱼产品的出口，这种情况已有所改变。譬如 1997 年玻利维亚的捕鱼量就达到了 6038 吨，[①]的的喀喀湖所产的鳞鱼闻名世界，许多公司（包括一家日本公司）都在那里建立了渔场，产品主要出口国外。近十年来，由于发展人工养殖，渔业发展更快。譬如在潘多省，渔业产值不断增长。按当地专家的研

---

① *South America, Central America and the Caribbean 2001*, 9th Edition, Europa Publications, 2000, p. 139.

究，集约化养鱼甚至比养牛都合算：养一头产肉200~500千克的牛需要5公顷牧场；如果养鱼则每公顷水域至少可产鱼5吨。所以，那里人们养鱼的热情很高。2002年，潘多省已经第一次成功地实现了帕库鱼的人工繁殖。2014年潘多省人工养殖的帕库鱼已经达到10万尾。①

第三节　工　业

2013年玻利维亚工业增长率为5.6%，2014年为5.2%；②在玻利维亚的产业结构中，工业产值约占国内生产总值的38.7%（2014）。但玻利维亚历来以矿业立国，其他工业部门大体上是为适应矿业发展的需要而逐步发展起来的。因此，尽管工业产值在国内生产总值中所占的比重不小，实际上工业发展水平，特别是制造业的发展水平并不高，而且对国际市场的依赖性很大。

一　采矿业

玻利维亚矿产资源丰富，品种齐全。在西部安第斯山区有丰富的锡矿、锑矿、钨矿、铋矿、铅矿、锌矿和黄金、白银等贵金属矿，其中以波托西省的塞罗里科（Cerro Rico）银矿和"玻利维亚锡矿地带"（Cinturón Estannífero Boliviano）的锡矿最为著名。在东部巴西地盾地区有丰富的金矿以及包括铁、锰、锡、稀土金属、放射性矿物、白金、宝石在内的多种珍贵矿藏。其中圣克鲁斯省东南角苏亚雷斯港附近穆通（Mutun）铁矿最为有名，该铁矿储量估计有450亿吨，含铁量高达40%~65%，是世界上最重要的铁矿之一，在拉美仅次于巴西，居第二位。

（一）矿业发展的历程

由于矿产资源丰富，且为欧美市场所需要，采矿业历来都是玻利维

---

① Emir Iskenderian, *El Beni y la Piscicultura-Condiciones y Cadena Productiva*, http://www.bolpress.com/art.php?Cod=2014011602.
② 另有统计资料说，2014年玻利维亚工业增长率为6.0%（参见Country Report, November 2015, Bolivia, The Economist Intelligence Unit, p.10）。

亚国民经济的支柱产业。玻利维亚的采矿业自西班牙殖民者开采波托西银矿至今，已有4个多世纪的历史，大体可以划分为三个大的发展阶段。

1900年以前的3个多世纪为第一个阶段，也就是主要开采白银的阶段。当时，玻利维亚的波托西银矿是世界上最著名的白银矿之一。波托西的白银开采高潮虽然只持续了一个世纪（16世纪中叶至17世纪中叶），但它对西属美洲经济的重要影响一直持续到独立战争（1809～1825）时期。独立战争之后，白银生产虽一度衰落，但由于英国资本的渗入，新技术的采用，盖契斯拉白银加工厂的建立，以及国际市场上银价的上扬，玻利维亚的白银生产很快就恢复和发展起来。1873年，第一家玻利维亚矿业公司——胡安恰巴公司诞生。从1873年到1888年的16年间，该公司的白银年均产量达6.5万千克，每年获纯利121万比索。1879年，该公司的年产值达221万比索，超过了同年玻利维亚的国库收入（187万比索）。

1900～1952年的半个世纪是第二个阶段，也就是主要开采锡矿的阶段。1899年玻利维亚"联邦革命"之后，代表白银大王利益的保守党寡头政府被代表锡矿大王利益的自由党政府取代，玻利维亚经济也随之进入了以锡矿业为主的发展时期。玻利维亚的锡矿开采始于1861年。到1904年，锡产品一跃而成为玻利维亚的主要出口产品。1926～1930年锡的出口值占出口总值的73.8%，玻利维亚已成为世界主要的产锡国之一。玻利维亚的锡矿生产主要掌握在以美国资本为主的帕蒂尼奥公司、阿拉马约公司和霍赫希尔德公司三大公司手里。在矿业国有化以前的1945～1950年，这三大公司的产量占全国锡矿总产量的72%以上。它们不仅控制着玻利维亚的矿业生产，而且操纵着玻利维亚的对外贸易和国内政局。

以上两个阶段都推行一种畸形的单一矿产品出口经济制度。1952年革命以后是玻利维亚矿业发展的第三个阶段，也就是以发展多样化矿业为方向的矿业改革阶段。1952年发生的"四月革命"为玻利维亚矿业生产向多样化方向发展开辟了道路。在经济民族主义思想的指导下，新政府加强了对社会经济的干预，制定了发展多样化经济的方针，并把采矿业作为发展基础设施、能源工业、制造业和农业的原动力。为此，政府于1952年10月31日颁布了矿业国有化法令，将美国控制的3家外国公司收归国有，并成立了国营玻利维亚矿业公司，接管了全部矿业生产，并在继续开发锡矿的同时，着手开发锑、钨、铅、锌、银、石油和天然气等多种矿藏。到20世纪80年代初，全国约有8万名矿工在采矿业中工作，占全国就业人口的3.4%；光是国营玻利维亚矿业公司就雇用工人2.7万人。当时玻利维亚的锡矿开采量居世界第三位，锑的产量仅次于南非居世界第二位，钨的产量在美国、韩国之后居世界第三位。全国除国营玻利维亚矿业公司之外，还有80家私营中型矿山和2445家私营小矿。

到20世纪80年代初，同拉美其他国家一样，玻利维亚也陷入了债务危机，与此同时，玻利维亚的矿业也进入一个艰难并不得不进行"华盛顿共识"所要求的新自由主义改革的时期。由于锡矿的富矿层差不多已经采尽，生产的低效益限制了玻利维亚矿产品在国际市场上的竞争力，玻利维亚锡矿产品在世界锡市场上所占的份额已经下降。到80年代中期国际锡理事会退出市场之后，世界锡价猛跌，玻利维亚的深层锡矿开采无法与马来西亚、印度尼西亚和泰国的低成本冲积矿藏开采竞争，锡矿生产受到严重的影响，锡产量从1982年的2.68万吨下降到了1985年的1.63万吨，1987年更降至8128吨，只相当于70年代生产水平的1/5。为了摆脱当时的债务危机和矿业危机，玻利维亚从80年代中期开始推行所谓的"新经济政策"，国营玻利维亚矿业公司的大部分职能下放；同时为了压缩公共开支，大幅度削减人员。至1993年11月，国营玻利维亚矿业公司职工人数已从1985年的2.75万人减少到4389人。公司经营的许多矿区已经关闭，有些矿区则交由矿业生产合作社经营，产量从1993年的1.86万吨降至1998年的1.13万吨。[①] 为了生存和发展，国营玻利维亚矿业公司积极谋求与国外企业合资经营，以期获得国外的资金和技术。从1990

---

① South America, Central America and the Caribbean 2001, 9th. Edition, Europa Publications, 2000, p.139.

年开始，政府废除了原来的投资限制，允许外国公司享有玻利维亚本国公司的同样待遇。立法机构还在1991年通过法律，第一次允许外国公司在50千米以内的边界地区开矿，与玻利维亚共同承担风险。1995年国营玻利维亚矿业公司曾两次进行国际公开招标，其提供的特许开采权吸引了约70家国外私营矿业公司。改革取得了一些成效，1995年的矿产总值比1994年增长了15%。尽管如此，玻利维亚的深层锡矿开采与马来西亚、印度尼西亚和泰国的低成本冲积矿藏开采相比，仍然没有竞争力，而且在锡矿的精矿品生产方面，玻利维亚也被它的邻国巴西和秘鲁超过。为此，政府决定对国营玻利维亚矿业公司实行"资本化改革"，也就是实行另一种形式的私有化改革，允许私有公司投标这个国有公司50%的资本份额和享有全部管理权。但是，这种新自由主义性质的改革遭到了广大矿工的反对，这个公司的"资本化"计划被长期拖延下来。

在矿业"资本化改革"的同时，玻利维亚也注意发展多样化矿业。这主要表现在三个方面。

首先是加强金矿、银矿、锌矿和铁矿等金属矿的开采。到90年代，金、银、锌的开采量均有较快的增长。黄金的产量从1990年的0.5吨增加到1998年的14.4吨。白银的产量在同一时期中从310吨增加到404吨。锌的生产总值从1985年的2960万美元增加到1992年的1.72亿美元。1996年，在玻利维亚西南部的圣克里斯托瓦尔地区又发现有大量的银矿、锌矿和铅矿。新矿藏的发现进一步使玻利维亚的矿业恢复元气。美国的阿佩克斯银矿公司计划在这里投资3亿美元，投产之后，每年可生产锌13.27万吨、铅3.95万吨、银435吨，玻利维亚可望成为世界第四大产银国。此外，在玻利维亚圣克鲁斯省东南角苏亚雷斯港附近的穆通地区，还有大储量的铁矿。该矿由赤铁矿与斑纹大理石矿两种矿层相间叠积而成。含铁量高达40%~65%，储量估计在400亿吨以上。在这个当时只有800多万人的国家，相当于每个人有座小铁山，开发前景十分诱人。早在80年代初，国家就已将开发穆通铁矿列入政府最优先考虑的项目，并在1985年创立"东方国家矿业公司"（Empresa Minera Estatal del Oriente），以取代原来的玻利维亚钢铁公司。不久，政府授权该公司正式启动穆通钢铁工业发展计划,公开进行国际招标,以共同承担风险的方式,吸收外资来开采穆通铁矿和发展钢铁工业。同时,政府还计划把公路修到穆通山的山麓,然后再从那里修一条运河通到巴拉圭河的布什港,以发展穆通铁矿的国际贸易。但是,由于这里政治环境不好,基础设施落后,加上资金需要量太大,长期没有取得令人乐观的进展。

其次是加强盐矿资源的开采。玻利维亚盐矿资源丰富,西部安第斯山区的 200 多个盐湖和盐沼中储藏有非常丰富的非金属资源,如锂、钾、镁等元素的蒸发沉淀物石盐、石膏、硼钠钙石、沸石等多种可溶性盐类,以及黏土、卵石、沉积沙土、硅藻土、石灰石、硼酸盐等。其中以波托西省的乌尤尼盐沼最为有名,该盐沼面积 9000 多平方千米,是世界上最大的盐沼。该盐沼的盐藏量估计有 19 万亿吨之多,其中锂储量 1 亿吨,居世界第一位。据玻利维亚现行法典,该盐矿属国家所有,它可以在支付最低限度租金的条件下出让开采权。目前,住在盐沼周围的农民是这个盐矿的唯一开采者。开采的方法是用原始的手工工具将盐装进模子成型,每块重 12 磅,专供国内消费。因为运输成本太高,以出口为目的的生产目前还不大可能。由于国家法令规定国民所用食盐必须添加碘元素,以防止甲状腺功能亢进病症的发生,所以,全国各省都有小型食盐加工厂。近年来,玻利维亚的小矿业有了较大的发展,出现了一大批小矿主和矿业合作社,它们在矿业中所占的比重已接近 40%。1995 年,玻利维亚矿业生产部门各种经济成分的比重为:国家矿业公司占 6.4%,中型私营公司占 57.5%,小矿主及合作社占 36.1%。

最后是加强尾矿和废矿的回收。由于玻利维亚矿业发展历史悠久,几个世纪以来,在广阔的安第斯矿区留下了大量的尾矿、矿末儿和废矿石。这些残余的矿石虽然含量低,回收冶炼工艺复杂,但有采矿成本已经支付的优越性,其经济开发的收益率主要取决于冶金回收技术。事实证明,在这一方面,玻利维亚是成功的,譬如 1985 年,仅国营玻利维亚矿业公司一个公司就从地面的废矿石中获得含锡率为 0.1% 的矿石 4 亿多吨,含银率 0.047%、含铅率 0.16%、含锌率 2.82% 的矿石 1730 万吨,含铋率

0.44%的矿石25万吨，含铜率0.71%的矿石330多万吨。[①]

总之，玻利维亚发展多样化矿业的努力取得了一定的成效，到1997年，玻利维亚的矿业生产总值达到了5.19亿美元，矿业的出口收入占玻利维亚出口收入总额的43%。但是，1997年以后，玻利维亚的矿业基本上处于停滞不前的状态，从1998年到2002年，铅、钨、锑、金、锌等采矿业的产量几乎都有所下降（只有锡、银产量稍有增长），或停滞不前，具体情况见表4-3。

表4-3 1998~2002年玻利维亚主要矿产品的产量

年份	1998	1999	2000	2001	2002
铅（千吨）	13.8	10.2	9.5	8.9	8.5
锡（千吨）	11.3	12.4	12.5	12.3	14.5
钨（千吨）	0.6	0.4	0.5	0.7	0.5
锑（千吨）	4.7	2.8	1.9	2.3	2.2
银（吨）	404	419	423	408	419
金（千克）	14445	11786	12000	12395	11300
锌（千吨）	152.1	146.1	149.1	141.3	150.6

资料来源：The Economist Intelligence Unit Limited, Country Profile, Bolivia, 2002。

（二）莫拉莱斯执政后的玻利维亚矿业

莫拉莱斯执政后，对前几任政府的新自由主义矿业政策进行了改革，对私有化的矿产资源重新实行国有化。新宪法规定："无论是地面还是地下的矿产财富，一律为国家所有，其应用由法律规定"；"在硝石产地、盐湖、硫黄等产地所存在的非金属自然资源对国家来说都是战略性资源"；"采矿和冶金工业的政策方针以及对采矿活动的促进和控制都是国家的责任"。新宪法对矿业生产的方式也做了规定，宪法规定："承认国家采矿业、私人采矿业和集体采矿业合作社都是矿业生产者"；"国家按

---

① Hugo Boero Rojo, *Enciclopedia "Bolivia Mágica"*, Tomo III, p. 48, Editorial Vertiente, 1993.

整个生产链的需要授予采矿权,依法同个人和集体签订采矿合同";"合同所授予的开发地域不得转让、不得侵占,也不能世袭";"国家将促进和加强采矿合作社,以便让他们对国家的社会和经济发展做出贡献";"采矿合同要求受益人必须立即进行采矿生产,以满足社会的经济利益";"矿业公司的合法住所应设在主要进行矿业开采的地区";等等。[1]

新的矿业政策颁布后,推行并不是很顺利,譬如2007年玻利维亚政府与印度京德勒钢铁和能源集团(JSPL)签订的开发穆通铁矿的合同,就因为在天然气供应、收取银行担保费及钢产量等问题上发生争议而未能履行;而且由于2013年后大多数矿产品国际市场价格疲软,玻利维亚的矿产品出口受到很大影响,譬如2013年锌出口只有4.4万吨,锡出口只有81吨[2],但是在政府的努力下,有些矿产品的出口收入还是增长的,譬如精炼黄金的出口值2014年上半年几乎增长了三倍,达到7.355亿美元。[3]所以,到2014年,采矿业的出口收入仍然占玻利维亚出口收入总额的40%以上,仍然是该国政府财政收入和外汇收入的主要来源之一。2006~2014年玻利维亚采矿业生产总值增长情况见表4-4。

表4-4 2006~2014年玻利维亚采矿业生产总值年增长率

单位:%

年份	2006	2007	2008	2009	2010	2011	2012	2013	2014
采矿业	5.4	7.0	22.9	-2.0	4.0	5.3	4.9	9.0	-8.2

资料来源:CEPAL, Economic Survey of Latin America and the Caribbean, 2015, p.7。

二 能源工业

玻利维亚油气资源丰富。据玻利维亚石油部的勘探资料,截至2013年,已探明的天然气储量为52.3万亿立方英尺、石油储量为9.29亿桶。

---

[1] *Constitución Política del Estado Plurinacional de Bolivia*, Artículos 369-371.
[2] Country Report, November 2015, Bolivia, The Economist Intelligence Unit.
[3] Country Report, November 2015, Bolivia, The Economist Intelligence Unit.

玻利维亚

玻利维亚能源工业比较落后，但由于资源丰富，居民能源消费水平相对较低，在能源供应方面基本能够自给，并有大量天然气出口，是南美洲主要的天然气出口国。2006年，玻利维亚总统莫拉莱斯宣布对本国石油和天然气资源实行国有化，并表示在继续加大油气资源开发的同时，也将把大力发展核能、风能、水力和地热等清洁能源的开发提上议程，并以此作为长期能源发展战略。2011年玻利维亚各类能源消费情况见表4-5。

表4-5　2011年玻利维亚各类能源消费情况

单位：%

石油	45	水电	6
天然气	34	其他可再生能源	1
生物燃料	14		

资料来源：*Energy profile of Bolivia*，http://www.eoearth.org/view/article/152476/。

（一）石油工业

在玻利维亚西部安第斯山地区和东部巴西地盾地区之间，是一个地域辽阔的沉积岩地区，这里有大面积的、有可能生成碳氢化合物（石油和天然气）的沉积盆地，面积约为52万平方千米，几乎占国土面积的一半，是玻利维亚盛产石油和天然气的地区。

早在19世纪中叶，玻利维亚就已经有开发石油资源的意图。1867年，玻利维亚政府把塔里哈省的第一个石油租借地出让给了两个德国人。到1916年，玻利维亚出让的石油租借地总计达到了370多万公顷，但都没有取得实际效果。直到1922年，资本雄厚的美国标准石油公司才在圣克鲁斯城以南的8万多平方千米的土地上进行了勘探工作，打了30口井。该公司1924年所打的"贝尔梅霍"2号井，终于获得了成功，玻利维亚开始有了第一个油田，即"贝尔梅霍"油田[①]。此后，玻利维亚

[①] 本节所说的"油田"一词，西班牙文为"campo petrolífero"，系指一个以某一油井为中心的产油地区，面积较小，其名称通常也都与油井的名称相同，与我们通常所理解的、拥有很多油井的大油田并不相同。

又陆续发现了一些油田，如 1926 年在比利亚蒙特斯附近发现的萨南迪塔油田（Sanandita），1927 年在圣克鲁斯省科迪勒拉县发现的有名的卡米里油田（Camiri），1929 年在丘基萨卡省发现的卡马廷迪油田（Camatindi）等。经过国内外石油公司多年的钻探，到 20 世纪 90 年代玻利维亚已经发现油田、气田或油气田总共 60 个，其中，圣克鲁斯省 34 个，塔里哈省 17 个，丘基萨卡省 5 个，科恰班巴省 3 个，潘多省 1 个。次安第斯山区是玻利维亚第一个发现油田的地区（1924），这个地区的油田主要有贝尔梅霍、托罗、圣阿尔贝托、卡马廷迪、布埃纳比斯塔、圣罗克、蒙特亚古多、坎贝蒂、萨南迪塔、凯瓜、卡米里、布埃尔塔格兰德、波贝尼尔、太瓜蒂、卡拉斯科等。查科—贝尼平原是已勘探天然气储量最多的地区，这个地区的油气田主要在圣克鲁斯省。现在正在开采的油气田主要有卡兰达、科尔帕、里奥格兰德、帕尔马、拉佩尼亚、蒂塔、拉贝尔蒂恩特、亚帕卡尼、纳兰希利奥斯、卡斯卡贝尔、维博拉、埃斯孔迪多、蒙特克里斯托、苏亚雷斯、瓜伊鲁伊、西拉里、塔塔伦达、圣克鲁斯等。

自 1927 年在圣克鲁斯省发现卡米里油田后，玻利维亚就开始生产石油（卡米里油田现在仍然是玻利维亚重要的石油生产基地）。由于油田大都集中在玻利维亚东部和东南部，原油的输送是一个大问题。为了把石油从玻利维亚的东部输送到西部高原的经济繁荣地区，玻利维亚政府又投资修建了从圣克鲁斯南部的卡兰达油田到高原城市锡卡西卡的、直径为 30 厘米的输油管道，然后又转换成较小口径的油管，将石油输送到智利的阿里卡港。1973 年玻利维亚原油的日产量达到 4.9 万桶，是玻利维亚原油产量最高的时期。此后，由于机器设备老化及勘探滞后，特别是由于严重的债务危机，80 年代石油产量有所下降，1987 年下降到日产量只有 1.9 万桶。80 年代中期实行新经济政策后，外国石油开发公司开始陆续进入玻利维亚。1991 年，美国的特索罗公司和西方石油公司在玻利维亚所生产的石油已占玻利维亚石油总产量的 1/6。1991 年新的石油法放松对外资的限制后，又有 12 家外国石油公司取得了在玻利维亚开采石油的许可证，玻利维亚国家石油公司的产量在总产量中所占的份额日趋缩小，从 1992

年的80%减少到1995年的68%。到1996年,玻利维亚政府又不顾玻利维亚总工会的极力反对,对玻利维亚石油矿藏管理局(YPFB)实行了私有化。私有化后,石油产量恢复到日产2.97万桶,1998年7月达到日产3.86万桶,但1999年又开始急剧下降,2000年日产量只有2.77万桶。2001年以后又有所上升,2002年日产3.11万桶。[1]

莫拉莱斯执政之后,对以前几届政府的矿业政策进行了改革,开始实行严格的国有化政策。新宪法规定:"任何状态的和任何形式的碳氢化合物,都是玻利维亚人民不可剥夺的和不可侵犯的财产。国家代表玻利维亚人民行使该国全部碳氢化合物生产的所有权,并是唯一有权进行碳氢化合物营销的机构。碳氢化合物贸易的全部收入都是国家的财产";宪法规定,"玻利维亚石油矿藏管理局是一个在国家碳氢化合物政策框架内享有行政、技术和经济自治权的、自给自足的、不可查封的企业","是唯一有权从事碳氢化合物生产链活动及市场营销的机构"。宪法还对该管理局的权限做出了明确的规定:"玻利维亚石油矿藏管理局无论以何种方式,暗的还是明的,间接的还是直接的,都不得转让自己的权利和义务";"玻利维亚石油矿藏管理局同公、私企业或国内、国外企业签订的合同无论如何都不能给国家和玻利维亚石油矿藏管理局造成损失";"签订天然气与石油矿藏的勘探与开采合同必须事先得到政府的授权,并得到多民族立法议会的明确批准,否则无效"。宪法还对外国的投资活动做了规定:"在碳氢化合物生产链中参加活动的各外国公司必须服从国家的主权、法律和国家当局";外国公司"在任何情况下都不得求助于任何的国际仲裁,也不得诉诸外交索赔"。[2]到2006年10月底,莫拉莱斯政府已经完成对石油、天然气的国有化进程。[3] 在改革的初期,产量曾有所下降。从2007年至2009年,产量几乎下降了近四分之一。在历史上,玻利维亚的石油消费和生产一直稳步增长,国内生产能够满足全国绝大部分需求,并

---

[1] 参见 The Economist Intelligence Unit Limited, Country Profile, Bolivia, 2003。
[2] *Constitución Política del Estado Plurinacional de Bolivia*, 2009, Artículos 359 – 368.
[3] 参见经贸新闻《玻利维亚完成石油天然气国有化进程》,玻利维亚《每日报》2006年10月30日。http://bo.mofcom.gov.cn/article/jmxw/200610/20061003564832.shtml.

有少量剩余用于出口。自 2007 年之后，由于石油产量下降，跟不上消费的需要，玻利维亚从一个石油净出口国转变成了一个石油净进口国。2009 年之后，生产开始增长，2011 年玻利维亚的石油（包括液态天然气）产量达到了每天近 5 万桶，比 2010 年每天增长 1500 桶。2011 年原油产量大约是每天 3.55 万桶，比 2010 年增长 1000 桶。玻利维亚虽然是一个石油净进口国，但它仍然生产一些用于出口智利的重组原油，日均出口量不到 900 桶。

玻利维亚除了开采原油，也生产各种精炼油，炼油能力大致与其目前的原油产量相当。玻利维亚石油矿藏管理局所属的炼油公司是一家国有独资子公司，经营该国两个最大的炼油厂。第一家是科恰班巴省瓜尔韦托比利亚炼油厂（Gualberto Villarroel Refinery），炼油能力为每天 2.5 万桶，2011 年玻利维亚大约 56% 的精炼油均产自这家公司。第二家是圣克鲁斯省的吉列尔莫·老贝尔炼油厂（Guillermo Elder Bell Refinery），这个厂生产了该国 37% 以上的精炼油。其余 7% 左右的精炼油由圣克鲁斯省另外两家小炼油厂生产。2011 年，玻利维亚石油矿藏管理局的两个炼油厂生产的精炼油加起来完全可以满足国内对汽油、喷气燃料和煤油的需求，可以满足 43% 的柴油消费需求和 21% 的液化石油天然气消费需求。

为了满足市场输送的需要，玻利维亚已经有了两个国有石油输送管道网。一个是玻利维亚石油矿藏管理局所属运输公司控制的管道网，管道总长约 2500 千米；另一个是国有玻利维亚油气物流公司（CLHB S. A.）经营的石油输送管道网，管道总长约 1500 千米。这两个管道网将东部的石油生产中心同西部的奥鲁罗、拉巴斯和科恰班巴等省连接起来，可以输送原油、凝析油、液态天然气和中间产品。此外，还有一条国际石油管道把国内管道网在西北的终端与智利的阿里卡相连。与此同时，在南方，玻利维亚石油矿藏管理局的输送管道网一直铺到玻利维亚与阿根廷的边界。

总之，经过莫拉莱斯政府的努力，玻利维亚的石油工业已经有了较大的发展。石油产量从 2002 年的日均 3.11 万桶增加到 2013 年的日均 5.8

万桶，2014 年增加到日均 6.5 万桶①。

(二) 天然气

玻利维亚天然气储量丰富。在玻利维亚发现的油气田中，70% 是气田。据 2013 年的统计数据，玻利维亚已探明的和可能的天然气储量为 52.3 万亿立方英尺。储量最大的是塔里哈省，约占全国储量的 80% 以上。其次是圣克鲁斯省（占 15%）、科恰班巴省和丘基萨卡省（5%）。天然气已成为玻利维亚最有价值的天然商品，取代了历史上锡和银的地位。

20 世纪 90 年代以前，玻利维亚天然气产量的 2/3 产自国家石油公司的油气田，1/3 产自根据特许合同生产的私营企业。但所有销售业务均由国家石油公司经营。1996 年国家石油公司"资本化"后，国家石油公司的业务分成 4 个部分，其中 3 个部分实行"资本化"（私有化），价值共计 8.35 亿美元，分别被中标的美国、阿根廷、英荷壳牌等国际大公司掌握，另一部分，也是最小的部分，仍由国家控制，主要负责管理合同、服务、精炼等业务。当时，由于国际市场天然气价格下降，玻利维亚天然气出口收入有所下降，1994 年天然气出口收入仅为 1 亿美元，比上一年下降了 45%。鉴于市场饱和，玻利维亚国家石油公司和私营公司都不得不采取限产措施，其中国家石油公司降低产量 8%，私营公司降低产量 15%。2000 年以后，玻利维亚的天然气产量才又慢慢恢复上升，由 1998 年的 31 亿立方米增加到 2002 年的 64 亿立方米。② 莫拉莱斯执政之后，由于市场的需要，玻利维亚天然气产量迅速增长，2013 年达到 570 亿立方米，2014 年达到 630 亿立方米。③ 玻利维亚石油矿藏管理局透露，莫拉莱斯政府还计划与外国合作伙伴一起再投资 40 亿美元，以进一步发展天然气工业。

玻利维亚生产的天然气大约只有五分之一用于国内市场（主要用于发电、工业和运输），绝大部分用于出口。近 30 年来，天然气出口一直是玻利维亚重要的外汇来源。1985 年玻利维亚的天然气收入为 3.73 亿美

---

① 2014 年第二季度统计数据，参见 The Economist Intelligence Unit Limited, Country Profile, Bolivia（2015）。
② The Economist Intelligence Unit Limited, Country Profile, Bolivia（2002），p. 35, 2003.
③ The Economist Intelligence Unit Limited, Country Profile, Bolivia（2015）.

元，占玻利维亚全部出口收入的60%。玻利维亚天然气的主要消费者是它的邻国阿根廷、巴拉圭和巴西。玻利维亚有一条长526千米的输气管道经阿根廷边境城市亚奎巴输往阿根廷，80年代日均输送天然气曾达到622.6万立方米。90年代初，玻利维亚同巴拉圭签订合同，保证每天向巴拉圭出售2000万~6000万立方英尺（约合57万~170万立方米）天然气。1996年9月，玻利维亚政府还与巴拉圭政府签订意向书，决定合作修建耗资3亿美元、长1000千米的天然气管道，由玻利维亚格兰德城连接巴拉圭首都亚松森。该输气管道预计每日输气250万立方米，至第10年增至每日330万立方米。双方的最后协议于1997年3月签订。1996年8月，玻利维亚与巴西签订一项合同，决定修建一条从玻利维亚圣克鲁斯附近的里奥格兰德到巴西圣保罗州的长达3150千米的天然气管道，将玻利维亚天然气直接输往巴西工业中心地带。这是南美洲最大的天然气管道工程，是玻利维亚成为南美洲能源枢纽设想的一个关键步骤。这条输气管道计划每日从玻利维亚圣克鲁斯向巴西圣保罗和阿雷格里港输送3000万立方米天然气。巴西石油公司同意支付2.8亿美元预付款，用于承建输气管道玻利维亚境内工程。1996年9月，该工程开始动工，从圣克鲁斯到巴西瓜拉雷马的一段于1998年12月完成。按供应合同的规定，玻利维亚必须逐年增加对巴西的天然气出口，从最初的每天约1.8亿立方英尺（509.4万立方米）增至2005年的10亿立方英尺（2830万立方米）。2010年，玻利维亚出口天然气的80%出口巴西，大约每天向巴西供气3008万立方米。同年，玻利维亚还每天向阿根廷供气500万立方米，2011年每天向阿根廷供气745万立方米，并同意到2017年，每天的供气量增加到2770万立方米。在玻利维亚政府2015年底颁布的"2016~2020年经济社会发展五年计划"中，玻利维亚政府还准备再追加投资126.81亿美元，将天然气产量提高到每天7300万立方米，液化气日产82万吨，并建设天然气管道746千米。[①]

---

① 中国驻玻利维亚大使馆经济商务参赞处：《玻利维亚政府发布2016~2020年经济社会发展计划》，《经贸新闻》2016-01-05，http：//bo.mofcom.gov.cn/article/jmxw/201601/20160101226809.shtml。

玻利维亚

据2015年的统计数据，玻利维亚的天然气出口仍占其出口总额的50%，占政府收入总额的大约45%，因此，天然气工业发展的任何挫折都会对玻利维亚的经济和社会产生重大的影响。①

（三）电力工业

玻利维亚电力生产的迅速增长始于20世纪70年代，当时，由于工业发展的需要，玻利维亚电力生产的年均增长率曾经达到10.2%。但到80年代由于矿业生产萎缩，需求下降，电力生产也受到很大影响。进入90年代之后，由于电力消费的增长，特别是由于矿业生产对电力需求的增加（见表4-6），电力生产有所恢复，并有较大程度的发展。

表4-6 1997~2001年玻利维亚各经济部门电力消费增长指数

1990=100

年份 部门	1997	1998	1999	2000	2001
家庭	162.4	174.6	185.8	193.4	194.3
一般社会单位	204.5	224.4	240.2	249.5	254.7
小企业	211.7	211.7	222.1	235.6	217.9
大企业	212.4	230.3	229.5	229.9	239.0
矿业	440.8	415.6	413.4	460.3	443.4
公共照明	202.5	223.0	240.5	257.6	268.4
水泥生产	156.9	164.8	172.9	150.2	111.2

资料来源：The Economist Intelligence Unit Limited, Country Profile, Bolivia (2002), p.31, 2003。

1995年以前，玻利维亚的电力生产主要由国有企业国家电力公司（ENDE）承担。1995年玻利维亚电力装机容量为78.6万千瓦，其中60%为火力发电，40%为水力发电；全年的电力生产为30.2亿千瓦时，人均电力消费为370千瓦时。装机容量的62%为国家电力公司所有，其余的为私有企业玻利维亚电力公司所有。1995年国家电力公司实行"资本化"

---

① Country Report, November 2015, Bolivia, The Economist Intelligence Unit, p.44.

（私有化）之后，3家美国公司以1.39亿美元的投资，基本控制了玻利维亚国家电力公司的2家火电厂和1家水电厂；另一家美国公司控制着拉巴斯的电力生产。也就是说，4家美国公司控制了玻利维亚全国发电量的90%。玻利维亚天然气资源丰富，有巨大的天然气发电潜力，这4家美国公司于1996年决定组建玻利维亚电力集团，计划投资6.75亿美元建设一个以天然气为燃料、装机容量50万千瓦的发电厂。该厂建成后将向巴西马托格罗索州输送电力。另外，玻利维亚水力资源丰富，特别是在安第斯山亚马孙边缘地区有巨大的尚未开发的水力发电潜力，政府一直渴望能开发这种潜力。90年代，玻利维亚与阿根廷计划在两国边境地区建设耗资5.4亿美元的3座水电厂。截至2001年，玻利维亚的年电力生产已增加到39.01亿千瓦时，其中44.4%为火力发电，54%为水力发电，其余为其他动力发电。

　　莫拉莱斯执政之后，对能源工业进行了改革，实行"电力生产和输送企业国有化战略"。新宪法规定："各种形式的能源都是战略资源，能源的获取对于整个国家和社会的发展都是一种根本的和至关重要的权利"；"在能源开发、运输、分配等生产链的各个阶段，通过国有企业、混合企业、非营利机构、合作社、私人企业以及集体和社会企业，并吸收社会的参与和监督来开发能源是国家的专有权能"；"能源生产链不能受私人利益的约束，也不能作为特权进行转让；私人参与受法律的约束"。[①]2008年，玻利维亚政府开始依法对玻利维亚电力系统进行改组。到2010年5月，占电力市场一半以上的4家电力公司（科拉尼公司、瓜拉卡奇公司、美谷公司和科恰班巴电灯及电力公司）在合同重新谈判失败之后被政府征用。经过改革，玻利维亚80%以上的电力生产由政府控制。此后，玻利维亚的主要电力系统是"国家互联系统"（Sistema Interconectado Nacional），这是一个发电、输电和配电设施网络，它把全国各主要人口中心联系起来。这个系统能满足大约90%的国家电力需求。另外还有一些"孤立的系统"（The Sistemas Aislados），它们是在

[①] *Constitución Política del Estado Plurinacional de Bolivia*，2009，Artículos 378－379。

"国家互联系统"之外的、一些边远地区的电力基础设施。改革的目的是促进用电的普及、实现公平的价格以及高效、可持续和安全的运作。经过政府的努力,玻利维亚的电力生产有了较大的发展。2010年,玻利维亚电力生产为58亿千瓦时,2013年增长到73.75亿千瓦时,但也只能勉强满足国内需求。为此,玻利维亚又加紧建设瓦尔内斯等两个天然气发电厂和科恰班巴省的圣何塞水力发电厂。据莫拉莱斯说,有了这些发电厂,玻利维亚将有可能在2018年完全实现电力自给,并希望到2020年玻利维亚至少能够出口1000兆瓦电力。不仅如此,根据新宪法关于国家"鼓励新形式替代性能源的研究、开发和应用"的规定[1],2014年玻利维亚还计划耗资20亿美元在首都地区建设一座核电站。[2] 在玻利维亚政府2015年底发布的"2016~2020年经济社会发展五年计划"中,玻利维亚政府还准备再追加投资58.54亿美元,至2020年实现发电能力4878兆瓦,实现电力出口2592兆瓦。近年来,玻利维亚电力工业生产总值增长情况见表4-7。

表4-7 2006~2014年玻利维亚电力工业(火力及水力)生产总值年增长率

单位:%

年份	2006	2007	2008	2009	2010	2011	2012	2013	2014
增长率	4.0	4.3	3.6	6.1	7.3	7.4	5.8	5.1	3.3

资料来源:CEPAL, *Economic Survey of Latin America and the Caribbean*, 2015, p.7。

三 制造业

玻利维亚制造业比较落后,非耐用性消费品制造业占制造业产值的60%左右,如食品加工业、纺织工业、皮革加工业、酿酒工业、卷烟工业、水泥工业等,耐用性消费品的生产不多。农产品加工和建材制造属有

---

[1] *Constitución Política del Estado Plurinacional de Bolivia*, 2009, Artículo 379.
[2] 何英:《玻利维业拟投20亿美元建核电站》,《中国能源报》2014年10月14日。

增长潜力的领域。市场对汽水、牛肉罐头、水泥、瓷砖的需求很高,肉类冷藏、纺织等部门也发展很快。矿业和能源部门还支持了许多辅助行业的发展。玻利维亚国有企业国家铸造公司（ENAF）是世界第四大冶炼企业,已于1996年实现资本化。玻利维亚也发展某种石油精炼工业,有一个不大的石油化工部门。1990~1997年制造业的年均增长率为13.7%,其生产总值占玻利维亚国内生产总值的16.5%。

玻利维亚制造业劳动力约有一半是个体自营劳动力,或在某一家庭企业中工作,属非正规部门。在纺织业、手工业和食品加工业等行业中,这种情况相当普遍。在历史上,制造业部门一直遭受高利贷、高进口成本、外国竞争和走私的破坏。20世纪末,由于工资水平较低,社会购买力低下,市场的潜力受到很大的限制,加之落后的交通系统进一步限制了国内制造业的效益,玻利维亚制造业发展困难重重。在1984年以后的十余年中,制造业部门就业人数减少了1/3,工厂的开工率一般只有56%。

莫拉莱斯执政后,玻利维亚对国家的工业化十分重视。2010年,玻利维亚加工工业产值占国内生产总值的比重从90年代的16.5%提高到18.89%。2014年,玻利维亚国内生产总值的构成中,工业约占38.7%（制造业发展情况见表4-8）。2014年10月莫拉莱斯第三次担任玻利维亚总统后,又进一步提出实现经济多样性和工业化的口号,力图在推行对能源、交通、金融和通信等战略工业部门国有化政策的基础上,加快工业化的进程。在玻利维亚政府颁布的"2016~2020年经济社会发展五年计划"中,玻政府准备在未来5年中投资新建食品加工、纺织、木材、皮革及电子产品等生产型企业13家。

表4-8 2006~2014年玻利维亚制造业生产总值年增长率

单位：%

年份	2006	2007	2008	2009	2010	2011	2012	2013	2014
年增长率	8.1	6.1	3.7	4.8	2.6	3.7	4.7	6.1	6.8

资料来源：CEPAL, Economic Survey of Latin America and the Caribbean, 2015, p.7.

玻利维亚

第四节 服务业

一 概述

服务业系指从事服务产品生产、销售、分配与管理的行业与事业,可分为以增值为目的的服务产业和以满足社会公共需要为目的的服务事业(如教育、卫生、社会保障、公共设施与管理等,一般为政府行为)两个部分,后者因本书已另设政治、社会和文化诸章单独介绍,经济一章中仅就服务产业方面的内容,分别介绍玻利维亚的商业与旅游业、交通运输与邮电通信以及财政与金融。2014年玻利维亚服务业增长率达到了5.2%,但总的说来还比较落后,其生产总值仅占国内生产总值的48%。[①] 2006~2014年玻利维亚服务业发展情况详见表4-9。

表4-9 2006~2014年玻利维亚服务业生产总值年增长率

单位:%

年 份	2006	2007	2008	2009	2010	2011	2012	2013	2014
批发和零售商业、餐饮及旅舍服务业	-20.7	36.6	4.0	4.3	3.8	3.5	3.7	3.8	10.7
运输、仓储及通信服务业	3.9	3.5	4.0	5.6	8.0	6.1	2.7	6.7	7.7
金融、保险、房地产及交易服务业	5.4	6.3	4.7	4.1	5.6	5.3	9.8	6.5	13.0
社区、社会及个人服务业	3.3	3.7	3.5	5.6	3.6	5.1	5.1	7.6	6.1

资料来源:CEPAL, Economic Survey of Latin America and the Caribbean, 2015, p.7。

2015年12月31日,玻利维亚政府颁布"2016~2020年经济社会发展五年计划",根据该计划,玻利维亚政府准备在这个五年中大力发展第三产业,具体目标是:在基本服务方面将城市饮用水覆盖率由

[①] Country Report, November 2015, Bolivia, The Economist Intelligence Unit, p.10.

92%提高至95%，农村饮用水覆盖率由66%提高到80%；城市电力供应覆盖率由96.7%提高至100%，农村电力供应覆盖率由66%提高到80%；天然气入户率由25%提高到50%；邮电通信覆盖面将包括居民超过50人的所有社区；将新建安居房51290套，改建扩建旧住宅63710套。在医疗方面，将建设新诊所180个，二级医院31个，三级医院12个，四级保健医院4个，传统医药研究中心1个。婴儿母乳喂养率达到84%，营养不良率降至9%。在教育方面，将建设75所技术教育学院，培养各类技术教育毕业生10万人；将教育普及率从82%提高到90%，并培养具有国外硕士、博士学位的专业人员500人。在科技方面，计划在阿尔托市建设一个核工业城，并计划建设一个医疗药品工业园和一座科技城。[1]

二 商业与旅游业

莫拉莱斯政府重视发展市场经济，特别是重视商业基础设施建设，执政不久就决定在首都拉巴斯城建设一个四层楼的综合大商场（Mega Center），占地8万平方米，投资2400万美元，设有服装、体育器材、家用电器、食品、玩具等大型商店60多家，电影院14个，还有一个可容纳1200人用餐的多样化餐厅和一个可容纳至少450辆车的三层停车场。[2] 由于政府重视发展商业，近几年来玻利维亚国内商业发展也很快。据玻利维亚国家统计局公布的统计数字，2010年玻利维亚的商业生产总值为20.43亿玻利维亚诺，2011年增加到21.13亿玻利维亚诺，增长率为3.4%。

玻利维亚旅游业具有极大的发展潜力。玻利维亚虽然经济不很发达，居民生活水平不高，但山川秀丽，风景迷人。白雪皑皑的群峰，壮

---

[1] 中国驻玻利维亚大使馆经济商务参赞处：《玻利维亚政府发布2016~2020年经济社会发展计划》，《经贸新闻》2016-01-05，http：//bo.mofcom.gov.cn/article/jmxw/201601/20160101226809.shtml。

[2] *El mayor Complejo Comercial de Bolivia Nace en La Paz*, 6 mayo, 2010, https：//noticiasdebolivia.wordpress.com/2010/5/06/。

玻利维亚

美俊逸的峡谷，莽莽苍苍的森林，一望无际的沃野，印第安人的小村庄，现代化的大都会，世界上海拔最高的首都，历史上闻名遐迩的矿业中心波托西，世界上海拔最高的滑雪跑道，世界上海拔最高的航运水道的的喀喀湖，蒂亚瓦纳科古城等古印加帝国遗址，无不令人心驰神往。尤其可贵的是，在全世界66个不同的生态系统中，玻利维亚就占32个。在那里，旅游者只要花上很短的时间，就有可能观赏到从雄伟挺拔的高山到潮湿炎热的亚马孙雨林、从寒冷干旱的高原沙漠到繁花似锦的安第斯河谷的各种壮观的景色。游客们还可以直接生活在富有印第安古老文明遗风的印第安人中间，体验被安第斯山峦和东部雨林的地球之声所环绕的梦幻之境，并欣赏那里举世闻名的、丰富多彩的手工艺品和民间艺术。

为了发展旅游业，玻利维亚政府于20世纪90年代初专门设立了直属总统办公室管辖的国家环境保护基金和国家环境保护秘书处，颁布了新的环境保护法，规定玻利维亚实行国家自然保护区制度，以保护生物物种的延续性和多样性，并严格规定了政府机构、非政府组织和私人部门在保护生态环境方面的行动准则。到20世纪末，玻利维亚已有大约10%的国土被划为自然保护区，并在这些区域内设立了31个国家公园、野生动物保护区和生物保护区。这些公园和保护区都是对外开放的旅游区，吸引了很多游客去那里参观。

玻利维亚经营旅游业的机构很多，主要有拉巴斯弗雷门安第斯—亚马孙旅游公司、安第斯山峰旅游公司、玻利维亚戴吉旅游公司、生态旅游公司、马格里旅游有限公司、苏克雷旅游公司、索拉塔俱乐部等。玻利维亚的旅游线路一般是以城市为中心，然后再辐射到周围的各个旅游景点，其最大的特点和优点是深入基层的和富有探险色彩的特色旅游。譬如亚马孙河流域的特色旅游就是如此。游客们可以乘坐摩托艇漫游亚马孙河的各条支流，并进行探险活动，寻找各种稀奇动物的行踪，游览该流域的各种湖泊和优雅僻静的溪流，饱尝同大自然亲密接触、同这里丰富多彩的动植物亲密接触的乐趣，还有机会访问土著社区，同当地居民一起生活，了解他们的生活方式和工作方式，了解这个地区近年来的发展情况和社会变化，欣赏这里丰富多彩的民间艺术。譬如在贝尼省首府特立尼达城西面约88千米处,有一个以民间艺术而闻名遐迩的土著居民小镇,叫作"圣伊格拉西奥德莫霍斯"。这个小镇现在已成为亚马孙地区的"民间艺术之都",每到宗教节日,几十个土著部族的队伍都来这里举行古老的宗教仪式,游客们可以了解亚马孙人的宗教信仰和玻利维亚悠久的历史传统,尽情地欣赏他们的民间艺术,体验土著音乐的欢快节奏,欣赏土著舞者色彩鲜艳的服装。

莫拉莱斯执政之后,玻利维亚政府对发展旅游业,特别是对发展社区旅游业非常重视。2009年新宪法还特别对玻利维亚旅游业的战略意义做了规定,宪法指出:"旅游业是一种应该持续发展的战略性经济活动,以便让人们能够重视文化财富和尊重环境。为了造福于开发旅游活动的城乡社区、土著民族和土著农村,国家将促进和保护社区旅游。"① 由于政府重视,措施得力,玻利维亚旅游业的基础设施逐步完善,已经有具备接待能力的各级酒店800多家,床位3万多张。20世纪90年代,旅游人数每年仅有二三十万人次,到2010年,仅外国游客(主要来自秘鲁、阿根廷、美国、巴西及西欧国家)就有60多万人次,创汇收入3.14亿美元。旅游总收入从2001年的1.7亿美元增加到2010年的9亿多美元。②

2015年12月31日,玻利维亚政府颁布"2016~2020年经济社会发展五年计划",根据该计划,玻利维亚政府准备在今后五年中在奥鲁罗、波托西和苏克雷等地区建设旅游缆车线,争取实现本国及外来游客数量由目前的310万人次和120万人次增至450万人次和260万人次,旅游收入增至15亿美元。③

---

① *Constitución Política del Estado Plurinacional de Bolivia*,2009,Artículos 337.
② 参见 The Economist Intelligence Unit Limited,Country Profile 2003,Bolivia,p. 40。
③ 中国驻玻利维亚大使馆经济商务参赞处:《玻利维亚政府发布2016~2020年经济社会发展计划》,《经贸新闻》2016-01-05,http://bo.mofcom.gov.cn/article/jmxw/201601/20160101226809.shtml。

玻利维亚

第五节 交通运输与邮电通信

一 交通运输

在整个西班牙统治时期，玻利维亚全境一共只有4条主要公路：其中3条通过西科迪勒拉山脉的山口通往太平洋沿岸，另一条从拉巴斯通往阿根廷。所以，在独立后的一个多世纪中，玻利维亚与外界以及国内各区之间的交通十分不便，其不便的程度是一般人难以想象的。譬如在20世纪20年代飞机尚未问世之前，一个被任命到玻利维亚东北部生产橡胶省份任职的官员，必须先乘火车到智利海岸，然后乘船过巴拿马运河去英国，再乘船到巴西的玛瑙斯，最后再从那儿沿河而上到达目的地。[1]现在，玻利维亚已基本建成交通体系，各种交通线路已基本上能够将东部粮食产区与玻利维亚高原或东科迪勒拉山脉西麓人口聚居区连接在一起。

（一）公路

玻利维亚以公路运输为主，但公路设施较为落后。大多数公路是20世纪70年代以前修建的。进入90年代以后，玻利维亚重视公路建设。一条通过智利的阿里卡港与太平洋海岸相连接的柏油公路在1996年建成。1997年玻利维亚又宣布了一个修建1844千米长新公路的计划。到2010年，全国已有各类公路8.05万千米，但质量不高，其中铺设了柏油路面的公路只有6850千米，仅占公路总长的8.5%，7.364万千米公路是碎石路和土路，占总长的90%以上，[2] 每到雨季，很多线路无法通行。特别是在玻利维亚东北部的亚马孙河流域地区和东部地区，周期性的雨季常常使那里的公路交通遭到破坏，致使玻利维亚东部和东南部的矿业不能很好地发展。

---

[1] 参见莱斯利·贝瑟尔主编《剑桥拉丁美洲史》第六卷（下），第18页。
[2] The World Factbook，2015，https：//www.cia.gov/library/publications/the-world-factbook/geos/bl.html.

第四章 经 济

玻利维亚的主要公路干线都以奥鲁罗和科恰班巴两个城市为枢纽，通过这两个城市将首都拉巴斯同圣克鲁斯连接起来。泛美公路又把玻利维亚直接同阿根廷和秘鲁连接起来。玻利维亚主要的公路有拉巴斯—奥鲁罗线、拉巴斯—坦博克马多线、拉巴斯—佩莱丘科线、拉巴斯—特立尼达线、拉巴斯—阿波罗线、奥鲁罗—科恰班巴线、科恰班巴—波霍—圣克鲁斯线、圣克鲁斯—卡米里线、圣克鲁斯—特立尼达线、圣克鲁斯—特雷斯克鲁塞斯线、圣克鲁斯—夸特罗奥霍斯线、奥鲁罗—波托西线、奥鲁罗—苏克雷线、波托西—苏克雷线、波托西—塔里哈线、波托西—乌尤尼—奥亚韦线、塔里哈—贝尔梅霍线、苏克雷—埃皮萨纳线、苏克雷—博尤伊贝线、塔里哈—比亚松线、特立尼达—贝亚镇线、贝亚镇—里科港—科比哈线等 20 多条。

（二）铁路

玻利维亚铁路史开始于 19 世纪 70 年代，经历了 1870～1899 年开始引进阶段、1900～1929 年西部铁路建设阶段、1930～1963 年东部铁路建设阶段、1964～1996 年铁路国有化阶段、1997 年以来铁路私有化和再国有化阶段 5 个发展阶段。[1] 2014 年全国有铁路线 3602 千米，按地域分为西部铁路系统（又称安第斯铁路系统）和东部铁路系统两个主要系统。西部铁路系统以纵贯西部地区的拉巴斯—比亚松铁路为主干，向安第斯山脉两侧展开，其主要干线有：比亚查—查拉尼亚铁路、比亚查—瓜基铁路、乌尤尼—奥亚奎铁路、奥鲁罗—科恰班巴—埃基莱铁路以及里奥木拉托—波托西—苏克雷—塔拉布科铁路，与阿根廷、智利和秘鲁等邻国铁路网相连，总长度 2276 千米。东部铁路系统以圣克鲁斯为中心，主要线路有两条，一条是东西向的圣克鲁斯—罗博雷—苏亚雷斯港铁路，另一条是南北向的圣克鲁斯—博尼伊贝—蒙特斯城—亚奎巴铁路，可通往邻国阿根廷，总长度 1426 千米。20 世纪 90 年代末玻利维亚铁路私有化之后，玻利维亚国家铁路公司曾被分为安第斯铁路公司和东部铁路公司两个公司，

---

[1] Historia de los Ferrocarriles en Bolivia, De Wikipedia, la enciclopedia libre. https：//es.wikipedia.org/wiki/Historia_ de_ los_ ferrocarriles_ en_ Bolivia.

分别为智利克鲁兹布兰卡公司和美国杰纳西公司所控制。私有化后不久，有些铁路线就被拆除，首都拉巴斯没有了铁路服务。2006年埃沃·莫拉莱斯执政后，玻利维亚政府再次对铁路系统实行了国有化。总的来说，由于东、西两个系统缺乏联系及其他交通运输方式的发展，铁路运输有逐步衰退的趋势，1965年客运量曾达到160万人次，到2000年下降到65万人次，2012年降至3.57万人次。

20世纪70年代以来，东、西两个铁路系统如何连接成一个统一系统的问题一直未能解决。人们曾提出好几种方案，而最受重视的方案是修建一条从安第斯铁路系统的埃基雷站（科恰班巴）到东部铁路系统的圣克鲁斯站的铁路（总长400千米），以便将东部穆通铁矿的铁矿石运抵太平洋口岸。但这个方案需投资30亿美元，至今仍悬而未决。2013年莫拉莱斯总统在访问中国的时候，曾经同中国政府谈到了这个问题。

(三) 水运

1. 海运

在海运方面，玻利维亚最大的问题是没有出海口。作为一个矿产品出口国，建设一个广阔的、可靠的海外运输系统对于玻利维亚来说至关重要。但是，直到20世纪20年代末，玻利维亚还没有这样一个系统。经过20年代以后特别是第二次世界大战以后的外交努力，玻利维亚终于有了这样一个运输系统。现在，它已经同周边的5个国家建立了良好的交通运输关系。它可以通过智利的阿里卡港和安托法加斯塔港，秘鲁的伊洛港、马塔腊尼港和莫利恩多港在太平洋发展进出口贸易；通过巴西的圣多斯港，阿根廷的罗萨里奥港和布宜诺斯艾利斯港，乌拉圭的新帕尔米拉港在大西洋发展进出口贸易。玻利维亚在阿根廷、巴西和巴拉圭的某些海港都享有利用自由港的特权。1992年1月玻利维亚同秘鲁签订《伊洛条约》后，玻利维亚也在秘鲁的太平洋海港获得了这种权利。

玻利维亚有多条水陆交通线同上述5个国家的港口相连。同秘鲁的太平洋港口相连的有两条线路：一条是从玻利维亚的瓜基港经的的喀喀湖水路到达秘鲁的普诺港，然后再从普诺港经陆路到达太平洋的马塔腊尼港；另一条是从拉巴斯经德萨瓜德罗、马索克鲁斯、莫克瓜，直到太平洋沿岸的伊什港。同智利的太平洋港口相连的也有两条线路，一条是从玻利维亚的边境铁路站查拉尼亚到智利的太平洋港口阿里卡，另一条是从玻利维亚的边境铁路站阿瓦罗阿到智利的太平洋港口安托法加斯塔。玻利维亚出口商品的很大一部分是通过智利的阿里卡和安托法加斯塔出口的。同阿根廷的大西洋港口布宜诺斯艾利斯相连的有三条线，一条是从玻利维亚西部铁路的比亚松站到阿根廷的大西洋港口布宜诺斯艾利斯，另一条是从玻利维亚东部铁路的边境铁路站亚奎巴到布宜诺斯艾利斯，还有一条是通过巴拉圭—巴拉那河水路到达布宜诺斯艾利斯港。① 同巴西的大西洋港口圣托斯相连的是两国的铁路线，玻利维亚的东部铁路系统通过其边境铁路站苏亚雷斯港直接同巴西的科伦巴—圣托斯铁路相连，该铁路全长1788千米，可以直达巴西的圣托斯港。

2. 内河航运

玻利维亚的内河航运大体上可分为的的喀喀湖和亚马孙河流域两个水运系统。

的的喀喀湖有大约一半的水域属于玻利维亚，是以瓜基为终点的玻利维亚东部铁路系统同以普诺为终点的秘鲁铁路系统相联系的一条重要水路，是玻利维亚利用秘鲁太平洋港口发展进出口贸易的一条重要水路，在经济上具有重要的意义。的的喀喀湖终年都可通航吃水量大的船只，主要的航线有4条，一是从瓜基经蒂基纳到科帕卡巴纳的航线，二是从瓜基经蒂基纳到秘鲁普诺港的航线，三是从华塔哈塔经科帕卡巴纳和太阳岛到秘鲁普诺港的航线，四是从华塔哈塔经科帕卡巴纳到秘鲁胡利的航线。

拉巴斯、科恰班巴和圣克鲁斯以北的亚马孙河流域水系是玻利维亚主要的内河航运系统，其中以贝尼河、马莫雷河、奥尔托河和马德雷德

---

① 根据国际条约，玻利维亚有权在巴拉圭—巴拉那河上航行，这是玻利维亚同大西洋国家发展进出口贸易的一条重要水路。为了方便进出口商品的流通，玻利维亚已在其东部的卡塞雷斯湖建成一个现代港口——阿基雷港，玻利维亚的货船可以从这里起锚，通过塔门戈渠进入巴拉圭河，然后再通过巴拉圭—巴拉那河南下，从拉普拉塔河口出大西洋。阿基雷港坐落在玻利维亚和巴西两国的交界处，邻近玻利维亚的苏亚雷斯港和巴西的科龙巴城，玻利维亚的圣克鲁斯—圣巴勃罗铁路、玻利维亚的苏亚雷斯国际机场和巴西的科龙巴国际机场以及苏亚雷斯—圣托斯公路都与该港相连。

迪奥斯河最为重要。这4条河都是潘多省和贝尼省的主干河流，都可通航吃水量较小的船只，其航运总长度大约为1.4万千米。玻利维亚差不多有一半国土属于亚马孙河流域洼地，因此，这个国家的主要运输工具之一就是通行在这些河流上的小船。贝尼河、马莫雷河、奥尔托河和马德雷德迪奥斯河也可以通往亚马孙河流域其他各国，但由于大西洋出海口被亚马孙河湍急的河水和众多的礁石阻挡，这些河流目前都还没有可能顺畅地通航大西洋。

2012年，玻利维亚可以商业通航的河道有1万千米，大都分布在玻利维亚东部地区和北部地区。2004年以来，玻利维亚出口商品的一半都是通过东部水运系统经由巴拉圭河出口的。特别值得一提的是，由于南美洲次地区贸易自由化协定的签订以及玻利维亚所处南美洲心脏地区的重要地理位置，玻利维亚对本国的道路建设越来越重视。他们想通过道路建设，把安第斯高原湖区流域、亚马孙河流域和拉普拉塔河流域连接起来，以便形成一个全国一体的内河航运系统，使玻利维亚便于同太平洋和大西洋沿岸国家联系，实现国家的国际融合，促进国家的现代化建设。2004年，玻利维亚政府已经着手在巴拉圭河建设一个专为进出口用的港口——布什港。莫拉莱斯执政后，圣克鲁斯省60%以上的非传统出口品都经这个港口出口国外。

（四）空运

玻利维亚的航空事业历史悠久。早在1913年（即在1903年美国莱特兄弟第一次飞行10年后），玻利维亚就有人进行了驾机飞行的最早尝试。尽管这次尝试没有成功，但玻利维亚人热情不减，一年后就相继成立了玻利维亚航空俱乐部和航空促进委员会。到20世纪20年代，玻利维亚已经有了第一家航空公司——劳埃德航空公司（Lloyd Aéreo Boliviano）。该公司第一架飞机是玻利维亚的德国移民为纪念玻利维亚独立100周年而赠送的，是一架只有一个引擎、只能容纳2名机组人员和4名乘客的容克F—13单翼机。此后，该公司的业务不断发展。最初只提供国内航班，到20世纪30年代就先后开通了科恰班巴到智利塔克纳和阿里卡的航线。在1932~1935年查科战争中，该公司以出色完成国内外爱国使命而闻名遐迄。1939年第二次世界大战爆发后，政府对该公司实行国有化，国有股份曾占到97.5%（1992）。到20世纪90年代末政府对该公司实施"资本化"改革的时候，该公司已经在国内的科恰班巴、拉巴斯、圣克鲁斯等12个城市有定期的航班业务；在国外有17条国际航线，可以直通美国的迈阿密，巴拿马的巴拿马城，墨西哥的墨西哥城，委内瑞拉的加拉加斯，巴西的圣保罗、里约热内卢、玛瑙斯，秘鲁的利马、库斯科，智利的圣地亚哥、阿里卡，阿根廷的布宜诺斯艾利斯、萨尔塔，乌拉圭的蒙得维的亚以及哥伦比亚的波哥大。

在二战后的半个世纪中，除了劳埃德航空公司之外，玻利维亚还先后创立了军用航空公司（1945）、玻利维亚航运公司（1977）、南方航空公司（1992）、亚马孙纳斯航空公司（1998）和东北商业航空公司（2005）。

莫拉莱斯执政后，鉴于玻利维亚地形复杂，陆路运输非常困难，玻利维亚政府对发展航空运输事业特别重视。在新政府执政的第二年（2007），就颁布第29318号最高法令，创建了玻利维亚航空公司（Boliviana de Aviación），并在2009年正式开航，以取代破产的劳埃德航空公司。玻利维亚航空公司是一家完全国有的、战略性公共企业，其主要目的是要为多民族国家建设一家能直接执行国家航空政策和航运民主化机制的旗舰航空公司。2010年，在南方航空公司停业之后，玻利维亚航空公司就成了玻利维亚唯一一家在拉丁美洲之外经营国际空运业务的航空公司。[1] 此外，玻利维亚还新建了许多机场，譬如的的喀喀湖畔的科帕卡巴纳机场、丘基萨卡省的蒙特阿古多机场、圣克鲁斯的卡米里机场等，这些都是在莫拉莱斯执政之后新建的。到2013年，玻利维亚有航空公司4家[2]，有机场855个，其中比较重要的机场有42个[3]，包括5个国际机场，即拉巴斯的埃尔阿尔托国际机场、圣克鲁斯的比鲁比鲁国际机场、科

---

[1] 2014年该公司有雇员1227人。同年11月已获批成为国际航空运输协会的正式成员。
[2] 即玻利维亚航空公司、军用航运公司（TAM）、东北商业航空公司［Aerocon，又称"贝尼省航空公司"（Airline of Beni Department）］和亚马孙纳斯航空公司（Amaszonas）。
[3] 在这42个机场中，拉巴斯省5个，圣克鲁斯省12个，贝尼省12个，塔里哈省4个，潘多省2个，科恰班巴省1个，丘基萨卡省2个，奥鲁罗省1个，波托西省3个。

恰班巴的威尔斯特曼国际机场、苏克雷的胡安娜·阿苏杜伊·德帕迪利亚国际机场和乌尤尼的乌尤尼国际机场。其中后两个为近年新建的国际机场。至于飞往玻利维亚的国际航空公司则有美航、英航、荷航和伊比利亚航空公司、阿根廷航空公司、Lan 航空公司、Taca 航空公司和 Gol 航空公司等。

总之,近 20 年来,玻利维亚交通运输业发展较快。在 2015 年 12 月 31 日颁布的"2016～2020 年经济社会发展五年计划"中,玻利维亚政府还准备今后五年再追加投资 116 亿美元,完成公路建设 4806 千米,实现国家基础公路网总里程达到 6194 千米;在空运方面加速 19 个航空港的建设;在铁路方面完成科恰班巴及圣克鲁斯两市 40.4 千米和 54 千米两项城际铁路建设,完成蒙特罗—布洛布洛 148 千米和莫塔库西托—穆通—布什港 150 千米铁路线建设,并在南美洲跨洋铁路中线段建设项目上取得实际进展。

二 邮电通信

玻利维亚的邮电事业基本上是在第二次世界大战期间发展起来的。二战期间,玻利维亚的邮政和电报服务业发生了一系列大的变化,譬如所有省级公务员都开始通过新的、可靠的邮政汇票领取薪金;航空邮件(不管是国内的还是国际的)开始迅速代替缓慢的陆上传递系统;等等。这些变化明显提高了中央行政机构的效率。现在,玻利维亚是世界邮政联合会的成员国,有一个健全的全国性的邮政网络,任何邮件,无论是信件还是包裹,无论是在城市还是农村,都可以通过公路、空运或铁路运输安全地送到收件人手里。玻利维亚的电话事业也有了较快的发展。所有的省会城市,甚至一些农村居民点,都已经有了电话服务;无线电话也已经在玻利维亚普及开来。有些地区已经用上了光导纤维电缆。移动电话系统也迅速发展起来,并已使用国际通信卫星(国际通信代码为 591,国际通信卫星的地面通信站为一号国际通信卫星大西洋地面通信站)。1995 年以前,电话服务都由玻利维亚国营电信公司——国家电信公司(ENTEL)提供,1995 年该公司实行私有化之后,电话服务已改由私有公司经营。莫拉莱斯执政之后明确指出，公共服务乃公民的权利，国家有义务满足他们的权利，而不应该将公共服务置于私人企业追求利润原则的支配之下。根据总统第 29544 号最高法令，玻利维亚政府于 2008 年 5 月 1 日重新对国家电信公司实行了国有化。国有化后，主要干线系统逐渐扩大，无论操作系统、可靠性还是覆盖面都有所改进。到 2011 年，电话用户密度已达到 80% 左右。2014 年全国已有移动电话 1005 万部，每百人 98 部。互联网在玻利维亚也得到较广泛的应用。玻利维亚的互联网国家代码为 .bo，2014 年全国互联网用户已达到 390 万户，占全国人口的 36.6%。[①] 为了进一步发展国家的邮电通信服务，玻利维亚同中国合作，于 2013 年 12 月 21 日，成功地将玻利维亚第一颗卫星"图帕克·卡塔里"发射升空。该卫星的运行将大大地促进玻利维亚的广播、电视和电信的发展。

第六节　财政与金融

一　历史回顾

在 1960～1978 年的近 20 年间，玻利维亚的通货膨胀率一直保持较低水平（只有 1973 年、1974 年例外）。1978 年之后，随着本币对美元的比值不断下降，通货膨胀率开始上升。与此同时，由于普遍存在偷税现象和政府开支的无节制，政府的财政赤字也连年攀升，到 1984 年，财政赤字已高出税收好几倍。70 年代，政府的财政赤字尚可用当时较容易获得的国外信贷来弥补，但 80 年代债务危机爆发后，向外借贷已不再可能，只能依靠国内自行解决，政府大量发行货币，因而产生了超高通货膨胀率，1985 年玻利维亚的年通货膨胀率曾惊人地达到 24000%，一年之内，物价上涨了 240 倍。对于不断攀升的通货膨胀率，80 年代初期执政的西莱斯政府（1982～1985）想通过实行最低工资指数化、固定利率、价格管制等措施来加以抑制，结果反而远离了控制赤字和经济回升的目标。埃斯登

---

① The World Factbook, 2015. https://www.cia.gov/library/publications/the-world-factbook/geos/bl.html.

玻利维亚

索罗政府1985年上台执政后，宣布实行"新经济政策"，紧缩开支，降低工人工资，并大幅度精简政府机构和裁减国有企业人员；同时实行税制改革和货币改革，对政府财会系统进行简化和改进，提高商品增值税，千方百计扩大税收基础，废除旧币比索，改用新币"玻利维亚诺"（1玻利维亚诺等于100万比索）。严格控制公共部门的信贷，大幅度调整公共部门的工作程序和结构；同时废除了许多贸易限制，取消价格控制和补贴，促进市场经济的发展。该计划虽然引起了严重的社会困难和社会动荡，但有效地减少了公共部门的赤字，改善了财政收支状况，几个月之内就把通货膨胀率降低到了两位数（1985~1995年玻利维亚的年均通胀率为18.4%）。国家财政赤字占国内生产总值的比重也从1990年的5.2%降至1995年的2.5%。

在财政金融初步获得稳定之后，经济开始增长。80年代，公共部门的投资曾经急剧下降（1986年仅相当于国内生产总值的5.6%），但到1991年，公共部门的投资开始增加，这一年公共部门的投资大约占国内生产总值的12%，与此同时，私人部门的投资也稳步增长，并在同一年达到了与公共部门同样的水平。1990~1998年玻利维亚国内生产总值的年均实际增长率达到了4.2%，其中1997年公共部门的投资曾上升到占国内生产总值的27%，1997年和1998年国内生产总值的增长率分别达到5%和5.5%。1998年后，国民经济的增长率虽再次下降，但通货膨胀率始终保持在一位数。

莫拉莱斯执政后进行了金融改革。2014年金融体制改革更延伸到数字货币领域。5月6日，中央银行正式宣布禁止任何不由玻利维亚政府发行和管理的货币，包括比特币（Bitcoin）、域名币、夸克币、素数币和羽毛币等其他加密货币与所有数字货币的应用。这份对数字货币的禁令对于保护玻利维亚的国家货币玻利维亚诺、保障用户免受自由货币可能造成的资金损失是必要的。①

---

① 宋霞：《玻利维亚：总统连任，经济尚好》，吴白乙主编《拉丁美洲和加勒比发展报告（2014~2015）》，社会科学文献出版社，2015，第199~200页。

二 财政与税收

玻利维亚的高额财政赤字与玻利维亚的税收制度有密切的关系。1985年以前，玻利维亚税收制度混乱，各种赋税达400多种，但由于监管无效，逃税现象严重。为了改变这种状况，玻利维亚政府于1985年颁布了《税制改革法》，对税制进行了彻底的改革，将以前五花八门的各种赋税一律予以废除，统一征收增值税、个人所得税、交易税、公司利润税、财产税、消费税、赠品及遗产税和航空出国旅游税。此税法在执行10年之后，又先后在1994年12月（第1606号法令）和2003年8月（第2492号法令）进行了部分调整，但基本规定不变。

莫拉莱斯执政后，对财政政策有明确规定：财政政策必须建立在经济能力、平等、累进性、成比例性、透明性、普遍性、可控性、管理简化和税收能力等原则基础之上。国家和所有公共机构的经济和金融管理均须遵循其预算；公共预算的制定必须有公民的参与；政府必须在每个财政年度结束前至少两个月将下一个年度的国家总预算法草案提交多民族立法议会；预算法草案必须包括资金的出处、筹资的办法和投资的方式。属于中央税收领域的税收必须得到多民族立法议会的批准。属于省、市自治专属领域税收的征收、变更或取消，都必须由其行政机构建议，经省、市立法大会批准。共和国总统只有在发生自然灾难、内乱等有紧急需要的情况下，才可以不受预算授权而拨款，但也不得超出预算总额的1%。举借公债必须经多民族立法议会授权；不得以国家的经济损失为代价举债。经济违法、投机、垄断、买空卖空、高利贷、走私、逃税和其他有关的经济犯罪，都将受到法律的惩罚。政府和公共机构的资产为玻利维亚人民所有，神圣不可侵犯，不得用来为某些人谋私利。

莫拉莱斯领导的玻利维亚多民族国家实行中央、省、市和土著民族四级财政体制，每一级财政均有其相对的独立性，均有其自己的预算；四级财政的收入来源、分配方法和支出程序均由法律做出规定。譬如按宪法规定，属省支配的财政资源有法律所规定的特许权使用费、按法定比例征收的碳氢化合物产值税、对本省自然资源开发所征收的税费和专利、中央财

玻利维亚

政转账给各省用于个人保健和教育服务以及社会援助的经费、中央财政的非常拨款、按国家财政制度所获得的国内外贷款、商品和服务出售以及通过资产处置所获得的收入、遗赠和捐款等。

玻利维亚多民族国家的税制除原有的增值税（税率13%）、交易税（税率3%）、公司利润税（税率25%，如利润汇出国外，还要另加12.5%的利润汇出税）、消费税（税率依消费内容的不同而有区别，若这些产品用于出口则免税）、赠品及遗产税（直系亲属税率为1%，其他人税率为20%）、航空出国旅游税（每次217玻利维亚诺）等以及2003年第2492号法令对自由贸易区的税则所做的规定（自由贸易区商品的进口和生产免纳增值税、交易税、消费税和关税，但如果其产品在国内出售则要依法纳税；自由贸易区的饭店、银行、保险、海关、建筑等行业，除特许者之外，也一律要纳税）外，还增设了"不动产和汽车所有权税"（税款从0到3700玻利维亚诺不等）、"汽车财产税"（税款从0到10949玻利维亚诺不等）、"不动产与汽车转让市政税"（税率一般为3%）、"金融交易税"（税率为0.25%至0.3%）、"碳氢化合物及其衍生物特别税"和"碳氢化合物直接税"。碳氢化合物直接税的税率为油、气总产值的32%，另外还须缴纳18%的特许权使用税；法律规定，为了玻利维亚国家的利益，特许权使用税（18%）和碳氢化合物直接税（32%）的总和在任何情况下都不得少于50%。①

2011年，玻利维亚政府颁布了第154号法令，即《税收分类、定义及自治区设置或修订税收规则法》，授权地方省、市独立管理所属地区的税收，并可以设立新的税收，从而克服过去影响本地区发展的各种障碍。为了满足国家经济发展对高效税制的需求，国税局（Sevicio de Impuestos Nacionales）开始进行税务工作的现代化建设，采用税收系统自动管理模式，实现税收工作简易化。现在，玻利维亚30多万纳税人都可在自己的家里、办公室以及任何其他地方利用现代技术系统从互联网登记纳税，效

---

① Impuestos en Bolivia. http://www.monografias.com/trabajos84/impuestos-bolivia/impucatos-bolivia.shtml.

率大大提高。2012年，国税局的税收额创历史纪录，达到了370亿玻利维亚诺，相当于2005年税收的3倍，比2011年增长24%。[1]

由于财政收入充盈，尽管政府实行扩张性财政政策，玻利维亚仍能连续10年保持财政盈余，只是到2014年，由于侨汇收入大大减少（由2013年的11.82亿美元减少到2014年的7.58亿美元）和天然气出口的缩减才出现财政赤字，但财政赤字并不大，仅占国内生产总值的1.8%。[2] 此外，十几年来，玻利维亚外汇储备持续增长，汇率波动不大，国内物价也比较稳定，通胀率基本上维持在一位数（见表4-10）。

表4-10 2005~2014年玻利维亚的外汇储备与通货膨胀率

年 份	2005	2006	2007	2008	2009	2010	2011	2012	2013	2014
外汇储备（亿美元）	17.14	31.78	53.19	77.15	85.80	97.30	120.91	140.64	144.30	151.23
通胀率（%）	4.91	4.95	11.73	11.85	0.26	7.18	6.90	4.54	6.48	5.19

资料来源：Banco Central de Bolivia，转引自Wikipedia。

三　金融体制与金融政策

玻利维亚的金融系统由银行、非银行金融机构以及分布全国的金融机构服务点组成。主要的银行有玻利维亚中央银行（Banco Central de Bolivia）、比萨银行（Banco Bisa）、玻利维亚国民银行（Banco Nacional de Bolivia）、经济银行（Banco Económico）、工业银行（Banco Industrial）、圣克鲁斯商业银行（Banco Mercantil Santa Cruz）、畜牧业银行（Banco Ganadero）、玻利维亚信贷银行（Banco de Crédito de Bolivia）、联合银行（Banco Unión）、团结银行（Banco Solidario S. A.，又称索尔银行 Bancosol）、安第斯信贷银行（Banco Los Andes Procredit）

---

[1] Sevicio de Impuestos Nacionales, *Historia de los Tributos en Bolivia*, pp. 57 - 58. http://impuestos.gob.bo/culturatributaria/media/k2/attachments/HISTORIATRIBUTOS.pdf.

[2] 宋霞：《玻利维亚：总统连任，经济尚好》，吴白乙主编《拉丁美洲和加勒比发展报告（2014~2015）》，社会科学文献出版社，2015，第200~201页。

玻利维亚

11家本国银行以及美国花旗银行、阿根廷国家银行、巴西银行、西班牙中央桑坦德银行等多家外国银行或合资银行。非银行金融机构有法西尔私人金融基金会（El Fondo Financiero Privado Fassil）、普罗登姆私人金融基金会（FFP Prodem）、第一互助会（Mutual La Primera）、住房储蓄与信贷社（El ahorro y crédito para la vivienda）、储蓄和贷款合作社、储蓄和贷款互助会以及各种社会保险机构和有价证券机构。金融机构服务点有各类金融机构设在全国各省、市、村镇的多种多样的金融服务机构，如支行、中心营业处、固定代办处、流动代办处、自动出纳机、驻外营业处、收款窗口、财务往来点等，据2016年1月玻利维亚公布的统计数据，全国总计有各类服务点4986个。①

整个金融系统均受玻利维亚"金融系统监管局"（Autoridad de Supervisión del Sistema Financiero）的统一监管。"金融系统监管局"是按2009年5月7日第29894号最高法令在国家新宪法的框架内创建的，以取代过去的"银行及金融机构监管委员会"（SBEF）。"金融系统监管局"是一个在全国范围内享有管辖权的公法机构，负责对包括证券机构在内的各金融机构的金融服务进行调控和监督。其主要任务就是通过对各金融机构全部活动的持续不断地监控，实现全面的预防性的金融监管。工作重点是预防金融风险，保护金融消费者的权益。办法是颁布规则以管控金融中介和有价证券的活动；同时监督各金融中介机构是否有效执行这些规则。

2009年玻利维亚新宪法规定，玻利维亚的基本金融政策是：国家按机会均等、团结、公平分配与再分配的标准监管金融系统；国家优先满足小型企业、手工业、商业、服务业、公社组织和生产合作社组织的金融服务需求；为了加强社会的生产性投资，国家支持建立非银行金融机构；私立银行必须要有一笔金融重组基金，以便在银行破产的情况下使用；各级政府的金融运作必须要交由一家法定的公共银行机构来执行；金融中介活动乃公众利益活动，必须事先得到政府的授

---

① Sistema de Intermediación Financiera, Puntos de Atención Financiera, 31 de enero de 2016. https：//www.asfi.gob.bo/Portals/0/Indicadores/CifrasMensuales.pdf.

权并遵守法律。① 2013 年，政府又颁布《金融服务法》(Ley de Servicios Financieros)，目的是规范金融中介机构和金融服务机构的组织和职能，保护金融消费者，并确保政府对金融系统的领导。该法律明确规定金融机构必须要在政府政策的框架内优先关注经济发展，满足市场的需要。②

四 货币政策与货币制度

按新宪法的规定，玻利维亚的基本货币政策是：国家通过行政机构并与玻利维亚中央银行协调，共同确定国家货币和汇率政策的目标；国内公众之间的买卖以本国货币进行。玻利维亚的货币单位是玻利维亚诺，每 1 玻利维亚诺为 100 玻利维亚分（centavos）。官方流通的硬币有 10 分、20 分、50 分和 1 玻利维亚诺、2 玻利维亚诺和 5 玻利维亚诺 6 种。官方流通的纸币有 10、20、50、100 和 200 玻利维亚诺 5 种。玻利维亚诺与美元的汇率是 1 美元等于 6.94 玻利维亚诺（2016 年 12 月 5 日）。

玻利维亚负责货币发行工作的机构是玻利维亚中央银行。按 2009 年新宪法规定，玻利维亚中央银行是一个具有法人资格和自己资产的公法机构。玻利维亚中央银行的职能是在国家经济政策的框架内保持国内货币购买力的稳定、为经济和社会的发展做贡献。其具体职能是：制定和执行货币政策，执行汇率政策，管控支付系统，授权发行货币，管理国际储备。玻利维亚中央银行董事会由国家总统从多民族立法议会提名的候选人（每个职位提三个候选人）中任命的主席和五个董事组成。董事会成员系国家公务员，任期五年，不得连选连任。中央银行的总裁必须按多民族立法议会的要求定期提交有关该机构职能情况和账目情况的报告。玻利维亚中央银行还必须向多民族立法议会提交年度报告，并接受国家政府和财政控制系统的节制。

由于经济稳定增长，银行系统的利润率提高很快，统计资料证实，

---

① 参见 2009 年宪法第 330~332 条。
② Gabriela Encinas, Sistema Financiero: Regulación y Control, 24 agosto, 2013. http://www.economiabolivia.net/2013/08/24/sistema-financiero-regulacion-control/.

玻利维亚

到 2012 年，全国银行系统的有价证券和储蓄都增加了。同 2011 年 12 月相比，2012 年第一季度存款增加了 4%，即增加了 3.94 亿美元，发放的贷款增加了 1.8%，即增加了 1.22 亿美元。2011 年第一季度到 2012 年第一季度全年的有价证券总共增加了 13.02 亿美元（增长率为 24%），超过了同期国内生产总值的增长率。2011 年金融系统所获得的利润率高达 25%。根据这种情况，玻利维亚政府决定增征银行收入税，即责成金融机构从它们每年取得的利润中拨出一部分用于社会事业，主要是用于农村地区发展生产。法令要求：金融机构"必须履行其为国家的经济和社会发展目标做贡献的社会功能"，为消除居民中的贫困和社会、经济排斥现象提供帮助，"让玻利维亚人在各个方面都生活得很好"。为此，政府已在金融部门推行两项税收，一项是金融机构税，另一项是外币交易税（0.7%）。两项都是对银行高利润所征收的税收，加起来估计政府一年有 4000 万美元的收入，主要用于居民保健与教育。①

第七节　对外经济关系

一　基本方针政策

玻利维亚经济上一贯依靠初级产品出口，实行经济开放政策。自 20 世纪 80 年代中期实行"新经济政策"后，政府更加明确地推行以自由市场为导向的经济政策，在贸易领域不断地进行调整和改革。1991 年，政府按国际货币基金组织的要求取消了对出口商品的各项补贴，商品进口亦无须申领进口许可证（糖、面粉、药品、军事装备和武器除外）。资本货进口税率为 5%，其他商品为 10%。进出口商品的数量、价格、质量、来源等由两个国际性贸易监督机构（英国格里菲斯公司和瑞士监督总会）负责检验。贸易监督机构按进口货物价格的 1.8% 收费（对非

---

① Jorge Beltran, Sistema Financiero en Bolivia, 7 December 2012. https://prezi.com/i7yvcmzvx1pu/sistema-financiero-en-bolivia/.

传统出口商品出口按 1.55% 收费)。为了方便进出口贸易,玻利维亚实行货币自由兑换政策。具体做法是:玻利维亚中央银行每周两次通过拍卖方式出售美元,美元的最低价格由该银行的专门委员会确定,拍卖时由出价最高者购得美元,中央银行则按此价格决定官方汇率。进口商可以通过中央银行按官方汇率购得外汇;出口商则必须按官方汇率将出口所得外汇全部售给中央银行,但可以按同样汇率并加上 0.5% 的手续费从中央银行回购外汇。

20 世纪 90 年代,玻利维亚积极推行引进外资政策。为了引进外资,玻利维亚政府颁布了有关投资、矿业、石油与天然气、出口、所有权、民众信贷、租赁、证券、保险、森林、环境、水资源等的一系列法律,为推动本国与外国企业家踊跃投资铺平了道路。为发展对外经济关系,玻利维亚还根据 1986 年关于建立自由区的法令,先后在奥鲁罗、科恰班巴、圣克鲁斯和塔里哈等城市建立了自由区和出口加工区。对区内所需机械设备和原材料进口免征关税,但规定进口原材料必须在 6 个月内经过加工制成产品,再出口国外。自由区内的企业可以免交国内企业必须交纳的其他税,但必须为玻利维亚雇员交纳社会保险,必须实行雇主和雇员双方协商确定雇员工资的制度,必须给予加班职工相当于正常工资 1.52 倍的加班费,必须付给女雇员孕产期间的产假津贴。

此期间,玻利维亚在对外经济关系中也强调国家的主权问题。1994年修订的玻利维亚宪法明确规定,"经济制度要通过保护和利用自然资源和人力资源保卫国家的安全,致力于玻利维亚人民的福利,从而加强国家的独立和发展"。[①] 莫拉莱斯执政之后,玻利维亚更加强调保护本国利益。2009 年新宪法规定,"自然资源的开采应优先使用本国生产的设备";"自然资源和战略能源贸易中的销售价、进出口税、特许权使用费等都必须由国家考虑决定";"本国投资优先于外国投资";"同外国以及外国企业的经济关系必须符合独立、相互尊重和公平的条件,不得给予外国和外国企业比本国人更优惠的条件";"在任何经济政策中,国家都

---

① Constitución Política de Bolivia de 1967 con Reformas de 1994,Artículos 133 – 134.

玻利维亚

是独立的，不接受任何国内外机构、多边机构或跨国机构的强制性干预和限制"。

二 对外贸易

历史上，玻利维亚一直是一个矿产品出口国，对外贸易在国民经济中占有重要地位。20世纪80年代初期，由于债务危机，外国信贷大幅度减少，玻利维亚进口贸易趋于萎缩。这期间，尽管进口萎缩，但由于出口减少不多，外贸尚能连年保持顺差。80年代中期以后，由于实施进口自由化政策，贸易条件恶化，外贸逆差严重。譬如1992年，玻利维亚进出口贸易总额为15.05亿美元，其中出口6.20亿美元，进口8.85亿美元，贸易逆差为2.65亿美元。为此，玻利维亚不得不实行贸易多元化政策。从80年代后期开始，非传统出口商品如木材、农产品和手工业品等的出口增长迅速，出口额从1984年的3000万美元增长到1995年的4.75亿美元，占当年出口总额的40%。但是，由于进口贸易增长迅速，特别是资本货的进口增长很快（资本货进口占进口总额的比重从1993年的4%增加到1994年的40%，1995年又增加到47%，资本货进口所花的外汇达5.61亿美元），再加上玻利维亚石油出口的减少和燃料进口的增加（1998年玻利维亚的燃料进口额为3.49亿美元，大大超过了石油出口额），非传统商品的出口所得并不能弥补进口所需的支出，因此，外贸赤字仍继续扩大。外贸赤字从1994年的1.37亿美元上升到1995年的3.03亿美元，1998年更上升到9.1亿美元。

玻利维亚对外贸易唯一能够经常获得贸易盈余的地区是安第斯地区。这个地区自签订《安第斯贸易优惠条约》（ATPA）后，国际贸易发展迅速，贸易总额从1991年的36亿美元增加到2001年的116亿美元[1]；玻利维亚也从中受益匪浅。譬如1992年，玻利维亚对该优惠条约成员国的出口总额为9000万美元，从这些国家的进口总额为3000万美元。玻利维亚产品还可以按该优惠条约的规定免税进入美国市场，加强了同美国的贸易

---

[1] The Economist Intelligence Unit Limited, Country Profile, Bolivia (2002), p.29, 2003.

关系。1995 年，玻利维亚对美国的出口占玻利维亚出口总额的 29%，从美国的进口占玻利维亚进口总额的 20%①。

90 年代中期，玻利维亚优先加强了同"南方共同体市场"的经贸关系，并在 1996 年 12 月成为该市场的联系成员国，承诺在 8 年之内取消同"南方共同体市场"国家的关税。但是，同这个地区的贸易不管玻利维亚怎样加强出口和减少进口，总是会出现贸易赤字。

从 80 年代开始，玻利维亚也加强了同欧共体以及亚太国家的经贸关系。玻利维亚在亚太地区的商品市场首先是马来西亚，其次是日本、韩国、澳大利亚和中国。1996 年玻利维亚从亚太国家的进口额约占玻利维亚进口总额的 14.6%，其中日本最多，约占 12%，其次是韩国和中国。进口产品主要是制造品和中间产品。1988～1996 年，玻利维亚同日本、韩国、中国、印度尼西亚、新西兰、新加坡、越南、文莱以及菲律宾等 11 国的贸易一直是赤字贸易；赤字的总和等于玻利维亚向这些国家出口总和的 17 倍。贸易上的这种严重的失衡最突出的表现在它同日本的贸易上，譬如仅 1996 年一年，玻利维亚同日本的贸易赤字就达 1.996 亿美元。与此相反，玻利维亚同马来西亚的贸易则有盈余，1996 年，盈余达到了 66.8 万美元。玻利维亚同泰国和澳大利亚的贸易则盈亏交替，数量相对较少。

中国自 1985 年 7 月同玻利维亚建立外交关系后，双方贸易有了明显的发展，玻利维亚每年从中国进口约 500 万美元的商品，主要包括轻纺产品和其他日用品、机械设备、拖拉机、汽车和五金等。除少量棉花外，玻利维亚向中国出口商品很少。

莫拉莱斯执政后，玻利维亚对外贸易局面有了很大的改观。在 2008 年之后的 5 年中，玻利维亚的出口以年均 11% 的增长率增长，从 2008 年的 69.1 亿美元增加到 2013 年的 118 亿美元，是南美洲出口增长最快的国家之一。在同一时期，玻利维亚的进口以年均 12% 的增长率增长，从 2008 年的 61.3 亿美元增加到 2013 年的 108 亿美元，是世界第 103 位进口经济体。2013 年，玻利维亚有 9.96 亿美元的外贸顺差，与 18 年前的

---

① Karen Schimmel, Bolivia, Chelsea House Publishers, 1999, p. 86.

玻利维亚

1995年相比，变化是很大的。当年，玻利维亚不但没有顺差，而且还有6.70亿美元的外贸逆差。但是，玻利维亚的服务贸易一直是逆差，而且有加大的趋势，从2010年到2014年的5年，其贸易逆差依次为4.41亿美元、7.03亿美元、7.96亿美元、10.05亿美元、10.57亿美元。①

2013年，玻利维亚的主要出口品有油气（56.6亿美元）、锌矿砂（8.11亿美元）、大豆粉（6.20亿美元）、贵金属矿砂（5.22亿美元）和原油（4.86亿美元）（见表4-11）；主要进口品有精炼石油（14.9亿美元）、汽车（6.86亿美元）、送货卡车（4.86亿美元）、其他加热机械（2.78亿美元）以及飞机、直升机和航天器（2.60亿美元）。主要出口目的地是巴西（40.1亿美元）、阿根廷（20.8亿美元）、美国（12.6亿美元）、哥伦比亚（6.13亿美元）和秘鲁（6.01亿美元）；主要的进口来源国是智利（15.9亿美元）、巴西（15.7亿美元）、美国（13.7亿美元）、中国（12.3亿美元）和阿根廷（8.27亿美元）。②

表4-11　2013年按产品类别统计的玻利维亚出口商品

产品类别	价值（亿美元）	所占比例（%）	出口品
初级产品	96.73	79.5	天然气、液化天然气、石油、矿物
农牧业产品	7.23	5.9	大豆、栗子、昆诺阿藜、咖啡、菜豆
农工联合企业产品	12.68	10.4	大豆及向日葵制品、糖、酒精
制造业产品	4.69	3.9	食品、珠宝首饰、纺织服装、皮革制品及木材制品
高技术产品	0.30	0.2	电子器械、医药制品
总出口产品	121.63		

注：因四舍五入后个别数据会有出入，此处仍维持原统计数据不作改动。
资料来源：Fuente: Elaboración CADEX con datos del INE.

玻利维亚同中国的进出口贸易也有巨大的增长，从2004年到2014年，中玻两国的进出口贸易总额从5310万美元增长到了12亿美元，十年增长了20多倍（见表4-12）。不仅如此，中国还成为玻利维亚第一大进

① Country Report, November 2015, Bolivia, The Economist Intelligence Unit.
② Trade Profile of Bolivia, http://atlas.media.mit.edu/en/profile/country/bol/.

口合作伙伴。在2014年玻利维亚的进口贸易总额中，中国占了17.2%，名列第一，其次是巴西，占15.8%，再次是美国，占11.7%，其余是阿根廷（10.9%）、秘鲁（6.2%）、日本（4.9%）和智利（4.1%）。[1]

表4-12　2004~2014年中玻贸易统计

单位：百万美元

年　份	2004	2005	2006	2007	2010	2011	2012	2013	2014
进出口	53.10	81.63	104.85	153.33	362.07	657.99	676.00	807.24	1200.54
出　口	23.55	50.54	58.35	96.72	172.98	384.54	351.92	531.47	705.62
进　口	29.55	31.09	46.50	56.61	189.09	273.45	324.08	275.77	494.92

资料来源：2010~2013年数据来自《中国统计年鉴》（2011~2014），中国统计出版社；2014年数据来自中国海关统计数据。

三　外国援助

20世纪70年代，玻利维亚借了大量的外债。到1980年之后，要偿付这笔债务已经很困难，不得不于1984年停止偿付债息。由于玻利维亚政府按照国际货币基金组织的要求，实行了经济紧缩计划，国际货币基金组织对它给予特别照顾。该组织的授权人通过与西方债主国政府"巴黎俱乐部"的协定，"买回"了玻利维亚的商业债务，并按优惠条件同阿根廷和巴西进行了交换。美国也按"美洲事业倡议"的精神，取消了玻利维亚政府的债务。到1992年中期，玻利维亚的债务情况如下：日本占玻利维亚债务的1/4，德国占1/5，其他依次为比利时、巴西、美国、法国和英国。到1993年5月，玻利维亚依靠非法毒品贸易所得的美元收入，几乎还清了所借国际商业银行的债务。1995年12月，"巴黎俱乐部"召开会议，决定将玻利维亚的债务减少67%。鉴于沉重的债务负担的确是阻碍玻利维亚经济增长的一个主要原因，鉴于10余年来玻利维亚在宏观经济稳定方面的进步，世界银行和国际货币基金组织在1998年9月通过

---

[1] The World Factbook, 2015, https://www.cia.gov/library/publications/the-world-factbook/geos/bl.html.

玻利维亚

了一个价值7.6亿美元的一揽子减债决定，玻利维亚成为拉美第一个按世界银行领导的高负债贫穷国家计划的条件得到减债优惠的国家。1998~2003年，玻利维亚又得到了超过30亿美元的外国援助、超过35亿美元的外国直接投资和13亿美元的债务减免优惠。尽管如此，玻利维亚的债务仍然不断增加。到2005年，玻利维亚的外债总量已经达到76.66亿美元，2010年之后又逐年有所增加，到2014年增加到82.27亿美元（见表4-13）。其中，中国也提供了一大笔贷款，主要是给予玻利维亚第一个通信卫星的双边贷款。现在，中国已成为玻利维亚最大的双边债权国，其债务到2014年中期已占玻利维亚总债务的62.1%。[1]

表4-13　2005~2014年玻利维亚的外债总额统计

单位：亿美元

年份	2005	2006	2007	2008	2009	2010	2011	2012	2013	2014
外债总额	76.66	62.78	54.03	59.30	58.01	60.17	64.48	69.05	78.95	82.27

资料来源：CEPAL, Balance preliminar de las economías de América Latina y el Caribe 2008. The Economist Intelligence Unit, Country Report, November 2015, Bolivia, p. 40.

四　外国投资

1990年9月27日，玻利维亚政府颁布了《玻利维亚投资法》，鼓励国内外企业家在玻利维亚投资。此后，玻利维亚又实行所谓国有企业"私有化战略"，实行石油和天然气部门对外开放政策。在这些政策的鼓励和刺激下，越来越多的外资流入玻利维亚。据统计，1993~1999年，进入玻利维亚的外资增长了5倍，达到了9.34亿美元。参与投资的欧美国家达20多个。在这些国家中，占首位的是美国，投资额累计达1.2亿美元；其次是阿根廷，为4600万美元；再次是意大利（2765万美元）、智利（2287万美元）、巴西（1695万美元）等国；哥斯达黎

---

[1] The Economist Intelligence Unit, Country Report, November 2015, Bolivia, p. 40.

加也在玻利维亚投资 45 万美元。外国投资的首要对象是玻利维亚的石油和天然气开采业，其次是电信、饮水、电力等服务行业。

此外，在同一时期，玻利维亚还分别同一些亚太国家签订了双边投资协定，吸收了澳大利亚、韩国、中国、日本和新西兰的资金，但其金额占这期间外国在玻利维亚直接投资总额的比重较小。这期间在玻利维亚投资最多的亚太国家是澳大利亚，累计达 515.68 万美元；其次是韩国，累计 152.44 万美元；再次是中国和日本，分别为 80 万美元和 40 万美元。澳大利亚主要投资于玻利维亚的采矿业和石油部门，也有一部分资金投资于工商业和服务业。韩国主要投资于工业部门。

在 1999 年之后的 6 年中，由于政治环境恶化，外国投资逐年减少。但 2006 年莫拉莱斯执政之后，外国直接投资的净额又逐年上升，从 2006 年的 2.78 亿美元上升至 2013 年的 17.5 亿美元，7 年中增长了 5.3 倍（见表 4-14）。

表 4-14　2000~2014 年玻利维亚外国直接投资净额*

单位：百万美元

年份	2000	2001	2002	2003	2004	2005	2006	2007	2008	2009	2010	2011	2012	2013	2014
外国直接投资	734	703	674	195	63	-242	278	363	509	420	651	859	1060	1750	950

* 为流入一国的直接投资减去该国居民的对外直接投资，包括再投资收益。
资料来源：CEPAL, Balance preliminar de las economías de América Latina y el Caribe 2008, 2014。http://www.eclac.org/publicaciones/xml/5/34845/Anexo_ estadistico.pdf.

第五章

军　事

第一节　概述

一　建军简史

玻利维亚军队是在反对西班牙殖民统治、争取民族独立的斗争中诞生的。为争取民族独立，德里韦罗、阿尔塞等一批具有独立思想的领导人于1810年在科恰班巴组建了第一支军队，并向拉巴斯进军。同年11月14日，起义军在阿罗马镇以少胜多，打败了由费埃罗拉上校指挥的西班牙殖民军。为纪念这一战役的胜利，这一天后来被定为陆军节。

1825年独立后，玻利维亚开始组建正规部队。1826年建立了第一个步兵营。此后，玻利维亚军队不断壮大，经历了一个曲折、坎坷的历程。玻利维亚军队发展的历史，大体上可以划分为4个时期，即考迪罗统治时期、革命动荡时期、军政府时期和军队重建时期。

（一）考迪罗统治时期（从独立到20世纪30年代）

在建国初期，玻利维亚政治的基本特点是军事首领也就是考迪罗的独裁统治。19世纪50年代，玻利维亚出现了第一个文人总统，这就是何塞·马里亚·利纳莱斯。他执政后，曾致力于裁军和整顿军队，力图使军队效忠于政府，受政府的领导和控制，但遭到军队的激烈反对，自己也被军队推翻。

考迪罗对玻利维亚国内人民的统治是残忍无度的，但对周边国家的扩张势力和领土蚕食政策，则显得非常无能，完全是一副内战内行、外战外行的形象。19世纪60年代在与巴西的领土争端中，考迪罗梅尔加雷霍把玻利维亚东部马托格罗索的大片土地割让给了巴西。在1879~1883年的太平洋战争中，玻利维亚总统达萨连连败北，被讥讽为"河虾英雄"，最后竟逃亡国外。继任总统纳西索·坎佩罗也很快惨败于阿连萨高地，5000多人阵亡。结果玻利维亚太平洋沿岸领土落到了智利之手，从此成了一个丧失了出海口的内陆国。太平洋战争失败后，玻利维亚加强了军队建设，开始实行义务兵役制，并相继颁布了《武装部队法》和《军人退役及晋升法》。但是，由于历任考迪罗独裁者对领土争端大都采取软弱的让步政策和交易政策，玻利维亚南部的中查科地区和西北部的阿克里地区的大片领土也先后于1889年和1903年划归了阿根廷和巴西。在1932~1935年的查科战争中，玻利维亚军队又一次惨败，把北查科地区23.4万平方千米的土地割让给了巴拉圭。总之，从独立到20世纪30年代的一个多世纪中，玻利维亚军队在大大小小考迪罗的操纵下，几度遭受重创，又几度重建，在人民心目中并没有留下光辉的记录。

（二）革命动荡时期（20世纪30年代~1964年）

查科战争的失败，给玻利维亚人民带来了深重的灾难，改革的呼声日渐高涨，出现了一个政治激进化进程。青年学生和退伍军人怀着一种强烈的因战争失败而渴望复仇的情绪，组织起新的政党和团体，推翻了19世纪80年代以来的文人寡头共和制度，想用激进的改革手段在短期内改造国家，因而出现了一批以各种新的主义武装起来的考迪罗，军队内部改革派与保守派之间开始了激烈的、反复的较量。先是改革派获胜，宣布军事社会主义纲领的托罗将军和持民众主义观点的赫尔曼·布什将军相继夺得政权；后来亲美右翼将军恩里克·佩尼亚兰达夺得了政权；再后来改革派比利亚罗埃尔少校夺取了政权；接着保守派与改革派开始更加残酷的"内战"，建立了"公开的警察国家"；最后促成了民族主义革命运动党领导的、有广大工人参加的、反对军事独裁统治的1952年玻利维亚革命，推行大规模的资产阶级民主改革，力图建立一个资产阶级的现代工业化国家，并着手改造旧军队，以在革命进程中建立起来的民兵组织取代了大部分旧军队，力图建立一支充满革命热情的武装力量。民族主义革命运动党这一计划使得军队与政治家之间开始形成一种长期的、复杂的关系。由于激进改革引起美国统治集团和国际货币基金组织的不满，美国政府和国际货币基金组织千方百计地对玻利维亚施加压力，迫使玻利维亚政府改变原来的激进政策。从民族主义革命运动党的第二届政府（1956~1960）开始，改革开始倒退和右转。改革的倒退和右转又引起工人的不满，造成了工人组织与民族主义革命运动党的分裂。在失去工人支持的情况下，玻利维亚政府只能依靠军队的支持。正是在这个时期，玻利维亚在美国南方司令部（设在巴拿马）的支持下，先后于1957年和1963年建立了空军和海军。

（三）军政府时期（1964~1982）

1964年，从巴里恩托斯将军发动政变开始，玻利维亚进入了军人独裁统治的时期。这一时期，拉美出现了一个蒸蒸日上的社会主义古巴。在古巴革命胜利的影响之下，拉美国家普遍出现了要求激进改革的民主运动和游击队运动。以切·格瓦拉为首的游击队也秘密地在玻利维亚丘基萨卡省和圣克鲁斯省交界的地区建立了永久性的游击队营地。面对拉美革命形势，美国采取了在拉美加强军事统治的政策。为了"清剿"游击队，美国在所谓"国家安全"的名义下，加强了对拉美军队的职业化培训。在美国的帮助下，玻利维亚政府军"围剿"了格瓦拉的游击队，并残酷地杀害了切·格瓦拉。此后，军队作为一个武装组织，已变成那些为控制军队和政府而展开斗争的各个派别的工具。到加西亚·梅萨将军统治时期，武装力量内部的解体过程采取了一种更极端的形式。梅萨在推翻合法文职总统特哈达之后虽然夺取了政权，但军队被内部的思想分歧和官兵矛盾困扰。梅萨集团同贩毒集团之间的联系更使军队陷入分裂。班塞尔和加西亚·梅萨这一派军官，代表革命前武装部队的残余，他们想根除玻利维亚的民众主义，但未能获得成功；相反，他们在这个过程中使军队丢尽了脸。这样，老一代的军人就不光彩地被指控犯有贩毒、腐败和践踏人权等严重罪行而被迫引退。1982年，军队被迫退出政治领域。

(四) 军队重建时期 (1982 年至今)

1982 年之后,一批在 20 世纪 50 年代从军事院校毕业的军官成了军队的高级军官,取代了军政府时期的那批政变军官。新一代的军官在取得军队的领导权之后,就致力于军队的重建和对文职总统的支持,从而开始了一个所谓军队重建的过程。在这个时期,尽管有少数文职冒险家和军职冒险家因对民主统治所产生的"混乱"感到失望而铤而走险,但都遭到了大多数军官的反对。他们认为,政府只能通过政治合法性来维持自己的政权,而不能靠军队的镇压来维持统治。军官们甚至挺身而出,反对 1984 年 6 月的政变(绑架总统西莱斯·苏亚索),使得这场政变阴谋流产。军官们知道,在当时的情况下,任何反对文职政府的政变都会使军队的重建遭到破坏。所以,80 年代以来,尽管国家一再被社会动乱困扰,军队都待在兵营不动。但是,这只是就非法军事政变来说的,实际上,由于新自由主义改革不断引发严重的社会冲突,维护社会稳定和政治稳定仍是军队的重要任务,而且是 80 年代以来玻利维亚军队重建的一大特点。譬如在 2001 年 6 月矿工组织发动的大规模围困首都拉巴斯的事件中,在 2002 年 8 月以来古柯种植农反对政府暴力压迫的斗争中,在 2003 年 2 月各界民众大规模的抗税斗争中,军队都发挥了重要的作用。不过,在这种情况下,军队都是应总统的请求而行动的,并不像过去那样自行其是;任务一完成,军队又老老实实地撤出,回到军营。即使这样,社会对军队参加镇压的行动仍然非常不满,所以,2003 年新总统卡洛斯·梅萨在任命前海军司令路易斯·阿兰达·格兰纳多斯海军上将为武装部队总司令后,不得不在 2003 年 11 月 24 日阿兰达的就职仪式上郑重宣布,"武装部队不是政府的工具,而是祖国的工具"。[①]

这时期,玻利维亚军队还有一个突出的特点,就是同美国军队建立了紧密的合作关系。由于玻利维亚军队积极参加了美国名为"鼓风炉行动"的禁毒斗争,很好地配合了美国在玻利维亚的禁毒计划,美国再一次给予玻利维亚军队大量的装备和重要的培训机会,并使玻利维亚军队同美国的

---

① 玻利维亚《祖国报》(*La Patria*),奥鲁罗,2003 年 11 月 26 日。

南方司令部建立了一种紧密的伙伴关系。①

莫拉莱斯执政后，玻利维亚军队在维护社会稳定、保障政治改革和推动经济建设方面发挥了重要作用。军队在2008年的政治危机中维护了社会治安，并保障了2009年新宪法公投的顺利进行。莫拉莱斯政府还推动军队参加经济建设，如向海军提供机械设备，指派海军负责将位于布什港的铁矿资源通过巴拉圭—巴拉那河，运至大西洋，还推动工兵部队参加国内基础设施建设。此外，玻利维亚军队在实现国有化和反毒斗争中也很好地履行了职责。

二 国防体制与国防预算

玻利维亚的国防体制，与南美大多数国家相似。玻利维亚武装力量由现役部队和准军事部队组成。现役部队由陆军、海军和空军三个军种组成。每个军种设司令部，由司令指挥领导。三军的最高军事指挥机关为武装部队总司令部，由总司令指挥领导，负责协调三军的作战、训练和演习等。准军事部队有国民警察部队和缉毒部队。根据宪法，总统为武装力量最高统帅，武装部队总司令以及陆、海、空三军司令由总统任命。最高国防决策机构为国家安全委员会；国家安全委员会由总统、外交部长、内政部长、国防部长、财政部长、武装部队总司令以及陆、海、空三军司令组成，由总统任主席。国防部为政府中的一个部，是最高军事行政机关，负责国防预算、征兵动员和军人福利等工作。军队实权掌握在三个军种的司令手中。总统通过国防部和武装部队总司令部对全国武装力量实施领导和指挥。目前，玻利维亚的总统兼武装力量统帅是2006年1月22日上任的印第安人莫拉莱斯。

在兵役制度方面，玻利维亚实行义务兵役制，凡年满18岁的男性公民必须服兵役，服役期通常为一年。但如果人数太少，政府可以征募任何14岁以上年龄的人入伍。每年征兵约2万名。自1995年起，军官服役期延长至35年。玻利维亚军队实行军衔制，军衔分6等20级，即将官3级

---

① The Military, http://countrystudies.us/bolivia/83.htm.

（上将、中将、少将）、校官3级（上校、中校、少校）、尉官3级（上尉、中尉、少尉）、准尉5级（特级准尉、高级准尉、一级准尉、二级准尉和初级准尉）、军士3级（上士、中士和下士）、兵3级（一等兵、上等兵、列兵）。

玻利维亚现役部队总兵力在南美12个国家中居第8位。其中陆军2.5万人，海军（含陆战队）约8000人，空军约6000人。准军事部队约3.7万人，其中国民警察部队约3万人，缉毒部队约7000人。另外，玻利维亚还安排了驻阿富汗联合国军事观察员1人，驻中非—乍得边境联合国军事观察员1人，驻科特迪瓦联合国军事观察员3人。驻刚果民主共和国200人，联合国军事观察员7人。驻海地217人，联合国军事观察员3人。驻利比里亚1人，联合国军事观察员3人。驻尼泊尔联合国军事观察员3人，驻塞尔维亚联合国军事观察员1人，驻苏丹联合国军事观察员18人。①

玻利维亚1999年的军费开支约为1.47亿美元，占当年国内生产总值的1.8%。之后虽有几年下降，但总体趋势是不断增长的，每年的国防开支在1.3亿美元左右。2013年玻利维亚国防预算约达到4.26亿美元。

第二节 军种与兵种

一 陆军

（一）陆军的领导

玻利维亚陆军设司令部和参谋部。司令部的职能是在武装部队总司令的指挥下，管理陆军的所有事务，并为完成国家宪法和武装部队组织法所赋予的使命而做好准备。参谋部的职能是在陆军司令部的领导下负责陆军训练，并按宪法所赋予的使命，承担平时和战时陆军建设任务和国防任务的研究、规划和指挥工作。

---

① 《世界各国军事概况2009》。

（二）军区作战部队

玻利维亚陆军约 2.5 万人，分为军区作战部队和工程兵部队两大系统，有各类坦克、装甲车 200 辆，轻型炮 200 门。军区作战部队组编为 10 个师，分别驻防在玻利维亚的 6 个军区——拉巴斯军区、波托西军区、塔里哈军区、苏克雷军区、科维哈军区和圣克鲁斯军区。其具体的部署是：安第斯一师，驻拉巴斯城西南不远的比亚查市，管辖范围包括拉巴斯和奥鲁罗两个省；安第斯二师，驻奥鲁罗城，管辖区为奥鲁罗省和波托西省北部；山地三师，驻玻利维亚查科地区比利亚蒙特斯的贝内梅里塔城，管辖范围包括塔里哈省和丘基萨卡省的西南部；山地四师，驻玻利维亚石油之都卡米里城，管辖范围包括丘基萨卡省东部和圣克鲁斯城的南部；山地五师，驻圣克鲁斯省东南部的罗博雷城，管辖区为圣克鲁斯省东南部地区；雨林六师，驻贝尼省省府特立尼达城，管辖区为贝尼省东部地区和潘多省；空运七师，驻科恰班巴城，管辖范围包括科恰班巴省和丘基萨卡省北部；雨林八师，驻圣克鲁斯城，管辖范围为圣克鲁斯省西部和东北部地区；雨林九师，按陆军总司令部的安排，目前是一个后备师；安第斯十师，驻波托西省东南部的图皮萨市，其管辖区为波托西省。

此外，驻军作战部队还在拉巴斯城设有 8 个直属单位，即"科罗拉多斯"步兵团、"卡拉马"261 坦克营、"塔拉帕卡 221 机械化"侦察队、"因加维"224 骑兵队、"B. 里奥哈"231 高炮大队、"比道雷"251 通信营、"萨维德拉"271 武警营和 291 陆军空运连。

（三）工程兵部队

玻利维亚陆军因为在和平时期还担负着国内的建设任务，如道路、桥梁、机场跑道等工程的设计和施工等，必须要有自己的一批专门的工程技术人员。因此，早在 1960 年以前，玻利维亚陆军就开始组建陆军工程营。后来逐步扩大，并在 1961 年 4 月 10 日建立了陆军工程兵司令部，专门负责全军工程项目的研究、规划和指挥。司令部设工程助理 3 人，分别负责建筑工程、军事地理研究和军属小型企业的管理工作和协调工作。1961 年 9 月，维克托·帕斯·埃斯登索罗总统还颁布法令，决定将部队所有的生产机构都交陆军工程兵司令部管理。

工程兵部队的主要任务是：战时，为部队提供迅速调动的方便，并阻止敌军的调动；平时，通过道路、桥梁和机场的建设，在国家交通一体化、水陆空运输一体化、原料开发和市场开放、国家北部地区开发等方面为国家的发展做贡献。

2012年，玻利维亚利用中方贷款从中国购买了374台各类筑路机械设备，其中徐工产品197台，包括汽车起重机、压路机、装载机、履带起重机、混凝土泵车、平地机、挖掘机、挖掘装载机等系列成套产品，项目总金额超过2000万美元。莫拉莱斯总统将这些设备提供给工程兵部队，鼓励工程兵部队参与基础设施建设，特别是水道和铁路网建设项目，推动该部队向"大型建筑企业"转型。

二　海军

（一）海军简史

由于玻利维亚在历史上经历过太平洋战争的失败，丧失了太平洋沿岸全部领土，所以，玻利维亚举国上下都对海军有一种特别的感情，每当谈到玻利维亚海军史时，他们总喜欢追溯到远古时代，认为今天的玻利维亚海军起源于玻利维亚人悠久的航海传统。早在公元前1万年左右，玻利维亚的的喀喀湖塔拉科半岛上的奇里帕文化（Chiripa）就是一个航海民族的文化，因为有文物证明，他们当时就已经有太平洋航海知识。公元1200年左右的蒂亚瓦纳科帝国，有一个名叫乌尤斯图斯（Huyustus）的领袖，据说是玻利维亚历史上的第一个舰队司令。他拥有一支庞大的由木筏船组成的运输舰队。到印加帝国时代，一个名叫马伊塔·卡帕克（Mayta Capac）的人曾组织了一支千人大船队，在奥马佩莱亚斯河（今贝尼河）和莫霍斯地区的马莫雷河进行勘探考察工作。到西班牙殖民统治时期，玻利维亚被称为上秘鲁，当时的波托西市政管区就包括从罗亚河（Río Loa）到帕波索（Paposo）的太平洋沿岸地区。玻利维亚独立后，曾经在其南部沿太平洋地区有400多英里的海岸线，硝石和鸟粪等资源丰富。玻利维亚海军的历史也揭开了新的一页。玻利维亚制宪大会在1826年11月19日通过宪法之后，即批准了玻利瓦尔1825年12月28日提出

第五章 军　事

的关于创建一支海军部队和一支海军舰队的建议。根据玻利瓦尔的建议，苏克雷元帅在科比哈（Cobija）修建了拉马尔港口（Puerto Lamar），组建了这个港口的第一支港口守卫队，并成立了作战与海军部来管理这支部队。不久，安德烈斯·德圣克鲁斯政府在沿海地区建立了玻利维亚的海岸省。此后，梅尔加雷霍将军又在这个省修建了托科皮利亚港、梅希良内斯港和塔尔塔尔港等港口。在1879年太平洋战争爆发之前，玻利维亚在它富庶的太平洋海岸省的4个港口和几个小海湾中已经有一支相当稳定的舰队。它由两部分组成，一部分是海军舰队，有海岸护卫舰、双桅帆船、炮艇等多艘舰船。另一部分是商船队，有大吨位商船七八十艘，总吨位约4万吨，并成立了"太平洋轮船航运公司"，从事玻利维亚矿产品的出口和海外商品的进口。1879年，玻利维亚、秘鲁与智利发生了硝石战争，玻利维亚战败。之后，太平洋海岸省的全部土地和400多英里海岸线，都被智利占有，玻利维亚从此变成内陆国家，原来的海军舰队，也只好搬进了内陆的的喀喀湖和内河中，成为一支内陆海军。玻利维亚海军发展严重受挫。直到1897年，玻利维亚政府才颁布法令，在科比哈创建一个军事船坞。

20世纪30年代，玻利维亚内河航运事业开始蓬勃发展，出现一个内河航运的"黄金时代"，玻利维亚的船只不但航行于亚马孙河流域的各大河流，而且还从苏亚雷斯港、布什港和帕切科港出发，航行于拉普拉塔河流域的各大河流，如巴拉圭河、巴拉那河、拉普拉塔河等。为满足航运发展的需要，玻利维亚政府将设在科比哈的军事船坞迁至里贝拉尔塔（Riberalta）。1939年，玻利维亚军队又在这里创办了"机械与航运学校"，培养了玻利维亚的第一批航海指挥官和船员，从此开始了玻利维亚海军的重建工作。几年后，玻利维亚陆军第六师改组为"航运师"（Division Fluvial）。60年代初，玻利维亚军队又派出一批军官去邻国海军部队学习航海科学和技术。1963年1月4日，玻利维亚总统颁布法令，决定在"航运师"的人力、设施和管辖区域的基础上，重建一支约1800人的玻利维亚河流与湖泊武装部队，专门负责贝尼省、潘多省及拉巴斯、科恰班巴、圣克鲁斯等省部分地区的驻防，此即为玻利维亚现代舰艇部队的起源。因此，1963年也就被公认为玻利维亚海军建军年。1966年1月8日，玻利维亚总统颁布第7469号法令，宣布玻利维亚舰艇部队（Fuerza Naval Boliviano）正式成立。1996年，玻利维亚总统又颁布法令，将"玻利维亚舰艇部队"改名为"玻利维亚海军"（Armada Boliviana），并使用今天的海军军衔。为纪念"解放者西蒙·玻利瓦尔号"舰首次完成从委内瑞拉卡瓦列罗港到阿根廷罗萨里奥港之间的远航，定4月24日为玻利维亚海军节。每逢"海军节"这一天，玻利维亚都要举行盛大的阅兵仪式，"玻利维亚人要求出海口"的标语处处可见。

目前，玻利维亚海军设有海军水文部队、海军商船部队、玻利维亚海运公司和港口部队等多种功能的部队。据阿根廷《民族报》2002年3月5日报道，玻利维亚虽然没有海岸线，但已有6名海军上将。

（二）海军的使命

按玻利维亚海军文件的规定，玻利维亚海军有三项重要的使命。第一项是军事使命，即保卫国家主权，确保国家安全的使命。玻利维亚的国境线大部分是国际河流，因此玻利维亚边防工作的一大半，都要由海军来承担；他们还要保卫本国商船的自由航行，镇压任何敢于劫掠玻利维亚商船与渔船的海盗。此外，玻利维亚海军还要执行援助陆军和空军的某些特殊使命，如按军事学院的计划对招募人员进行初步培训、运用海军设施承担监控国境线以内各水域的特别任务、以海军陆战队的力量执行巡逻任务、对士官生及武装人员进行培训等。第二项是维护海洋利益的使命，包括绘制全国水文地图，承担本国水域的管理任务，参加有关海洋问题的国内和国际会议等。第三项是促进全国一体化发展的使命，首先是为增强国力做贡献，其次是积极参加国家的发展和建设工作，如提供水运服务、在河岸和湖岸居民区以及在国际上执行人道主义援助和医疗服务、承担建设农产品加工企业的任务、为国家西北地区提供燃料、帮助执行民防任务等。

（三）海军的编制

据2005年统计，玻利维亚海军总兵力约8000人（含海军陆战队2000人），拥有各种舰艇近40艘，装备有江河巡逻艇10艘、美制"波士顿"级救生艇8艘、后援舰船近20艘和飞机2架。全国设6个海军军区，下辖8个陆战队，它们是"贝尼"海军一区、"马莫雷"海军二区、"马德拉"海军三区、"的的喀喀"海军四区、"圣克鲁斯·德拉谢拉"海军五区、"科比哈"海军六区。每个海军军区设一个分舰队，并配备一个海军陆战营。全国有里贝拉尔塔、蒂基纳、瓜亚拉梅林、特立尼达、苏亚雷斯、科比哈等海军基地。

三　空军

（一）空军简史

玻利维亚的军用航空事业开始于1917年。当年，阿根廷的埃尔帕洛马尔飞行学校为玻利维亚培训了3名军官，但直到1924年玻利维亚庆祝国家独立100周年的时候才正式成立了一个"玻利维亚军用飞行员小队"。在1932年爆发的查科战争中，该小队改名为"空军小队"，并投入了战斗。这是西半球历史上首次采用空战的一场最残酷的战争。战争双方的军官都是由欧洲军队的教官培养出来的，都懂得空军在战争中的重要性。因此，双方都投入了当时所能提供的最先进的空军力量。飞机的使用数量虽然从没有超过15架，但它们在战争的每一个阶段都发挥了重要的作用，特别是航空医疗营救系统成功地抢救了成千上万士兵的生命。在空军的掩护下，一败涂地的玻利维亚军队得以整团整团地从敌人的包围中撤出，避免了全军覆灭的命运。战争虽然最后以玻利维亚的失败而告终，但玻利维亚空军在玻利维亚人民的心目中留下了很好的印象。1941年，一个美国空军使团来到玻利维亚，帮助玻利维亚改组空军部队。1944年，玻利维亚的"空军小队"按照美国正规空军的样式改组为"玻利维亚空军"，归陆军指挥，并通过租借条约得到了一批美国制造的飞机。1947年玻利维亚按美国的意图签署了《里约条约》之后，玻利维亚空军又得到了美国的军事援助，有了几架AT—6型得克萨斯军用教练机和B—25J型米斯切尔轰炸机。1952年革命后，由于进行军事改革，空军实际上已不复存在。但玻、美两国关系改善后，美国又在1956年给了玻利维亚几架B—17G型福特雷斯轰炸机和运输机。1957年，玻利维亚空军从陆军系统独立出来，正式成立了与陆军并列的玻利维亚空军。所以，在玻利维亚军

事史上，1957年被视为玻利维亚现代空军的建军年。

1970年，玻利维亚有了第一批真正的战斗机和一批来自邻国巴西的、包括费尔柴尔德PT—19型教练机和福克尔S—11基础教练机在内的飞机。1973年，玻利维亚空军进入了拥有喷气机的时代，有了第一批15架卡纳德T—33MK3银星飞机。80年代末，玻利维亚空军购得了18架前法国空军的卡纳德F—33SF型飞机，组成了3个新的歼击机大队。2001年5月玻利维亚空军宣布，它将从厄瓜多尔空军购买8架现代化的T—33型飞机，来增强玻利维亚空军的力量。

（二）空军的使命

在当前的和平时期，玻利维亚空军的任务主要是运输和缉毒。玻利维亚地形崎岖多变，地理割裂严重，交通十分不便，因此商品和人员的运输就成了玻利维亚空军的首要任务。空军运输线路的枢纽在拉巴斯附近的埃尔阿尔托市，那里驻有空军"运输大队71"。空军运输大队主要由半军事航空公司组成，有3个飞行中队，分别配备有洛克希德C—130飞机、福克尔F—27型飞机和康维尔CV—5807型飞机，为全国提供例行的航空运输服务。运输价格比玻利维亚的两家民用航空公司还便宜。空军参加缉毒斗争，是近20年来才提出的一项使命。为了参加同美国政府的联合禁毒行动，玻利维亚空军专门成立了一个名为"红色魔鬼"（Red Devils）的"特遣队"，它是由美国人出钱和指挥的一个飞行中队。这个空军"特遣队"的基地设在圣克鲁斯，通常是从玻利维亚古柯种植中心恰帕雷地区边缘图纳里村附近的简易机场起飞，同当地的警察部队配合，执行缉毒的任务。起初，这个中队使用的是美国国务院所属的16架贝尔UH—1休伊直升机，现在，玻利维亚空军已经自己购买了15架休伊直升机。另外，玻利维亚空军还从贩毒集团手里缴获了多架飞机。

（三）空军的编制及分布

玻利维亚空军现有兵力约6000人，编为4个旅，下辖13个飞行大队，编有1个武装直升机中队、1个搜索与救援直升机中队、1个航测中队、3个运输机中队、1个基地防空团。作战飞机62架、武装直升机10

架。全国有空军基地9个，分别设在玻利维亚的一些战略要地，即拉巴斯、科恰班巴、圣克鲁斯、苏亚雷斯港、塔里哈、比利亚蒙特斯、科比哈、里贝拉尔塔和罗博雷（Robore）。其兵力分布为：空军第一旅驻拉巴斯"瓦尔特·阿尔塞"空军基地，有一个歼击机大队和一个运输机大队；空军第二旅驻科恰班巴省"豪尔赫·威斯特尔曼"空军基地，有一个歼击机大队和一个飞行大队；空军第三旅驻圣克鲁斯省"埃尔特龙皮利奥"空军基地、罗博雷"贝尔杜格斯"空军基地和苏亚雷斯港"萨尔瓦多·奥加亚"空军基地，有一个歼击机大队、一个飞行大队、两个教练大队和"红色魔鬼"特遣队（驻苏亚雷斯港"萨尔瓦多·奥加亚"空军基地）；空军第四旅驻塔里哈省特哈尔"阿图罗·巴列"空军基地和比利亚蒙特斯"路易斯·厄恩斯特"空军基地，有一个歼击机大队和两个飞行大队；空军第五旅驻贝尼省特立尼达"亨里奇·阿劳斯"空军基地、里贝拉尔塔"塞通·洛佩斯"空军基地和潘多省科比哈空军基地，有3个飞行大队（每个空军基地一个）。

四 准军事部队

（一）体制与机构

玻利维亚的准军事部队总兵力约3.7万人，其中国民警察部队约3万人，缉毒部队约7000人，国民警察部队归内政部管辖，编有9个旅、2个快速反应团、27个边防分队。1952年以前，玻利维亚的警察组织基本上是军事性质的。警察隶属于正规武装部队，警察的高级职位几乎都由陆军军官担任。1952年玻利维亚革命后，随着社会改革的进行，警察体制也发生了变化。现在，玻利维亚实行高度集中的国家警察体制，总统是国家警察的统帅，有权任命国家警察总监。平时，全国警察在总统领导下，由内务部直接管辖；战时，警察划入武装部队系统，归国防部领导，与正规军协同作战。

国家警察设警察总部，各省设警察分部。警察总部由警察总监负责，向内务部长报告工作。警察总部下设一个指挥部和包括参谋机构在内的12个职能机构，管理全国所有的警察组织和监狱。各警察分部在总部领导下履行其职责，不受地方政府的领导和控制。中央政府所在地拉巴斯驻扎的警力，由总统控制，归内务部直接管辖。驻扎在各省的警力多寡，视各行政区的地理环境和社会情况而定。每个警察分部设两个指挥部，一个在城市，另一个在边远地区或农村。城市指挥部设在每个省的首府，负责管理警察局和监狱的工作。边远地区指挥部负责边境地区、河港及湖港入口处各要塞的警务，同走私、贩毒、越境者做斗争。

玻利维亚的监狱分国家级监狱、省级监狱两种，乡村则设拘留所。在拉巴斯，还有一个犯罪鉴定实验室。2008年，玻利维亚缉毒特种部队查获了6架运毒飞机。2009年，玻利维亚缉毒特种部队在南部塔里哈省与阿根廷交界地区进行的一次特别行动中，发现了一处秘密飞机跑道，并截获了一架装有340千克毒品的飞机。

（二）警种与警衔

玻利维亚警察分为着装警察和便衣警察两种。着装警察履行基本的社会治安职能，包括巡逻、交通管理等通常警务；便衣警察担负刑事侦查、搜集情报、反暴力、反毒品及监视持不同政见者等任务。在约3万人的总警力中，着装警察约占80%，大多数集中在拉巴斯地区，便衣警察和一般工作人员约占20%。

警察由高到低分为校官、尉官、军士和列兵4级，每一级都有相应的警衔和警衔标志。警察的考核晋升，以服务年限为主，参考业绩表现，晋升时间通常为4年。有突出贡献者可提前晋升。尉官和军士则需工作5年后方可晋升。

（三）征募与训练

因为工资低、晋升慢，警察职业在玻利维亚吸引力不大。警察大都来自经济地位相对低的阶层，文化水平不高。为了招募警察，政府采取了鼓励措施，许诺参加警察部队或上警察学院学习可以免服兵役。1956年以前，警察主要是接受在职培训；新警员还须在现役部队接受4个月的军事训练。自1956年美国警察训练组抵达玻利维亚后，训练计划做了修改，警察开始在刑法、人事管理、警事方法与技能、平暴策略等方面接受训练。除少数警官被送往国外接受训练外，在职训练基本上由国家警察学院负责。国家警察学院开设有侦查、平暴、警务道德、公关、人事、领导学、刑法、刑事程序、审问、鉴定方法、暴动学（暴动学是依照美国布拉格堡一所特警学校的一门类似课程开设的）等专业课程。毕业学员可以获人文学学士学位，同时可获得军刀和少尉警衔。

第三节 军事培训

玻利维亚的军事培训分职前培训和在职培训两种，两种培训任务均由陆、海、空三军各自的培训学校或培训学院承担。

玻利维亚的陆军培训学校最多，达十余所。其中最有影响力的是玻利维亚陆军军事学院，它是玻利维亚培养陆军军官的学校，被称为玻利维亚陆军军官的摇篮。学院位于首都拉巴斯城东南部的卡拉托克区，已有60多年历史。学院管理机构比较精简，人员比较少，仅有一支40多人的教官与管理人员队伍。教官中约有一半是担任文化课教学的地方大学的教师。军事课则由现役军官讲授。军事教官定期与部队指挥官交流，一般在校任教3~4年后可到部队担任相应的指挥职务。玻利维亚陆军军事学院每年从地方青年和陆军部队的士官中招收学员。报考者必须是年龄不超过19岁、具有玻利维亚国籍和中学以上学历、没有犯罪记录、身体健康的人。每年报考的青年约1000人，学院经过考试和筛选后录取300人。在第1学年中还要陆续淘汰约150人。玻利维亚陆军军事学院学制4年，设有炮兵、步兵、装甲兵、骑兵等系。课程是按照培养陆军军官的要求设置的。前两年学员不分专业。一年级为文化基础课，主要学习与地方大学相同的公共基础课。二年级开始增加关于步兵武器的构造与操作课程。从三年级起分专业，学员按照自己的意愿分别学习陆军部队的步兵、骑兵、装甲兵、工程兵、通信兵和宪兵等课程。四年级除了军事课的深度增加外，还开设了工程学、经济学、政治学和战术课。教学仿照美国军事院校的单元式授课方法，由不同教官分阶段、分单元讲授。学员毕业时要求达到大学毕业水平，再到特种兵训练中心受训半年后即可获得少尉军衔。从1993年起，学院开始对国内群众开放。参观者不仅可以参观学院的军事

玻利维亚

装备和观看学员的操课表演,还可以在学员的指导下操枪瞄准射击、乘坐坦克和装甲车。学院对外开放,不仅密切了军队和群众的关系,增强了人们的国防观念,还增加了学院的收入。

以下是玻利维亚其他比较有名的10所陆军培训学校。

"埃德蒙多·安德拉德"军事学校,位于圣克鲁斯城,是一所4年制人文学科学校,培养具有大学预科文化程度的预备役军官。

"瓜尔维托·比利亚罗埃尔"陆军学校,位于拉巴斯城,属高等学校,5年制,培养具有陆军理工本科学位的军官。

"马克西米亚诺·帕雷德斯"初级军官学校(Escuela Militar de Sargentos "Maximiliano Paredes"),位于科恰班巴城,属技术学院,3年制,培养各兵种、各专业的初级技术军官。

"巴利维安元帅"兵器应用学院,位于科恰班巴城,是一所培养下级军官的学校。它提供两种培训课程,一种是基础兵器课程,是专为少尉军官晋升时提供进修机会的课程,另一种是为上尉军官开设的高级兵器课程。

"普拉德尔"士官学校,分设在科恰班巴城和拉巴斯城,前者为科恰班巴驻军开设培训课程,后者为拉巴斯城驻军所属各司令部的技术部队开设培训课程。所设课程包括所有各兵种和各专业的初级课程和高级课程。

"安德烈斯·德圣克鲁斯"参谋部指挥学院,培养高级军官,两年制,毕业授予"参谋部毕业文凭"和教官职称。

骑术学校,培养骑兵军官,主要为骑兵军官开设马术课程。

"森特诺·阿纳亚"情报学校,为下级军官和士官生开设基础和高级情报课程。

陆军语言学校,为下级军官和文职人员开设标准英语课程。

玻利维亚神鹰学院,设在塔里哈省的查克尼亚德桑纳迪塔地区,为军队干部提供精英培训课程,是拉美大陆最好的军官学校之一。

另外,玻利维亚还设立了3所海军学校和1所空军学院。以下是3所海军学校。

海军学院,负责培养海军所需各类科技人才,学制5年,毕业除获得海军文理军事学科学士学位之外,还获得海军上尉军衔。

海军作战学院是一所海军军官专门化课程进修学院，开设以下5类课程：（1）为海军高级军官开设的海军指挥和参谋课程；（2）为海军下级军官开设的海军应用课程；（3）为军士长开设的进修课程；（4）为士官生开设的专门化课程；（5）为所有海军指战员开设的远程教学课程。

雷伊纳尔多·塞巴利奥斯海军军士长学院，专门为海军培养下级军官人才。

空军部队的空军学院设在圣克鲁斯省的"埃尔特龙皮利奥"空军基地，任务是培训空军驾驶员。初始的飞行训练课一般用A—112乌伊拉普鲁T—23型飞机，总课时为120小时。这个阶段的训练结束后，士官生须继续训练130小时，其中80小时使用山毛榉T—34型门特飞机，50小时使用塞斯纳CE—152型特技飞行飞机。成功完成基础课程学习的士官生将被分配到各个不同的空军单位，去接受类型转换训练。那些被选中飞行T—伯德飞机的士官生则被分配到科恰班巴进行属于空军"歼击大队34"的皮拉塔斯PC—7型飞机的飞行训练。

第四节 国防科技和国防工业

在玻利维亚，和平时期的武装部队实际上就是一支建设大军，其国防科技和国防工业的发展基本上是同军队所承担的建设任务紧密相连的。

一 道路建设方面的技术进步

玻利维亚的陆路交通系统，从总体上来看，至今仍然是缺乏整体联系的，是不平衡的。全国80%以上的土地只居住有全国20%的人口，而在这个辽阔地域上的公路则仅占全国公路的1%。因此，玻利维亚军队认为，必须通过道路建设来实现全国地理的一体化，否则就不可能有全国一体化的发展。根据这一认识，玻利维亚军队提出了一个宏伟的公路建设蓝图，计划调动全军所有的工程营，在5年之内修建2500千米公路，"让玻利维亚的地理空间都长上脊椎和脉管，以便通过这些脉管将发展之血液流

遍全国各个角落"。① 军队的这个蓝图虽然由于议会的分歧,没有能够实现,但道路建设技术仍然取得了惊人进步。其中最重要的有两项,一项是第一次使用了金属桥梁建筑技术,在利帕里、约洛萨、基基贝伊、莱昂港等地修建了一批"巴伊莱"式金属桥梁,克服了公路建设中许多自然条件的阻碍。另一项是使用"冷沥青"筑路新技术获得成功,可以大规模使用自然土壤同沥青乳胶的混合物修建公路。沥青乳胶是沥青经粉碎机缓慢粉碎而阳离子化的产物,它在同自然土壤混合后,经过适当夯实,就可以形成结实而平整的路面;如果把这种沥青乳胶同一种经过精加工的优质碎砂混合,则更可以铺就一种高质量的高速公路。现在,玻利维亚武装部队已经建成一座由电子计算机控制的、每小时可产沥青乳胶20吨的工厂,在生产时以水为溶剂,无须加热,因而既是一种不会产生有毒蒸气的环保技术,也是一种节省能源的技术。

二 数据处理中心的建立

由于科技发展突飞猛进,世界各国政府都提出了行政管理现代化的努力目标,玻利维亚军队也敏锐地看到了这一点。为了实现领导体制和行政管理工作的现代化,玻利维亚军队早在1982年就建立了一个"数据处理中心"。该中心的任务是为政府和军队高层领导的制定计划工作和形势分析工作提供必要的信息依据。为了完成这一任务,该中心从美国的IBM公司购买了一批电子计算机。最近,他们又安装了新开发的、最先进的电子计算机设备,建立了一个遥控系统和电子计算机信息系统。

三 军用地图绘制技术的现代化

在玻利维亚,军事地理学的研究,可以说是从国家独立之后就开始了。共和国刚一诞生,苏克雷元帅即提醒有必要绘制这个新建国家的疆域图。1825年11月4日,政府将这项工作交给参加了玻利维亚独立事业的爱尔兰人奥科诺尔。20年后,一个直属总参谋部的玻利维亚地形测绘室诞生了。

---

① Comando de Ejército, http://www.mindef.gov.bo/FF-AA/Fuerzas/Ejercito/comando-htm.

在共和国建立 34 周年的时候，这个测绘室终于出版了玻利维亚第一张《玻利维亚地图》，而且是用当时的先进技术完成的。1936 年 9 月，遵照戴维·托罗总统的命令，总参谋部又在地形测绘室的基础上，创建了今天已经享有盛名的"胡安·马里亚诺·穆希亚军事地理及全国地籍册研究所"（Instituto Geográfico Militar y de Catastro Nacional Gra. Juan Mariano Mujia）（简称"军事地理研究所"）。1973 年玻利维亚第 10902 号法令确认，该研究所为全国唯一有资格绘制和出版共和国地图的机构。现在，该研究所的主要技术部门是"大地测量学研究室"，它承担着野外作业、地形测量学和大地测绘学的理论研究以及为其他研究室和绘图室的工作奠定基础的任务。

近年来，该所还建成了一个技术先进的摄影测量制图研究室。摄影测量制图是通过高空摄影测量的方法取得准确测量数据的一门技术，现已成了玻利维亚地图制作的一个主要的技术程序。它以科技为支柱，能迅速准确地描绘出地理和地形图，特别是那些因为没有交通线路而无法达到的地区的地理和地形图。现在，他们已完全废弃了传统的手工绘制地图的方法，用上了最先进的数字方法。这种方法不但加快了制图的速度，也加快了数字化地理信息的储存，使得数字化的信息有可能随时得到运用。这项工作主要是通过开发和运用两个重要的技术手段来实现的，一个是该所的地理信息系统，另一个是卫星图像数字处理技术。

此外，军事地理研究所还有一个边界研究室。该所通过这个研究室同外交部主权与边界全国委员会协作，进行国际划界问题的研究和技术开发工作。

该所还有一个任务，就是编制全国的地籍册。编制全国地籍册的目的在于准确地确定不动产的位置、规模、类型和一般用途，并把它们的价值和所有权登记入册。地籍册所提供的信息在土地所有权的认定上有非常重要的作用。

第五节　对外军事关系

在 2008 年玻利维亚和美国外交关系中断之前，玻利维亚在军事上历来同美国关系密切。玻利维亚军事装备的现代化，在相当大的程度上都

有赖于美国的资金和技术。特别是在20世纪80年代以来的禁毒斗争中，两国一直保持合作的关系。为了帮助玻利维亚打击贩毒集团，美国不但给予玻利维亚大量军援（譬如仅1996/1997财政年度，美国就拨专款5000万美元用于玻利维亚扫毒行动），而且还向玻利维亚派遣了大批军事顾问。美国的一个军事使团还同玻利维亚的国民警察部队合作，于1987年3月在玻利维亚科恰班巴省一个偏僻的、名叫森达的地方开办了一个著名的缉毒培训班。这个班最初取名"金钱豹之爪培训班"，同年5月改名为"勇敢之爪学校"，并被列入玻利维亚警察教育系统，由美国和玻利维亚两国的教官共同任教。1990年1月，该校又改名为"勇敢之爪国际缉毒学校"，开始培训来自世界各国的缉毒学员。现在，该校称"勇敢之爪缉毒培训中心"，是一所由美国赞助、直属玻利维亚国民警察部队教育局领导的国际缉毒学校，专门培训玻利维亚以及包括德国、西班牙、匈牙利在内的缉毒警官。开设的课程主要有刑事基本调查、面谈技术、情报编写、情报来源、犯罪活动控制、指纹辨认、凶杀案件的基础调查、调查者的道德和行为、逮捕程序、车辆及建筑物搜查、证词与供词、模拟审判、人权等。为了支援玻利维亚政府的禁毒工作，2003年美国政府还向玻利维亚国民警察部队捐赠了约100万美元的物资，其中包括1.9万套制服、1.9万双高筒靴和72套平暴头盔。莫拉莱斯上台后的最初两年，玻利维亚与美国在禁毒领域仍保持合作关系。2007年6月26日，美国国会批准将《安第斯国家贸易促进和扫毒法案》延期到2008年2月。这一法案规定，美国为从玻利维亚进口的产品提供一定的贸易优惠，以换取玻利维亚在扫毒领域的合作。作为玻利维亚最大的援助国，2007年美国对玻利维亚的援助虽然有所减少，但仍同意向玻利维亚提供9980万美元的援助（其中的6600万美元用于扫毒）。2008年，两国关系破裂，玻利维亚驱逐了美国禁毒署的代表，两国军事交流也陷于中断。2009年4月，华盛顿再次承诺向玻利维亚政府提供2000万美元的基金，用于打击贩毒和取缔非法种植古柯的计划，并试图缓和两国的军事关系，但2013年发生的飞机迫降事件使两国关系重新冰冻。美国对玻利维亚的援助从2007/2008财年的9970万美元降低到2012/2013财年的520万美元，再降低到2014/2015

财年的 0 美元。① 两国军事关系也再次停滞。

2008 年以前，玻利维亚军队除了发展同美国军队的双边关系之外，也积极参加美洲各国军队之间的集体军事合作。譬如 2002 年 6 月，玻利维亚国防部长和外交部长曾参加安第斯共同体五国在利马召开的国防部长和外交部长会议。会议一致通过了《利马协议》和《安第斯和平和安全宪章》，重申对和平、安全、反对使用武力和武力威胁、和平解决国际争端、尊重国际法的承诺，并一致表示愿意为安第斯地区制定一种共同的安全政策。在会议文件中，玻利维亚同其他四国一起，承诺按各国首脑在《卡拉博博纪要》中所达成的协定，建立"安第斯共同体和平区"；承诺在和平区中禁止各成员国之间使用武力或以武力相威胁，禁止生产、运输和使用核武器、生物武器和化学武器，禁止任何类型的核试验，清除一切杀伤性地雷，禁止研发、生产、储存和使用一切类型的大规模毁灭性武器；承诺共同致力于反对恐怖主义的斗争；承诺削减国防开支，以便把更多的资金投入经济和社会的发展；承诺禁止一切枪炮、军火、炸药及其他有关物资的非法贩运；承诺将使拉美成为一个没有空对空导弹和中长距离战略导弹的地区；等等。

此外，玻利维亚与阿根廷的军事关系也很密切，两国军队经常有人员交流。2015 年 9 月，玻阿之间签署了一份意向书，玻利维亚将从阿根廷购买雷达系统、轻型战斗机、教练机、多管火箭发射系统等各种国防设备。协议还涉及阿根廷向玻利维亚转让军事技术和帮助培训玻利维亚军队等方面的内容。玻利维亚同巴西也常有军事上的人员交流。

莫拉莱斯上台后，还加强了与西班牙等欧盟国家的军事合作关系。如 2006 年 11 月，玻利维亚和西班牙的军事代表团签署协议，在学术培训、更新装备领域加强合作，巩固双方在防务领域的联系。西班牙已为玻利维亚的飞行员举办培训班，还举办武器系统的培训班，专家之间开展交流。玻利维亚也将为西班牙举办高山培训班等。

玻美关系恶化以来，玻利维亚在军事上寻求更加多样化和多元化的国

---

① http：//www.teleSUR.com.

际合作。尤其是2009年以来，玻利维亚加强了与俄罗斯、伊朗、阿根廷、西班牙等国在核技术等高端科学技术和国防技术方面的协商和合作。同时在各种场合和世界舞台上成为反对美国对外军事干预的急先锋。多次在国际会议上强烈反对美国对古巴的封锁，谴责美国的盟国对他国的军事攻击，呼吁拉美国家关闭本国境内的所有美军基地，拒绝美国在拉美地区的军事存在。

第六章

社 会

第一节 国民生活

玻利维亚是一个以农业、矿业为经济基础的发展中国家，国民就业与收入依赖第一产业，生活资料在居民消费结构中所占比重较大，社会保障水平相对较低。由于经济社会发展不平衡，玻利维亚国民生活在性别、区域和行业之间呈现很大差别。随着经济发展与莫拉莱斯政府社会经济政策的实施，玻利维亚人民的生活水平近年来有较大提高。

一 就业与收入

（一）就业人口结构

1999年，玻利维亚经济活动人口为380余万人，2001年超过400万人，2008年突破500万人，2011年达到551万人，12年间增长了45%。玻利维亚经济活动人口大体上与总人口的增幅保持一致，其在总人口中的比重1999年为47.5%，2008年超过50%，2011年达到51.4%。在2011年经济活动人口中，男性接近306万人，女性约为245万人；城市经济活动人口所占比重约为62.1%，乡村约为37.9%。玻利维亚一半以上的经济活动人口集中在拉巴斯省和圣克鲁斯省，这两个省的经济活动人口在2011年分别达到162万人和136万人。

第一产业是玻利维亚最大的就业部门。2011年，种植业、畜牧业、狩猎、捕鱼业和林业的从业人口约占全国从业人口总数的1/3。第二产业部门从业人口所占比重为17.9%，其中制造业（含矿业）从业人口约占全国从业人口的10.45%，建筑业从业人口占7.45%。第三产业以批发零售业与汽车修理业为最大的服务业部门，其从业人口约占全国从业人口的16.37%；其次为运输与仓储业，其从业人口约占5.54%；再次是旅馆与餐饮业，所占比重为4.96%。高端服务业人才较少，如专业技术服务业、信息与通信业、管理服务业、金融和保险业四个部门的从业人口占全部经济活动人口的比重不足5%（就业结构情况见表6-1）。

表6-1 2011年玻利维亚就业结构

部门名称	从业人口比重（%）	部门名称	从业人口比重（%）
种植业、畜牧业、狩猎、捕鱼业和林业	32.33	专业技术服务业	2.13
批发零售业与汽车修理业	16.37	家政服务业	2.02
制造业（含矿业）	10.45	信息与通信业	1.22
建筑业	7.45	管理服务业	0.86
运输与仓储业	5.54	文艺、娱乐业	0.84
旅馆与餐饮业	4.96	金融和保险业	0.73
教育服务业	4.84	其他服务业	2.19
政府部门	3.21	其他	2.37
医疗保健和社会福利业	2.49		

资料来源：Instituto Nacional de Estadística de Bolivia, *Resumen ejecutivo de encuesta de hogares* 2011, p.14。

（二）失业率

1999~2011年，玻利维亚全国失业人口在14万~26万人之间波动。2005~2007年是就业形势最严峻的时期，这三年的失业人口数分别达到24.5万人、24.4万人和25.5万人，失业率分别为5.45%、5.08%和5.18%。此后的就业压力有所缓解。2008年全国失业人口数减少到14.4万人，失业率降至2.84%。2011年失业人口数为14.7万人，失业率为2.66%。玻利维亚城镇的就业压力相对较大，其失业率一直高于全国平均水平。各省首府的统计资料同上述全国统计资料相比，其公开失业率一般高出2至3个百分点（见表6-2）。

表6-2 2005~2014年玻利维亚各省首府公开失业率（年度平均失业率）*

单位：%

年 份	2005	2006	2007	2008	2009	2010	2011	2012	2013	2014
玻利维亚各省首府	8.1	8.0	7.71	6.7	7.9	6.1	5.8	—	—	—

* 为失业人口占经济活动人口的百分比。

资料来源：ECLAC, *Preliminary Overview of the Economies of Latin America and the Caribbean 2014*, Santiago, Chile, November 2014. 转引自吴白乙主编《拉丁美洲和加勒比发展报告（2014~2015）》，社会科学文献出版社，2015，第356页。

（三）国民收入水平

近些年来，玻利维亚经济增长相对稳定，并保持了较高的增长率（详见本书第四章），国民收入也有很大提高。2001~2014年，玻利维亚政府先后11次上调全国最低工资标准，使其从2001年的400玻利维亚诺增至2014年的1440玻利维亚诺，增长了2.6倍。尽管如此，由于玻利维亚人均国内生产总值比较低（按2005年美元价格换算，2012年仅为1284美元），玻利维亚的国民收入在拉美地区仍处于较低水平；即使国家总统莫拉莱斯，其月工资现在也只有2844美元，是美洲地区工资最低的国家元首。[1]

（四）国民收入结构

玻利维亚国民收入在性别、区域和行业间有很大差别。2011年，男性职工的月均收入为2028玻利维亚诺，女性职工为1617玻利维亚诺，女性职工的月均收入仅为男性的一半多。城乡之间的差距也很大，城镇经济活动人口的月均收入为2093玻利维亚诺，其中男性职工的月均收入为2496玻利维亚诺，女性职工为1571玻利维亚诺。与之相比，乡村经济活动人口的月均收入只有863玻利维亚诺，其中男性职工为1263玻利维亚诺，女性职工仅为381玻利维亚诺。城镇经济活动人口的月均收入较乡村高1.4倍，乡村女性职工的收入仅是城市男性职工收入的15.3%。收入最高的行业是采矿与采石业，该行业职工的月均收入高达

---

[1] 宋霞：《玻利维亚：总统连任，经济尚好》，吴白乙主编《拉丁美洲和加勒比发展报告（2014~2015）》，社会科学文献出版社，2015，第202页。

3839玻利维亚诺。其次是政府部门，为2878玻利维亚诺。金融与保险业居第三位，达到2737玻利维亚诺。医疗保健与社会福利业、运输与仓储业、专业技术服务业、建筑业、教育服务业五个部门的月均收入也在2000玻利维亚诺以上。种植业、畜牧业、狩猎、捕鱼业和林业职工的收入最低，月均收入仅为627玻利维亚诺，还不到全国平均水平的2/5（见表6-3）。

表6-3 2011年玻利维亚各主要行业职工的月均收入

单位：玻利维亚诺

行业名称	月均收入	行业名称	月均收入
采矿与采石业	3839	文艺、娱乐业	1792
政府部门	2878	制造业	1720
金融与保险业	2737	批发零售业、汽车修理业	1705
医疗保健与社会福利业	2687	旅馆和餐饮业	1668
运输与仓储业	2616	管理服务业	1633
专业技术服务业	2548	家政服务业	1264
建筑业	2476	其他服务业	1280
教育服务业	2415	种植业、畜牧业、狩猎、捕鱼业和林业	627
信息与通信业	1822		

资料来源：Instituto Nacional de Estadística de Bolivia，*Resumen ejecutivo de encuesta de hogares 2011*，p.15。

（五）贫困人口

玻利维亚是拉美地区贫富分化比较严重的国家。世界银行的数据显示，自20世纪90年代以来，玻利维亚的基尼系数长期保持在0.5以上，2000年和2002年还一度超过0.6，属于收入差距悬殊的国家。近几年，由于莫拉莱斯政府不遗余力地推行收入再分配和消除贫困政策，玻利维亚的贫富分化状况有所缓解。2009年之后，玻利维亚的基尼系数降至0.5以下，2012年为0.466，2014年为0.47。据2013年莫拉莱斯总统公布的数字，玻利维亚的贫困人口比重已经从1999年的63.5%下降到2012年的

40.9%，赤贫人口比重从1999年的40.7%下降到了2012年的21.6%，[1] 2014年更下降到17.3%。2015年12月31日玻利维亚颁布的"2016~2020年经济社会发展五年计划"，还计划在2015年之后的五年中将赤贫率从2014年的17.3%降至2020年的9.5%。[2]

二 消费与物价

玻利维亚是一个经济相对落后的国家，居民的主要消费集中在生活资料方面。1988~2000年，玻利维亚居民消费总额由85.5亿玻利维亚诺增长到398.7亿玻利维亚诺，翻了两番多，年均增长率约为13.69%。其中，食品、饮料和烟是最大消费项目，1988年占居民消费总额的37.87%，2000年比重虽有所降低，也仍然占消费总额的33.5%；交通与通信是第二大消费项目，1988年占居民消费总额的14.12%，2000年占居民消费总额的23.14%，是增长最快的消费项目；房租、燃料和电力是第三大消费项目，1988年和2000年分别占居民消费总额的11.69%和10.32%。近十几年，随着经济形势好转，现代家用电器和电子设备在居民消费中所占的比重越来越大。据统计，2012年，玻利维亚全国74.73%的家庭拥有收音机，67.24%的家庭拥有电视机，71.59%的家庭使用了固定电话或手机，23.36%的家庭使用计算机，9.45%的家庭成为互联网用户。特别值得注意的是，玻利维亚的互联网用户率虽然还不是很高，但发展速度惊人，在2000~2011年的11年间增长了1984%。[3]

在物价方面，20世纪八九十年代玻利维亚曾长期遭受高通货膨胀的困扰，直到1997年之后物价上涨的趋势才得到遏制。此后，除2008年外，其他年份生活消费品物价指数增长率均保持在个位数，有些年份还降至5%以内。

---

[1] 宋霞：《玻利维亚：总统连任，经济尚好》，吴白乙主编《拉丁美洲和加勒比发展报告（2014~2015）》，社会科学文献出版社，2015，第200~201页。

[2] 中国驻玻利维亚大使馆经济商务参赞处：《玻利维亚政府发布2016~2020年经济社会发展计划》，《经贸新闻》2016-01-05，http://bo.mofcom.gov.cn/article/jmxw/201601/20160101226809.shtml。

[3] 参见 Economía de Bolivia, De Wikipedia, la enciclopedia libre。

三 住房状况

玻利维亚的住房包括私人住房和公共用房两类，后者包括医院、收容所、孤儿院、学生宿舍、监狱、营房和旅馆，等等。据统计，1992年，玻利维亚全国住房数为170万套，2001年增长到227万套，2012年为316万套，20年间增加了146万套住房，年均增长率约为3%。2012年的统计显示，当年玻利维亚全国共有私人住房313万套，公共用房3万套，分别较1992年增长了85%和181%。私人住房最多的省是拉巴斯省，其数量在2012年达到93万套，约占全国的30%。其次为圣克鲁斯省，其私人住房在2012年为70万套，约占全国的22.36%。科恰班巴省居第三位，2012年有59万套私人住房，约占全国的18.85%。1992年，玻利维亚平均每套私人住房居住3.72人，2001年减少到3.58人，2012年减至3.14人，住房拥挤状况有所改善。[①]

在住房的产权结构方面，玻利维亚的私人住房大体上分自住房、租赁房、典押房和借用房四类。自住形式最为普遍，2012年，玻利维亚全国自住型住房占私人住房总数的70%。自住型住房比重最高的省是波托西省（77.95%），比重最小的省是圣克鲁斯省（59.82%）。租赁型住房约占私人住房总数的15.94%，比重最高的省是圣克鲁斯省（22.64%），比重最小的省是波托西省（11.81%）。典押型住房约占私人住房总数的3.45%，比重最高的省是圣克鲁斯省（4.13%），比重最小的省是潘多省（0.97%）。借用型住房约占私人住房总数的9.1%，比重最高的省是贝尼省（15.39%），比重最小的省是丘基萨卡省（6.99%）。其他形式住房约占私人住房总数的1.51%。

在住房基础设施方面，玻利维亚水平不高，但近20年来有很大改善。2001年，玻利维亚全国62.27%的私人住房用上了自来水，这一比重在2012年上升到66.09%。同一时期，玻利维亚私人住房的通电率由

[①] 参见 Instituto Nacional de Estadística de Bolivia, *Censo Nacional de Población y Vivienda 2012*, p.16。

64.38%增长到78.18%,生活废水排放系统的拥有率由63.69%提高到69.92%。但是,不同地区住房的基础设施存在很大差别。例如,2012年,塔里哈省和圣克鲁斯省有4/5以上的私人住房用上了自来水,而潘多省、贝尼省和丘基萨卡省还有一半以上的家庭没有自来水。全国有四个省的通电率超过了75%,但丘基萨卡省和潘多省的通电率尚不足60%。全国有四个省的生活废水排放系统拥有率超过了80%,而奥鲁罗省和波托西省的这一指标还不到50%。2012年,玻利维亚家庭使用液化石油气的比重为61.34%,使用管道煤气的比重为10.08%,但还有24.01%的家庭使用木柴,另有将近5.8万户居民用鸟粪、牛粪和骆马粪作燃料。

为了提高居民的住房水平,2011年莫拉莱斯政府宣布实施"社会团结住房项目",计划在2011~2015年新建10.2万套新保障住房,以满足24万户家庭的住房需求。为实施该项目,玻利维亚政府专门成立了国家住房局,金融机构还为保障性住房申请人提供优惠贷款。

四 社会保障与福利

(一) 20世纪90年代以前的社会保障与福利

玻利维亚最早的社会保险法出现于20世纪初。当时,社会保险法只规定要为教师、军人、银行雇员和文职官员设立养老基金。到40年代末,玻利维亚有了较为完备的现代保险制度,制定了有关伤残保险、产妇保险、医疗保健、养老金、丧葬救济等社会保险条例。

1952年革命后颁布的《社会保险法》(1956)还规定要给予病人、产妇、风险职业从业者、长短期伤残者、老人以及苦难幸存者以援助。但是,直到80年代末,玻利维亚社会保险计划的覆盖面仍然只占全国人口的20%左右,农业工人和占工人阶级绝大部分的自雇劳动者均被排除在外。80年代中期实行"新经济政策"之后,人民贫困情况更加恶化,用玻利维亚工会领袖米尔顿·戈麦斯的话说,政府的改革"是以穷人的饥饿为代价的,它只为当权的少数人带来了财富"①,因此社会冲突日益严重。为了缓和社会矛盾,政府采取了一系列福利措施,如在世界银行支持下设立"紧急社会基金",在实行国营企业"资本化"进程中推行私有化的养老金制度,与一些社会组织以及国际组织合作在玻利维亚推行一系列扶贫计划等。

(二) 社会保障制度改革

在20世纪90年代以前的半个世纪中,玻利维亚实行现收现付的养老金制度。它包括基本养老金和补充养老金两部分。基本养老金是强制性的,由雇主、雇员和政府按法律的规定共同负担雇员的养老金,但实际上政府只为公职人员缴费。补充养老金是自愿性的,全部由雇员缴纳,缴费率不固定,从占雇员工资总额的3.5%到12%不等。到1996年底,玻利维亚全国只有约30万人缴纳养老金(其中65%为公职人员),仅占全国经济活动人口的12%,城镇经济活动人口的养老金覆盖率也仅为22%。

1996年11月,在新自由主义经济政策的影响下,玻利维亚政府颁布第1732号法令,推行养老金制度私有化改革,用个人账户制度取代传统的现收现付制度。在新制度中,雇员工资总额的10%直接存入每位参保者的个人账户,用于资本运营;同时雇员还要缴纳工资总额的2%作为伤残和死亡保险费,3%作为住房基金,0.5%作为个人账户管理者的运营费用。个人账户制度由两家外国私人机构(毕尔巴鄂比斯开银行和苏黎世金融集团)进行管理和经营。由于这种模式极易受到金融资本主义周期性不稳定以及世界市场变化的影响,社会保险的覆盖面不但没有扩大,反而有所缩小。

莫拉莱斯执政后,注意提高国民的生活水平和福利。2009年,政府公共投资增加35.5%,开始实行"母子津贴计划"和"意外事件计划"。2010年12月,莫拉莱斯政府颁布第65号法令,宣布实行养老金国有化改革。新法令明确提出要实行一种"一体化养老金制度"(el Sistema

---

① Alejandro Campos, *Poverty in Bolivia to Stay for Generations*, 1999. http://www.converge.org.nz/lac/articles/.

Integral de Pensiones），它由三种不同缴费类型的制度组成。第一种为缴费型制度，提供老年福利、残疾人福利以及这些人的死亡抚恤金和殓葬费。第二种为半缴费型制度，提供老年援助福利，以及这些人的死亡抚恤金和殓葬费。第三种为非缴费型制度，提供尊严年金和殓葬费。新制度有如下几个突出的特点。

第一，保留原来的个人账户制度，并在个人账户制度的基础上引入共同基金。譬如缴费型养老金制度实行的就是个人账户制度，该制度设有保险储蓄基金、老年基金和集体风险基金，投保人均有个人的保险储蓄账户，所缴款项均记入他名下的个人账户，并由保险储蓄基金的管理机构将其投资于各种金融工具，以期获得增值。[1] 半缴费型养老金制度则设援助基金，它既有投保人缴纳的普通风险、职业风险和劳动风险的保险费，也有国家的援助金、个人的援助捐献和矿工的援助捐献等。非缴费型养老金制度则是普惠性的老年捐税基金（el Fondo de la Renta Universal de Vejez），属老年人均能享用的共同基金。

第二，新的一体化社会保障制度须严格执行法律规定的十大原则，即普惠性原则、跨文化性原则、一体性原则、公平原则、援助原则、统一管理原则、节俭原则、适宜原则、效率原则和性别平等原则。

第三，高度重视养老金的安全，对所有各类养老基金资源的投资都做出了明确而严格的限定，并制定了严格的反腐败条例。如养老金只能通过法定授权的一级市场和二级市场投资于公开发行的证券或金融工具；禁止投资于任何非营利公司；投资于唯一发行公司的证券或金融工具的基金，其价值不得超过基金总值的10%；投资于无风险评级的、由合法中小企业发行的证券或金融工具的基金不得超过基金总值的5%；海外投资不得超过每项基金的50%；禁止购买社保高管人员所拥有的证券或金融工具；禁止为了高管人员的利益而出卖证券或金融票据；禁止投资于与高管人员有联系的公司发行的证券和金融工

---

[1] *Fondo de Ahorro Previsional*，http：//www.bcu.gub.uy/Usuario-Financiero/Paginas/Fondo_Ahorro.aspx.

具；等等。

第四，建立新的公立的社保基金管理机构以取代原来的外国私营管理机构。这个机构叫"长期社会保障公共管理局"（la Gestora Pública de la Seguridad Social de Largo Plazo）。这是一个得到经济与公共财政部支持的国家战略性公有企业（una Empresa Pública Nacional Estratégica），在经营管理上、财务上、法律上和技术上均有自主权，其主要职能是：履行国家宪法及相关的法律的规定；管理一体化养老金制度所有的登记资料；依法管理和支付各种福利、养老金以及其他各种偿付；公平地、无歧视地向被保险人提供服务；依法管理其所属各项基金资源的投资；依法征收和管理被保险人的缴费；依法管理全国的援助捐款；依法催收（必要时通过司法手段）拖欠的捐税、援助捐款、利息及附加费；依法通过投资组合让所管理的基金盈利；依法按市场价格逐日评估所管理的每项基金的投资情况；定期向被保险人发送有关保险储蓄和托管基金的信息；按月征收保费并转账给各相应的公共保险机构；提供及时、高效的服务；完成监督机构所要求的所有管理行为；完成每天对进款的对账、分类、入账和过账工作，并按规定予以公布；等等。

法律规定，一体化养老金制度的各种基金都必须由这个机构独立进行管理。

据统计，在2004～2014年的10年中，被保险人人数增长了902023人，增长了103%；养老金总额增长了860.6万美元，增长了434%（见表6-4）。

表6-4　2004～2014年玻利维亚养老金总额及被保险人数

年　份	2004	2006	2008	2010	2012	2014
养老金总额（百万美元）	1.982	2.619	3.891	5.452	7.762	10.588
被保险人人数	878343	988967	1166838	1360599	1551733	1780366

资料来源：Ministerio de Economía y Finanzas Públicas, Gestora Pública de la Seguridad Social de Largo Plazo, Enero 2015。http：//medios. economiayfinanzas. gob. bo/MH/documentos/Presentaciones/Presentaciones%202015. pdf.

五 移民

玻利维亚是一个经济相对落后的发展中国家，国内的就业机会难以满足人民日益增长的就业需求，许多玻利维亚人选择移民到国外谋生。2012年全国人口普查资料显示，玻利维亚29.6万户家庭拥有跨国谋生成员，约占全国家庭总数的10.53%，海外移民总数超过56.2万人，约占全国人口总数的5.61%。换言之，每10个玻利维亚家庭中就至少有1家有海外移民，每18个玻利维亚人中就至少有1人移民其他国家。

玻利维亚海外移民以年轻人为主。在各个年龄段中，20~24岁的青年移民最多，接近13.2万人，约占总数的23.38%。其次是25~29岁青年移民，为8.87万人，约占总数的15.76%。40岁以下的移民达到了45万余人，约占全部海外移民的80%。就性别来说，女性移民略多于男性。

玻利维亚移民的主要目的地是拉美邻国和欧盟国家。2012年，移民到南方邻国阿根廷的玻利维亚人超过22.8万人，占玻全部海外移民人数的40.6%；移民巴西和智利两个邻国的移民分别达到5.4万人和3.1万人，北方邻国秘鲁也有玻利维亚移民8000多人。其他拉美国家，如古巴、委内瑞拉和墨西哥等也有一定数量的玻利维亚移民。在欧盟国家中，玻利维亚移民最多的是前宗主国西班牙，意大利、英国、瑞士、法国、德国、瑞典也有数量不等的玻利维亚移民。

除此之外，玻利维亚移民最多的就是美国和日本，2012年这两个国家分别接纳玻利维亚移民1.8万人和1000多人。①

玻利维亚海外移民给玻利维亚创造了数额巨大的侨汇收入。据玻利维亚中央银行统计，2012年全国侨汇收入达10.94亿美元。第一大侨汇来源国是西班牙，占侨汇总额的44%；其次是美国，占17.4%；第三位是阿根廷，占12.1%；智利和巴西所占份额分别为4.8%和3.1%；其他国家占18.6%。玻利维亚的侨汇收入大约占玻利维亚国内生产总值的6%。

---

① Instituto Nacional de Estadística de Bolivia, *Censo Nacional de Población y Vivienda 2012*, p. 30.

与数量庞大的海外移民相比，玻利维亚的外国移民数量较少，主要来自拉美国家（2010年有12.1万人），其次来自欧盟国家（2010年有8961人）。

总之，在莫拉莱斯执政之后，玻利维亚的国内生产总值明显增长，社会福利全方位改善，玻利维亚的贫困人口和赤贫人口大幅度减少，玻利维亚已经摘掉了最贫穷国家的帽子。

第二节 社会管理

一 社会制度与社会结构

玻利维亚的经济现代化程度相对较低，其社会制度具有一种明显的欠发达的、传统与现代相互混杂的特点。这是几百年来资本主义全球扩张迫使这个落后的土著经济体逐步卷入资本主义生产方式强烈影响之下而产生的一种结果。这种社会制度既不是纯粹资本主义的，也不是纯粹土著社群主义的，更不是纯粹社会主义的，而是建立在不发达资本主义经济、不发达传统公社经济与不发达非正规经济并存的混合经济基础之上的一种社会制度。按玻利维亚官方的说法，莫拉莱斯执政之后玻利维亚实行的是一种"社会公共的和生产的新经济模式"（el Nuevo Modelo Económico, Social, Comunitario y Productivo），其目的并不是要直接进入资本主义生产方式的改革进程，而是要为过渡到社会主义生产新模式奠定基础。也就是说，玻利维亚目前的社会制度是一种过渡性质的社会制度，是一种建立在资本主义体制基础上、致力于为社会主义社会创造条件的过渡性质的社会制度。[1]

玻利维亚社会制度最突出的特点是它的社会结构的复杂性，无论是民族结构、文明结构还是社会阶层结构都具有这个特点。

---

[1] 参见 Luis Alberto Arce Catacora, *El Nuevo Modelo Económico, Social, Comunitario y Productivo*, https：//zh.scribd.com/doc/225388384/Bolivia-El-nuevo-modelo-economico-social-comunitario-y-productivo。

第六章　社　会

1. 民族结构

玻利维亚名义上是一个土著居民占多数的国家，但实际上并没有任何一个土著民族处于多数地位，两个人口最多的土著民族艾马拉族和克丘亚族人口也只是分别占全国人口总数的 25% 和 30%，其他的是梅斯蒂索人（混血人）、克里奥尔人（土生白人）和少量外籍玻利维亚人，他们加起来也不过占人口总数的 30% 多。总之，玻利维亚是一个有多种社会认同，但任何一种社会认同都只占少数的国家；也就是说，玻利维亚只是一个由几十个少数民族群体构成的社会。尽管如此，在政治上，玻利维亚的统治机构和统治制度长期以来却一直是单一文化和单一语言的，即克里奥尔文化和卡斯蒂利亚语的；甚至早期的宪法还特别规定了"公民"和"玻利维亚人"之间的区别，说前者是出生在玻利维亚，能够用西班牙语阅读和写作，拥有特定货币收入和政治权力的人，后者则仅仅是指出生在玻利维亚的人。[①]所以，在历史上，玻利维亚的民族矛盾是很尖锐的。莫拉莱斯执政后，占人口多数的土著居民虽然参政了，并掌握了政治权力，甚至几乎所有的土著语言都被赋予了官方语言的地位，但实际上玻利维亚复杂的民族结构并没有也不可能在短期内发生根本性的变化。

2. 文明结构

玻利维亚社会严重分化的另一个核心问题是萨维莱塔（Zavaleta）所说的"斑驳混杂的"文明现象。玻利维亚同时存在四种具有完全不同历史特点的文明制度。第一种是"现代工业文明"（La moderna industrial），即已脱离了公社传统的包括现代矿业、制造业、银行业、商业和公共服务业在内的现代经济文明。第二种是围绕以本国工匠和农民为主体的简单商业活动而组织起来的社会经济文明，也就是小商品经济文明；近 30 年来兴起的相当大一部分非正规经济也属于这种文明。第三种是"公社文明"（la civilización comunal），这种文明是建立在民间传统生产

[①] Álvaro García, La estructura social compleja de Bolivia, Análisis y Noticias, 21. Dic. 05, http：//clajadep. lahaine. org/? p = 5641.

技术、土地由家庭或公社经营、经济与政治相互融合的基础之上的,有自己的领导当局和政治机构。第四种是建立在流动性生产活动基础之上的亚马孙文明(la civilización amazónica),技术依靠个人的知识和勤奋,没有国家的概念。总之,玻利维亚存在一种由上述四种文明组成的混合文明模式。四种文明由于具有不同历史时代的特点,往往是相互矛盾的,因此,这个国家尚缺乏现代国家所需要的社会文明结构的统一性。①

3. 社会阶层结构

玻利维亚的社会阶层结构与拉美其他国家一样,分上、中、下三个层级。

玻利维亚的社会上层是一个高等社会阶层,主要由极少数大资本家和大庄园主组成,他们掌握着许多产业部门的生产资料,是玻利维亚最富裕的社会阶层。2011年,这个阶层大约占全国经济活动人口的5%。

玻利维亚的社会下层是一个人数众多的劳动者阶层。它包括以土著农民为主体的玻利维亚农民、以现代工矿业工人为主体的玻利维亚工人以及包括非正规经济部门劳动者以及一部分自雇劳动者在内的其他劳动者。这是一个处于贫困地位甚至赤贫地位的阶层,其收入通常都不足以维持生计。2002年玻利维亚的贫困率仍然高达63%。莫拉莱斯执政后,玻利维亚是拉美地区在减贫方面取得成绩最大的国家,贫困率从2002年的63%下降到了2011年的45%,40%的最贫困人口平均收入的增长速度高出全国平均收入增长速度的3倍以上,下层阶层人数占全国人口总数的比重估计已下降到40%左右。②

玻利维亚社会中层是一个处于上述两个阶层之间、收入在2500玻利维亚诺到1.5万玻利维亚诺之间的人群。20多年来由于一些新的社会部门和产业部门的兴起,玻利维亚社会流动加快,社会下层相当一部分人的社会地位有所提升,中产阶级的人数以历史上从未有过的速

---

① 参见 Alvaro García Linera, *Democracia liberal vs. democracia comunitaria*, 20 de enero de 2004, http://www.voltairenet.org/article122845.html。

② Telesur, *Bolivia lidera reducción de la pobreza en América Latina*, 8 Septiembre 2014, http://www.telesurtv.net/news/Bolivia-contra-la-Pobreza-20140908-0039.html。

度增长①。据联合国开发计划署的统计，1999年，玻利维亚30%的人口属于中产阶级，到2007年上升到36%，到2015年，中产阶级的人数几乎已占全国人口总数的一半。②据2011年的统计，在这个人群中，科学和人文职业者约占全国经济活动人口的8.17%，军人和政府文职人员所占比重为3.08%，设备和机械操作工、中等技工所占比重为12.28%。他们都是现代化、工业化和城市化的产物。

  玻利维亚的社会阶层结构看似简单，但由于上述种族结构和文明结构的原因，这个阶层结构实际上是非常复杂的。社会上层分旧富和新富两部分，前者是拥有大量遗产的世袭巨富，后者是新近暴发起来的巨富。他们的政治态度是不一样的。即使新兴资产阶级也大多对莫拉莱斯政府的政策不满，譬如2012年奥鲁罗省登记注册的3419家企业，只有666家履行劳工部所要求的社会责任，其数量还不到所登记企业总数的19.5%。③ 玻利维亚的中产阶级明显分为传统中产阶级和新兴中产阶级两大部分，前者主要是城市中产阶级，包括政府官员、商人以及医生、律师、工程师等专业人士；后者主要是城乡一些新兴部门的中等收入人士，如农民出身的中小企业家、服务业和商业部门的工作人员，同非正规经济以及国内小企业相联系的中产阶级。传统中产阶级中的上层在过去是有特权的，因为他们有大学文凭，能够管理国家。这种状况现在已经改变，现在的政府机构已经向农民开放，传统中产阶级已经享受不到特权，特别是过去服务于政府机构的一些人士，譬如政府顾问之类，现在已难以继续工作。所以，他们往往反对莫拉莱斯政府；而新兴中产阶级则得益于莫拉莱斯政府的改革政策而脱离贫困，提升为中产阶级。这一部分中产阶级则坚定地支持莫拉莱斯

---

① 在玻利维亚，有三种社会流动机制可以提升人们的社会地位：第一，接受大学教育，获得一个学位；第二，向外国移民，在外国积累资本；第三，经商，从事正规贸易。
② 据联合国开发计划署2015年的《人类发展报告》，以收入来衡量，玻利维亚中产阶级在最近十年中已经增长了65%，有170万人从下层阶级上升到了"脆弱的"中产阶级，中产阶级大致已占全国人口总数的一半。http://www.msn.com/es-xl/dinero/noticias/pnud-destaca-que-clase-media-boliviana-creci5.
③ Sólo 19.5% de Empresas Registradas en Fundempresa Cumplen Normas Sociales, La Patria, 3 de julio de 2012. http://www.lapatriaenlinea.com/? nota=111896.

政府，并希望莫拉莱斯政府能够长期执政。正如社会学家乌戈·卡利萨亚（Hugo Calisaya）所指出的，玻利维亚的中产阶级是分裂的，"一部分人支持政府，而另一部分人反对政府，前者大概占55%，后者占45%"。玻利维亚的社会下层尽管因为国家推行资源再分配政策而缩减了，"但不平等和社会排斥仍然是玻利维亚社会的主要特征"[1]。所以，在当前的反对派队伍中，也有一些工会组织和印第安人组织。

二 社会矛盾与社会治理

社会结构的复杂性导致社会矛盾的复杂性。"区域政治分析及展望"和团结基金会（Unir）的调查结果显示，玻利维亚是社会冲突最多的拉美和加勒比国家之一。在2009年10月至2010年9月这一年中，拉美总共发生2318起社会冲突，其中玻利维亚、秘鲁和阿根廷的冲突次数最多，超过200次。[2]尽管莫拉莱斯政府在收入再分配上做了很多工作，但据报道，2013年以来还是出现了不少因国民收入分配不平等而引发的新的社会冲突，如军队下级军官、矿业合作社工人和下级警官要求改善工作条件和增加工资的罢工运动，残疾人的进军拉巴斯运动，玻利维亚总工会提出的要求政府增加工资的法案，拉巴斯工会要求修改税务法的游行，拉巴斯民众要求取消新运输费的运动，州际运输工人要求改善劳动条件的游行等。[3]玻利维亚的一些大城市也的确存在市容混乱、社会组织化程度较低的状况以及街边饮酒、街边贩毒吸毒、沿街乞讨、邻里冲突、个别建筑物或房屋被非法侵占等现象。[4]另外，私营公司与国营公司之间及私营公司和当地土著人之间的冲突也时有发生。特别值得注意的是，自莫拉莱斯执政之后，东部地区与西部地区分裂与反分裂、反政府与保政府的斗争

---

[1] http://www.msn.com/es-xl/dinero/noticias/pnud-destaca-que-clase-media-boliviana-creci%.
[2] *El Diario*, 2011-10-31, http://bo.mofcom.gov.cn/aarticle/jmxw/201111/20111107810570.html.
[3] *Noticias de los Movimientos Sociales de Bolivia*, http://www.eabolivia.com/social.html.
[4] CAF - 拉丁美洲开发银行主编《为了一个更加安全的拉丁美洲：预防和控制犯罪的新视角》，知识产权出版社，2015，第104页。

始终没有间断。尽管如此，玻利维亚的社会并没有像人们所想象的那么动荡，相反，在有关拉美国家社会犯罪率的统计中，玻利维亚远远低于拉美国家平均水平，属拉美犯罪率较低的国家之一。譬如在2011年每10万居民凶杀案率的统计中，玻利维亚只有10万分之7.3，而阿根廷、巴西、哥伦比亚、委内瑞拉和墨西哥等几个主要国家则分别为10万分之22、10万分之33.7、10万分之48.7、10万分之10.9和10万分之20.6。又譬如同年在抢劫案发案率统计中，玻利维亚只有10万分之104，而拉美国家的平均值为10万分之521（2007），阿根廷、哥斯达黎加等较富裕国家更高达10万分之1000以上。[①]

之所以如此，主要原因是玻利维亚执政党在社会治理方面采取了一些有力的、行之有效的治理措施。

（一）大力进行社会经济改革

莫拉莱斯执政伊始，就积极推行石油、天然气等战略资源国有化改革，并利用国有化改革所得的财政收入建立富有生机和活力的生产链，推动生产力的发展；同时颁布新《土地法》，进行土地改革，激发农民的种田积极性，促进农业生产力的发展；并针对社会严重两极分化的情况广泛推进社会福利方面的改革，如提高最低工资水平、积极创造就业机会、大力发展教育事业、降低用电价格、为弱势群体提供生活补助等，开创了玻利维亚社会经济发展的崭新局面。正如马丁·哈钦森的文章所说，莫拉莱斯的改革使玻利维亚政府在矿产和能源开采方面的收入翻了两番，创造了玻利维亚近几十年来经济的最高增速，使玻利维亚几乎在全国实现了充分就业，使城市和农村的极端贫困人口分别减少了10个和20个百分点[②]。这是玻利维亚社会之所以能避免出现重大动乱、维持较安定局面的主要原因。

---

① CAF-拉丁美洲开发银行主编《为了一个更加安全的拉丁美洲：预防和控制犯罪的新视角》，知识产权出版社，2015，第8页。
② 马丁·哈钦森：《玻利维亚——社会主义似乎奏效的地方》，《参考消息》2014年10月27日。

(二) 加强社区建设与社会规范建设

玻利维亚社会之所以能维持较安定局面的另一个重要原因是玻利维亚政府重视和加强社区建设与社会规范建设。莫拉莱斯政府认为，社区、工会和家庭是社会发展的基础，应受到政府的保护；应消除社会存在的阶层鸿沟、种族歧视、文化风俗歧视，保障各社会群体平等行使公民权。莫拉莱斯还特别重视工会对群众的组织功能和农民合作组织的自助脱贫功能，在他执政的第一个任期内，工会组织和农业合作社的数量都增长一倍以上。

尤其值得注意的是莫拉莱斯政府的社会规范建设，特别是制度规范、法律规范和道德规范的建设。在制度规范方面，玻利维亚 2009 年新宪法精准规定了玻利维亚的国家制度，规定玻利维亚实行一种"单一制的、社会权利的、多民族社群主义的、分权与自治的"国家制度（Unitario, Social de Derecho Plurinacional Comunitario descentralizado y con autonomías）。这一规定集中考虑了玻利维亚三个方面的社会现实，这就是自由主义的社会现实、社群主义的社会现实和地区主义的社会现实；同时也考虑了这三个现实所包含的各种社会矛盾，并为解决这些矛盾提供了制度的规范。譬如"单一制的"就是规定玻利维亚只有一个政权中心，不容许另立山头，分裂国家；"社会权利的"就是规定"集体利益优先于个人利益"，规定了解决集体与个人矛盾的原则立场；"多民族社群主义的"就是规定玻利维亚国家的多民族性质，规定玻利维亚是一个"大民族"（Nación Mayor），其中包括文化认同基础上的各个土著民族，意味着承认组成集体的各土著民族和人民，因而也就意味着承认集体的权利；"分权与自治的"就是规定要"通过分权和自治实现国家结构、各土著民族与地区（省、州、市）之间的适当衔接"。

在法律规范方面，玻利维亚制定了一系列法律，为国家的政治生活、经济生活、社会生活、文化生活提供了行为规范。譬如在政治生活方面，制定了《多民族玻利维亚国宪法》《选举制度法》《选举机构法》《行政机构法》《宪法法院法》《司法机构法》《审计法》《公共职务建制法》《国家警察建制法》《反腐败法》《自治法框架》《市政法》《地方自治法》

等法律；在经济生活方面制定了《土地法》《碳氢化合物法》《电力法》《矿业法》《普通铁路法》《公路运输条例》《银行及金融机构法》《证券市场法》《保险法》《移民法》《税收法》《税制改革法》《关税法》《林业法》等法律；在社会生活方面制定了《普通劳动法》《社会保障法》《养老金法》《环境法》《水法》《教育法》《家庭法》《少年儿童法典》《仲裁和调解法》等法律。①

在道德规范方面，玻利维亚新宪法规定："国家把不懒惰、不骗、不偷、美好生活、和谐生活、幸福生活、无邪恶土地、高尚生活作为多元社会的伦理道德原则而加以推行"；"为了美好的生活，国家的价值观基础是团结、平等、包容、尊严、自由、互惠、尊重、互补、和谐、透明、平衡、机会均等、公平的社会参与和性别参与、共同福利、责任、社会正义、产品和社会福利的分配和再分配"。②

三 社会热点

2006 年之前，广大民众与推行新自由主义经济政策和廉价出卖本国自然资源的前两届政府的矛盾，是玻利维亚的社会热点，由此而引发的严重的社会冲突曾先后迫使德洛萨达总统和梅萨总统辞职下台。2006 年莫拉莱斯总统执政之后，上述矛盾通过天然气资源国有化政策获得了解决，但新的社会热点又出现了。主要是两个问题，一是分裂与反分裂的问题，二是环境保护与经济发展问题。

分裂与反分裂的问题是玻利维亚复杂的社会结构所产生的一个十分复杂的问题。2006 年莫拉莱斯执政不久，东部圣克鲁斯省省长、反对派首领鲁本·科斯塔斯就以自治为幌子把东部半月形地区 4 个省（圣克鲁斯省、塔里哈省、贝尼省和潘多省）的反对派团结成一个反对莫拉莱斯的阵线（称"半月"权力集团），反对莫拉莱斯政府的宪法改革、经济改革

---

① *Códigos y Leyes*, Publicado el 21/07/2010, http：//bolivialegal.com/bolivia-legal/enciclopedias-compilaciones-y-galerias-de-fotos/codigo-tributario/.
② *Constitución Polĭtica del Estado Plurinacional de Bolivia*, http：//www.harmonywithnatureun.org/content/documents/159Bolivia%20Consitucion.pdf.

和社会改革，并一次又一次地挑起流血冲突。这反映了玻利维亚东部半月形地区与西部安第斯地区之间几个方面的深刻矛盾。首先，在地域结构中，这是比较富裕的东部地区同比较落后的西部地区经济发展不平衡的矛盾，是前者反对莫拉莱斯政府想用国家的权威来平衡东西部的财富，使东西部利益均分均享政策的斗争，实际上是关于东部地区自然资源（主要是石油和天然气）究竟应该由谁来控制的问题的一场严重斗争。其次，在民族结构中，这是东部地区代表占人口少数的、历来掌握玻利维亚政权的克里奥尔人和梅斯蒂索人利益的"半月"权力集团同代表西部地区广大土著民族利益的、给予占全国人口多数的土著民族以政治权利的莫拉莱斯政权的矛盾。再次，在文明结构中，这是东部地区的现代工业文明与西部地区的三种非工业文明（即小商品经济文明、"公社文明"和亚马孙文明）之间的矛盾。最后，在阶层结构中，这是代表上层社会和传统中产阶级利益的东部地区反政府分裂派同代表广大劳动者阶层以及新兴中产阶级利益的西部保政府统一派之间的矛盾。东、西两个地区的这种分裂与反分裂的斗争不是短期内能够彻底解决的，它将是关系玻利维亚未来命运的一个长期的社会热点。

环境保护与经济发展的矛盾问题，是新近出现的一个热点问题。2011年，玻利维亚政府决定在亚马孙河流域地区修建一条公路，公路需穿越一片自然保护区，因当地居民反对，工程只好停歇。2012年7月，莫拉莱斯总统启动协商程序，宣布就是否修建一条公路问题征求亚马孙河流域地区69个部落土著居民的意见。但大多数土著居民不同意政府的协商计划，坚决反对修路，认为修路破坏自然保护区的环境。这个事件典型地反映了环境保护与经济发展的矛盾。这个矛盾到底如何处理，是当前玻利维亚社会广泛热议的一个重要问题。不仅如此，这个问题也是国际斗争的一个重要方面。2015年，在墨西哥国立自治大学举行的一次关于"2000~2015年拉美社会经济政策"问题的学术讨论会上，玻利维亚副总统加西亚·利内拉就认为，现行的环境保护主义概念只会维持土著居民所遭受的落后状况，把他们简单地变成森林保护者，丝毫也不考虑他们自身发展的利益。这位副总统从玻利维亚的实际处境出发，把这种环境保护主义视为一种殖民主义，因为它在玻利维亚追求的是要连一棵树都不能触动，而玻利维亚的各个土著民族却深陷贫困之中。他指出，"这种想把土著居民的生活条件冻结在一种殖民地式关系之中的企图，是要我们给北方高度发达国家所产生的环境增值买单"。在谈到玻利维亚所应实行的自然资源工业化的发展战略时他坚持认为，"为了摆脱采掘主义，必须要利用采掘主义"。他说，为了解决资源问题，开始的时候是可以发展一种以采掘主义为基础的经济的，然后再投资于其他更有效益的、能够避免破坏生态环境和生物多样性的经济部门。① 总之，如何处理环境保护与经济发展的关系问题，现在已成为玻利维亚人民特别关注的问题。

第三节 医疗卫生

一 医疗卫生概况

玻利维亚人民在其上千年的历史中，积累了丰富的医药经验和知识。在印加帝国统治时期，今天的玻利维亚曾经是这个帝国的一个"苏约"（即一个行政区），叫"科利亚苏约"（Qollasuyo）。"Qollasuyo"一词在艾马拉语中，就是"医生和药物之国"的意思。在这个地区，土著居民在应用草药治疗疾病方面是最有名的。据记载，在19世纪，光拉巴斯省的一个叫作"卡利亚瓦亚斯"的地方，就有传统草药医生500多人。可见，在漫长的历史中，玻利维亚人民主要是用传统的草药治病的。现在，卡利亚瓦亚斯的印第安医药遗产已经引起很多医学和生物学研究人员的重视。

从19世纪开始，西方的医药卫生知识开始在城区传播开来。到20世纪80年代，玻利维亚居民的健康状况虽然有所改善，但并不显著，人均

---

① Vicepresidente de Bolivia dice que el ambientalismo colonial afecta a indígenas por consuladodebolivia, Septiembre 10, 2015.

玻利维亚

预期寿命只提高到50岁左右，同西半球其他国家相比，是人均预期寿命最低的国家之一。玻利维亚人主要受三种疾病的威胁，第一种是恰加斯病（南美洲的一种锥虫病），第二种是疟疾，第三种是黄热病。此外，肺结核也是威胁玻利维亚居民生命安全的一种疾病。婴儿的死亡主要是由肠胃病、麻疹或呼吸道感染造成的。妇女的保健问题主要是生育问题，大约只有1/4的育龄妇女实行某种形式的计划生育。从20世纪80年代开始，可卡因产业对玻利维亚人健康状况产生了严重的影响，玻利维亚开始出现艾滋病。

鉴于卫生保健形势的严峻，从20世纪80年代中期开始，玻利维亚政府开始改组国家的卫生保健系统，力图建立一个统一的卫生保健体系，将卫生保健工作的重点放在预防医学上，而不是放在治疗医学上。到90年代初，桑切斯政府又进一步制定了新的卫生保健政策，强调要把权力和资源下放给市镇，让民众自己掌握权力，让他们自己行使其卫生保健权，并规定实行法律部门、行政管理部门和技术服务部门三方合作管理的服务模式（法律部门负责卫生保健系统出现的种种问题的法律"分析"和"处置"；行政管理部门主要负责财政与非财政事务的管理工作；技术服务部门负责卫生保健和医疗服务的技术领导及组织工作）。经过改革，玻利维亚的卫生保健工作和人民健康状况已有了较明显的进步，人均寿命从80年代中期的51岁提高到2003年的64.78岁。但是，由于贫困人口的比重高达70%，卫生保健工作仍然任重道远，特别是有些问题更加严重了，譬如艾滋病感染人数已从1987年6人增长到2001年的4600人。

2006年埃沃·莫拉莱斯执政后，高度重视民众的卫生保健和医疗服务，并大刀阔斧地进行了改革，提出要将卫生保健服务从一种救助的模式革新为一种建立在科学预防基础之上的保健模式。为此，玻利维亚政府制定了"2006~2010年保健战略计划"。该计划提出："2010年将最后建成一个统一的、所有人都能享受的、尊重本土文化及其传统医学的、包容性的、公平的、团结的、高质量的、权力下放的、由卫生体育部领导的保健系统。"新的保健系统的最终目的是要实现保健权的普及化，并将利用家庭的、社区共同体的和跨文化的保健模式来实现这一目的。① 经过近几年的努力，成就显著。2012 年，玻利维亚全国已有各类医疗机构 3574 家，拥有医用病床 11273 张，每万名国民拥有医院 3.6 家、病床 11.2 张。据世界卫生组织统计，2006～2013 年，每万名玻利维亚人拥有医生 4.7 名，护理和助产人员 10.1 名，牙医 1.1 名，药剂师 0.7 名，精神病医生 0.1 名。2011 年，玻利维亚医疗卫生支出占国内生产总值的比重为 5%，其中政府支出部分占 70.8%，私人支出部分占 29.2%，人均医疗卫生支出额为 115 美元；政府的医疗卫生支出占财政总支出的 7.9%，其中有 2/5 以上用于社会保险投入。2006～2013 年，玻利维亚孕产妇的产前检查率为 86%，专业接生率为 71%。2012 年，玻利维亚 1 岁儿童的麻疹疫苗接种率为 84%，百白破疫苗、乙肝疫苗和 B 型流感嗜血杆菌疫苗的接种率均达到 80%，全国人口的预期寿命已提高到 68 岁。②

二 医疗卫生制度

玻利维亚现行的医疗卫生管理体系分为政府、社会保险基金和私人部门三级。在政府层面，卫生部负责规范和执行全国卫生政策与战略，省级政府负责人力资源管理，基层政府负责管理卫生服务设施，并向低收入群体提供卫生服务。全国 9 个社会保险基金负责社会保险的缴纳与支付，参保人主要为正规就业部门的工薪阶层，覆盖了近 30% 的人口。其中，国民健康保险基金囊括了 4/5 的参保人口，由玻利维亚政府负责其最终融资任务。私人部门包括各种营利和非营利的社会组织，通过私人保险为 20% 的人口提供服务，资金主要由家庭现付、预付或私人企业支付。这些社会组织在玻利维亚的医疗服务中发挥了重要作用，如天主教会下属的组织为 10% 的人口提供医疗服务，大多数为城乡贫困人口，所需资金主要通过外部渠道募集。

---

① Ledo C, Soria R., *Sistema de salud de Bolivia*, salud pública de méxico / vol. 53, suplemento 2 de 2011.
② 参见世界卫生组织 2014 年统计报告和玻政府统计。

玻利维亚政府推出了一系列医疗卫生保健项目，旨在让普通民众获得更好的医疗服务。1997年，玻利维亚政府建立全国母亲和儿童保险，由公立医院和参与该项目的非政府医疗机构为妇女提供产前或产期的免费护理，资金由中央和地方政府共同募集。1999年建立的基本医疗保险进一步扩大了医疗服务范围，增加了针对流产、新生儿并发症、性传播疾病、疟疾、霍乱和肺结核等疾病的治疗，还规定医疗人员定期巡诊没有医疗设施的乡村社区。该项目的资金主要由中央政府提供，10%的资金通过国际渠道募集，地方政府也承担一部分费用。全民母亲和幼儿保险于2003年开始运行，涵盖了孕妇产前和产后护理、新生儿护理等内容，得到中央和地方财政的支持，并从国家再分配基金获得资金。玻利维亚政府还设立了老年人免费医疗保险，旨在向老年人提供免费医疗服务。

三　医疗服务与保障

玻利维亚的医疗机构分为卫生站、卫生所、基础医院、综合医院和专业机构五类，为民众提供医疗服务与保障。2012年，玻利维亚建有1604所卫生站、1671个卫生所、233家基础医院、38家综合医院和28家专业机构，覆盖全国9个省、1000余万人。卫生站和卫生所是玻利维亚基层医疗服务与保障体系的基础，其在全国医疗机构总数中的比重超过了90%。拥有卫生站最多的省是波托西省，其数量在2012年达到了334所，拥有卫生所最多的省是拉巴斯省，其数量在2012年达到了368个。基础医院和综合医院的数量虽然较少，但其医疗设施更为完善，代表了玻利维亚医疗服务与保障的最高水平。圣克鲁斯省的基础医院数量最多，在2012年达到了83家，同年科恰班巴省拥有15家综合医院，位列全国首位。此外，玻利维亚全国还有28家各类专业机构。各省医疗机构见表6-5。

为了提高本国的医疗服务水平，玻利维亚政府开展了广泛的国际合作，积极争取国外的医疗资金与技术援助。世界卫生组织、泛美卫生组织、美国国际开发署和日本国际合作署均为玻利维亚提供了医疗援助，使许多面向普通民众的医疗项目得以建立和推广。2000年，国外援助占玻利

表 6-5 2012 年玻利维亚各省医疗机构数量

省名\类别	卫生站（所）	卫生所（个）	基础医院（家）	综合医院（家）	专业机构（家）	总计
丘基萨卡省	174	209	13	3	5	404
拉巴斯省	303	368	45	6	10	732
科恰班巴省	219	265	44	15	4	547
奥鲁罗省	108	95	9	3	0	215
波托西省	334	199	10	2	0	545
塔里哈省	104	117	19	2	1	243
圣克鲁斯省	220	275	83	4	7	589
贝尼省	95	112	8	3	1	219
潘多省	47	31	2	0	0	80
总　计	1604	1671	233	38	28	3574

资料来源：Instituto Nacional de Estadística de Bolivia, *Bolivia: establecimientos de salud, según departamento y tipo de establecimiento*, http://www.ine.gob.bo/indice/EstadisticaSocial.aspx?codigo=30101。

维亚全国医疗支出总额的 6%，这一比重在 2011 年维持在 4.9%。莫拉莱斯政府还积极与其他拉美国家开展医疗合作，得到了古巴和委内瑞拉联合实施的"奇迹手术"计划的援助。从 2006 年开始，约有 2000 名古巴医生到玻利维亚工作，为数百万名当地患者进行了白内障、传染病等疾病的治疗，许多贫困居民获得了免费医疗服务。古巴和委内瑞拉政府还帮助玻利维亚新建了医院和眼科诊所，并捐赠仪器设备，提高了当地的医疗服务水平。

四　医疗卫生系统面临的挑战

尽管国民健康水平已有明显提高，但玻利维亚的医疗卫生系统仍面临一些严重的困难和挑战。主要有以下几个方面。

大多数人仍然被排除在保健系统之外，这是玻利维亚医疗卫生系统面临的一个最主要的挑战。按宪法的规定，所有人都应享有免费公共医疗保险，但直至 2009 年，仍只有 28.4% 的人真正获得此项权益。为解决这个问题，政府需提倡积极的、参与的和负责任的公民精神，同时需要在研究和消除造成社会排斥的各种决定因素方面加强国家的作用。

卫生保健系统领导力量薄弱是玻利维亚医疗卫生系统面临的另一个挑战。这反映在他们没有能力对每个子系统的保健服务、管理和财务进行有效的管控。对于医疗卫生系统来说,提高管理能力是一项战略任务,这项任务不解决,卫生保健系统就不可能确保其财政的可持续性。

文化多样性是对玻利维亚卫生保健系统影响最大的一个变量,是在人力资源培训和卫生机构建立计划中必须要考虑的一个问题。由于多数人口属于几十个土著民族,他们关于健康和疾病的概念以及相应的医疗制度也是多种多样的,为了建设一个真正统一的、跨文化服务的保健系统,这是必须解决的一个问题。

还有一个严重的挑战就是如何加强卫生信息系统的问题。信息收集、处理和传播对于一个国家的卫生保健系统来说,是一项重要的、必不可少的基础工程;不建设这样一项能提高信息收集、处理和传播能力的基础性的系统工程,任何卫生保健系统都是无法高效运转的。

最后,玻利维亚至今还没有"一个真正的,与相关学术机构、卫生保健机构和社会机构相联系的,能够研究和发展卫生保健知识的医学研究系统"。玻利维亚原有的这类机构支离破碎,是服务于外资机构、单个研究人员和非政府组织的利益的,其中很多都是同玻利维亚人民的真正需要不相干的。因此,这也是一个严峻的挑战。[1]

第四节 环境保护

玻利维亚是一个传统的农矿业国家,落后的生产生活方式导致了生态环境遭到破坏等一系列环境问题。近几十年来,玻利维亚政府在环境保护的制度和机制建设方面进行了不懈探索和努力,取得了一定的成效。

---

[1] 参见 Ledo C, Soria R., *Sistema de salud de Bolivia*, salud pública de méxico / vol. 53, suplemento 2 de 2011。

一 环境问题

玻利维亚的环境问题主要是农矿业生产导致的生态破坏，主要表现在以下几个方面。

（一）森林面积减少

农业一直是玻利维亚最大的经济部门，集中了全国1/3的经济活动人口。农民长期延续刀耕火种的传统生产方式，将森林砍伐焚毁，开垦成农田或牧场，对森林植被造成了严重破坏。随着高原地区农民大量迁移到东部平原地区，伐木开荒也在亚马孙河流域蔓延开来，热带雨林面积大幅减少。在20世纪80年代，玻利维亚每年损毁的森林面积约为81万公顷，1990~1995年森林面积减少了将近300万公顷，2000~2005年年均毁林30万公顷。近年来圣克鲁斯省和贝尼省等地区的大豆种植、石油开采、修建公路以及科恰班巴省古柯种植农非法侵占林地、砍伐卡拉斯科国家公园林木等活动也严重破坏了林区生态环境。除了生产活动之外，玻利维亚还有六七十万乡村居民的生活燃料依赖木柴。所有这些都使玻利维亚的森林面积逐年减少。2012年，其森林面积已从原来的占国土面积一半以上减少到占国土面积的48%左右。

（二）水土流失和土壤退化

由于砍伐森林、过度放牧、开采矿产等经济活动增多，水土流失日益严重。在通往东部地区的公路两侧，先前茂密的丛林被牧场或农田取代，仅残留一些烧焦的树桩。大量肥沃表土流失，有机质含量降低，土壤变得更为瘠薄、干燥，从而导致农作物产量降低，而农民采取的补救措施不是恢复植被，而是继续毁林造田。新开辟农田的肥力只能维持2~3年，但被荒废后要经过15年才能恢复地力。水土的流失也加剧了旱灾的发生。

（三）生物多样性减少

玻利维亚是一个生物多样性程度较高的国家，但动植物的栖息地因人类活动而遭到破坏，导致生物多样性减少。红额金刚鹦鹉分布于玻利维亚中部地区，是当地特有的物种，喜欢半干燥的山谷，主要在山谷附近的森林中活动，由于山谷植被遭到破坏，这种鹦鹉的数量已减少到目前的

1000～4000只。小羊驼的毛皮非常珍贵,原驼的肉十分鲜美,因遭大量猎杀而成为濒危物种,前者在玻利维亚的数量不过万余只,后者则仅剩几十只。外来物种入侵也是玻利维亚生物多样性减少的一个重要因素。如鳟鱼在1930年左右被引入的的喀喀湖,导致当地多种鱼类濒临灭绝。

(四) 水污染和大气污染

玻利维亚的水污染主要是由生活废水排放和倾倒矿渣引起的。1976年以来,玻利维亚的城市人口增加了两倍,但城市生活废水的处理能力并未随之提高。据联合国环境规划署估计,玻利维亚城市污水的处理率只有30%。即使在大都市拉巴斯,每3户居民中就有1户将未经处理的生活废水排放到河流中。大量未经处理的污水还被直接用于农业灌溉,对农作物、人畜健康和生态环境造成了危害。奥鲁罗、波托西等省的矿业开发产生了大量矿渣,矿渣的不合理堆放和处理引起了地表水及地下水的污染,其中以重金属污染最为严重。在波波湖,矿渣中的有毒化学物质对鱼类的毒害,破坏了当地的生态系统。玻利维亚的工业规模虽然很小,但化工、食品、冶金等工厂也对水源造成了一定污染。水污染危及玻利维亚居民的饮水安全,而当地落后的供水系统和高昂的水价则使这一问题更为严峻。

玻利维亚的大气污染物主要来自乡村林地和草原的焚烧、城市汽车尾气的排放和矿区废渣的堆放。玻利维亚农民每年旱季为开辟耕地而大量焚烧森林的习俗严重影响空气的质量,有时甚至导致航班延误。城市机动车数量的不断增加和二手车的大量进口,造成尾气排放量的不断增大,致使城市空气质量日益下降。玻利维亚是矿业之国,矿业城市大量堆积的矿渣,是大气污染的祸害之源,例如奥鲁罗城在过去五个世纪内累积产生了至少200万吨矿渣,全部露天堆放在城市周边的山脚下,被吹散到空气中的重金属物质严重危害附近居民的身体健康。

二 环境保护政策

上述环境问题,现在已经引起玻利维亚政府的重视。为了保障国民健康和实现可持续发展,玻利维亚政府采取了一系列环境保护政策。

第六章　社　会

（一）设立自然保护区

20世纪40年代以来，玻利维亚政府陆续设立了一些国家自然保护区，20世纪80年代末是26个，目前是22个。自然保护区分为国家公园、综合自然管制区、国家公园和综合自然管制区、国家公园和印第安人区、国家保护区、生物圈保护区六个类别，总面积超过18万平方千米，约占全部国土面积的16％。历史最悠久的萨哈马国家公园，建于1939年，位于奥鲁罗省；伊瑙国家公园和综合自然管制区建于2004年，位于丘基萨卡省；面积最大的自然保护区是卡伊亚德尔格兰查科国家公园和综合自然管制区，位于圣克鲁斯省，占地344万公顷；面积最小的是托罗托罗国家公园，位于波托西省，面积近1.7万公顷。圣克鲁斯省的诺埃尔·肯普夫·梅尔卡多国家公园建于1979年，2000年被列入世界自然遗产名录，是亚马孙河流域最大（158万公顷）且受破坏程度最小的公园之一，园内有4000多种植物和600多种鸟类，还有多种全球濒危的脊椎动物种群。

玻利维亚自然保护区引进了生态补偿机制，改善了环境保护效果。波托西省的爱德华多·阿瓦罗亚自然保护区是火烈鸟和小羊驼的栖息地，当地两个社区的居民长期以放牧大羊驼和采集野生火烈鸟蛋为生，也兼营硼砂和硫黄的开采，伐薪和捕猎现象也比较普遍，危及了区内生态环境。为保护生态环境，保护区管理机构于1994年发布禁止采集野生火烈鸟蛋和猎杀狐狸的规定，但因影响到当地居民的收入而遭到抵制。1999年，大自然保护协会（TNC）开始在自然保护区推行生态补偿机制，主要内容包括：自然保护区建立旅游收费制度，并将1/4的门票收入用于当地社区基础设施的建设；大自然保护协会还出资帮助当地居民提高大羊驼饲养技术，建设和经营家庭式旅馆，以拓宽他们的收入渠道。这些举措提高了当地居民的生活水平，采集火烈鸟蛋、过度放牧和捕猎等活动大幅减少。[1]

（二）推进环境立法

20世纪80年代，玻利维亚政府曾出台治理矿业污染的法规，但全面

---

[1] Nina Robertson and Sven Wunder, *Fresh Tracks in the Forest: Assessing Incipient Payments for Environmental Services Initiatives in Bolivia*, Bogor, Indonesia: Center for International Forestry Research, 2005, pp. 100–102.

的环境立法则始于20世纪90年代。1991~1992年，玻利维亚参加了联合国环境与发展大会（里约会议）的一系列筹备会议，开始认真审视经济发展与环境保护的关系，并在里约会议召开前颁布了本国的首部环境法，即第1333号法令，奠定了玻利维亚环境法律体系的基础。20世纪90年代，玻利维亚政府又颁布多部关于防控大气污染、有害物质污染、固体垃圾污染和水污染的法律。莫拉莱斯执政后，玻利维亚政府又进一步完善了环境立法。2009年宪法第9条第6款明确规定，"国家要促进和保障自然资源的合理有序利用"，"要为当代人和后代人的福利而保护环境"。宪法第33条和第34条特别将环境权列入公民基本权利的范畴，规定"人民享有健康、受保护和平衡环境的权利"。[1]宪法还对自然资源的可持续开发利用、保护生物多样性、防止环境污染等做出了明确规定。2012年10月15日，莫拉莱斯政府颁布第0300号法，即大地母亲法，将印第安人的环境伦理观念，即人与自然和谐发展的"大地母亲"（Madre Tierra）观念上升为国家意志。这部法律强调自然世界拥有与人类平等的权利，并确立了权利与义务相统一、综合发展、预防、公众参与、和谐相处、社会正义以及不得将大地母亲的环境功能商业化等一系列原则。

（三）强化环保执法

为了改变环境法规贯彻不力，以及自然保护区疏于管理的状况，玻利维亚政府采取了强化环保执法的措施。2008年底，为减轻二手汽车泛滥所造成的空气污染，玻利维亚禁止进口车龄在5年以上的二手汽车。2012年8月29日，莫拉莱斯总统宣布在亚马孙河流域地区组建"马拉萨酋长"生态保护部队（最初由81人组成，后增加到400人），由玻利维亚国防部、环境部和公共工程部联合指挥，负责保护国家自然保护区内的森林和物种资源，防止非法占地及非法古柯种植活动。2013年1月，玻利维亚政府还要求亚马孙地区的非法占地者退耕还林，或者在交纳少量罚金

---

[1] Estado Plurinacional de Bolivia, *Constitución Política del Estado Plurinacional de Bolivia 2009*, http：//www.harmonywithnatureun.org/content/documents/159Bolivia%20Consitucion.pdf, pp.13，22.

的前提下在侵占土地上发展生产性农业。玻利维亚政府还将"大地母亲"原则贯彻到外资企业的管理中，要求在玻利维亚境内所进行的投资，必须要保证经济活动和大地母亲平衡、和谐地整体发展，保证生物多样性的可持续发展。

（四）加强国际合作

玻利维亚的经济发展相对落后，政府通过开展国际合作获得环境保护的资金和技术援助。1978年，玻利维亚加入了巴西倡议成立的亚马孙合作条约组织，在开展环境保护合作、合理开发本地区的自然资源、减少森林火灾等方面取得了多项成果。1987年，玻利维亚政府与保护国际（Conservation International）成功地进行了世界上第一次债务与自然资源的交易，由后者购买玻利维亚65万美元债券；作为交换，玻利维亚政府将为贝尼自然保护区提供最大程度的法律保护，并建立三个毗邻的保护区。此外，保护国际还向贝尼自然保护区管理机构提供资金援助。这次交易使81万公顷森林（主要为热带雨林）得到较好的保护。[①]此后，玻利维亚又与外国政府和国际组织进行了3000多万美元的类似交易；玻利维亚自然保护区内的生态旅游和发展项目也得到大自然保护协会、联合国教科文组织的支持。另外，外国政府和企业还参与了玻利维亚污水处理设施与饮用水工程建设，对解决当地饮水安全问题提供了支持和帮助，如2001~2013年，德国联邦经济合作与发展部向玻利维亚提供援助，改进玻利维亚中小城市的饮水设施和污水处理系统，使200多万人受益；比利时政府支持玻利维亚在科恰班巴谷地开展综合治理，改善了当地的生态环境。

---

① 债务换自然（debt for nature）交易是指发达国家或环保组织购买发展中国家打折的债券，以换取这些国家保护境内重要生态区域的义务。

第七章

文　化

第一节　教育

一　教育简史

在西班牙征服拉美以前，玻利维亚是"印加帝国"的一个行政区，叫"科利亚苏约"。科利亚苏约的居民都是艾柳的成员。艾柳是建立在血缘关系基础上的公社组织，是科利亚苏约最基本的社会单位。在科利亚苏约，举办教育被认为是公社必不可少的功能。但当时的教育主要通过公社自身的日常实践活动来进行，家庭、社会和公社的领导人就是孩子的老师。儿童从幼年时期开始，家庭和社会就向他们传授家庭合作和集体合作的思想。加西拉索·德拉维加在他的名著《王家述评》中记载说："在教导孩子耕种土地、照管水渠以及从事人生所必需的工作的同时，也教给他们礼貌、协作以及按理智和自然法则教给他们的、人与人之间所必需的手足情谊……特别是要他们尊重妇女和女孩。"[①]这证明当时印第安人教育的一个主要的目的就是要把作为集体生活基础的社会、政治、经济及宗教价值观传授给下一代。当时，印第安人社会也有一个教育系统：2岁以前幼儿的教育完全由父母负责。3岁到9岁的孩子由家族的父辈和家族的其他成员来照管。从9岁到12岁，孩子们按性别同大人一起做一些家务劳动

---

① 转引自 Hugo Boero Rojo, Enciclopedia "Bolivia Mágica", Tomo Ⅱ, p.217, Editorial Vertiente, 1993。

或农活。这个阶段结束后,教育就由公社的领导安排,重点是道德教育,其次是传授耕种、灌溉、防止水土流失和饲养羊驼的技术,有些地方还传授采矿知识。教学是在一种被称为"亚查瓦西斯"(Yacha huasis)的"知识之家"中进行的。这是一种类似寄宿学校的机构。在那里,学生同他们称之为"贤人"的老师、古秘鲁诗人、文学爱好者、结绳记事员、分析家以及历史学家住在一起,共同切磋学问。专家是很少的,每个人都是种地的人、手工艺人和武士。妇女都会家庭手艺。

在殖民征服时期和殖民统治的初期,西班牙殖民者从没有考虑过儿童的教育问题,他们在教育方面的任务只是向成年土著居民传授天主教教义,要他们皈依天主教,服从殖民者的统治。西班牙国王卡洛斯四世1785年就明确指示:"给予美洲人启蒙教育是不适宜的;朕并不需要哲学,而是需要善良、听话的臣民。"[1]直到耶稣会来到上秘鲁之后,玻利维亚才开始有完整意义的学校教育。耶稣会是一个按军事方式组织起来的宗教组织。在它所控制的地区,修道院、教会以及小教堂都必须创办传授天主教教义和开展基本识字教学的小型学校,这类小型学校被称为"克里斯托萨贝塞"(Cristosabecé),意即"基督基础小学"。1571年,神甫阿方索·巴尔加纳还在拉巴斯创办了一所学院。1621年,他又在苏克雷创建了圣地亚哥学院;翌年,圣地亚哥学院改建为王家学院,取名"圣胡安·包蒂斯塔学院",也称"阿苏尔学院",享有授予文学、神学、教规和法学等专业学士、硕士、专家和博士学位的特权。1624年,总督埃斯基拉切亲王认可该学院的王家教廷大学的地位,并将其命名为"圣弗朗西斯科·哈维尔王家教廷大学"(Universidad Real y Pontificia de San Francisco Xavier)。这一时期,尽管创办了一些学校,但教育的对象只是上层社会有经济、社会地位家庭的孩子,印第安人是被排除在教育之外的。当时的学校大体上可分为3类,即王家学校、教区学校和修道院学校。王家学校多设在重要的城镇,主要面向西班牙人的孩子和克里奥尔人

---

[1] 转引自 Hugo Boero Rojo, Enciclopedia "Bolivia Mágica", Tomo II, p.217, Editorial Vertiente, 1993。

第七章 文　化

的孩子，偶尔也招收个别富裕的混血人的孩子。教区学校则是为有西班牙血统的克里奥尔人和混血人的孩子开办的。只有修道院学校是作为识字和传教中心开办的。教士们也为印第安贵族开办了一些学校，目的是培养一些能同征服者合作的卡西克和头领。殖民统治时期学校所采用的教学方法都是死记硬背，教师以戒尺和鞭打维持纪律。在大学和学院里，人文学科开设的课程主要有拉丁语、语法、修辞学、道德哲学和自然哲学。大学一般讲授经院哲学，并以此作为逻辑训练和物理基础知识的源泉。自然科学主要学习欧几里得数学。

玻利维亚独立后即颁布了一个教育法令，叫作"两个西蒙"（西蒙·玻利瓦尔和西蒙·罗德里格斯）法令，宣布"教育为国家的主要职能"，并规定实行"单一学校"制度。该法令还具体指示：教育应该是统一的、普及的；学校的设置应符合国家的法律；一个共和国的健康成长有赖于公民在幼年时期从教育获得的道德精神。法令还规定建立公共教育总局，作为中央的教育指导机构和监督机构。第一任教育总局局长就是拉美解放者玻利瓦尔的老师西蒙·罗德里格斯。可惜，后来的领导人并不理解这一建制的意义，因而未能把这一建制继续下去。"两个西蒙"法令颁布不久，玻利维亚立宪会议又在1826年讨论了有关教育立法的问题，会后以阿亚库乔元帅的名义于1827年1月9日颁布了《公共教育计划》。该计划规定玻利维亚教育系统由初等学校（初等教育）、文理学校（中等教育）、工艺和职业学校（手艺）、文学协会和国立学院5类机构组成；各省首府要建立中心学校；各县首府和各村镇除建立初等学校外，还要创建中等学校。但是，到安德烈斯·德圣克鲁斯总统执政的时候（1829~1839），政府虽然创办了拉巴斯大学和圣西蒙大学，但同时为了满足军事开支的需要而取消了不少学校。贝尔苏将军执政后，玻利维亚颁布第六部宪法，宣布受教育为人的权利，并在1851年9月颁布法律，在玻利维亚历史上第一次规定初等教育为免费教育，不久又颁布法令，规定在所有各省的省府创办女子学校。所以，贝尔苏被认为是玻利维亚妇女教育的第一个推动者。在他执政时期，为适应矿业发展的需要，政府曾颁布法令在拉巴斯和科恰班巴创办工艺和职业学校，在奥鲁罗和波托西还将已有的学校一律改为矿

玻利维亚

业学校。接着,利纳雷斯政府(1857~1861)又提出了"教育革命"计划,规定教育必须有新的方向,必须包括体育、智育和德育(宗教教育)三个基本要素,并强调要克服忽视职业教育的缺陷,为发展工业创造条件。所以,该计划要求培训教师的学院必须开设会计、工商地理、英语、法语(必修)、德语(选修)等课程;要求工艺和职业学校必须开设数学、石头和木头加工、绘画、音乐、工商地理等课程;要求农业和园艺学校必须开设农业化学、植物学、动物学、兽医学等课程;要求技术学校必须开设数学和应用数学、天文、物理、化学、力学、通史和专史、自然史、几何制图和透视制图、地貌学、大地测量学、政治经济学和工业经济学一般原理、立法与行政一般原理等课程。但是,由于国内政局动荡,所有这些教育革命方案都只是停留在书面上。1867年4月,马里亚诺·梅加雷霍政府甚至颁布法令,关闭很多学校,取消所有的教育项目。据估计,在这个时期的40万名学龄儿童中,大约只有8000人上学,入学率仅为2%。

到19世纪70年代,随着自由主义思想的传播,玻利维亚也出现了教育自由化运动。1871年11月,阿古斯丁·莫拉莱斯政府颁布法令,宣布所有各级教育一律自由。这一法令的唯一好处是废除了沿袭多年的体罚制度,宣布最高的惩罚也只能是开除学籍,这为学生的成长提供了一个合理的环境。但与此同时,玻利维亚也不得不吞食教育自由化带来的苦果,这就是许多学校的地产被出租,或者被拍卖;大部分教育权由私人掌握;教育的发展进一步受到破坏和限制。到19世纪80年代太平洋战争(1879~1883)爆发之后,教育所遭受的破坏达到了顶点,甚至纳西索·坎佩罗政府还公开颁布法令,宣布在太平洋战争期间中止一切公立学校的活动,并将教育经费转用于军事。因此,在19世纪末期,玻利维亚出现一个"拯救教育"运动。在教育经费严重缺乏的情况下,帕切科总统甚至不得不动用自己的财产来创办学校。这届政府还领导了一场真正的教育改革,通过这次改革,玻利维亚第一次引进了直观教学法和逐级渐进集中教学法,并废除死记硬背的方法。90年代,除相继创办了科恰班巴医学院、奥鲁罗大学外,政府还遵照逐级渐进集中教学法制定了新的中学和大学教学计划,希望通过新教学法的应用结束教育的无政府状态,实现教育的合理化和统一化。与此同时，在农民的要求下，不少地方还创办了一些初等学校。尽管如此，政府用于教育的经费仍是微不足道的，譬如1898年国库的收入为520万玻利维亚诺，用于军事部门的经费为152万玻利维亚诺，而用于教育的只有20万玻利维亚诺。

进入20世纪后，在美国进步主义教育盛行的年代，玻利维亚开始了以发展大众教育为重点的教育改革。1900年，教育部长要求各级学校推广逐级渐进集中授课的方法，为学生的升学做准备。1903年政府决定在拉巴斯省创办5所州立学校，实行农民子弟寄宿制，并将拉巴斯省的萨雷斯教会学校改组为土著人工艺和职业学校。1904年，鉴于工商行业急需财会人才，教育部又决定以算术课和会计课取代原来学校里开设的、实用价值不大的拉丁语课和宗教课。这一时期，玻利维亚开始有了自己编写的教科书，这就是佩德罗·A.塞哈编写的《卡斯蒂利亚语语法》、海梅·罗曼编写的《物理和化学》、帕斯库亚尔·利马尼亚编写的《玻利维亚地理》和赫尔曼·阿利亚加编写的《玻利维亚历史》。

向外国学习是玻利维亚教育发展的一个突出特点。从20世纪的前10年开始，玻利维亚不断地派出教育使团访问智利、阿根廷和欧洲国家，考察和学习这些国家学校教育的组织方法、教学方法和教科书，并输送一批又一批获得奖学金的学生出国留学。1905年，玻利维亚颁布《初等学校教学和组织总计划》，效仿外国的做法，将初等学校分为三级，第一级是面向5岁至7岁儿童的幼儿学校；第二级是面向7岁至10岁儿童的完全学校；第三级是面向10岁至13岁儿童的高级小学。为推动教育的普及，政府于1906年宣布各级教育一律免费，还创办了农民流动学校。为加强对各级教育的指导，1907年政府还特别聘请智利教师在玻利维亚创办模范实验学校，由这些学校为教师举办报告会和开展观摩教学。1909年，玻利维亚创建了第一所师范学校。随后又相继在农村开办了一些师范学校，如拉巴斯省的乌马拉农村师范学校、科恰班巴省的科洛米师范学校等。为提高师范教育的质量，1917年蒙特斯总统又亲自主持在苏克雷创建了一所高等师范学校，在该校设立了心理学专业和教学法专业，并从布鲁塞尔大学聘请法里亚·德巴斯孔塞利奥斯教授任教，系统讲授逐级渐进

集中教学的方法。由于蒙特斯政府在发展学校教育方面成绩突出，玻利维亚在1915年美国旧金山学校教育展览会上获得了一等奖。

19世纪末期为适应工业化、都市化的需要而在美国出现的进步主义教育运动，到20世纪30年代达到了全盛时期。在这一运动的影响下，玻利维亚也出现了类似的主张。1926年，政府颁布法令，将中等教育、土著教育、体育、实验社会学、总秘书室等教育部门统一组织起来，改组为教育总局，并在每个部门设一名督学，负责指导和推进新的进步主义教育。教育总局还制定计划，决定建立教学法实验室，研究玻利维亚学生的教育心理；同时还要对幼儿教育进行改革。1930年又规定一切学校，无论公立还是私立，都必须实行统一的教学大纲、教学时间和教育条例。与此同时，政府也颁布了《政治法规》，规定任何机构都不得任命没有师范学校毕业证书的人为教师，并决定全国只办一所大学，称"独一大学"（Universidad única）；该大学分区设置院系，各院系实行集中管理。按计划，该大学在丘基萨卡省设哲学与文学、教育学、法学、社会科学和美术等院系；在拉巴斯省设社会学、经济学、工程学和医学等院系；在奥鲁罗省和波托西省设实用矿业学院和高级矿业学校；在圣克鲁斯省、塔里哈省和贝尼省设农学院和牧业学院。但是，这个计划因为不符合各地区要求完全自治的愿望，最后没有得到各地区的赞同。从1931年到1933年，由于经济危机，再加上灾难性的查科战争，焦头烂额的玻利维亚政府已无暇顾及教育，前一个时期对教育的重视至此已经"等于零"了。

1952年玻利维亚革命胜利后，革命政府为了克服教育无秩序、无政府和无方向的混乱现象，建立了统一的学校教育系统，将基础教育建设成吸收印第安人加入文明行列和玻利维亚社会的一个有力的工具，曾组织一个由教师代表和知识分子代表组成的委员会，起草了有名的《教育法典》（Código de la Educación）。该法典吸收了裴斯塔洛齐、德克罗利、基尔帕特里克、凯兴斯特纳等欧洲著名教育家关于"活动学校"、"生活学校"、"劳作学校"的教育思想和主张，从"单一学校"和"统一学校"的原则出发，构建了玻利维亚统一的学校教育系统。该系统由6年制的初等教育、4年制的初中教育和2年制高中教育组成；高中毕业授予学士学位。

这部法典为玻利维亚后来实行的教育体制奠定了基础，在玻利维亚教育发展史上具有重要的意义。但是，在当时的情况下，这部法典没有得到应有的重视。尽管如此，革命时期玻利维亚的教育还是取得了一些成就。据玻利维亚财政和统计部1962年的统计，从1951年到1960年的10年间，玻利维亚的学校总数从3418所增加到6306所；教师总数从10433人增加到18430人；学生总数从246530人增加到503736人。但由于人口的不断增长，玻利维亚的文盲率只从1950年的68.9%降到1961年的66.8%。①

军政府执政后，玻利维亚又相继在1969年和1973年颁布法令，对课程和教育体制进行了改革。按照1973年颁布的新的《教育法》，玻利维亚的教育系统由正规教育、成人教育、特殊教育和校外教育4个部分组成。在正规教育系统中，初等教育由6年制改为5年制，并在理论上规定7~14岁儿童的教育为义务教育；初中教育由4年制改为3年制；接着是一个4年制的中等教育阶段。中等教育的头两年为普通教育，采用一体化的教学大纲，所有学生都必须学习；后两年为多样化教育阶段，允许学生选学人文方面的专门化课程或科技方面某一个领域的技术课程；完成所有这些课程的学习并在考试合格后都可以获得学士学位，可进入大学深造。但是，这次教育改革同以往的教育改革一样，也没有产生实际的影响，相反，教育普及的理念和实践在玻利维亚明显倒退。

进入80年代之后，由于严重的债务危机，玻利维亚教育进入困难阶段。1987年，玻利维亚教育部曾提出一个名为《玫瑰书》（Libro Rosado）的文件，目的是力图使玻利维亚教育能够为国家的社会经济发展服务，为国家的民主化进程服务。《玫瑰书》在经过第三次全国教育领导人会议（丘鲁曼尼会议）讨论后，于1988年7月颁布。《玫瑰书》提出的重要计划之一，就是要实行教育的分权化，希望以教育分权化作为教育改革的基础。同时也提出课程地方化和社会参与的目标，以发挥社区在发展教育方

---

① Harold Osborne, Bolivia, A Land Divided, Oxford University Press, 1964, p. 80.

面的积极作用，促使其在发展国家教育工作中采取负责任的行动。与此同时，玻利维亚总工会也提出了《民众教育计划纲要》，号召召开第一次全国教育大会，讨论发展民众教育的问题。根据各方面的要求，帕斯·萨莫拉总统颁布了第22407号总统令，确定新时期玻利维亚教育发展的优先目标是基础教育、农村教育和妇女教育；并决定要将学校改造为社区中心，为社区的教育、卫生和普及营养知识服务；同时实行中等教育多样化政策，特别是要实现中等教育技术职业化和农牧业职业化，为生产劳动服务；另外还提出了重新制定扫盲计划、在教育系统中引进信息技术，实行电视、电影、录像、报刊、图书馆、博物馆等非正规教育手段与教育系统的结合和合作；修订与更新教学课程，强调理论与实践相结合；强调以生产劳动和社区服务为导向的活动；强调国家统一和团结的价值观，强调环境保护、振兴生态文化以及通过同酗酒、烟毒和使用麻醉剂做斗争保护年轻人的健康等计划。鉴于98%的教育预算都用于支付教师工资，政府又从世界银行和美洲开发银行借款1亿美元，以用于教育基础设施的建设。到90年代初，玻利维亚已新建博物馆、图书馆、礼堂、音乐厅、玻利维亚文化协会、玻利维亚扫盲中心等基础设施20多处，其中以玻利维亚文化协会和扫盲中心总部的建设最为突出。据统计，到1992年，玻利维亚在校学习的儿童和青少年为150万人，没有注册上学的学龄人口为80万人；但15岁以上人口的文盲率仍高达36%。

1993年民族主义革命运动党政治家桑切斯·德洛萨达就任总统后，在推行新经济政策的同时还颁布了一部《教育改革法》（1994）。这是一部重要的教育法，在1994年之后的十几年中，玻利维亚的教育实践与改革大体上都遵行这部法律。该法规定玻利维亚教育是一种"参与性的、跨文化的和双语的教育"。参与性、跨文化和双语教育是20世纪90年代中期以后玻利维亚教育制度的三个主要特点。

所谓"参与性"，就是指教育需要有"民众的参与"。按1994年玻利维亚政府颁布的《民众参与法》的阐释，玻利维亚教育改革中所讲的民众参与主要包括以下几项内容。第一，玻利维亚教育系统是玻利维亚全国一体化的基础，是玻利维亚参与地区共同体和世界共同体的基础；第二，接受玻利维亚教育是全体玻利维亚人的权利和义务,它是在所有玻利维亚人不分种族、文化、地区、社会地位、身份、思想感情、信仰和年龄共同参与之下组织和发展的;第三,玻利维亚教育强调性别平等,鼓励妇女更积极地参与社会活动。

为了实现民众参与的目标,玻利维亚教育系统在全国设立了从基层到中央的7个级别的参与机构,具体负责组织和实施民众参与的工作。这些机构有:①由地方基层机构产生的"学校委员会";②由各学校委员会的代表组成的"核心委员会"以及由各核心委员会的代表组成的"地区和次地区委员会";③各市镇成立的"市政教育委员会";④各省成立的"省教育委员会";⑤由各土著民族代表成立的"土著民族教育委员会";⑥由各省教育委员会、各土著民族教育委员会、玻利维亚教师工会联合会、各市政当局、玻利维亚大学、各私立大学、玻利维亚专业人员联合会、玻利维亚总工会、玻利维亚私人企业联合会、玻利维亚农业劳动者工会联合会以及玻利维亚东部地区土著居民联合会等机构的代表组成,由教育部部长任主席的"全国教育委员会";⑦由玻利维亚所有社会部门代表参加的"全国教育大会"。

所谓"跨文化",是指玻利维亚教育承认全国社会文化的多样性,实行一种尊重社会文化多样性和各种族文化之间相互尊重的发展战略;目的在于培养学生既尊重自己,也尊重别人的品质,使之成为成熟的公民,共同建设一个各种族文化一律平等的民主社会。因此,"跨文化教育"应该在学生已有知识和已有文化素质的基础上,培养学生具有批判性分析和比较的能力、具有对别种文化进行评价的能力、具有对事物变化的认知能力、具有克服冲突的能力以及具有平等的意识等。

所谓"双语教育",是指实行双语教学政策,为母语为某种印第安语的印第安人学生开设双语教学课程的教育。双语教学制一般分为两种,一种是先用学生的母语进行教学,然后再慢慢地过渡到用西班牙语进行教学,称"过渡双语教学制"(bilinguismo de transición);另一种是整个初等教育阶段都坚持始终平行地运用两种语言教学,称"全程双语教学制"(bilinguismo de mantenimiento)。

玻利维亚

二 莫拉莱斯执政以来的教育改革

2006年埃沃·莫拉莱斯执政后，非常重视发展教育。在总统就职典礼上他慨然承诺要切实践行"变革政治"（politics of change）[①]，"重新发现"玻利维亚,[②] 带领玻利维亚走稳定发展的"去殖民化"（decolonisation）道路，将玻利维亚发展成一个21世纪跨文化的多民族的社会主义国家。而推行新的"去殖民化教育改革"（decolonising education reform）就是这一变革政治进程最为重要的组成部分之一，也是莫拉莱斯最早的政治举措之一。为了推行教育改革，莫拉莱斯执政伊始，即向立宪议会提出教育改革法案。该法案由教育部部长费利克斯·帕齐（Felix Patzi）主持制定，并以玻利维亚历史上两位著名教育家的名字命名，称《阿维利诺·西尼亚尼－埃利萨多·佩雷斯教育法》（Ley de la Educacion Avelino Siñani-Elizardo Perez），简称"阿塞普"教育法（ASEP）。[③] 该法因主张削弱天主教在教育中的作用而遭到部分议员的反对，直到2010年才获得通过。

新教育法主张在玻利维亚建立一个世俗的、多元化的、从认知到精神全面发展的教育模式，促进不同宗教信仰和宗教背景人群之间的互相尊重和共存，彻底改革土著居民在历史上被排斥在教育体系之外的状态，消除玻利维亚存在的民族、性别、城乡差别、地理位置和收入等因素导致的教育不平等现象，重新评估土著文化和语言遗产。新教育法遵循"解放教

[①] Mieke T. A. Lopes Cardozo, Transforming Pre-service Teacher Education in Bolivia: From Indigenous Denial to Decolonisation? 2012, http://educationanddevelopment.wordpress.com/members/mieke-lopes-cardozo/.

[②] Benjamin Kohl and Rosalind Bresnahan, Introduction: Bolivia under Morales: Consolidating Power, Initiating Decolonization, *Latin American Perspectives*, Vol. 37, No. 3, May 2010, pp. 5–17, Sage Publications, Inc. http://www.jstor.org/stable/25700513 Accessed: 23–03–2016.

[③] 阿维利诺·西尼亚尼是20世纪30年代瓦里萨塔土著社区的代表，埃利萨多·佩雷斯是当时玻利维亚政府的一位教育官员，他们于1931年共同创办了一所名叫"瓦里萨塔艾柳学校"（Warisata Ayllu Warisata）的土著农村学校，开创了一种建立在团结、互惠、可持续生产关系基础之上的，以双语进行教学并实行半工半读制度的土著农村教育模式。

育学"理念，鼓励个人发展，崇尚智力开发和专业培训，重视传统文化的力量及其道德基础。新教育法规定，玻利维亚的教育应该是统一的、公共的、普及的、民主的、参与性的、社群的、去殖民化的、科学的、生产性的和高质量的；同时也应该是多文化的、跨文化的和多语言的。

莫拉莱斯的教育改革有四个主题词：（1）去殖民化教育；（2）多文化（intra-culturalism）、跨文化（inter-culturalism）和多语言（plurilingualism）教育；（3）生产性教育（productive education）；（4）社群生活教育（communitarian education）。"阿塞普"教育法指出，教育是美好生活（vivir bien）的关键因素，美好生活是玻利维亚对新发展模式的一种阐释，这一发展模式包括以社会公正为导向的教育，而不是摒弃土著价值、土著智慧和语言的教育。

莫拉莱斯政府教育改革的主要政策包括以下几个方面。

第一，对教师进行职前教育和培训。这是去殖民化教育改革的首要任务。通过大力发展师范教育，改革教师教育课程，培养教师的土著语言技能，提高教师的专业水平。新教育法规定玻利维亚师范教育的修业年限从平均3.5年延长到5年。教师教育的主要目标是培养具有批判精神、创新能力和研究导向的专家。教师培训机构的名称也从师范院校（Escuelas Normales）改为正式场合下的"高级教师培训学院"（Escuelas Superiores de Formación de Maestros y Maestras），同时提高教师工资（到2009年底以前，教师工资已提高14%）。

第二，进行课程改革，改革长期以来所形成的、基于欧洲中心主义观的课程设置，提升土著居民知识和理论的价值地位，并将玻利维亚传统的医药知识、食品和营养安全等知识纳入新的课程大纲。在教师培训领域增加意识形态教育、去殖民化教育、社群生活教育等内容，希望未来教师能够坚持玻利维亚教育的去殖民化方向。

第三，强调多民族（plurinationality）和跨文化的融入性和多样性教育，开放传统的教育设施，使学校周围的各个社区都成为学习的场所；同时大力出资办学，在全国范围内按需要增建小学（到2010年已新建小学近15000所），以解决玻利维亚教育中存在的极为不平等的现象，逐步改

玻利维亚

革长期存在的、不合理的城乡双轨式教育体制。此外,政府还分别在拉巴斯、科恰班巴和丘基萨卡三省新建3所土著大学,以保护和弘扬土著文化和土著语言,促进玻利维亚文化多样性研究,开拓新的文化范式。

第四,在教育技能和教育手段上加强信息和通信技术的研究和利用,促进教育体系的现代化。莫拉莱斯上台不久,即雄心勃勃地提出在2010年以前建立1000个远程教育中心的计划,虽然到2009年底还只建成142个,[①]但从历史上来看,这已是一项不小的成就。

改革十年来,一方面由于没有足够的教师教授土著语言,另一方面由于国内仍有人反对莫拉莱斯强调土著文化和双语教育的做法,认为这是宣扬"种族中心论"(ethno-centric),搞"印第安中心主义"(andinocentrismo或Andean-centrism),莫拉莱斯政府的教育改革并不顺利。尽管如此,莫拉莱斯的教育改革仍然能够坚持下去。2012年8月2日,玻利维亚政府颁布法令,要求包括内阁部长在内的每一名政府公职人员必须在3年时间内掌握一种当地的土著语言,以便更好地为民众服务。该法令颁布后,玻利维亚教育部、文化部以及有关的政府部门开始举办土著语强化学习班,上至部长下至基层公职人员共30万人接受了培训。莫拉莱斯总统对未达标的政府官员处罚严厉,强调一门土著语都不懂的官员将被解职。

三 当前的教育体制

根据1994年《教育改革法》的规定,玻利维亚教育系统分为学前教育、初等教育、中等教育和高等教育四个级别;同时又按社会、经济和文化的需要分为正规教育与成人教育、学校教育与远程教育、文理教育与技术教育、艺术教育与师范教育等多种类别。2009年新宪法和2010年新教育法颁布后,玻利维亚的教育体制有两个突出的变化,一个是延长了义务教育的年限,按过去的规定,义务教育只限于初等教育,而新宪法则规定

---

① Clayton Mendonça Cunha Filho, Rodrigo Santaella Gonçalves and Ariane Dalla Déa, The National Development Plan as a Political Economic Strategy in Evo Morales's Bolivia: Accomplishments and Limitations, *Latin American Perspectives*, Vol. 37, No. 4, July 2010, pp. 177 – 196, http://www.jstor.org/stable/25700539 Accessed: 23 – 03 – 2016.

实行大学教育前的完全义务教育制，即高中毕业前的教育都是免费的义务教育。另一个大的变化是将玻利维亚的"多民族教育系统"划分为三个子系统：正规教育子系统、替代教育和特殊教育子系统以及高等专业教育子系统。

（一）正规教育子系统

1. 学前教育

改革前，学前教育是面向 0～6 岁幼儿的教育，分两个阶段，第一阶段为面向 0～5 岁幼儿的早期教育，属非正规学校教育性质。第二阶段是对 5 岁儿童进行为期一年的学前学校教育，培养儿童为接受初等教育做准备，属正规学校教育。当时，提供学前教育的一般是私立机构。改革后，学前教育被重新定义为"社区家庭始初教育"（Educación Inicial en Familia Comunitaria），是面向 6 岁前年龄段儿童的教育，分两个阶段，第一阶段 3 年（0～3 岁），是非学校教育的社区家庭始初教育（Educación Inicial en Familia Comunitaria, no escolarizada）；第二阶段 2 年（4～5 岁），是由新教育法颁布后建立的社区家庭学校承担的社区家庭始初教育（Educación Inicial en Familia Comunitaria, escolarizada），是学童从学前教育进入初等教育的一个强制性必要条件。

2. 初等教育

初等教育是学校教育系统的第一级教育，改革前为 8 年制，分三个阶段，前两个阶段每个阶段 3 年，第三阶段学制 2 年。改革后，根据 2010 年新教育法的规定，初等教育被重新定义为"社区初等职业教育"（Educación Primaria Comunitaria Vocacional），学制仍为 8 年，分两个阶段，第一阶段 5 年，为基础初等职业教育；第二阶段 3 年，为高级初等职业教育。

3. 中等教育

中等教育是学校教育系统的第二级教育。改革前，正规中等教育为非义务教育，学制 4 年，学习年龄为 14～18 岁，分两个阶段，每个阶段 2 年。第一阶段为技术培训，第二阶段为分科教育，学生可以有两种选择，或者选学普通学术课程，即人文学科课程；或者选学某种技术课程，如工

业学科、职业技术学科、商业学科、手工艺学科和农牧业学科等课程，无论选择哪种课程，毕业后都有上大学的机会。改革后，根据2010年新教育法，中等教育被重新定义为"社区中等生产教育"（Educación Secundaria Comunitaria Productiva），为义务教育，学制4~6年。实行人文教育、技术教育与生产教育相联系，力求在跨文化的对话中进行各种文化的教育和生产的教育，包括历史教育、公民教育、社群集体生活教育、生产教育、技术教育、伦理道德教育、艺术教育与体育运动教育，目标是为升入更高级的学校做准备，或为担任中级技术员，根据需要参加当地的社会生产做准备。毕业授予人文的和技术的中学毕业证书（Diploma de Bachiller Técnico Humanístico）。

（二）替代教育和特殊教育子系统

这个子系统包括替代教育与特殊教育两类教育。

替代教育相当于旧学制中的非正规中等教育（即成人中等学校教育与非学校教育的"远程教育"），主要包括：（1）15岁以上青年与成人的初等教育、扫盲教育、扫盲后教育；（2）青年与成人的中等教育；（3）青年与成人非学校终身教育。

特殊教育包括：（1）残疾人教育；（2）学习困难者教育；（3）能力超常者教育。

（三）高等教育子系统

改革前，玻利维亚的高等教育系统由大学、高等师范院校以及高等技术院校三类高等学校组成。改革后，高等教育包括教师培训、高等技术和工艺教育、高等艺术教育以及大学教育四类教育。

1. 教师培训教育

玻利维亚的教师培训教育分初级培训、研究生培训和继续教育培训三类，承担为正规教育子系统及替代教育和特殊教育子系统培训教师的任务。

教师的初级培训 由直属教育部的高等教师培训学院负责，学制五年，毕业获学士学位，列入全国统一的、由政府管理的教育服务系统教师名册，国家保证他们的就业。玻利维亚的高等师范院校数量不少，主要有拉巴斯省的"西蒙·玻利瓦尔高等师范学院"、拉巴斯省瓦里萨塔的"瓦里萨塔高等师范学院"、奥鲁罗省的"安赫尔·门多萨·胡斯蒂尼亚诺高等师范学院"、波托西省的"爱德华多·阿瓦罗亚高等师范学校"、圣克鲁斯省的"恩里克·菲诺特高等师范学院"、圣克鲁斯省卡米里的"奥连特和查科多种族高等师范学院"、贝尼省特立尼达的"克拉拉·帕拉达·德平托高等师范学院"、科恰班巴省帕拉卡亚的"曼努埃尔·阿森西奥·比利亚罗埃尔高等师范学院"、苏克雷的"苏克雷元帅师范大学"等。

教师的研究生培训 由新创办的教育部直属高等教育机构"玻利维亚教育大学"（Universidad Pedagógica）①负责。该大学系根据1999年第25386号最高法令开始筹办建校，于2014年建成，总部设在苏克雷，校长是路易斯·希门尼斯·基斯佩（Luiz Jiménez Quispe）博士。莫拉莱斯执政后，该校的任务是在2009年宪法与"阿塞普"教育法的框架内培养具有研究生水平的教师，满足多民族教育系统改革的内在需要，促进去殖民化教育的巩固与深化，以建设一个包容性的、社群共同体的、参与性的、民主的、非家长式统治的和没有任何歧视的社会。根据2013年12月31日第1156号内阁决定，该校于2014年11月开始招生。2015年9月16日，首批入学学生1200多人，教育大学正式开学。

教师继续教育 按新教育法的规定，为了提高教育质量，接受教师继续教育既是教师的权利，也是教师的义务。教师继续教育由中央教育部领导和支持的各省专设继续教育管理处（Unidad Especializada de Formación Continua）负责。

2. 高等技术和工艺教育

玻利维亚中等后技术人才和高等技术人才的培训基本上沿用旧的制度，目的是培养有生产、研究和创新能力的专业人才，以满足多民族国家各地区社会经济发展的需要，因此，这一级别的技术人才由公立的、私立的或协定的高等技术和工艺学院负责培训。学制一般3～4年。毕业后授予高级技术员证书。入学条件是必须读完所选技术领域的中等教育课程，并通过规定的入学考试。高等技术和工艺学院的教师由具有同级学术水平

---

① *Universidad Pedagógica*，http：//upedagogica.edu.bo/wp-content/uploads/2015/12/Boletin.pdf.

或更高学术水平的专业人员担任。

3. 高等艺术教育

高等艺术教育的目的是培养有艺术技能和创造能力的专业人员，继承、发展和传播各民族特别是土著民族和跨文化社区的艺术文化，加强多民族国家文化的多样性。高等艺术教育的短期培训课程由公立的、私立的或协定的艺术培训中心负责；中高级艺术培训课程由公立的、私立的或协定的艺术培训学院负责；各不同艺术流派硕士水平的专业培训课程则由公立性质的艺术教育学院负责。

4. 大学教育

改革前，玻利维亚的大学教育系统有公立自治大学（约占学生总数的70%）、省立大学和私立大学三类大学。改革后，玻利维亚的大学教育系统有公立自治大学、私立大学、土著大学和特别体制大学（las universidades de régimen especial）四类大学。

（1）公立自治大学

按新宪法的规定，高等教育的任务是全面培养有高水平专业能力的专门人才，生产与传播有助于社会一体发展的知识；致力于科学研究以解决多民族国家的生产问题和社会问题；推行社会开放和相互交流的政策，以加强科学、文化和语言的多样性；同人民一起参加所有的社会解放进程，以建设一个更平等更公正的社会。公立自治大学的特点是独立管理资源，自行任命领导人、教师和管理人员，自行制定章程和签订合同，自行维护和完善其机构和设施，以实现其教育目标。公立自治大学统称为"玻利维亚大学"（Universidad Boliviana），改革前由每省一所国立自治大学组成，即丘基萨卡省的圣弗朗西斯科·哈维尔王家教廷大学、拉巴斯省的圣安德烈斯大学、科恰班巴省的圣西蒙大学、波托西省的托马斯·弗里亚斯大学、奥鲁罗省的奥鲁罗技术大学、圣克鲁斯省的加夫里埃尔·雷内·莫雷诺大学、塔里哈省的胡安·米萨埃尔·萨拉乔大学、贝尼省的何塞·巴利维安大学和潘多省的亚马孙大学，总共9所。莫拉莱斯执政之后又新建了3所，即埃尔阿尔托大学、国立20世纪大学和军事工程学院（Escuela Militar de Ingeniería），总数增加到12所。

300

（2）私立大学

20世纪80年代以前，玻利维亚私立大学很少。80年代中期之后由于拉美广泛推行新自由主义政策，玻利维亚的私立大学迅速增加，据2012年的统计，仅政府认可的私立大学就有安第斯大学、玻利维亚阿基诺大学、管理学与技术学大学、拉丁美洲开放大学、玻利维亚信息大学、玻利维亚天主教大学、中央大学、科迪勒拉大学、玻利维亚基督教大学等41所。[1]其中以玻利维亚天主教大学最为著名。玻利维亚天主教大学创建于玻利维亚革命后的1966年5月，由玻利维亚天主教主教会议建立，得到世界所有天主教组织的承认。它所授予的学术证书和学位证书具有全国的和国际的效用。该大学成立后发展很快。起初校址设在拉巴斯城，1971年即扩展到了科恰班巴，在那里创建了该大学的伊丽莎白·塞顿医疗系以及哲学与神学系。1990年，该大学又扩展到图普拉亚地区，在那里建立了通信科学专业、企业管理专业、法律专业和系统工程专业。1992年8月又创立了著名的生物伦理研究所。翌年，该大学的人类学学院开始开设远程教学课程。1994年后，该大学开始开设研究生课程，并建立了教育科学系，承担起教师培训任务。1996年，该大学又增设了两个新的专业：环境工程专业和工业工程专业，同时还成立了应用信息研究所。目前，该大学有3处分校：图普拉亚分校、塞顿分校和拉蒙·里维罗分校，有学生近5000人。1994年，政府授权玻利维亚天主教主教会议在拉巴斯城建立另一所天主教大学，即"玻利维亚圣巴勃罗天主教大学"。按法律，该校享有学术和经济自治权，有权开设本科和研究生课程，而且还有权在其他城市建立院、系、科等各级教育机构，培养科技和文化人才。2006年教育改革前，玻利维亚的私立大学（除了少数例外）大都持技术专家治国论观

---

[1] 除这里所列9所之外，其他有名的私立大学还有圣保罗塞菲大学、玻利维亚亚马孙大学、玻利维亚多哈大学、玻利维亚福音派新教大学、玻利维亚战略研究大学、拉萨耶大学、拉丁美洲大学、拉巴斯洛约拉大学、拉巴斯圣母大学、圣克鲁斯国家生态大学、奥连特民族大学、弗兰斯·塔马约私立大学、圣克鲁斯私立大学、巴列私立大学、玻利维亚私立大学、私立发展与改革大学、多明戈·萨比奥私立大学、努尔大学、雷亚尔大学、圣弗朗西斯科·德阿西斯大学、西蒙·I. 帕蒂尼奥大学、玻利维亚撒勒爵会大学、团结大学、圣克鲁斯私立技术大学、玻利维亚技术大学、玻利维亚联合大学等。

点,并遵循新自由主义模式主要概念,采取一种非批判性的和脱离本地和本国现实的办校理念。莫拉莱斯执政之后,按照新教育法的规定,私立大学的开办必须遵守如下标准:私立大学的开办由最高法令授权;私立大学的教学大纲及其机构设置由教育部根据专项规定审批;经济上不需要多民族国家资助;有权颁发学业文凭,但专业技术职称由教育部授予。

(3) 土著大学

土著大学是莫拉莱斯执政后创办的新型大学。根据第29664号最高法令,莫拉莱斯政府于2009年创办了三所土著大学,他们是拉巴斯省的"图帕克·卡塔里"土著大学(la Universidad Indígena "Tupac Katari")、科恰班巴省的"卡西米罗·万卡"土著大学(la Universidad Indígena "Casimiro Huanca")和丘基萨卡省的"阿皮亚瓜伊基·图帕"土著大学(la Universidad Indígena "Apiaguaiki Tüpa")。这三所大学统称为玻利维亚土著大学(la Universidad Indígena de Bolivia)。土著大学是公立性质的、与土著民族社区和组织紧密联系的、培养研究型专业人才和推进科学技术研究及技术革新的高等教育机构。目的是要改造国家与高等教育的殖民地性质,实行高等教育与地区发展需要相结合。土著大学的决策机构是由全国和诸省土著组织组成的社群委员会,其职能由教育部规定。土著大学有权颁发学业证书,但专业技术职称由教育部颁发。

(4) 特殊体制大学

目前有两所特殊体制大学,一所是军事大学(Universidad Militar),另一所是警官大学(Universidad Policial)。这两所大学都是由国家管理的公立高等教育机构;制度上分别受内阁所属部的管辖,学术上则由教育部监督;有权颁发学位证书,但专业技术职称则由教育部根据专项规定颁发。

军事大学的任务是培养各军事科学领域的专门人才;研究制定能确保多民族国家领土完整、一体发展及主权安全的军事战略;在各级军事培训中致力于科学和技术、研究和生产的发展,使军人永远能够跟上科学技术的进步,有效应对来自国内外的对国家完整和安全的威胁。

警官大学的任务是培养能履行宪法使命,行使预防、调查和援救职能,尊重和保护人权,践行民主和道德原则,忠诚于人民和多民族国家,确保国内安全的专门人才。为此，警官大学要致力于开发永远与时俱进的、在所有服务领域都力求专业化的警事教学大纲。

改革前，玻利维亚大学一般实行高级技术员、学士、硕士和博士四级学位制。改革后，实行本科阶段的高级技术员学位（Técnico Superior）和学士学位（Licenciatura），研究生教育阶段的短期研究学位（Diplomado）、短期专科研究学位（Especialidad）、硕士学位（Maestría）、博士学位（Doctorado）和博士后学位（Post doctorado）七级学位制。

在拉美大学排名中，玻利维亚只有三所大学进入前300名，这三所大学是圣安德烈斯大学、圣西蒙大学和玻利维亚天主教大学。

四 教育面临的问题

莫拉莱斯执政以来，玻利维亚在发展教育方面取得了令人钦佩的成就，15岁及以上人口识字率从2001年的86.7%提高到了2012年94.9%；6~19岁人口平均入学率从2001年的79.7%增长到了2012年的87.3%；4~5岁儿童学前教育平均入学率从2001年的41.9%提高到了2012年的52.7%（见表7-1），但也面临一些问题。

表7-1 1976~2012年玻利维亚教育发展的主要数据

年份	1976	1992	2001	2012
义务教育年限	8	8	8	12
公共教育开支占GDP的比重(%)	—	—	6.3*	6.9**
19岁及以上人口文盲率(%)	41.6	21.5	14	7.9
15岁及以上人口识字率(%)	63.0	80.0	86.7	94.9
4~5岁儿童学前教育平均入学率(%)	12.3	—	41.9	52.7
6~19岁人口平均入学率(%)	63.5	72.3	79.7	87.3
19岁以上具有初等教育水平人口占总人口的比重(%)	36.5	34	35	27.6
19岁以上具有中等教育水平人口占总人口的比重(%)	14.3	29.3	33.1	39.7
19岁以上具有高等教育水平人口占总人口的比重(%)	5.3	11.9	17.1	24.2

* 2006年的统计数据。

** 2011年的统计数据。

资料来源：Censo de Población y Vivienda 2012：Características de la Población，Instituto Nacional de Estadística（INE），Bolivia，Febrero，2015，p. 42，http：//www.ine.gob.bo。

玻利维亚

首先，在教育改革问题上人们意见并不统一。多数学者认为，20世纪30年代以来玻利维亚大众教育的经验为建立一种作为国家教育模式的跨文化双语教育开辟了道路，并取得了令人鼓舞的成效，因此，把跨文化双语教育作为一种国策，是符合玻利维亚的历史特点的。但是，反对派则认为，莫拉莱斯政府的教育改革让人"茫然"，"失去方向"[1]，新教育法反复使用"去殖民化"概念，但这个概念的含义直到今天也没有能够连贯一致地、统一地揭示出来。有学者认为这部新教育法实际上只不过是20世纪初期和中期教育政策的"恢复"，是一部"在新的现代性时代几乎不可能产生一种高质量教育"的法律。他们认为，玻利维亚"不能背对未来，眼望着无比夸大的过去而前进，并想复辟一种历史上的教育制度和已经过时的财富创造方式"，有学者甚至认为强调土著文化和双语教育的做法，是搞"印第安中心主义"（Andinocentrismo 或 Andean-centrism）或"种族中心论"（Ethno-centric），认为现在玻利维亚面临的教育挑战是如何在科技加速发展的时代明确定义国民的未来观，明确定义能够把学生培养成全面发展的、有能力解决玻利维亚严重社会经济问题的现代人才的教育观。[2]不但学者之间存在分歧，学生家长之间也存在分歧，一些土著家庭的家长们因为他们的孩子能在教室里听到老师用自己的语言讲课，非常高兴，对教育改革表示支持；另一些家长则认为如果所有的课程都用卡斯蒂利亚语教学，效果会更好；而更多的人对课堂上应该用土著语还是用卡斯蒂利亚语犹豫不定。在课程多样化的问题上，也存在类似的情况。很多家长认为，学校应该专心于改进有关卡斯蒂利亚语以及所授科目的"传统"教育，而把土著民族"自己知识"的问题交给家庭和社区，因为孩子们都是在家里学习他们自己的文化的。另外，学生自己在学校里一般也是优先选择学习西班牙语和现代文化知识，以图将来找到一份好工作。所

---

[1] José Antonio Arrueta, *El impacto de las reformas educativas en el sistema educativo en Bolivia, 1994 al 2011. Sus relaciones entre los deseos y las realidades*, http://dondelapalabra.proeibandes.org/pdf/1/JoseAntonio.pdf.

[2] Edgar Cadima G. I, La Ley de la Educación "Avelino Siñani-Elizardo Pérez", Una Presentación Crítica, http://www.institutoprisma.org/joomla/images/constituciones/fichas_.

以，不少人认为，截至目前，有关课程多样化的改革并不是成功的。

其次，教育改革无论在地区还是在各级教育之间都存在发展不平衡的情况。以"去殖民化"为主要目标的教育改革主要是在农村地区，特别是在土著居民聚集的地区，而不是在城市地区开展；在广大城市地区，这种改革并不成功，只有一些协定学校是例外。从教育系统自身的结构来看，发展更不平衡，"去殖民化"教育改革主要是在初等教育机构进行，在中等教育机构和高等教育机构中，这种改革"几乎是不存在的"[1]，只有新建的三所土著大学例外。

最后，财政困难。长期以来，在玻利维亚，义务教育只限于初等教育，新宪法和新教育法最重要的规定之一，就是要实行大学前学龄阶段的完全义务教育制（也就是说，高中毕业前的各级教育都是义务教育），这需要大量的投资才能降低中等教育的高辍学率。同时在没有普及技术教育所需要的基础设施、设备和专业化教师的情况下提出普及技术－人文高中（bachilleres técnico-humanísticos）的目标，也是一个巨大的经济负担。

第二节　科学技术

一　自然科学

（一）科技政策与科技组织

1960年9月23日玻利维亚政府颁布了第05582号最高法令，成立了玻利维亚科学院，作为推动科技发展的国家机构，负责协调公立大学所属科研机构、国家所属科研机构和某些私企科研机构之间的科技与创新工作。1991年，玻利维亚政府又颁布了第22098号最高法令，创建了国家科学技术体系，成立了国家科技联合会，该联合会的会员包括玻利维亚所

---

[1] José Antonio Arrueta, *El impacto de las reformas educativas en el sistema educativo en Bolivia, 1994 al 2011. Sus relaciones entre los deseos y las realidades*, http://dondelapalabra.proeibandes.org/pdf/1/JoseAntonio.pdf.

有从事科技与发明创造的组织、机构、自然人或法人。该联合会主要负责人才培训和科技成果商业化的转变工作。1998年，玻利维亚政府修改了上述两项有关科技的立法，颁布第24967号最高法令，创立了国家科学技术委员会（CONACYT），由共和国副总统，文化、体育与教育部，计划与可持续发展部，经济发展部，社会预防与卫生部，玻利维亚大学联合会主席，省属科技委员会的代表共同组成。根据这一最高法令，还成立了国家科技执行秘书处，附属于文化、体育与教育部。国家科技局是国家科技执行秘书处的下属机构，负责具体的有关科技与创新的课题和项目合作。

玻利维亚的科技研究工作通常遵守两个基本方向，一个是基础研究方向，另一个是应用研究方向。在基础研究方面，由于条件比较有利，已取得重要的进展，如在高纬度生物学研究方面以及天文学研究方面，就取得比较突出的成就。应用研究主要是在国家社会经济发展优先领域，如农业部门、农产品加工工业部门、能源、金属机械和钢铁制造等部门的应用研究。

玻利维亚科技管理工作的组织系统大体可以分为两个分系统，一个是政府系统，另一个是大学系统。政府系统指玻利维亚各政府部门所属的科技研究机构和科技管理机构系统。在玻利维亚，很多政府部门都有直属的科技研究机构或科研领导机构，如国防部有直属的"军事地理研究所"，社会预防与卫生部有直属的"营养及高原生物学研究所"，工商部有直属的"标准及技术委员会"，农牧部有直属的"动物生态研究所"，教育部有直属的"玻利维亚科学院"和"国家科学技术委员会"，矿业及冶金部有直属的"矿业研究所"和"全国核能委员会"，能源及石油部有直属的"石油技术中心"等。规划与协调部的直属机构"科技管理局"则负责整个政府科研系统的协调和指导工作。

大学系统指玻利维亚各大学所属的科研机构和科技管理机构系统。这个系统具有比较强的地区特点。玻利维亚全国分三大地区，每个地区大学所设课程和所建研究机构一般都服从于所在地区社会经济发展的需要（见表7-2）。所有大学科技研究机构均由教育部所属的玻利维亚科学院和国家科学技术委员会统一领导和协调。

表7-2 玻利维亚主要大学的专业设置和研究机构

大学	所设专业	研究机构
圣弗朗西斯科·哈维尔王家教廷大学(苏克雷)	生物学、人文学科	技术系与工艺研究所、癌症研究所、核医疗学研究所
圣安德烈斯大学(拉巴斯)	精密科学和自然科学、卫生保健学、技术学、人文学科	
圣西蒙大学(科恰班巴)	农学、卫生学、动物饲养、理科及人文学科	
奥鲁罗技术大学(奥鲁罗)	工程学、经济学、法律学	工艺研究所
托马斯·弗里亚斯大学(波托西)	精密科学和自然科学、技术学、艺术、人文学科	工艺研究所
加夫里尔·雷内·莫雷诺大学(圣克鲁斯)	精密科学和自然科学、卫生学、热带农业、人文学科	工艺研究所
胡安·米萨埃尔·萨拉乔大学(塔里哈)	精密科学和自然科学、技术学、经济学、牙科学	工艺研究所
何塞·巴利维安元帅大学(贝尼)	农学、动物饲养	农牧业系与家畜研究所
玻利维亚天主教大学(拉巴斯、科恰班巴、圣克鲁斯)	通信学、经济学、心理学	

资料来源：Christopher Roper and Jorge Silva (ed.), *Science and Technology in Latin America*, Longman Group Limited, 1983, pp. 26-30。

此外，玻利维亚还有一些独立的研究机构，如苏克雷医学研究所（从事研究并生产牛痘疫苗和免疫血清）、库佩蒂诺·阿特亚加癌症研究所、玻利维亚地质局、玻利维亚核能委员会、全国原子能委员会、圣卡利斯托天文台、玻利维亚石油研究所、动物学研究所等。玻利维亚还有全国科技文献资料中心、全国教育文献资料中心、国会图书馆等13个文献资料机构，其中以全国科技文献资料中心最为重要，它是玻利维亚同联合国粮农组织、世界卫生组织以及国际劳工组织合作，创建于1967年的一个综合性文献资料机构，储存有多个领域的大量的科技文献资料。

(二) 科技人力与科研经费

1974年玻利维亚曾做过一次调查，调查结果称当时有科学研究人员

玻利维亚

1790人，但后来证明这个数字并不准确，因为这个数字没有说明这些人是否都从事研究工作。到90年代，玻利维亚进行了新的统计。据新的统计资料，1992~1996年，玻利维亚科研人员的数量从1088人增加到1300人；同一时期内，科研人员占经济活跃人口的比例从0.45%增加到0.47%。[①]玻利维亚强调女性在科研中的重要作用。1999年6月17日成立了"玻利维亚妇女科学家组织"，促进和优先发展女性的科学技术潜力。据统计，玻利维亚女性在实验科学中占研究机构研究人员的80%。[②]

据90年代末期的统计，1992~1996年的5年中，前2年的研发实验经费分别为2100万美元和2300万美元，后3年每年都是2400万美元；这5年科研经费占国内生产总值的比重分别为0.37%、0.39%、0.39%、0.37%和0.33%。2001年玻利维亚的科学技术研发开支为4600万美元，占GDP的比重为0.52%（当时拉美平均为0.65%）。同年，美国《科学引文索引》（SCI）杂志上所列的玻利维亚科学出版物占拉美科学出版物的0.3%。玻利维亚70%的研究人员在大学工作，15%的研究人员在公共研究中心工作，非营利私人组织中研究人员占10%，只有5%的研究人员在企业工作，说明生产部门将知识和技术应用于生产过程的能力很低。玻利维亚10所公立大学、2所最重要的私立大学和141家研发中心承担的研发任务占全国的77%。根据伊比利亚美洲科技指标网（RICYT）的统计数据，1999~2002年间，玻利维亚大学资助了30%以上的研发开支，承担的研发任务达40%以上；而拉美平均仅分别为20%和38%。[③]

[①] http：//www.conacyt.gov.bo/Ciencia_y_Tecnologia/Indicadores…/indicadores_bolivia_.htm.

[②] Benjamin Kohl and Rosalind Bresnahan, Introduction: Bolivia under Morales: Consolidating Power, Initiating Decolonization, *Latin American Perspectives*, Vol. 37, No. 3, May 2010, pp. 5-17, Sage Publications, Inc. http：//www.jstor.org/stable/25700513 Accessed: 23-03-2016.

[③] Jaider Vega-Jurado, Ignacio Fernández-De-Lucio and Ronald Huanca, University-Industry Relations in Bolivia: Implications for University Transformations in Latin America, *Higher Education*, Vol. 56, No. 2 (Aug., 2008), pp. 205-220, http：//www.jstor.org/stable/29735236 Accessed: 06-05-2015 08：14 UTC.

(三) 进入 21 世纪以来科学技术的发展

进入 21 世纪以来，玻利维亚加强了本国科学技术的研发工作，如设立国家科学奖、国家技术和创新奖、国家科学新闻奖等。2000 年，玻利维亚提出了建立玻利维亚农业技术体系（SIBTA）的建议，该体系由"技术和农业开发基金会"（FDTA）、应用技术创新计划（PITA）和国家战略创新计划（PIEN）组成，旨在刺激和鼓励私人部门和公共部门开启研发合作模式。同时，玻利维亚国家农业和林业创新局（INIAF）还推出了一个部门计划（Sectoral Plan），促进农业和林业技术领域的研发和技术转让。

2001 年 6 月 8 日，玻利维亚通过了第一个与创新体系相关的法律——第 2209 号法，也称作"促进科学技术和创新法"（Law for Promotion of Science, Technology and Innovation），旨在进一步鼓励科学技术与创新工业的发展。该法包括建立玻利维亚创新体系的法律框架以及相关制度和机构的设置。同时，该法还规定了促进科学和工业、公共部门和私人部门合作的框架，以便承担更先进的科学技术和创新活动，加强国家科学技术和创新的规划等。

2004 年，在美洲开发银行的资助下，玻利维亚制定了科学技术和创新规划（2004～2009）。但由于缺乏本国政治和经济的支持以及缺乏鼓励研发行为的具体机制，以上这些政策和计划大多没有付诸实践，尤其是 2004 年的规划。[1]

2006 年莫拉莱斯执政以来，玻利维亚科学发展体现出新的内容和特征。作为"去殖民化"进程和发展新经济的一部分，莫拉莱斯政府推行了发展"玻利维亚科学"（Bolivian science）的政策，强调玻利维亚科学发展的本土主义（localism），将玻利维亚存在的原生态知识和材料融入现代科学实践中，通过先进技术来重塑玻利维亚。莫拉莱斯认为，加强技术的应用可以提高政府治理国家的能力和潜力。因此他执政后，玻利维亚在

---

[1] Slaughter, S., & Leslie, L. L., *Academic capitalism: Politics, policies, and the Entrepreneurial University*, Baltimore: The Johns Hopkins University Press, 1997.

科学技术立法、组织、政策、制度、预算和科技人才培养等方面都发生了根本性改变。玻利维亚科学实质上走上了土著知识、地区关注和西方科学方法等多种因素交织在一起的混合发展之路。

2006年，莫拉莱斯政府颁布了《国家发展规划（2006~2011）》（Plan Nacional de Desarrollo. 2006-2011），其中第四章关于"玻利维亚生产"（Bolivia Productiva）的部分提出了要制定国家政策，促进和整合科学和技术，将科学和技术融入玻利维亚人口的各个阶层的目标。该规划指出，玻利维亚科学发展缺乏的不是研究天才或研究意愿，而是国家的扶持。为此，玻利维亚建立了玻利维亚创新体系（Sistema Boliviano de Innovacion，SBI），决心用知识和创新解决国内生产、社会和环境问题，打破长期以来的殖民主义的科学技术依附和初级产品出口国模式。创新体系由四个机构组成，联合促进科学技术创新工程的发展。第一个机构是2006年1月莫拉莱斯在发展规划部新设的、专管科学技术工作的副科学技术部（Vice Ministerio de Ciencia y Tecnología），由拉巴斯知识界非常著名的生物化学家罗赫尔·卡瓦哈尔·萨拉维亚（Roger Carvajal Saravia）博士任副部长，负责设计和推行玻利维亚创新体系，同时负责科学和技术发展的规划和资金支持。该副部长极力主张大学和研究事业与国家政策相契合，倡议发展"玻利维亚科学"，并建立了一个活跃的科技网站，每周更新，内容丰富，时常公布一些有关科学技术发展的会议信息、报告、公开文献和研究计划，将科学技术发展融入人们的日常生活，并推动计算机扫盲计划。

第二个机构是2001年设置的"部际科学技术和创新委员会"（Comisión Interministerial de Ciencia Tecnología e Innovación），由教育、文化和体育部部长以及可持续发展和规划部部长、经济发展部部长、经济部部长、农牧业和农村发展部部长、卫生和社会保障部部长组成，由总统代表任委员会主任，负责制定玻利维亚科学技术创新政策。科学技术创新工程主要由两类机构推行：一类是创新体系各技术单位，其主要功能是推行政府制定的科技政策，同时提供创新计划所需的创新平台；另一类就是玻利维亚的大学系统，主要是10所公立大学，再加上玻利维亚天主教人学和军事工程学院。在玻利维亚，大学系统承担了全国研发任务的80%，是推进科技创新工程的主力。部际科学技术和创新委员会设有科学技术和创新全国秘书处（Secretaría Nacional de Ciencia y Tecnología e Innovación，SENACITI），具体协调和管理所有与科学技术和创新政策有关的活动，制定科学技术创新工程的年度预算，并直接向总统负责。

第三个机构是国家科学技术委员会，负责提出与科学技术和创新以及国家科学技术创新计划相关的指导方针、战略和规章制度，还负责与经济部协调管理国内外技术和金融合作资源，以促进科学和技术的发展。

第四个机构是"全国科学技术网"（Red Nacional de Ciencia y Tecnología），负责加强官方创新机构、大学和私人实体的研究领域，是国家创新平台（Plataformas Nacionales de Innovación）的一个组成部分，允许参与到碳氢等战略性和国家命脉领域的创新。[1]

此外，玻利维亚还制定了"保护、恢复和系统化本土和古代知识计划"，以作为一种对无形遗产的保护机制。该计划包括国家知识产权政策、保护战略问题上的知识产权机制、通过信息技术和"保护土著知识法"恢复和传播本土知识和种族知识等内容。发展规划部还提议创建"玻利维亚科学和技术信息体系"（SIBICYT），主要目的是要实现科学技术创新的大众化，促进国家物质生产和知识生产部门的合作。

为了加强科学技术的制度化发展，玻利维亚新宪法特别强调了国家在促进和支持科学技术发展中的作用。

由于科学技术基础薄弱，资金和人才储备都有限，玻利维亚将科技发展的重点放在少数几个高科技领域，如信息通信、航天和生物技术等领域。

在信息通信领域，玻利维亚是拉美地区信息技术较为落后、计算机和

---

[1] Guillermo A. Lemarchand, ed., National Science, Technology and Innovation Systems in Latin America and the Caribbean, Science Policy Studies and Documents in LAC, Vol.1, UNESCO 2010. http://www.unesco.org.uy.

玻利维亚

网络普及率较低、宽带普及率最低的国家之一（宽带普及率仅为10.4%左右）。玻利维亚宽带成本是拉美国家最高的，而速度是拉美地区最慢的。[①]玻利维亚电信业长期由外国公司控制，2008年实现国有化后，国家电信公司（ENTEL）在政府支持下开始为农村地区建设高速互联网，同时通过铺设光纤线加强大学和政府内部以及大学和政府之间的交流互动。近十年来，玻利维亚国家电信公司加强了与中国公司的合作。2014年，中国的中兴通信股份有限公司与玻利维亚国家电信公司合作部署玻利维亚最大光纤接入网络，覆盖全国绝大部分区域，极大地提高了玻利维亚的信息通信基础设施水平，大幅缩小了玻利维亚不同区域的数字鸿沟。与此同时，玻利维亚政府也制定了"国家数字融入计划"（PNID），旨在通过促进信息通信技术发展，缩小玻利维亚不同区域的数字鸿沟。

在航天领域，玻利维亚最大的成就是2013年底首颗通信卫星"图帕克·卡塔里号"通信卫星（简称玻星）成功发射。图帕克·卡塔里是玻利维亚第一个奋起反抗西班牙殖民者的民族英雄，首颗通信卫星以他的名字命名，表明玻利维亚对太空主权的重视。莫拉莱斯总统还亲自到中国西昌卫星发射中心现场观看该卫星的发射，并强调指出，能在太空占有一席之地是玻利维亚科技水平的一个跨越式发展。在与中国合作发射首颗卫星的过程中，玻利维亚航天局诞生了，并拥有了玻利维亚自己的首批航天技术专家。玻星能覆盖玻利维亚所有地区，除提供通信服务外，还能提供电视、广播、远程教育、远程医疗、手机等终端设备的移动通信以及其他一系列的地面应用服务。截至2015年底，玻利维亚已在偏远地区安装电信港1500个，惠及15万余户玻利维亚农村家庭，并为政府带来1900万美元的收入。玻星项目的成功使玻利维亚航天事业开始起步，2016年3月，玻利维亚航天局与圣安德烈斯大学工程学院签署了一份框架协议，旨在合作进行空间技术方面的人才培训和技术转让，共同开发空间技术课程和进行合作研究。航天局还与玻利维亚天主教大学和军事工程学院

---

① Oscar Messano, International Internet Connectivity in Latin America and the Caribbean, March 2013, ITU 2013.

签署了类似协议，试图与大学系统建立更多的合作机制，加强航天技术的知识转让。

由于玻利维亚生态的多样性，生物科学和生物医学是"玻利维亚科学"最重要的领域，在这个领域，玻利维亚强调生物科学研究的本土主义特征，致力于运用生物学知识和技术来更好地利用和促进玻利维亚的生物多样性。玻利维亚《国家发展规划（2006~2011）》建议创立的"玻利维亚生物多样性研究所"（Instituto Boliviano de Investigation de la Biodiversidad para el Desarrollo），其最初三年的预算即超过 3500 万美元。[①]该研究所在全国各个地区设立有 15 个分部，涉及 16 个优先研究和开发领域，包括生态系统研究（生物圈）、健康、本土资源的生产商业化、古代知识研究、技术转让和分子遗传学研究等。每一个地区分部集中研究一个或多个领域，并按照地区特殊性与当地民众的意见与地方政府协商决定研究领域。除此之外，玻利维亚还积极改革大学系统的生物系课程，确定分子生物学研究的首要任务是参与对本土自然资源的生物学开发，并设立科学与玻利维亚社会互动的学科，如"玻利维亚科学和历史"、"玻利维亚科学史"、"生物多样性和社会"等，培养学生为民族和国家服务的职业观，以帮助玻利维亚摆脱长期依附性"殖民地模式"（colonial patterns）为己任。

（四）国际合作与交流

玻利维亚与世界多国都保持了科技合作关系。近年来，尤其是莫拉莱斯上台以来，在科学研究与技术开发方面，玻利维亚同阿根廷、秘鲁、巴西、波多黎各、中国、俄罗斯以及东欧国家都加强了合作，尤其同中国的科技合作更加密切。

玻利维亚最早的科技合作国之一是美国，在美国的支援下，玻利维亚地质局成功地完成了奥鲁罗的一项遥感工程。在美国的授权下，奥鲁罗省

---

① Roger Carvajal Saravia, Erika Mansilla Quiroga, Cecilia Berzain Battioni, Eliana Defilippis Chavez, and Magali Paz Garcia, "Propuesta del Proyecto: Instituto Boliviano de Investigacion de la Biodiversidad para el Desarrollo", Vice Ministry of Science and Technology, 2007. http://www.cienciaytecnologia.gob.bo/programas/IBIBD.htm, accessed November 22, 2008.

可以利用美国3颗人造卫星所提供的资料对本国自然资源进行估测。

玻利维亚同阿根廷、秘鲁、巴西等周边国家都有科学合作关系。1993年，玻利维亚国家科学技术委员会同阿根廷科技部及全国科技研究委员会签订了《科学合作协定》。同一年，玻利维亚国家科学技术委员会同秘鲁全国科技委员会签订了《科技合作协定》。玻利维亚同巴西和波多黎各的合作主要集中于大学教育方面。1999年，玻利维亚政府和巴西政府就两国大学校际合作、教师与研究人员培训、情报与经验交流、研究机构合作等问题达成协定。同年，玻利维亚国家科学技术委员会执行秘书同波多黎各大学马亚格斯分校签订合作协定。

玻利维亚同东欧一些国家发展科技合作关系。1995年，玻利维亚政府同罗马尼亚政府签订《科技合作协定》。

近年来，玻利维亚加强了与法国和俄罗斯在科学技术领域特别是核技术领域的合作。2015年3月和5月，玻利维亚分别与法国和俄罗斯商讨开展核能合作。2016年3月，玻利维亚石油和能源部与俄罗斯国家原子能公司签署核能合作协议，决定在紧邻玻利维亚行政首都拉巴斯的埃尔阿尔托市建立一座核技术研发中心。玻利维亚总统莫拉莱斯表示，这座中心将是拉丁美洲最大和最现代化的核技术研发中心。该核技术研发中心项目主要由医疗、食品和研究三部分组成，包括建立一所癌症早期诊断和心血管研究中心以及一座以和平利用为目的的科研核反应堆，总投资额达到3亿美元，预计建设工期为4年。莫拉莱斯指出，玻利维亚政府将通过法令，批准成立一家国有公司具体负责这座核技术研发中心的建设和管理。核技术研发中心的建立，将为玻利维亚创造更多的就业机会，普及科学技术知识，提高产品质量和改善公众健康。

近年来玻利维亚与中国在科学技术领域尤其是航天领域的合作有重大突破。玻利维亚多高山湖泊，地形复杂。如果铺设光缆，效率低，造价也高，而卫星信号可以很好地覆盖到各个地区。2007年以来，玻利维亚开始寻找潜在的通信卫星合作伙伴，希望拥有自己的卫星。当时，作为航天大国的中国已具有丰富的卫星制造和发射的经验。玻利维亚在与中国航天科技集团公司、中国航天科技集团公司所属中国长城工业集团有限公司

（简称长城公司）以及五院沟通的基础上，最终决定选择中国作为玻方第一颗通信卫星的制造商。2010年12月，玻利维亚航天局与长城公司签署了《玻利维亚通信卫星系统项目合同》，合同规定，中国向玻利维亚提供通信卫星研制和发射服务、两个卫星地面测控站、卫星地面应用系统、项目风险管理、技术培训、轨位和频率协调等"天地一体化"的系统解决方案，同时中国国家开发银行对这一项目给予优惠商业贷款支持。中国还为玻利维亚培训了数百名卫星工程师和航天学员。2013年12月，中国研制的玻利维亚首颗通信卫星由长征三号乙增强型运载火箭从西昌卫星发射中心成功发射升空。玻利维亚因此拥有了第一颗卫星，并成为继巴西、阿根廷、智利、哥伦比亚和委内瑞拉之后，拉美第六个拥有卫星的国家，同时也成为世界第50个拥有卫星的国家。由于这颗通信卫星的信号不仅可以覆盖玻利维亚，还能让很多拉美国家受益，因此卫星的发射对于改善玻利维亚同这些国家的关系具有积极的推动作用。如巴拉圭就已表示有意购买这颗卫星的服务。中玻卫星合作是南南合作的又一个典范，开启了玻利维亚数字化经济和全民互联时代。继第一颗通信卫星发射成功之后，玻利维亚准备2017年在中国帮助下发射一颗遥感卫星。

除了在通信卫星领域的合作外，玻利维亚与中国还在一些科技产品贸易，尤其是各型现代化航空装备贸易方面有了突破和巨大进展，如玻利维亚购买了中国"新舟"60飞机、H425直升机等。中国企业在玻利维亚基础设施建设方面也提供了相应的技术支持。

莫拉莱斯政府也积极参与区域组织和国际组织平台内部的科技交往和科技合作。2008年，玻利维亚加入了由拉美经委会成立的"决策者科学技术和创新学校"，接受该学校为拉美决策者提供的科学、技术和创新培训，同时参与该组织制定的"区域性科学技术和创新对话机制"，积极协调拉美地区国家间科学技术转让和交流合作，致力于促进整个拉美地区科学技术创新的发展。

二 人文社会科学

相对于自然科学来说，玻利维亚人文社会科学方面的成果比较突出。

玻利维亚

早在军人专制独裁统治的20世纪70年代,玻利维亚就成立了"玻利维亚跨学科研究中心"(el Centro Boliviano de Estudios Multidisciplinarios)。这是一个致力于社会科学研究的自治性机构。玻利维亚虽然长期政治动荡,但在人文社会科学研究方面还是获得了不少成就。

在哲学方面,玻利维亚出版了不少研究古印第安文化哲学遗产、拉美哲学思想和哲学方法的作品。在这些作品中,比较突出的有米兰达、弗朗斯·塔马约等人的《关于安第斯文化与哲学的对话》、马马尼·温托哈的《艾马拉人思想中的帕查》、亚普·古铁雷斯的《的的喀喀回忆,神湖的传说与宇宙观》、路易斯·蒙特斯的《石头面具》、吉列尔莫·弗兰科维奇的《帕查妈妈:玻利维亚前途的对话》、卡兰萨·德拉维加的《同海德格尔的对话:让我们学会哲学推理》、罗贝托·普鲁登西奥的《哲学文集》、曼西利亚的《批判精神与贵族的怀旧》、吉列尔莫·弗兰科维奇的《玻利维亚哲学》、克拉拉·费鲁菲诺的《弗朗斯·塔马约的哲学,拉丁美洲的哲学方法》、赫苏斯·塔沃尔加的《玻利维亚的哲学思想》等。[①]

在经济学方面,自20世纪80年代中期实行"新经济政策"以来,玻利维亚经济学界就玻利维亚政府在实行所谓"资本化"政策和"新自由主义"政策中出现的种种问题,一直进行研究和讨论,出现了一些新的研究机构,如"劳工成长与农村发展研究中心"等,发表了不少重要的论文,如雷内·罗卡巴多和玛丽亚·罗曼的《资本化:我们是把国家收回来了还是把它赠送出去了?》、奥斯瓦尔多·卡列和玛丽亚·罗曼的《资本化:12个问题和答案》、雷内·罗卡巴多的《1993~1995年的资本化进程》、加夫列尔·埃尔瓦斯和卡洛斯·索里亚的《资本化综合分析:正反两方面的论据》、豪尔赫·贝尔加拉的《自由主义中的公正概念》、扬·罗克斯巴勒的《拉美的新自由主义:局限与替代方案》、路易斯·H.安特萨纳的《南方的末日:周期性的崩溃》等。另外,还有一个研究重点,就是与环境保护有关的生态经济学问题。在这一方面也有一些重要成果,如卡洛斯·克雷斯波和塔尼亚·里卡多·阿雷瓦洛主编的《从人类

---

① Libros de Filosofia de Bolivia, http://www.libreriaboliviana.com/filosofia.html.

第七章 文　化

发展到生态经济》、塔尼亚·里卡多·阿雷瓦洛的《生态经济：人类生态学新观》等。

在政治学方面，由于玻利维亚政治情况的特殊性，政治学在玻利维亚社会科学中颇受重视，出现一批有成就的政治学家如吉列尔莫·洛拉（Guillermo Lora）、里卡多·阿纳亚（Ricardo Anaya）、马里奥·罗隆·阿纳亚（Mario Rolon Anaya）、劳尔·里万德内拉·普拉达（Raúl Rivandeneira Prada）、阿利皮奥·巴伦西亚·维加（Alipio Valencia Vega）、路易斯·安特萨纳·埃尔格塔（Luis Antezana Elgueta）、苏萨娜·佩尼亚兰达·德尔格兰纳多（Susana Penaranda del Granado）、卡洛斯·蒙特内格罗（Carlos Montenegro）等。他们都有不少研究成果，其中尤以吉列尔莫·洛拉和里卡多·阿纳亚的著作最丰。吉列尔莫·洛拉著有《玻利维亚政治文献》、《政治历史与文化词典》、《玻利维亚政党史》、《玻利维亚的托洛茨基主义者》、《玻利维亚的社会阶级》、《玻利维亚工人阶级的形成》等著作，里卡多·阿纳亚主要著有《民主与革命》、《帝国主义、罗斯卡集团与贫困》、《玻利维亚的矿业国有化》、《团结起来，我们将取得胜利：左翼革命运动党致玻利维亚人民的信》等著作。其他的著名著作还有马里奥·罗隆·阿纳亚的《玻利维亚的政治与政党》、劳尔·里万德内拉·普拉达的《论政治侵犯》、阿利皮奥·巴伦西亚·维加的《玻利维亚政治史》、路易斯·安特萨纳·埃尔格塔的《军事战略家与反革命》、苏萨娜·佩尼亚兰达·德尔格兰纳多的《介于过去与现在之间的左翼革命运动党》、卡洛斯·蒙特内格罗的《民族主义与殖民地时期》等。近期的一些政治问题如选举问题、政治暴力问题等，也受到政治学家的重视，也有一些引人注目的著作问世，如玛丽亚·罗曼和拉法埃尔·普恩特斯的《谁是谁：2002年的选举》和《暴力全球化？》等。

在历史学方面，玻利维亚是古印第安文化的重要发源地之一，独立后一直重视历史研究，历史学在玻利维亚社会科学研究中算是一个比较有成就的领域。20世纪以来，特别是近几十年来，玻利维亚历史学的研究成果颇丰，主要有路易斯·安特萨纳·埃尔格塔的《玻利维亚：从改革到反对土地改革》、坎佩罗·普鲁登西奥的《20世纪的玻利维亚：当代玻利

玻利维亚

维亚的形成和玻利维亚现代史分析》、罗伊·克雷哈苏·莱维斯的《西班牙入侵以前时期的玻利维亚》、雷内·阿尔塞的《玻利维亚简史》、何塞普·巴尔纳达主编的两卷本《玻利维亚历史词典》、阿尔弗雷多·圣希内斯的《混血儿吉诃德：贝尔苏和梅尔加雷霍演义》、阿图罗·乌尔基迪的《美洲的封建主义和玻利维亚的土地改革》、奥古斯托·比利亚罗埃尔·特里贝尼奥的《玻利维亚建国历史文献》、卡尔梅洛·科尔松的《玻利维亚的建立》、小说家阿格达斯·阿尔西德斯的《玻利维亚通史》和五卷本《玻利维亚史》、豪尔赫·埃查苏的《玻利维亚军国主义》、何塞·巴尔加斯的《民族主义与玻利维亚的发展和安全：玻利维亚民族主义的历史和分析》、苏维塔的《玻利维亚的新自由主义与非国有化》、路易斯·杜兰德的《南安第斯、库斯科和拉巴斯的独立进程》、尼卡诺尔·阿兰萨埃斯的《玻利维亚的革命》、H.C.F.马西利亚和玛丽亚·特雷萨·萨加达主编的《玻利维亚的政治、文化和种族》等。2003年，玻利维亚还是南美洲第一次历史学会议（El Primer Congreso Sudamericano de Historia）的东道国。这次会议在玻利维亚的圣克鲁斯召开，讨论的范围很广，包括殖民史、经济史、社会史、政治史、文化艺术史、环境史、历史编纂学、高校历史教学等各个方面，宗旨是希望通过这次会议在南美洲建立一个知识分子和广大学者的学术论坛，让学者们能自由表达其对本地区历史进程的新观点，加强各国史学界的联系，促进历史学的发展。

在语言学方面，早在1927年，玻利维亚就在埃尔南多·西莱斯总统的倡议下，创立了"玻利维亚语言研究院"（La Academia Boliviana de la Lengua）。第二年，该研究院就被接受加入西班牙皇家语言研究院，成为该研究院的第14个成员组织。几十年来，玻利维亚语言研究院在调查研究玻利维亚方言词语方面，做了大量的工作，特别是该研究院所属的"词典编纂委员会"（1982年成立）对西班牙皇家语言研究院的词典编纂工作做出了突出的贡献。据玻利维亚词典编纂委员会主席卡洛斯·科埃略介绍，皇家语言研究院出版的新词典中，选用了玻利维亚词典编纂委员会呈送的867个玻利维亚方言词语，加上旧版词典中已经选用的200个，总共选用了玻利维亚方言词语1000多个。选用的标准是很严格的，所选用的词语不但要有相当高的使用频率，而且要有相当大的使用范围。所以，调查研究工作的工作量是相当大的，任务是十分艰巨的，而最终选用的词语只不过是所呈送语词量（7000多个）的1/10。由于这一贡献，玻利维亚语言研究院在2003年1月1日被授予国家级安第斯神鹰勋章。目前，玻利维亚语言研究院有院士40多人，都是通过秘密投票选举产生的。他们的任务是捍卫西班牙语，以保证该语言的健康发展，并在语言、语法研究和玻利维亚方言研究中，以及在词典编纂工作中加强合作。玻利维亚词典编纂委员会成立的时候，就计划要编辑出版一部《玻利维亚方言词典》，截至2003年，已收集玻利维亚方言词语1.5万个，基本完成该词典的编纂工作。此外，该编纂委员会还计划出版一部综合性词典，一部艾马拉—克丘亚生僻语词典、一部成语词典和一部供学生用的词典。在语言、语法研究方面也取得一定的成绩，譬如出版的路易斯·H.安特萨纳的《阅读理论》（*Teorias de la lectura*），就相当受欢迎。

总之，玻利维亚在人文社会科学的研究方面是相当活跃的。"玻利维亚文献与信息中心"（Centro de Documentacion e Informacion Bolivia）还组织了一个南方论坛，经常就玻利维亚的经济、政治、社会问题开展国际性的学术讨论。

第三节 文学艺术

一 文学

玻利维亚独立后，一个以浪漫主义为主流的文学运动便出现在文坛上，并以崭新的风貌，从各个方面反映独立国家的新的社会生活。到19世纪下半叶，新兴国家的种种悲剧性遭遇促使玻利维亚作家开始关注现实，浪漫主义文学衰落。进入20世纪后，特别是在查科战争中遭到惨败后，文学创作的现实主义流派和自然主义流派居于统治地位；在50年代以玻利维亚革命为标志的"民族的史诗时代"，玻利维亚曾涌现一大批热情洋溢的诗人和作家。近几十年来，玻利维亚又兴起了一个新现实主义的文学流派。下面分诗歌、小说、散文、戏剧四个方面加以简要介绍。

(一) 诗歌

玻利维亚的诗歌大体上经历了浪漫主义和现实主义两个发展时期。浪漫主义是独立初期玻利维亚诗歌创作的主流。主要代表人物有里卡多·何塞·布斯塔曼特和阿德拉·萨慕迪奥等人。

布斯塔曼特（Ricardo Jose Bustamante，1821—1884）出生于阿根廷，早年在法国、西班牙接受教育，文学功底深厚，是玻利维亚国歌的词作者。他一生写了大量诗歌、剧本和散文，其中尤以富有浪漫主义色彩的抒情诗最为出色。主题涉及探索内心世界的秘密，描写家庭生活的和谐，抒发对家乡无限眷恋的感情等方面。诗句清新流畅，感情炽烈饱满。在《马莫雷河序曲》中，他以细腻真切的笔触描绘了祖国美好的自然景色，表达了作者的赤子之心。主要作品还有《绝望的呼声》、《1809年7月16日的英雄颂歌》（1850）、《致巴伊扬将军的挽歌》（1858）、《富有诗意的理想》（1878）以及史诗《自由的西班牙美洲》（1883）等。

萨慕迪奥（Adela Zamudio，1854—1928）出生于科恰班巴，早年就对诗歌产生了浓厚的兴趣，并表现出很高的天赋。她常常在报刊上发表诗作，有些还成为广为流传的民歌。她一生大部分时间从事文学创作和教育工作，在玻利维亚妇女界赢得了很高的威望，也在文学界享有很高的声誉。处女作是发表于1870年的抒情散文诗《两朵玫瑰》。第一部作品集是其父在布宜诺斯艾利斯编辑出版的《阿德拉·萨慕迪奥散文诗集》（1887）。此后出版的主要诗集有《诗的尝试》（1889）、《黑色的城堡》（1906）、《知己》以及在巴黎出版的《阵风》。后一部诗集收集了她最优秀的诗篇，如《给一个女自杀者》、《春天》、《人之初》、《何去何从》、《在朝圣路上》等。在艺术上她始终坚持浪漫主义创作方向，对现代主义诗歌持批评态度，认为它偏离了人性的轨道。她才思敏捷、感情真挚、笔法精湛、技巧纯熟，在热情奔放的情绪中散发着一种清新怡人的气息，使读者得到一种身临其境的印象，极富感染力，为玻利维亚浪漫主义文学的发展做出了杰出的贡献。

第七章 文　化

20世纪初，现实主义逐渐在诗歌创作中占据了统治地位，主要代表人物有里卡多·海梅斯·弗莱雷、弗朗斯·塔马约、阿尔曼多·奇尔维切斯、迭斯·德梅迪纳等。

里卡多·海梅斯·弗莱雷曾执教于布宜诺斯艾利斯大学，担任过玻利维亚驻巴西、阿根廷和美国等国大使。与鲁文·达里奥和卢贡内斯联合创办《美洲杂志》（1894），编辑过《地平线报》（1903～1906）等报刊。创作上注重理论与实践的探索与革新，力图突破传统的束缚。有的作品还带有某种奇特的异国情调，形成现代主义中的某种外来主义特色。内容上则依然继承前代诗人逃避现实的倾向，想从虚缈的世界中寻求灵魂的安慰。代表作是1899年出版的诗集《蛮荒的诗泉》。该诗集在勒孔特·德李勒的《蛮族诗集》的启发和影响下写成，以日耳曼神话为题材，展示了斯堪的纳维亚的美丽风光，但也不时流露出某种忧伤的情绪。作品格调高雅精致、韵律新颖奇特，完全打破了过去诗歌格律的规范，开创了自由诗的先河，被誉为现代主义诗歌的典范。1917年出版的诗集《人生如梦》，则完全以社会生活为背景，悲叹生命的短暂，表达了对儿女私情的眷恋，语言华丽，从中可以看出诗人对帕尔纳斯派艺术技巧的纯熟运用。他是玻利维亚唯一写过诗歌理论著作的现代主义诗人，他1912年出版的专著《卡斯蒂利亚诗歌的规律》总结了诗歌韵律改革的各种观点，并提出了自己的见解。他的诗歌作品还有诗剧《赫福德的女儿》（1889）、《征服者》、诗集《梦中的土地，黑暗中的土地》（1918）等。

弗朗斯·塔马约（Franz Tarnayo，1879—1956）早年在玻利维亚圣安德烈斯大学当过教师，创办过《自由人报》和《费加罗报》。曾被激进党选为国会议员。1935年曾当选为总统，但由于军队哗变而没能就职。他的诗歌想象力丰富，韵律优美，辞藻华丽，试图以新颖、完美的形式表达深刻含蓄的意味，被公认为玻利维亚现代主义诗歌的杰出代表之一。主要作品有《颂歌》（1898）、《格言》（1905）、《新谚语》（1922）、《鲁巴耶特新人》（1927）、《谐谑曲》（1932）和《希腊的碑铭》（1945）等。

阿尔曼多·奇尔维切斯（Armando Chirveches，1883—1926）很早就对文学产生浓厚的兴趣，并表现出诗歌创作的天赋。大部分诗作都是描写自然风光的咏物抒情诗，用笔细腻，感情丰富，能够把美丽的景色人格化，表达了他对美好生活的向往，表现出一种特殊的艺术风格，在玻利维亚现代主义文学流派中独树一帜。作品有诗集《李黎》(1901)、《仲夏之夜》(1904)、《春之歌》(1909)、《乡恋》(1912)等。

迭斯·德梅迪纳（Eduardo Dies de Medina，1881—1955）当过律师、外交官。曾在多所大学任教，主授国际法。创办《文学与艺术》、《毕星团》等文学刊物以及《美洲国际法杂志》。他的诗歌创作风格以浪漫主义为主，有时也显示出某些现代主义倾向。他的诗作题材广泛，探讨了有关政治、社会和生活等各个领域的现实问题，提出了许多极有见地的观点。著名作品有诗歌剧《一个狂人的梦呓》(1900)、诗集《蝴蝶》(1903)、《感情三部曲》(1913)和《本土风光》(1919)等。

(二) 小说

玻利维亚的小说创作大体上经历了浪漫主义、现实主义、自然主义和新现实主义四个发展阶段。独立初期，玻利维亚小说以浪漫主义为主流，主要代表人物有里卡多·特拉萨斯、纳塔尼埃尔·阿吉雷等。

里卡多·特拉萨斯（Mariano Ricardo Terrazas，1835-1878）曾在法国大学专攻法律，同时在一些报刊上发表文章。因反对梅尔加雷霍政府而被迫流亡秘鲁。流亡期间当过利马《国民报》社长和《祖国报》总编辑。回国后致力于文学创作。第一部小说《巴黎围困战》发表于1872年，很快就以卓越的才华在玻利维亚文坛享有盛名。其代表作是《内心的秘密》(1869)和《囚禁的回忆》(1899)，这是两部带有自传色彩的长篇小说。

纳塔尼埃尔·阿吉雷（Nataniel Aguirre，1843—1888）早年涉足政坛，历任制宪议会议员、玻利维亚财政部长、国防部长、外交部长等职。主要文学成就是历史小说，如《唯一神教派和联邦主义》(1877)、《太平洋战争中的玻利维亚》(1883)等。代表作是发表于1885年的长篇历史小说《胡安·德拉罗萨》（Juan de la Rosa）。小说通过独立运动最后一名士兵的回忆，塑造了一个儿童的形象，讲述了1810~1812年独立革命的历史，歌颂了科恰班巴城英雄抗击敌人的英勇事迹，抒发了作者强烈的爱国主义热忱，表达了他的民族自尊心和自信力。

19世纪下半叶，玻利维亚作家开始关注现实问题，浪漫主义潮流开始让位于现实主义潮流。主要的代表人物有阿尔西德斯·阿格达斯、阿尔曼多·奇尔维切斯、海梅·门多萨、奥古斯托·塞斯佩德斯等。

阿尔西德斯·阿格达斯（Alcides Arguedas，1879—1946）是玻利维亚现实主义小说的鼻祖。他很早就开始文学创作活动，处女作是发表于1903年的长篇小说《毕萨瓜》。他的创作多以现实主义的写实手法对印第安人的生活和遭遇进行细致的描写，许多作品都充满了伦理观念，表现了作家对这一土著民族的关切和同情。他有两部最重要的小说，一部是《土生白人的生活》（Vida Criolla）；另一部是《青铜种族》（Raza de Bronce）。《土生白人的生活》发表于1905年，揭露拉巴斯上层社会的黑暗。《青铜种族》发表于1919年，被评论界公认为20世纪初拉丁美洲印第安文学题材小说中最优秀的长篇小说。这部小说以印第安牧羊姑娘乌鲁哈·瓦达瓦拉与本族青年农民奥古斯丁·阿希阿利的爱情故事为主线，描写了大庄园主潘托哈仗势欺人、为非作歹的种种残暴的罪恶行径。作者为印第安人的勇敢奋起和伸张正义而直书呐喊，将田园牧歌式的景物描写与暗无天日的现实生活有机地结合在一起，形成强烈对比，有一种震撼人心的感染力。这部小说对20世纪拉丁美洲土著小说的发展产生了巨大的影响。阿格达斯还有一篇杂文值得注意，这就是他发表于1909年的《病态的民族》。这篇文章认为玻利维亚落后的主要原因之一是玻利维亚人种（印第安人和乔洛人）过于落后，缺乏高贵血统，呈现出简单、愚昧、保守、嗜酒成性、缺少教养、性格生硬、感情贫乏，只会咀嚼痛苦而无抗争之志等病态。由于这些病态，玻利维亚不能同其他国家站在同一条起跑线上，从而阻碍了玻利维亚的发展和进步。阿格达斯的这种血统决定论观点，显然是受了那个时代西方实证主义思潮的影响。阿格达斯的其他作品还有长篇小说《小城的小说》（1912）、史论《玻利维亚通史——文明的考迪罗和野蛮的考迪罗》（1925）、《野蛮的酋长》（1929）、散文集《影子舞蹈》（1934）和十二卷本《回忆录》等。

阿尔曼多·奇尔维切斯（Armando Chirveches，1883—1926）早年在外交部门工作，一生大部分时间在欧洲度过。他是诗人，他的小说创作也具有诗歌创作的风格,通过细致入微的观察和研究,展示了玻利维亚城市社会风貌和农村风土人情。他的代表作是《罗哈斯的竞选》(1908)和《高宅大院》(1916)。《罗哈斯的竞选》以玻利维亚本土大选活动为背景,暴露了社会中的不良现象。《高宅大院》则记述了一个安达露西亚移民在美洲的发家史。其他还有《湖之圣女》(1920)、《在海岸边》(1926)、《热带之花》(1926)等作品。

海梅·门多萨(Jaime Mendoza, 1874—1941)一生行医,但在小说创作方面也很有成就。他写过两部长篇小说,一部是《在波托西的土地上》,发表于1911年。该小说以安第斯山矿井为背景,描写了矿工们在井下遭受的残酷折磨和非人待遇,把资本家的丑恶面目毫不留情地揭露出来。另一部是《野蛮的事件》,发表于1914年,叙述了某橡胶园中工人们的凄苦生活。后期写了大量杂文,如《玻利维亚民族性的地理因素》(1925)、《玻利维亚高原》(1935)以及《神秘的湖泊》(1936)等,反映出作者对美好生活的向往。

奥古斯托·塞斯佩德斯(Augusto Cespedes, 1904—1997)是法学博士。大学期间即投身于政治活动和新闻工作。曾以上尉军衔参加过查科战争。1936年主编《街道》报。1941年参与创建"民族主义革命运动党"。当过议员、工会领导人和玻利维亚驻巴拉圭、意大利等国大使,参加过1952年玻利维亚民族民主革命。早期作品大多收入短篇小说集《梅斯蒂索人的鲜血》(1936)之中。所收作品均取材于查科战争,描写士兵们在丛林中作战所面临的饥渴和死亡,抨击了政治家的错误,揭露了国际资本家的野心。他最著名的作品是长篇小说《魔鬼的金属》,发表于1946年,以锡矿大王西蒙·帕蒂尼奥的一生为原型。小说细致地描写了矿工们所遭受的非人折磨,谴责了国内外资本家相互勾结、残酷剥削工人的罪恶,揭露了他们掠夺国家资源的无耻行径。作品采用现实主义手法,以辛辣的讽刺和幽默的文笔给读者以强烈的感染力,是玻利维亚现代时期小说创作的代表作。其他有名的作品还有《独裁者的自杀》、《帝国主义与发展》等。

20世纪上半叶,特别是查科战争之后,自然主义成为玻利维亚小说创作的主要潮流。其主要代表人物有费尔南多·迭斯·德梅迪纳、阿尔弗

第七章 文 化

雷多·吉廉·平托等。费尔南多·迭斯·德梅迪纳（Fernando Diez de Medina，1908—1990）大学毕业后一直在新闻界工作，多次以玻利维亚政府代表的身份参加各种国际文化艺术交流活动。曾主编文学杂志《山川》，经常在一些有影响的刊物上发表文章，以卓越的文学成就蜚声玻利维亚文坛。其代表作是发表于1951年的长篇小说《纳依哈玛》，该作品曾获得玻利维亚国家文学奖。其他重要作品还有诗集《一目了然的小径》（1928）、《形象》（1932）、短篇小说集《戴面具的女人及其他》（1955）、散文《清晨的快帆船》（1935）等。他的作品大都以社会生活为背景，崇尚正义的行为，抨击道德的沦丧，积极提倡民族文化，弘扬民族精神。阿尔弗雷多·吉廉·平托（Alfredo Guillén Pinto，1895—1950）的主要作品有《印第安人的眼泪》、《乌塔马》和《矿井》等。

近几十年来，玻利维亚出现了一批以当代社会生活为题材创作小说的作家，他们被称为"新现实主义派"。其中最具有代表性的有马尔塞洛·基罗加·圣克鲁斯、劳尔·博特略·戈萨尔维斯。马尔塞洛·基罗加·圣克鲁斯的主要代表作是《无人区》，被认为是玻利维亚最优秀的文学作品之一。劳尔·博特略·戈萨尔维斯的主要作品有《绿叶的迷醉》、《古柯叶》和《荒原》等。

莫拉莱斯执政以来，玻利维亚的文学运动有两个突出的发展趋势，一个是"矿区文学"的发展，另一个是土著文学的发展。前者的代表人物是维克托·蒙托亚，他的影响最大的作品是《来自矿区的故事》，该书2006年再版，是玻利维亚矿区文学的代表，具有很高的道德伦理水平和美学价值。2013年，他又出版了一部新作——《与波托西大叔的对话》（*Conversaciones con el Tío de Potosí*），这是他的又一部矿区文学作品。作者笔下的"波托西大叔"就是人格化的波托西矿山，他被塑造成一个昔日米塔苦力的形象，矿工们把他看作矿产财富的所有者和自己的主人，常常以美酒、古柯叶和香烟供奉于他的雕像前。小说歌颂了波托西市发展矿业的优良传统，因此很受波托西市自治政府的赞赏。后者的代表人物是艾马拉民族作家费德里科·托雷斯，他的小说《代表大会要么走回头路，要么大改革》（*De la gran asamblea al retorno o al gran cambio*）2010年获得玻利维亚第一届土著文学作品奖。小说通过安第斯神鹰和安第斯神灵对土著领袖死亡表示哀悼的故事，探讨艾马拉人的历史，描绘伟大的安第斯领导人，表达对艾马拉人宇宙观的看法。

另外，还有一个值得注意的现象，就是文学界新人辈出。年仅25岁的作家塞瓦斯蒂安·安特萨纳·基罗加（Sebastián Antezana Quiroga）2009年获得国家小说奖，他的获奖作品是小说《被拿走的手稿》。另一位出生于1981年的作家罗德里戈·哈斯布恩（Rodrigo Hasbún）2008年荣获西班牙语美洲短篇小说奖，并入选最有前途的39位拉美青年作家之列。

（三）散文

玻利维亚的散文创作主要以社会和政治问题为题材，也有文学艺术评论。19世纪玻利维亚著名的散文家主要有加夫列尔·雷内·莫雷诺（Gabriel René moreno，1836—1908）、胡利奥·卢卡斯·海梅斯（Julio Lucas Jaimes，1840—1910）等。加夫列尔·雷内·莫雷诺一生大部分时间在智利度过，曾任智利国家图书馆馆长。作品以文学评论和历史研究专著为主。主要作品有《亚涅斯大屠杀》（1886）、《玻利维亚与阿根廷》（1901）、《玻利维亚与秘鲁》（1905—1907）等。胡利奥·卢卡斯·海梅斯当过外交官和政府要员，曾与秘鲁作家里卡多·帕尔玛合作创办《玩笑报》。他写了大量的历史讽刺小品，笔法娴熟，技巧高超，能把趣味盎然的事例同深刻的理性分析完美地结合起来，给读者一种生动活泼的亲切感。主要作品有《太平洋战事的尾声》（1893）、《巴西与玻利维亚》（1905）等。20世纪初期最著名的散文家是米格尔·德洛斯桑托斯·塔沃尔加（Miguel de los Santos Taborga）和丹尼尔·桑切斯·布斯塔曼特（Daniel Sánchez Bustamante）。目前，最卓越的散文家是马里亚诺·巴普蒂斯塔·古穆西奥（Mariano Baptista Gumucio），他是一位有能力就当前各种不同的主题特别是教育问题和战争问题发表意见的散文家。

（四）戏剧

在玻利维亚，戏剧最早出现于19世纪中叶。当时，剧作的主题基本上来自历史故事，并不反映现实社会的重大问题。在这个阶段，戏剧界的主要代表人物是费利克斯·雷耶斯·奥尔蒂斯（Fclix Reyes Ortiz，1828—

1884)。他早年入大学攻读法律,毕业后获律师资格证书。先后创办了《电信报》、《立宪报》、《玻利维亚之声报》和《民政顾问报》。曾任《时代报》主编,经常为幽默周报《傻瓜父亲》撰稿。在他所写的剧本中,最著名的有《恨与爱》、历史剧《长矛》和喜剧《流言蜚语》。大部分作品取材于普通人的日常生活,以辛辣的讽刺手法抨击时弊,具有明显的象征意味。其他剧作家还有本杰明·伦斯(Benjamin Lenz)、纳塔尼埃尔·阿吉雷(Nataniel Aguirre)、里卡多·何塞·布斯塔曼特(Ricardo José Bustamante)等。

进入 20 世纪后,玻利维亚逐渐产生一种反映民族精神特点的民族戏剧,出现了风俗派潮流与政治、社会戏剧相容共存的发展倾向。在这一方面,早期的推动者有埃米略·菲诺特(Emilio Finot)、阿尔贝托·萨维德拉·佩雷斯(Alberto Saavedra Pérez)、安东尼奥·迪亚斯·比利亚米尔(Antonio Díaz Villamil)等人。在从风俗派潮流到先锋派潮流的过渡进程中,劳尔·萨尔蒙(Raúl Salmon)的脍炙人口的社会、历史和政治剧享有重要的地位,他以敏锐深刻的观察和锋利的笔触,对玻利维亚社会存在的问题进行了批判性的揭露。

玻利维亚的先锋派戏剧是查科战争之后在西方现代派文学的影响之下出现的一种文学潮流。剧作家们大都以更加客观、尖锐的态度揭露和抨击社会的黑暗,反映了玻利维亚民族意识的觉醒。在这个潮流中,玻利维亚的戏剧无论在概念上,还是在内容上、方法上,都进行了革新。重要的人物有塞尔希奥·苏亚雷斯(Sergio Suárez)、加斯东·苏亚雷斯(Gaston Suárez)、胡利奥·德拉维加(Julio de la Vega)、吉多·卡拉比(Guido Calabi)等。在这个时期,历史剧仍然受到许多剧作家的重视,代表剧作家有吉列尔莫·弗兰科维奇(Guillermo Francovich)、劳尔·博特略·戈萨尔贝斯(Raúl Botello Gosálvez)等。

二 电影

(一)玻利维亚电影的产生

玻利维亚的电影事业起步很早,有记载说,1895 年 12 月 28 日,一

玻利维亚

部题为《传记作者》的最早的影片,首次在巴黎一家咖啡馆的地下室上映;两年后,这部影片在玻利维亚播放。但是,有据可查的资料证明,玻利维亚的电影事业实际上开始于1904年。那一年,玻利维亚首次拍摄了一部题为《历史人物和当代人物画像》的影片。到20世纪的第二个10年,玻利维亚人才真正开始对这个引发全世界好奇心的技术奇迹产生兴趣,决定试一试自己的运气。1912年,路易斯·卡斯蒂略(Luis Castillo)和J. 戈伊蒂索洛(J. Goytisolo)承担了这项任务,成为玻利维亚电影事业发展的先驱。在此后的几年中,玻利维亚拍摄了好几部关于官方活动的文献片。1923年,在阿根廷居住多年的意大利人佩德罗·桑巴里诺(Pedro Sambarino)来到玻利维亚,在这里装备了一间真正的影片加工实验室。这个实验室很快就成为玻利维亚影片制作的最有力的推进器。此后,玻利维亚的无声电影进入了一个黄金时代。

(二) 无声电影的鼎盛时期

1925年桑巴里诺制作了玻利维亚的第一部故事片《艾马拉人的心肠》,它是根据安赫尔·萨拉斯的戏剧作品《果菜园》创作的。第二年,著名考古学家阿图罗·波斯南斯基在路易斯·卡斯蒂略的帮助下,将其研究成果摘要整理,制作成了一部题为《种族的光荣》的故事片,受到社会各界的重视。与此同时,玻利维亚电影界还在政府的授意下,拍摄了一些有关时局问题的文献短片,如《潘多诉讼案》等。《潘多诉讼案》记载了当时一场议论纷纷的、豪雷吉之子暗杀前总统案件的司法审判过程。后来,这一案件成了两部影片的主题,一部是路易斯·卡斯蒂略的《豪雷吉的枪决》,另一部是阿图罗·波斯南斯基的《肯科的凄凉悲剧》。两部影片都于1927年发行。

1930年初,一部新的故事片在玻利维亚问世,片名为《瓦拉瓦拉》。影片讲的是发生在印加王朝末期的一个浪漫而悲壮的故事:小公主忸斯塔悄悄地爱上了诗人阿拉维科,两人有了很深的感情。但是,阿拉维科是上帝意志的代言人。一天,上帝通过阿拉维科的嘴,传达了他对印加帝国的警告:由于执掌印加帝国权力的两兄弟荒淫无度,相互残杀,上帝已经忍无可忍,决定允许海外的白人来这里惩罚他们。忸斯塔痛苦地注意到,阿拉维科的预言不但没有起到警戒的作用，反而惹怒了统治者。统治者判处阿拉维科极刑。在最高祭司宣布执行判决之后，一对情侣便被抛下了悬崖。这个骇人听闻的事件发生之后不久，白人便从海上来到了这个地方。在力量悬殊的战斗中，这个地方被夷为平地。最后，印加帝国也就覆灭了。这个影片的放映获得了巨大的成功，成了一个具有广泛影响的大事件。随着时间的推移，这个电影故事也就成了一个广为传播的神话。

1932年，马里奥·卡马乔（Mario Camacho）等几个年轻人决定摄制影片《走向光荣》。当时正值查科战争一触即发之时，这部影片激发了人们尚武从戎的情绪。战争爆发后，玻利维亚出现了两部反映战争的影片，一部是路易斯·巴索贝里（Luis Bazoberry）的《绿色地狱》，另一部是胡安·佩尼亚兰达·明钦（Juan Pearanda Minchin）的《查科战役》。随着战争的结束，玻利维亚无声电影的时代也就结束了，新的有声电影技术的发明使得半手工生产的无声电影再也无法生存下去。

（三）有声电影的诞生及其发展

查科战争结束后，在民生凋敝的艰难时期，玻利维亚的电影事业也停顿了近10年之久；直到20世纪40年代末，才又重新开始。1948年，埃梅尔科公司拍摄了一部故事片，题为《伊利马尼峰下》。这是玻利维亚的第一部彩色影片。

差不多在同一时期，鲁伊斯与奥古斯托·罗加以及阿尔贝托·佩林合作，在太阳岛上拍摄了玻利维亚最初的几部小型电影，其中最有名的是《帝国诞生的地方》。该片记载了印加文明所留下的丰富遗迹。

1952年玻利维亚革命胜利后，埃斯登索罗政府于执政的第二年创建了玻利维亚电影管理局。豪尔赫·鲁伊斯拍摄的《塞瓦斯蒂安娜返乡记》参加1956年乌拉圭音乐节，获得好评。此片主要描写奇帕亚民族的生活和风俗，在1984年的民意测验中被选为玻利维亚最重要的影片之一。鲁伊斯1958年摄制的故事片《泉》和豪尔赫·圣希内斯在60年代拍摄的《革命》、《阿伊莎》、《乌卡毛》和《亚瓦·马尔库》等几部影片，也都获得很大的成功。特别值得指出的是，《乌卡毛》是玻利维亚第一部艾马拉语故事片，而《亚瓦·马尔库》则是玻利维亚第一部克丘亚语故事片，

玻利维亚

在玻利维亚电影发展史上具有特别重要的意义。

进入70年代后,玻利维亚的电影,特别是安东尼奥·埃吉诺(Antonio Eguino)拍摄的影片,其主题的深刻性有了明显的突破。譬如埃吉诺的农村故事片《小小村庄》(Pueblo Chico, 1974),就力图对1952年土地改革的结果给予一个批判性的评价。它通过丘基萨卡一个回乡大学生的经历,证明农村的情况并没有发生多大的变化。又譬如同一作者的城市故事片《丘基亚戈》,通过4个相互连贯的故事,描绘了拉巴斯城地理上的由低到高的层次变化及其居民社会地位上的由高到低的层次变化,并将二者进行对比,从而揭示了该城的阶级分化情况,获得了巨大反响,直到现在仍有一定的影响力。这个时期的其他电影作品还有乌戈·龙卡尔的《阿约雷奥人》(1979)、豪尔赫·鲁伊斯的《无声的呼喊》(1979)、乌戈·博埃罗·罗霍的《迷人的玻利维亚》等。

(四) 20世纪80年代以来的玻利维亚电影

在80年代经济危机日益严重、市场日益缩小的情况下,玻利维亚的电影生产一度陷入停顿。但是80年代有几部电影还是值得重视的。一部是乌戈·博埃罗·罗霍拍摄的文献片《神湖》(1981)。该片对曾经哺育过伟大印第安文明的的的喀喀湖的历史财富和自然资源进行了重新评价。另一部是电影师保罗·阿加西(Paolo Agazzi)拍制的故事片《我的伙伴》(1982)。该片通过一个西部地区印第安人司机同他的一个东部地区印第安人助手一起旅行的故事,细致地描绘了从东部圣克鲁斯省到西部拉巴斯省整个地区的地理和风俗,是一部跳出本土地理界限来考察其他地区社会现实的影片。还有一部是豪尔赫·圣希内斯等拍摄的文献片《黎明的旗帜》(1984)。该片通过细致描述当代几个激动人心的事件,力图唤醒人们的集体意识,以免这些事件的呼啸之声逐渐被人们忘掉。另外还有两部历史片使社会各界感到不安。一部是安东尼奥·埃吉诺摄制的描述1879年太平洋战争事件的影片《苦海》(1984)。该片一反传统历史著作的观点,对历史事件进行了修正,从而在史学界引起了激烈的论战,使该片成为玻利维亚最有争议的一部影片。另一部是保罗·阿加西根据玻利维亚女作家加比·巴列霍(Gaby Vallejo)的小说《奥帕的儿子》摄制的故事片

《卡塔赫纳兄弟》（1985）。该片通过兄弟俩所经历的一系列变故，对从1952年土地改革到80年代中期玻利维亚所发生的事件，提出了一种令人耳目一新的历史观，引起了社会各界的注意。1985年开始改革之后，玻利维亚也摄制了不少有影响的故事片，如《廷库血祭》（1985）、《地下民族》（1989）、《平等主义者》（1990）、《萨亚里》（1994）、《霍纳斯与粉红鲸》（1994）、《信仰问题》（1994）、《绚丽的黑暗》（1995）、《沉默死亡之日》（1998）、《诗人街》（1999）、《水中月》（2000）等。

玻利维亚的影片虽然在数量上难以同拉美其他国家相比，但从20世纪50年代开始，玻利维亚影片就不断在国际上获奖，说明它在质量上是相当突出的。玻利维亚获奖影片主要有豪尔赫·鲁伊斯的《塞瓦斯蒂安娜返乡记》，豪尔赫·圣希内斯的《乌卡毛》、《亚瓦·马尔库》、《人民的怒火》、《主要敌人》，安东尼奥·埃吉诺的《丘基亚戈》，乌戈·博埃罗·罗霍的《神湖》，保罗·阿加西的《我的伙伴》，豪尔赫·圣希内斯和贝阿特里斯·帕拉西奥斯的《黎明的旗帜》，豪尔赫·圣希内斯的《地下民族》等。

1995年以来，玻利维亚开始选送影片参加奥斯卡最佳外语片比赛。截至目前，玻利维亚有7部电影被选送，其中3部由胡安·卡洛斯·巴尔迪维亚（Juan Carlos Valdivia）导演。它们分别是：《霍纳斯与粉红鲸》（Jonás y la ballena rosada，1995）、《美国签证》（American Visa，2006）和《南部地区》（Zona Sur，2009）。《霍纳斯与粉红鲸》是玻利维亚第一部选送参加奥斯卡最佳外语片评选的影片，讲述的是20世纪80年代在军事政治和毒品走私背景下一个上层玻利维亚家庭的故事；11年后，巴尔迪维亚导演又出品了《美国签证》角逐奥斯卡最佳外语片奖，这是一部惊险喜剧电影，讲述的是一个玻利维亚教授试图获得美国签证与在美国的儿子团圆并在美国非法工作的故事；他执导的《南部地区》讲述的则是当代玻利维亚一个离异的白人玻利维亚富婆与她三个骄纵成性的孩子以及两个艾马拉仆人之间的关系。该影片获2010年圣丹斯电影节最佳导演奖、最佳剧本奖、大影评奖提名，2010年利马拉丁美洲电影节最佳男主角奖，2010年迈阿密电影节大影评奖提名等奖项。

玻利维亚

其余 4 部奥斯卡最佳外语片参赛片是《性依赖》(*Dependencia Sexual*,
2003)、《问父早安》(*Di buen día a papá*, 2005)、《安第斯人不相信上
帝》(*Los Andes no creen en Dios*, 2007)和《密封的货物》(*Carga
Sellada*, 2015)。其中《密封的货物》由玻利维亚女导演胡莉娅·瓦加
斯-维塞(Julia Vargas-Weise)执导,2016 年 2 月在玻利维亚上映,参选
第 89 届奥斯卡最佳外语片奖。电影关注全球垃圾贸易和危机、有毒货物
的运输以及拉丁美洲腐败的警察制度等,获印度国际电影节 2015 年特别
影评奖和最佳电影金孔雀提名等奖项。她的处女作是 2004 年的小成本影
片《生命就是一次狂欢节》。迄今为止,尚无一部玻利维亚电影获得奥斯
卡提名。

进入 21 世纪以来,玻利维亚电影体裁更加广泛,涉猎领域更宽广,
国际影响也越来越大。玻利维亚电影仍以剧情电影为主,不但有正剧,还
出品了更多喜剧电影,其中最有影响的是《谁杀了我的白驼羊?》(*Quién
mató a la llamita blanca?* 2006)等。除了剧情电影外,自莫拉莱斯总统执
政以来,玻利维亚增加了纪录片的拍摄,如 2007 年上映的《古柯农》
(*Cocalero*, 2007)就是由亚历杭德罗·兰德斯(Alejandro Landes)导演
的一部纪录片。《古柯农》是为了抗议美国资助的试图废除玻利维亚查帕
雷地区种植古柯作物的行为而拍摄的,古柯农联合矿工和农民等其他玻利
维亚原住民草根组织,对抗政府,而后来成为玻利维亚第一位印第安总统
的埃沃·莫拉莱斯正是玻利维亚古柯农运动的领袖。《古柯农》获马塔布
拉塔国际电影节 2007 年最佳拉美影片奖、圣丹斯电影节 2007 年大影评
奖、苏黎世电影节 2007 年最佳新纪录片金眼睛奖等 5 项提名。后来玻利
维亚又拍摄了两部关于莫拉莱斯生平的纪录片和传记电影,它们分别是:
《埃沃人民》(*Evo Pueblo*, 2007)和《许多埃沃们在这里——查帕雷的古
柯工人们》(*Hartos Evos, aquí hay. Los cocaleros del Chapare*, 2006),后者
讲述的是莫拉莱斯总统当选前也曾是科恰班巴热带地区查帕雷的一名普通
古柯工人,在他竞选总统的过程中,古柯种植农对他的支持是其获胜的关
键因素。该电影是古柯种植农工会组织的缩影,体现了玻利维亚古柯叶、
当代社会运动、传统印第安组织和政治参与的象征和文化价值,获得

2006年法国比亚里茨电影节最佳纪录片奖和2007年加拉加斯国际纪录片电影节特别影评奖。

另外，玻利维亚最近还出品了一批比较有影响的电影，如《骗术美梦》（*Sena/Quina, la inmortalidad del cangrejo*，2005）、《大地之母的恩赐》（*El regalo de la Pachamama*，2008）、《背叛》（*Perfidia*，2009）、《红黄绿》（*Rojo Amarillo Verde*，2009）、《寻找天堂》（*En Busca Del Paraiso*，2010）、《老人》（2011）、《叛乱》（*Insurgentes*，2012）、《睡美人》（*Las bellas durmientes*，2012）、《在玻利维亚的旧时光》（*Erase Una Vez en Bolivia*，2013）、《被遗忘的》（*Olvidados*，2013）、《秘境之旅》（*yvy maraey*，2013）等。其中，《在玻利维亚的旧时光》是2012年玻利维亚独立电影道路上的代表作，由新生代导演科尔多瓦（Patrick L Cordova）执导，以2003年玻利维亚天然气冲突为背景，是雇佣非专业演员演出的小成本制作，获得2013年伦敦独立电影节最佳国际片奖，2013年帕斯托国际电影节最佳印第安电影奖，2014年金蛋电影节最佳电影奖和最佳导演奖等奖项；《被遗忘的》讲述了玻利维亚的一个退休将军（José Mendieta）在一次心脏病发作后，回想起过去担任秃鹰行动（美国中央情报局支持的对拉丁美洲持不同政见者的一次政治镇压运动）军官时的情景。这是关于20世纪拉丁美洲军事独裁和政治压迫的一次重要的历史写照，回顾和反思了拉美地区的国家曾经普遍面对的历史重负。

总之，进入21世纪以来，玻利维亚电影业不断重视数字技术的应用，并且努力开拓国际市场。2003年在西班牙韦尔瓦举行的第29届伊比利亚美洲电影节上，玻利维亚著名导演豪尔赫·鲁伊斯还被授予韦尔瓦城市奖，以纪念他致力于电影艺术的一生，表彰他对玻利维亚电影事业的贡献。2011年，玻利维亚承办了第十二届伊比利亚美洲电影节，推动了玻利维亚电影走向世界。近年来，玻利维亚电影在国际上崭露头角，斩获多种电影奖项，说明玻利维亚电影面向世界，已经产生了世界性的反响。

三 音 乐

（一）玻利维亚音乐的起源

据玻利维亚音乐理论家的研究，玻利维亚最原始的音乐起源于印第安人的劳动和生活中。有感情的喊叫，譬如比雷拉斯印第安人（Vilelas）就有一首只有3个音节组成的"治病歌"："切，伊，嚓——切，伊，嚓——切，伊，嚓，——耶，耶，耶……"病人的亲属就这样反复地重复这3个有节奏的音节，陪伴在病人的身旁，以期病人能够恢复健康。在有的印第安人中还流行着一首名为《寡妇的哀痛》的歌曲，全曲只有两个感叹词："唉！——噢！"歌者以两拍的节奏，不断重复这两个词，为自己的亡夫祈祷。[①]所以，在现在的印第安人音乐中仍然有不少双音歌曲和三音歌曲。

（二）当今流行的玻利维亚音乐

当今的玻利维亚音乐是印第安音乐与西班牙音乐的混合体，具有很强的文化融合的特点。从当前流行音乐的来源来看，玻利维亚音乐主要有三种，第一种是印第安人祖先流传下来的音乐，第二种是西班牙音乐，第三种是土生伊比利亚音乐。

玻利维亚印第安人的祖先曾经是蒂亚瓦纳科文化的创造者，是强大的科利亚武士。他们当时已懂得原始的音乐艺术，注意传播音乐艺术，并经常利用音乐艺术去弘扬他们的宗教信仰，激励他们即将奔赴战场的武士英勇作战，同时也利用音乐来活跃他们的家庭生活和社会生活。现在仍保留下来的古印第安人歌曲主要有以下四种：第一种是"双音歌曲"，是玻利维亚古印第安人最原始的土著歌曲，只用两个音组成曲调，由排成两排的歌唱者来唱，每排发一个音，非常简单，现在只用于丘基萨卡省奥罗佩萨州的牧人歌曲和西里奥诺森林民族的丰收舞中。蒂亚瓦纳科地区艾马拉人的一种题为《印加之子》的男人舞蹈也用它来作为伴唱。第二种是"三

[①] 参见 José Díaz Gainza, Historia Musical de Bolivia, Ediciones Puerta del Sol, 1977, pp. 49–50。

音歌曲",主要流行于塔里哈省、波托西省和丘基萨卡省的部分地区以及安第斯山区的部分地区。此种歌曲只运用相当于现代和声中的 do、mi、sol 3 个音。主要的伴奏乐器是著名的"查帕卡"。这是一种有趣的横号,用雕花的芦竹做成,长 2 米至 4 米。另外还有一种乐器,叫"埃尔克",是一种原始的单簧管,管子的末端安装一只牛角,当作喇叭口。安第斯谷地土著居民常用它来吹奏狂欢节的曲调。第三种是"四音歌曲",是以四音音阶为基础谱成的歌曲。此种歌曲多用于印第安人仪典舞蹈的伴唱。目前,拉巴斯省、奥鲁罗省和波托西省都流行这种歌曲,所用乐器主要是管乐器。第四种是"五音歌曲",其主要特点是运用 5 音音阶和 5 个调式(2 个大调、2 个小调和 1 个中调)谱曲;曲调一般是从高亢到低沉;歌曲毫无例外地都以主音结尾。这种歌曲主要流行于安第斯文化比较发达的地区。所用乐器主要有 4 种,都是管乐器,第一种叫"克纳",由芦竹做成,是一种简单的竖笛,无吹管。第二种叫"平基利奥",也是一种竖笛,但有吹管,属 6 孔竖笛。第三种叫"塔卡",是一种安装有木制笛嘴的竖笛。第四种叫"西库",又称艾马拉排箫,由一整套竖笛排列而成,长达 1.2 米。其主要特点是由一对演奏者交替吹奏,以吹出他们所需要的旋律。特别值得注意的是,在贝尼省的特立尼达和莫霍斯地区,土著居民所用的"西库",规模特别大,由一整套竖号(喇叭)按大小顺序编排起来。因为体积大,必须要有小孩做助手,把低音大管的末端架在小孩的肩膀上,才好吹奏。

西班牙音乐指原封不动地移植到玻利维亚的音乐。这一类音乐作品都是欧洲最古老的歌曲,数量不多,但在拉美流传很广。主要有三类,一是童谣,二是摇篮曲,三是村夫谣。

土生伊比利亚音乐指欧洲文化移植所产生的玻利维亚音乐。西班牙殖民者征服印加帝国后,在玻利维亚这片土地上便产生了以引入欧洲音乐为基础的音乐,人们把它叫作"克里奥尔音乐"。现在,玻利维亚仍然存在两种这样的音乐,一种是流行于安第斯山区的"西部克里奥尔音乐",另一种是流行于东部地区的"东部克里奥尔音乐"。二者其实很难区别,但有一点不同,即前者一般是三拍歌曲,如《奎卡舞曲》、《故乡小舞曲》、

玻利维亚

《凄婉情歌》等；后者一般是二拍歌曲，如《肖贝纳斯曲》、《塔基拉里斯曲》和《狂欢节小调》等。用来给这种歌曲伴奏的乐器，也大都来自欧洲，如风琴、克里奥尔竖琴和五弦琴等。

在玻利维亚，人们也喜欢唱忧郁的"亚拉维"。这是一支伤感而浪漫的歌曲，咏唱一个悲伤的传说：一个土生白人音乐家爱上了一个印第安姑娘，但不幸这个姑娘去世了。为了怀念姑娘，音乐家偷偷地从姑娘的尸体上取走了一根胫骨，将它制成一支竖笛。每当悲痛欲绝的时候，他就拿起这支"遗体之笛"，吹起一支伤感的"亚拉维"。[1]这支歌曲是受压迫的印第安人和土生白人的一种心灵的独白，深得玻利维亚人民的喜爱。

（三）著名的音乐家

在发展民族音乐方面，玻利维亚涌现出了不少的音乐家，最著名的有巴尔加斯、龙卡尔、冈萨雷斯·布拉沃、卡瓦和贝拉斯科·迈达纳等。

特奥菲洛·巴尔加斯（Teofilo Vargas）生于1868年，是民歌作曲家兼音乐学家。写有弥撒曲《圣婴》以及钢琴曲《孤儿》、《叹息》、《田园诗》、《海岸的回声》等。他的三卷本《玻利维亚民间曲调》的出版（1940），为玻利维亚民间音乐的发展做出了重要贡献。他说，他的音乐"并不想以熟谙科学的和声知识自诩，只不过是想向其他国家证明玻利维亚也有自己的民族音乐"。

西梅翁·龙卡尔（Simeon Roncal）生于1872年，流行音乐作曲家。从小从父学钢琴，后在苏克雷大教堂演奏管风琴。曾出版一本重要的钢琴曲集《玻利维亚民族音乐》，其中有20首按民族风格创作的奎卡曲。

安东尼奥·冈萨雷斯·布拉沃（Antonio González Bravo）生于1885年，作曲家兼教育家。在音乐教学中强调学习本国的印第安民歌，著有《音乐、乐器和土著舞蹈》一书。一生创作了许多儿童合唱曲。

爱德华多·卡瓦（Eduardo Caba）生于1890年，早年从母学习音乐，1926年去布宜诺斯艾利斯学习，1943年回国后致力于弘扬本国的

---

[1] José Díaz Gainza, Historia Musical de Bolivia, Ediciones Puerta del Sol, 1977, p.133.

印第安民歌。他的芭蕾舞剧《科兰纳》、哑剧《波托西》、长笛曲《克纳》以及18首取名《印第安曲调》的钢琴曲，都是用印第安民歌风格写成的。

何塞·马利亚·贝拉斯科·迈达纳（José María Velasco Maidana）生于1899年，是最杰出的玻利维亚作曲家。曾留学布宜诺斯艾利斯，专修小提琴，同时开始根据玻利维亚民歌进行创作。主要作品为芭蕾舞剧《美洲印第安人》，旨在赞颂"明日之新印第安人"，受到国际文艺界的重视，1938年曾应邀赴柏林演出。1940年5月27日在拉巴斯演出时，共和国总统还特向他致贺，称该剧的上演是"玻利维亚文化艺术史上出类拔萃的重大事件"。贝拉斯科·迈达纳还是拉巴斯国家交响乐队的指挥。在他的指挥下，拉巴斯交响乐队演奏了他的许多著名的作品，如交响传奇《科里·瓦拉》、序曲《太阳之子》以及交响诗《神鹰的生活》、《空虚》、《魔术师的故事》等。

目前玻利维亚最著名的歌唱家是卢斯米拉·卡尔皮奥（Luzmila Carpio）。她是克丘亚印第安人，出生于安第斯山区的一个小村庄。自1969年录制了第一批唱片之后，她就开始周游世界，出现在阿姆斯特丹、巴黎、巴塞罗那、伦敦等世界名城的著名乐坛上，以她那无与伦比的纯真和震撼人心的高音，将传统的印第安歌曲带给全世界，让全世界的人都熟悉她的人民的声音，了解她的祖先所留下的仁爱、相互尊重和保护土地妈妈及其儿子（人、树、植物、河流等）的价值观。因此，她赢得了很高的国际声誉，人们都亲切地称她为"印第安之声"。为了表彰她在保护土著文化方面所做的广泛的艺术贡献，玻利维亚国会还在2001年授予她"印第安歌曲使节"的称号。

四　舞蹈

在玻利维亚，舞蹈是印第安人生活中的一种需要。居住在玻利维亚北部地区的艾马拉人尤其是这样。他们"高兴的时候跳舞，悲伤的时候也跳舞"，婚嫁、洗礼、祭祀、新屋落成、庆祝丰收、送殡等都跳舞。每到这种时候，印第安人都要戴上各种银制首饰，穿着绚丽的民族服装，在明快的管乐排箫和芦笙以及弦乐的伴奏下，翩翩起舞。

玻利维亚的舞蹈主要是民间舞蹈，品类繁多。据不完全统计，仅安第斯地区就有521种之多，是玻利维亚艺术的无价瑰宝。今天玻利维亚的舞蹈已经是印第安舞蹈、西班牙舞蹈和非洲舞蹈的结合，但就其起源来说，玻利维亚的舞蹈大体上可以划分为起源于古印第安时期的舞蹈和起源于西班牙殖民统治时期的舞蹈。

（一）起源于古印第安时期的舞蹈

这一类舞蹈形式很多，大致可以分为仪典舞蹈和社会舞蹈两大类。

仪典舞蹈（danzas ceremoniales）是古印第安舞蹈中数量最多的舞蹈，有战争仪典舞蹈、狩猎仪典舞蹈、劳动仪典舞蹈等。战争仪典舞蹈主要是拉巴斯省北部艾马拉人和克丘亚人的舞蹈，叫"克纳克纳舞"。这个名字来自舞蹈者所用的一种乐器。这是一种战士舞蹈，最早用以鼓舞科利亚人的顽强战斗精神和牺牲精神。舞蹈者身穿一种用代表神圣的豹皮制作的甲胄，在激昂音乐的伴奏下进行攻防战术的表演。狩猎仪典舞蹈在安第斯地区很流行，其中许多还保留着古印第安人的有趣的滑稽剧的遗迹。如"利菲舞"、"乔克拉舞"、"威蒂蒂舞"等。"利菲舞"是一种描绘围猎小羊驼的舞蹈，流行于的的喀喀湖周围地区。舞蹈反映了古印第安人猎取这种安第斯山特有动物的方式：用彩带连接起来的许多长棍象征围猎人群的包围圈；一个被叫作"库西利奥"、戴着假面具的滑稽可笑的人，身披风干了的小羊驼皮上场，被一个名叫"阿查奇"、代表山神的老人追逐。"小羊驼"被绳子套住之后不久，即被一个称作"阿维查"、代表土地神的老人杀死。这时，一只秃鹰飞来偷抢已被杀死的"小羊驼"。经过一场新的追逐和搏斗之后，"小羊驼"重新被"阿查奇"夺回。"乔克拉舞"同"利菲舞"大同小异，不同的是整个舞剧都有"西库"乐队的伴奏。舞蹈者披着用羊驼皮做的斗篷，动作轻巧，好像翅膀在飞舞，表现出青年战士的敏捷和机智。狩猎仪典舞蹈中特别值得一提的是"威蒂蒂舞"，这是一种描绘猎捕石鸡的舞蹈。在跳舞过程中，戴着面具扮演石鸡的滑稽演员"库西利奥"不但把石鸡表演得活灵活现，而且嘴里还叼一根小小的管乐器，不时发出石鸡的叫声。劳动仪典舞蹈主要流传于安第斯地区，那里的土著居民为了庆祝踩制土豆粉、收割昆诺阿藜、播种玉米和土豆、制作香蒲木筏、翻盖屋顶等劳作的开始，都要举行有趣的仪式，表演有趣的滑稽舞蹈，如播种舞、收割舞等。在劳动仪典舞蹈中，还有传统的、集体庄园当权人物的舞蹈，他们一般手持庄园生产的产品跳舞。另外，安第斯地区还有纺纱工人、牧人和赶脚人的民间舞蹈，这些舞蹈现在都是天主教圣徒祭日活动的主要内容。纺纱工的舞蹈叫"库利亚瓦斯舞"，舞者以手持作为其职业标志的手工捻线杆跳舞。牧人的舞蹈中有一种叫"亚梅拉达舞"（即放牧大羊驼者舞），舞者头戴面具，有节奏地挥舞古老的投石器，表演驱赶羊驼群的情景。

仪典舞蹈还有奇里瓜诺人的舞蹈、托巴斯人（Tobas）的舞蹈、椿乔人（Chunchos）的舞蹈等。舞者一般用贝壳项链、羽毛饰品把自己装饰起来，身上文上花纹，手持矛枪和弓箭跳舞。特别值得一提的是查拉萨尼（Charazani）地区农民的"科丘舞"或"辛塔卡纳舞"。这是一种以歌唱的形式向印加最高神——地母神帕查妈妈（Pachamama）祈求多产和丰收的舞蹈，是一种具有所有土著传统特点的舞蹈。查拉萨尼是当今玻利维亚唯一一个还保留着这种地母崇拜和印加"科亚斯"（皇后）服装式样的地方，其他地方如贝尼省和塔里哈省的同类舞蹈，则都具有明显的西班牙影响的特点。"科丘舞"所唱的诗句意义深远，并有许多美丽的比喻，舞者唱道：

"我呼唤着你的名字，
向你靠近，帕查妈妈。
两膝淌着鲜血，
来到你的身旁，帕查妈妈。
我播撒着潘蒂花，
躬身向你行礼，帕查妈妈。
万能的主，
你讲到了一切，帕查妈妈。
天国的神湖，

> 白银的杯子，帕查妈妈。
> 你慷慨赐给我们，
> 活命的阳光，帕查妈妈。
> 你用你的雨水，
> 浇洒我们，帕查妈妈。
> 不致使饥馑荒年，
> 降临我们，帕查妈妈。
> ……"①

社会舞蹈（danzas sociales）是在公众集会场合表演的舞蹈，主要是表达爱情的舞蹈。这种舞蹈在古印第安时代是很普遍的，但现在很少在安第斯地区保留下来。据史学家考证，"卡斯瓦舞"就是在艾马拉人中流传下来的为数不多的社会舞蹈之一。这是一种双人爱情舞蹈，是一种在指定的地点举行的社交晚会上跳的，参加者都是单身青少年。晚会一般从晚上10点持续到第二天凌晨。那里的传统观念认为，只有举行这样的舞会，才能有好收成。同类的舞蹈还有"维尼奥舞"。它流行于克丘亚人和艾马拉人中间，是一种男女双人手拉手跳的舞蹈，但中间插有一个特殊的舞段，即舞伴们在一阵"小蟒蛇！小蟒蛇！"的呼喊声中变成一字"长蛇阵"，手拉手穿堂走室，直奔花园，然后再从花园回到大厅，恢复原来的双人舞。目前，这种舞蹈已经走进现代沙龙，但始终带有印加歌舞的特点。社会舞蹈还包括结婚喜庆活动中的舞蹈，如"瓦斯卡舞"、"塔瓦塔瓦舞"、"阿瓜皮舞"、"帕尔卡贝拉舞"、"奇赫奇廉图舞"等。这后一种舞蹈表演象征性的抢亲故事：结婚那天晚上，新郎的朋友把新娘扛在肩膀上抢走，新郎的女朋友们则手执点燃的蜡烛紧跟其后，装着痛哭不止的样子。

其他的社会舞蹈还有"帕赫帕库斯舞"、"卡卢约斯舞"、"塔基帕纳

---

① 译自 Hugo Boero Rojo, Enciclopedia "Bolivia Mágica", Tomo II, p. 250, Editorial Vertiente, 1993.

亚库斯舞"等。这些舞蹈都是同时带有对话和踢踏动作的舞蹈，一般在农村社会活动中举行。

（二）起源于西班牙殖民统治时期的舞蹈

西班牙殖民者征服印加帝国后，推行一种文化移植政策，对玻利维亚新式舞蹈的形成产生了决定性的影响。这些新式舞蹈大体上有如下几个特点。第一，有些舞蹈是西班牙传统的斗牛竞技艺术的遗产。由于西班牙斗牛表演的影响，玻利维亚出现了一种广泛流行的"瓦卡－瓦卡舞"。"瓦卡"一词即从西班牙文"vaca"（即"牛"）一词而来；"瓦卡－瓦卡舞"亦即"斗牛舞"。"瓦卡－瓦卡舞"在玻利维亚有两种形式，一种是表演斗牛，另一种是在开犁播种的那一天举行播种仪式，由扮演农民的演员牵着自己的牛、带着各自的犁具上场，按一定的程序，开始在地上犁出播种所需的第一条垄沟。

第二，殖民统治时期流传下来的西班牙舞大都是在宗教仪式上表演的舞蹈，如"疯人舞"、"死神舞"（当地人称"帕利亚－帕利亚舞"）等。还有一些西班牙舞蹈传播到玻利维亚后，逐渐演变成了玻利维亚民间舞蹈，如"大头人舞"。这种舞一般在圣佩德罗节表演。舞蹈的中心人物头戴一个大型的面具翩翩起舞，他将作为一个赐福的象征而在舞蹈中"牺牲"，以拯救当地民众免遭灾祸和干旱。

第三，玻利维亚还流行一种虽然来源于西班牙，但嘲笑西班牙征服者的社会讽刺舞，如"奥基－奥基舞"、"黑人舞"等。"奥基－奥基"（Auki-auki）在艾马拉语中是"家长先生"的意思，舞蹈讽刺西班牙殖民者的家长制统治。舞者一般化妆成一位鼻子尖而长、下巴挂有一簇又长又白胡须的西班牙人，身穿一件大氅，头戴一顶大得出奇的高帽，手持一根奇形怪状的手杖，表演各种惹人发笑的滑稽动作。"黑人舞"虽然跳的是源自西班牙的宫廷舞，但舞者戴着黑色面罩，一点都不掩饰其嘲讽的意图。

第四，在从西班牙传入上秘鲁的仪典舞蹈中，还有一种舞蹈叫"魔鬼舞"。这种舞蹈先是传到波托西，后来盛行于奥鲁罗矿业城，随着时间的推移，流传越来越广，大约有250个地方盛行这种舞蹈，成为玻利维亚

安第斯地区最具优势的一种民间舞蹈。

第五，玻利维亚克里奥尔人的社会舞蹈也都起源于西班牙的宫廷舞。其中流行最广泛的有两种，一种是"奎卡舞"，另一种是"拜莱西托舞"。奎卡舞先传入利马，叫作"萨马奎卡舞"（现已改名为"马里内拉"），不久传入智利，称"奎卡舞"，然后又传入阿根廷和玻利维亚。在玻利维亚，"奎卡舞"又称"手帕舞"，是一种双人舞，是玻利维亚最有名也最流行的一种传统舞蹈。舞蹈以一对舞伴挑逗性地相对而视开始，在一声"请进"之后，二人即旋转起舞。姑娘右手挥舞手帕，左手提裙，急剧地旋转；小伙子则用俏皮和风趣的动作向姑娘表示求爱。节奏时缓时急，有柔有刚。最后，在一声"跺脚"的喊声之后，舞蹈的节奏旋即变得更为有力，四周的观众亦击掌伴唱，气氛极其活跃。"拜莱西托舞"是一种无拘无束、带有流浪汉情调的双人舞蹈，是最早同印第安人三音曲调配合演出的舞蹈，节奏简单，类似于一种有节奏的慢步走。

五　美术

（一）绘画

玻利维亚绘画艺术的发展大体上可以划分为殖民统治时期、独立初期和20世纪初期以来三个时期。

1. 殖民统治时期的绘画

在殖民统治时期，绘画是作为传播宗教信仰的手段被广泛应用于玻利维亚的。这个时期的绘画作品大都是无名氏的作品，大体上反映了当时欧洲美术流派的演变。16世纪末，随着耶稣会传教士来到玻利维亚，欧洲的矫饰派绘画艺术传到拉丁美洲。在玻利维亚，矫饰风格画家的最著名的代表人物是贝尔纳多·比蒂（Bernardo Bitti）。现存苏克雷城的油画《天使报喜节》和《牧师的崇拜》就是他的作品。拉巴斯国家艺术博物馆还有他的学生格雷戈里奥·加马拉（Gregorio Gamarra）的作品《主显节》和《十字架上的基督》。

矫饰派风格的影响一直延续到17世纪初期，以后就是巴洛克风格逐步占了上风。最重要的巴洛克派画家是梅尔乔·佩雷斯·奥尔金

（Melchor Perez Holguin），他出生于科恰班巴，定居于波托西，多数作品是在波托西完成的。他的主要作品有《基督赐饭圣佩德罗》、《圣胡安》和《出逃埃及中的休息》等。他的学生德贝里奥（Gaspar Miguel de Berrio）也很有名，作品《国王的崇拜》和《牧师的崇拜》都作为珍品保存在拉巴斯的国家艺术博物馆。

这一时期，玻利维亚的画家尽管受欧洲矫饰派和巴洛克派的影响很深，但随着本地画家的成长，也逐步出现了一个本地的绘画艺术流派，特别是在查尔卡斯、拉巴斯、奥鲁罗和的的喀喀湖沿岸地区。这些地区的画家开始用画笔来表现自己所生活的美洲的特色，出现了一大批署名的和无名氏的体现美洲特色的作品，譬如科利亚奥地区的土生白人画家莱昂纳多·弗洛莱斯（Leonardo Flores）的作品《富人埃普隆和穷人拉萨罗》就是其中的代表。到18世纪末19世纪初，玻利维亚的绘画作品越来越质朴，越来越具有土著文化的特点。

2. 独立初期（19世纪）的绘画

玻利维亚的独立和共和国的建立，标志着玻利维亚的绘画艺术进入了一个新的时代，持续了3个多世纪的西班牙绘画艺术传统开始让位于新古典主义潮流。新古典派的流行最早开始于18世纪末卡洛斯三世改革时期。在新古典主义影响下诞生的共和国绘画艺术既否定一切总督时代的传统，也否定一切土著传统，完全服务于官方的需要，以反复绘制肖像画为时尚。宗教的主题虽然还有一定的地位，但绘画艺术已不再是宗教的奴仆，更多的是以反映现实的政治为主题。所以在19世纪的绘画作品中，大量的是肖像画，不但有英雄的肖像，而且还有共和国总统的肖像。在这方面，著名的大师有曼努埃尔·乌加尔德（Manuel Ugalde，1817－1881）、安东尼奥·比利亚维森西奥（Antonio Villavicencio）、胡安·德拉克鲁斯·塔皮亚（Juan de la Cruz Tapia，1830－1933）、萨图尼诺·波塞尔（Satunino Porcel，1830－1892）和戈罗斯蒂亚加（Gorostiaga）。曼努埃尔·乌加尔德出生于厄瓜多尔，定居于玻利维亚，他著名的作品有《帕切科总统画像》和《科恰班巴风景》等。安东尼奥·比利亚维森西奥的著名作品有《骑在马上的何塞·巴利维安将军》以及贝尔苏、科尔多瓦、阿查、莫拉莱斯、梅尔加雷霍等总统的画像，现都挂在拉巴斯市政厅。胡安·德拉克鲁斯·塔皮亚的重要作品有波托西施恩会教堂的组画《教堂的六个神学家》和波托西圣塞瓦斯蒂安教堂的油画《虔诚》。萨图尼诺·波塞尔的主要作品有《卡西米罗·奥拉涅塔画像》和《格雷戈里奥·帕切科画像》，现都保存在波托西造币厂。戈罗斯蒂亚加的名作是一整套共和国总统画像，也保存在波托西造币厂。

19世纪末期杰出的画家是塞农·伊图拉尔德（Zenón Iturralde）。他1838年出生于拉巴斯城，以浪漫派的细腻和敏感著称，主要作品有《拉斯卡梅利亚斯的贵妇人》等。另外，出生在奥鲁罗的画家马里亚诺·弗洛伦蒂诺·奥利瓦雷斯（Mariano Florentino Olivares）也留下了许多名人画像，如《阿道夫·巴利维安画像》、《托马斯·弗里亚斯画像》、《埃利奥多罗·卡马乔画像》等。

3. 20世纪初期以来的绘画

1879~1883年太平洋战争失败后，许多玻利维亚的艺术家对加入西方艺术潮流丧失了信心，开始把注意力转向西班牙入侵前时期的土著文化，力图从根本上光大自己的民族文化传统。于是，进入20世纪后，玻利维亚的绘画艺术又开始了一个新的发展进程。这个进程大体上可以划分为学院派与象征主义时期、土著主义时期、1952年革命时期和20世纪末期以来时期四个阶段。

20世纪初期学院派绘画艺术的出现是同19世纪末期流行的实证主义思想和文学上的现代主义潮流相联系的；而象征主义绘画艺术则是同当时诗歌艺术的象征主义影响有联系的。学院派绘画艺术的主要代表人物是加西亚·梅萨（Garcia Mesa），他是有名的风景画画家。象征主义绘画艺术的代表人物有马里奥·温苏埃塔（Mario Unzueta）和阿图罗·博尔达（Arturo Borda）。前者以描绘科恰班巴山谷的风景出名，后者创作的象征主义绘画作品，反映了20世纪初的颓废主义。在象征主义艺术家看来，玻利维亚雄伟的伊利马尼山是"无限"与"永恒"的象征。阿图罗·博尔达反复描绘伊利马尼山的形象，以抒发自己的博大胸怀，他支持工人运动，是20世纪初期玻利维亚最有代表性的画家。著名作品有《高原》、《蒂

第七章 文化

基纳的黄昏》、《雪山》、《进入永加斯》、《我父母的画像》以及有喻义特点的想象画《对当代美术的批判》等。这一派的著名画家还有阿维利诺·诺加莱斯（Avelino Nogales）、卡洛斯·贝尔德西奥（Carlos Berdecio）等。

1920年共和党执政后，一个重新评价土著居民的进程开始了。这是一个以悲壮的查科战争（1932～1935）为标志的时期。在这个时期中，出现了一个土著主义的绘画艺术潮流。土著主义绘画艺术最主要的代表人物是塞西利奥·古斯曼·德罗哈斯（Cecilio Guzman de Rojas, 1900-1950）。他早年是著名画家阿维利诺·诺加莱斯的学生，后去马德里的圣费尔南多王家学院学习。在欧洲学习了10年之后，于1929年回到玻利维亚。祖国的情况同欧洲相比，差别实在是太大了；一种自发的不安和思想上同祖国的碰撞，使他走上了苦苦求索的道路。他尝试了各种不同性质的艺术主题、绘画风格和表现形式，如鲜艳的风景画、装饰画、蚀刻画、图案画以及对印第安人心理和行为的研究等，创作了如《黎明》、《堕落与坏习》、《大自然的胜利》等作品。查科战争爆发后，他又创作了一系列有表现派特点的作品，以反对战争的恐怖。1943年他在布宜诺斯艾利斯举办绘画展览，他的绘画作品，特别是他的《基督艾马拉》、《太阳之女》、《模仿美学》、《透明的色差》等作品，获得了很大的成功。经过长期艰苦的探索与研究，他创造出了一种不同于油画的表现技法，即"颜料凝结技术"（técnica de la pintura coagulatoria）。他在1949年最后的一次作品展览中，展出了用这种技法创作的几幅作品。其中《偶像之吻》尤其具有震撼力。古斯曼希望在"土著主义"概念之下，探索一种新的绘画表现形式，来塑造玻利维亚民族的形象。他一直认为，如果在美洲有一个民族拥有自己的、历史悠久的、不容混淆的独特形象的话，那么，这个民族就是玻利维亚。经过20多年不倦的努力，他创造了自己的学派。直到现在，这个学派仍对玻利维亚的绘画艺术有很大的影响。属于土著主义流派的画家还有豪尔赫·德拉雷萨（Jorge de la Reza）、戴维·克雷斯波·加斯特鲁（David Crespo Gastelu）、阿图罗·雷克·梅鲁比亚（Arturo Reque Meruvia）等。豪尔赫·德拉雷萨是著名的装饰艺术家，擅长水彩画，是1930年拉巴斯国立美术学院的革新派代表之一，主要作品有《征服》、《征服者》和《没落》等。戴维·克雷斯波·加斯特鲁是画家和漫画家，作品带有浓重的土著情调，其名作有《土著基督》、《大地》、《圣诞节的弥撒》等。阿图罗·雷克·梅鲁比亚是画家和版画家，玻利维亚国内外都有他的大型壁画装饰作品。此外，其他代表人物还有功勋画家和版画家赫纳罗·伊巴涅斯（Jenaro Ibánez）、查科战场画家和肖像画家希尔·科因布拉（Gil Coimbra）、风景画家劳尔·普拉达（Raúl Prada）、土著风俗画家马诺洛·富恩特斯·利拉（Manolo Fuentes Lira）等。

1952年革命开始后，玻利维亚出现了新一代的绘画艺术家。这一代画家都是矿山国有化改革、土地改革和普选改革的见证者，在革命和改革的进程中，他们大都抛弃了先前的土著主义的唯美主义观点，形成一个注重反映社会问题的社会现实主义艺术流派；但与此同时也有一部分人走上了抽象派的艺术道路。因此，这一代艺术家可以分成社会派和抽象派两个流派。社会派的画家称"社会画家"（pintores sociales）。主要代表人物是米格尔·阿兰迪亚·潘多哈（Miguel Alanda Pantoja）和华尔特·索隆·罗梅罗（Wálter Solón Romero）。前者从墨西哥壁画家西凯罗斯的作品中汲取灵感，在各矿业中心、政府宫、玻利维亚石油矿藏管理局以及瓜尔维托·比利亚罗埃尔纪念馆等地，创作了一批重要的壁画作品；后者则从墨西哥壁画家迭戈·里维拉作品汲取灵感，在圣弗朗西斯科·哈维尔王家教廷大学、苏克雷胡宁学院、拉巴斯城、石油矿藏管理局等地绘制了一批重要的壁画，通过壁画赞扬工人和政府的社会改革以及在农业和工业方面所取得的进步。他还在苏克雷城领导创办了"安特奥"（ANTEO）社会派美术家组织。他的作品《唐·吉诃德与狗》辛辣地讽刺了军人的专制统治。抽象派注重抽象的认识，致力于创造一种普遍的绘画表现手段，既反对古斯曼·德罗哈斯的土著主义装饰艺术，也反对阿兰迪亚所主张的墨西哥式的社会现实主义，其主要代表人物是玛丽亚·路易莎·帕切科（María Luisa Pacheco）。她的作品《帕利里斯》（描绘一个拾矿渣的女人）和《山峦》都表现出了一种简约化的风格和雄伟的气势，被国际同行公认为优秀作品。属于这个流派的著名画家还有恩里克·阿尔纳尔（Enrique Arnal），他的作品《客栈》获1960年国家奖，他的另一幅作品《阿帕拉皮塔斯》描绘了那些被剥削的、注定要做搬运工的土著居民,这些人都没有面部,正在越过假想的门槛,从光明进入黑暗。作品以抽象的形式讽喻那种使土著居民丧失农村环境,不得不进入黑暗无情的城市的社会现象。其他著名抽象派画家还有玛丽亚·埃斯特尔·巴利维安(María Ester Ballivian)、奥斯卡·潘多哈(Oscar Pantoja)、阿尔弗雷多·拉普拉卡(Alfredo la Placa)等。

到20世纪末期,由于革命进程的反复和接踵而来的严重经济危机,玻利维亚美术界的思想比较混乱,情况比较复杂,出现了各种各样的政治倾向和艺术流派。据美术评论界的分析,此时期玻利维亚美术界大致可以划分为绝望派、抽象主义派、土生主义派、魔幻现实主义派、天真派和表现主义派6个不同倾向的流派。绝望派画家反映了玻利维亚相当一部分人对当时超高通货膨胀率、军人独裁、残酷镇压、贩毒成风,而一切革命的可能性都已破灭的种种社会政治状况的绝望情绪。主要代表人物是加斯东·乌加尔德(Gastón Ugalde)和罗伯托·巴尔卡塞尔(Roberto Valcarcel)。乌加尔德以黑白两色作画,按通俗艺术的方式,利用摄影技术在粗麻布袋上反复印制矿工的脸部表情;而在1985年玻利维亚通货膨胀率达到8200%的时候则在贬值的纸币上,画上狂奔的马匹。巴尔卡塞尔的《叫喊》组画,同样以黑白强烈对比的手法表现了当局的残酷的镇压和折磨;他的另一套组画《走向洋蓟地》则控诉毒品消费。抽象主义派出现于70年代,代表人物是鲁迪·阿约罗亚(Rudy Ayoroa)和塞萨尔·霍尔丹(Cesar Jordan)。前者属几何动态抽象派,喜用浓重的红色和蓝色。后者是有影响的几何抽象派。土生主义派强调地方色彩,认为自己的绘画作品"主要根源于安第斯文化传统",是"对安第斯文化传统的当代表现"。譬如在古斯塔沃·梅德伊罗斯(Gustavo Medeiros)的名为《标志》的组画中,不但主题是土著织品,而且单色与多色之间的对照也符合安第斯纺织技术原则。又譬如土生主义派画家伊内斯·科尔多瓦(Inés Córdoba)不但喜欢用布片拼贴技术来表现各种不同构图的风景,而且总是选用赭石色、黑色和白色的布料,认为这些布料的组合最能表现安第斯山区独特的景观。魔幻现实主义派以想象的眼光看待现实,他们脑子里的现实,实际上是想象的现实或神话的现实。主要代表人物有劳尔·拉腊(Raúl

玻利维亚

Lara)、古斯塔沃·拉腊（Gustavo Lara）、吉奥马尔·梅萨（Guiomar Mesa）等。在劳尔·拉腊的笔下，乔洛人（白人与印第安人的混血人）都是一些变了样的手艺人或者司机，他们的睫毛上是纸片，嘴唇上是酒精，掀起面罩露出的是一张汗淋淋的脸，同他们在一起的是一些色情少女；古斯塔沃·拉腊的绘画，反映的也是相似的世界，在这个世界中，舞蹈者很少摘下面罩，而少女都被情妇代替。天真派的代表人物是卡尔门·阿尔瓦雷斯（Carmen Alvarez）和女画家格拉谢拉·罗多·博兰赫尔（Graciela Rodo Boulanger）。前者天真地想以童年的片断经历来再生周围的现实，并寻求重造历史。后者则是玻利维亚最有成就的画家之一，她描绘童年、马戏团、小丑、乐器、舞蹈、树林、小鸟、骑在大象和水牛背上的小孩、小女孩膝盖上的小猫……这是一个吸引人的世界；她的绘画跨越了国界，真诚地代表着全世界所有儿童的愿望。表现主义派是从西方传到玻利维亚的一个艺术流派，强调表现自我感受，视主观为唯一的真实，否定现实世界的真实性，反对艺术的目的性，是新自由主义改革时期玻利维亚文化危机的反映。代表这个流派的画家主要有帕特里西亚·马里亚卡（Patricia Mariaca）、皮纳·法夫里（Pina Fabri）、凯科（Keiko）等。所有这些画家的作品都具有色彩鲜艳、自由奔放的特点。

进入 21 世纪以来，玻利维亚知名度最高的画家是马马尼·马马尼（Mamani Mamani），这位艾马拉印第安人画家受到立体派和魔幻现实主义派的影响，热衷于描绘土著神灵和仪式。

（二）雕塑

玻利维亚雕塑艺术的历史可以回溯到古印第安人时代。现在在许多玻利维亚古文化遗址仍能看到的那些古陶塑像及庞大的石碑雕刻，就是那个时代印第安艺术家的作品。

殖民地时期上秘鲁许多重要的雕塑作品都是与弗朗西斯科·蒂托·尤潘基（Francisco Tito Yupanqui）的名字联系在一起的。著名的科帕卡巴纳圣母塑像就是出自他的手。殖民地时期的雕塑艺术大都用于教堂的建筑与装饰，特别是祭坛的装饰。丘基萨卡省拉梅塞德的祭坛装饰就非常有名，祭坛上 12 幅圣徒、使徒和神学家的浮雕像由安德烈斯·埃尔南德斯·加

第七章 文 化

尔班（Andrés Hernández Galvan）等多名雕塑家于1583年完成，宏伟壮观。的的喀喀湖畔安科赖梅斯村的祭坛装饰和科帕卡巴纳教堂的祭坛装饰均以精美豪华著称。西班牙雕塑大师胡安·马丁内斯·蒙塔涅斯（Juan Martinez Montanes）在奥鲁罗大教堂完成的巴洛克风格的雕塑，被认为是这一流派雕塑艺术的最高水平；他的《圣母玛丽亚》是玻利维亚现有雕塑作品中最珍贵的作品。另外，蒙塔涅斯的学生德拉奎瓦（Gaspar de la Cueva）留在波托西圣阿古斯丁教堂的雕塑作品《城郊钉在十字架上的基督》，以及他在圣罗伦索教堂完成的祭坛装饰都是很精美的。

独立后，玻利维亚的雕塑艺术作品大都为意大利雕塑家的作品，本国的雕塑家主要有胡安·德拉克鲁斯·塔普拉（Juan de la Cruz Tapla）、佩德罗·恩里克斯（Pedro Enriques）及胡利亚·桑多瓦尔（Julia Sandoval）等。

进入20世纪后，由于有些雕塑家造访欧洲，学术上有了深造，他们开始打破过去的西班牙艺术传统，朝着土著主义的方向前进。这个时期著名的雕塑家主要有马里纳·努涅斯·德尔普拉多（Marina Nunez del Prado）、乌戈·阿尔马拉斯（Hugo Almaraz）和特拉萨斯（Terrazas）兄弟等。马里纳·努涅斯·德尔普拉多是20世纪美洲最有名的雕塑家。1970年以前，几乎所有的玻利维亚雕塑都由他和他的模仿者完成。他利用玻利维亚所产的各种热带木材和丰富的岩石资源（大理石、花岗岩、玄武岩等），创作了许多体现土著主义内容的作品，世界许多重要的博物馆都收藏有他的作品。阿尔马拉斯也是一个土著主义雕塑家，他的竖立在拉巴斯公墓的纪念作品，如潘多将军纪念碑、拉巴斯城创建人阿隆索·德门多萨纪念碑以及《民族革命》纪念碑等，都是脍炙人口的作品。特拉萨斯兄弟也以自己的作品丰富了土著主义的雕塑艺术宝库，譬如华尔特·特拉萨斯1952年的木雕作品《祖先的仇恨》，就非常有感染力，深受人民喜爱。

20世纪中期以来涌现出的雕塑家有特德·卡拉斯科·努涅斯·德尔普拉多（Ted Carrasco Núez del Prado）、里卡多·佩雷斯·阿尔卡拉（Ricardo Pérez Alcalá）、阿古斯丁·卡里萨亚（Agustín Calisaya）等，特别值得注意的是3位世界有名的女雕塑家，她们是弗朗西内·塞克雷坦、克里斯塔尔·奥斯特曼和苏珊娜·卡斯蒂略·洛佩兹。弗朗西内·塞克雷坦（Francine Secretan）出生于瑞士，1974年定居于玻利维亚拉巴斯。她的《晨曦》、《心灵之船》、《水的看守人》、《献给太阳》和《友谊》等众多雕塑作品都很有名。克里斯塔尔·奥斯特曼（Chrystal Ostermann Stumpf）出生于拉巴斯，以铜塑著名，主要作品有《迎风》、《魅力》、《胡安娜》、《小罗莎与小天使》等。苏珊娜·卡斯蒂略·洛佩兹（Susana Castillo López）长期旅居欧美，1991年回国后创作了许多作品，大都是人物雕塑像，最有影响的有《尤拉农妇玛丽亚》、《米斯克农妇玛丽亚》、《坎德拉里亚农妇玛丽亚》等。

玻利维亚当代著名雕塑家是拉米罗·库卡拉查（Ramiro Cucaracha），他精于木雕和铜雕，曾于2010年在圣克鲁斯举办作品展，诠释拉美文化中的欧洲和非洲元素，引起很大的社会反响。

第四节 体育

玻利维亚的体育事业由政府的文化、教育与体育部领导。玻利维亚人民喜爱的体育运动项目主要有球类、滑雪、登山、高尔夫球、帆船运动和摩托车运动等。

一 球类

在球类运动中，玻利维亚人民最喜欢的是足球运动；玻利维亚是一个足球爱好国。

玻利维亚的足球运动始于1900年，是由英国人传入的。最初只是一种业余爱好，直到1950年之后，才有了职业足球队。所以，在玻利维亚足球历史上，1900~1950年时期的足球运动被称为业余爱好时代的足球运动，1950年之后时期的足球运动被称为职业化时代的足球运动。1901年玻利维亚有了第一个足球俱乐部，叫作"玻利维亚兰赫尔俱乐部"（Club Bolivian Rangers），它是在路易斯·法里亚斯·福雷罗的倡议之下创立的，此人先前曾在智利的瓦尔帕拉伊索留学，回国后即致力于发展足

第七章 文 化

球事业，是玻利维亚足球运动真正的先驱人物。继兰赫尔俱乐部之后，玻利维亚又陆续出现了"霹雳俱乐部"、"拉巴斯少年足球俱乐部"等一批俱乐部。这个时期的足球运动员通常身穿象征自卫的红、黑两色运动服。由这种象征自卫的颜色激起的足球热时代所建立的功勋，为玻利维亚民众体育运动的确立和发展开辟了道路。于是，这种由英国人首先带到美洲的足球运动，逐渐地在玻利维亚的土地上传播开来。玻利维亚第一场省际足球赛是在代表拉巴斯城的"霹雳队"和代表奥鲁罗城的"奥鲁罗皇家队"之间举行的。两个城市之间的足球竞赛标志着足球运动已经在玻利维亚受到了重视。此后，这项运动越来越普及，并很快就普及到全国各个角落。1908年，著名的"最强有力者俱乐部"成立。几年后，"最强有力者俱乐部"联合"军事学院俱乐部"、"新斗士和敏捷者俱乐部"等一批足球俱乐部成立了"拉巴斯足球协会"。1920年9月8日，"玻利维亚全国体育运动联合会"在科恰班巴成立，这一事件标志着全国性足球活动的开始。1925年后，"玻利维亚足球俱乐部"成立。同年，"玻利维亚足球联合会"在科恰班巴成立，这是领导玻利维亚全国足球运动的总机构。玻利维亚足球联合会成立之后，玻利维亚的足球运动开始在国际足球界占有一席之地。1926年，玻利维亚足球联合会组织了玻利维亚第一次全国足球比赛。比赛在苏克雷举行，科恰班巴队夺得冠军。同年，玻利维亚国家队首次参加了南美洲足球冠军赛（在智利举行）。从20世纪50年代开始，玻利维亚的足球运动进入所谓"职业化时代"。1952年2月10日是玻利维亚人值得骄傲的日子。这一天，玻利维亚足球队在美洲杯比赛中以2∶1战胜了哥伦比亚冠军队。1963年，在玻利维亚海拔最高的体育场举行的比赛中，玻利维亚赢得了南美洲足球赛的冠军。此后，玻利维亚几乎每年都要举行职业足球联赛，实力不断壮大。在1994年的世界杯预选赛中，玻利维亚以2∶0打败巴西队，以3∶1战胜乌拉圭队，在委内瑞拉又战胜东道国而赢得胜利。由于这一成就，玻利维亚成了有资格参加在美国举行的世界杯足球赛的24个国家之一。在1997年美洲国家杯比赛中，玻利维亚足球队一路打进决赛，但最后以1∶3负于当时拥有罗纳尔多的巴西队，屈居亚军。玻利维亚最有名的足球运动员叫马尔科·安东尼奥·埃切维里

351

（Marco Antonio Etcheverry），他外号"魔鬼"，以技术和野性著称。玻利维亚还有一个在世界上很有名的足球学校，叫"塔维奇足球学校"（Tahuichi Academy），该学校的球队在世界少年足球赛中几乎没有对手。该校毕业生已有50多位进了职业足球队。科恰班巴还有一个由意甲著名俱乐部国际米兰承办的足球学校，有来自玻利维亚贫穷地区的100名儿童在这里接受教育和训练。

进入21世纪以来，玻利维亚国家队的最好成绩是在2015年智利美洲杯小组赛中战胜厄瓜多尔、逼平墨西哥，和东道主智利队携手进入八强，但在四分之一决赛中不敌秘鲁队。

其他的球类运动，如篮球、排球、网球、回力网球等，在玻利维亚也很流行，特别是篮球和排球，每年都有全国规模的比赛。玻利维亚还有著名的"科恰班巴网球俱乐部"和"玻利维亚网球联合会"。

二　高尔夫球

高尔夫球最早也是由20世纪初来到玻利维亚的英国人传入的。这些英国人都是当时在玻利维亚高原地带承担铺设铁路工程的一些公司职员。他们创建了玻利维亚的第一个高尔夫俱乐部。1912年，这些英国人和一部分玻利维亚人在拉巴斯附近的埃尔阿尔托修建了玻利维亚的第一个高尔夫球场。开始，这个球场只有9个洞，后增加到18个洞，面积约130公顷。因为这个俱乐部设在拉巴斯，且与拉巴斯城建立的时间恰好吻合，所以被命名为"拉巴斯高尔夫俱乐部"（La Paz Golf Club）。到20世纪40年代中期，玻利维亚又在马利亚西利亚（Mallasilla）建立了一个新的高尔夫俱乐部。该俱乐部经过两年多的时间，初步建成了一个有9个临时洞的高尔夫球场。几年之后，该俱乐部又建成了玻利维亚第一个草坪球场，并增设了9个洞。经过几十年的努力，这个高尔夫球场还建成了一个良好的、为球场所专用的灌溉系统。今天，这个球场已成为世界最高（海拔3318米）的、风景美丽的高尔夫球场，被《高尔夫文摘》杂志评定为"世界上最诱人的高尔夫球场之一"。玻利维亚的拉巴斯高尔夫俱乐部是玻利维亚最有名的体育组织之一。

三 滑雪与登山

除了足球运动和高尔夫球运动之外，滑雪也是玻利维亚人喜爱的运动。玻利维亚的滑雪运动在世界上也有一定的名气。玻利维亚有南美洲最高、最古老的滑雪场，名叫"查卡尔塔亚滑雪场"，坐落于安第斯山区的东科迪勒拉山脉。远道慕名而来的运动员因为不适应高山缺氧的环境，滑雪的时候常常要在背上套上一个输氧装置。

在玻利维亚的安第斯山上，有世界上最好的登山运动场。玻利维亚著名的"登山运动之王"，叫贝尔纳德·瓜拉奇（Bernard Guarachi），他曾经150多次登上玻利维亚最高的山峰伊利马尼峰，还攀登过世界上其他一些有名的山峰。特别令人钦佩的是，玻利维亚还有一支奇特的妇女登山队，其11名成员均是42~50岁的印第安妇女。她们平时是登山大本营的服务人员，后来自发组织登山活动，相继征服了5座海拔6000米以上的高山。这些坚韧不拔的登山队员穿着亮丽的民族服饰，跋涉在白雪皑皑的安第斯雄峰之上，构成了当地一道美丽的风景线。

拳击与击剑也是玻利维亚很重视的体育运动项目，玻利维亚的"奥鲁罗击剑协会"是玻利维亚最有名的体育组织之一。

第五节 新闻出版

一 报纸与通讯社

目前，玻利维亚共有19种报纸。这些报纸一般在城市发行，且发行量不大，主要的报纸有：《日报》（*El Diario*），创刊于1904年4月5日；《理性报》（*La Razón*），创刊于1929年5月16日；《现状报》（*Presencia*），由天主教会主办，创刊于1952年3月28日；《变革报》（*El Cambio*），创刊于2009年1月22日，是莫拉莱斯政府执政后创办的唯一一份官方日报。其他的报纸还有《玻利维亚新闻》（*Bolpress, Portal de Información y*

Análisis)、《南方信使》（Correo del Sur)、《责任报》（El Deber)、《世界报》（El Mundo)、《新经济报》（Nueva Economía)、《舆论报》（Opinión)、《时代周报》（La época)、《祖国报》（La Patria)、《今日玻利维亚》（Hoy Bolivia)、《时代报》（Los Tiempos)、《玻利维亚消息报》（Noticias Bolivianas)、《新时代报》（El Nuevo Día)、《贝尼话报》（La Palabra del Beni)、《波托西报》（El Potosí)、《最后一点钟》。

玻利维亚最主要的通讯社是玻利维亚通讯社（Agencia Boliviana de Información)。此外，玻利维亚还有两个以发布国内外新闻为主要目的的网站，这就是"玻利维亚新闻网"（http：//www.Bolivia.com，Portal de Noticias）和"今日玻利维亚新闻网"（http：//www.Bolivia Hoy.com)。

二 广播电视

2010年，玻利维亚全国有广播电台639家，其中322家在城市，317家在农村。多数为商业电台，大都用西班牙语、克丘亚语和艾马拉语广播。在所有这些电台中，以国营"伊利马尼广播电台"居主导地位，其他重要的广播电台有菲德斯广播电台（Radio FIDES)、泛美广播电台（Radio Panamericana)、埃斯特雷利亚广播电台（Radio Estrella）和克里斯塔尔广播电台。此外还有5个教育广播电台，它们构成玻利维亚对学校广播的全国性网络。主要广播机构均设在拉巴斯。

2010年，玻利维亚有电视台135个，其中政府所在地拉巴斯有22个。电视频道大多为私有，但也有一个国家电视台，该台建于1964年，在拉巴斯等7个省有转播台。它通过微波中转站而覆盖全国，是一个国家电视网络系统。有些私有频道也设有全国网络系统。另外，玻利维亚还有3家有线电视台和卫星电视台。玻利维亚每个省都有电视公司。

近20年来，玻利维亚广播电视事业发展较快，是南美洲国家中电视台数量最多的国家。但由于安第斯山脉山峦重叠，山高谷深，广播电视的普及率还是受到严重的影响。譬如，2002年世界杯足球赛节目播出时，由于绝大多数的比赛都只在有线电视节目中播出，安第斯山国玻利维亚只有3%的人（24万人）能够收看世界杯的电视转播，很多玻利维亚球迷也无缘看到直播的电视节目。

三　图书馆

玻利维亚最大的图书馆是"玻利维亚国家图书及国家档案馆"（Archivo y Biblioteca Nacionales de Bolivia），其前身是玻利维亚国家图书馆（BNB）和玻利维亚国家档案馆（ANB）。玻利维亚国家图书馆原称"公共图书馆"，创建于1825年7月，比玻利维亚共和国创建的时间还早一个月，是在安东尼奥·何塞·德苏克雷元帅和安德烈斯·圣克鲁斯将军的倡议下创建的。馆址就设在苏克雷的独立宫。最早的一批希腊文、拉丁文、西班牙文和法文图书，也都是苏克雷元帅从邻国城市布宜诺斯艾利斯调拨来的，后来，该图书馆又从分散在全国各地的修道院收集了不少的图书。因此，自1493年以来500多年间有关这个地区的图书资料或这个地区所曾经有过的图书资料（包括官方出版物、法律文献和报纸杂志等），该图书馆都收集得比较齐全。"玻利维亚国家档案馆"1883年创建于苏克雷，比玻利维亚国家图书馆晚建立半个多世纪，其任务是发掘、收集、保护、保存和利用各种历史的和现实的档案资料。为方便管理和利用，馆藏档案分殖民统治时期档案和共和国时期档案两部分。1935年以前，"玻利维亚国家图书馆"和"玻利维亚国家档案馆"基本上是各自独立行使职能的。1935年，两个单位合并，改名为"玻利维亚国家图书及国家档案馆"，承担国家图书馆和国家档案馆的双重任务。这是伊比利亚美洲各国中独一无二的一种建制。

除了"玻利维亚国家图书及国家档案馆"外，玻利维亚还有"拉巴斯联合国信息中心"、"玻利维亚天主教大学图书馆"、"圣克鲁斯私立大学图书馆"、"安德烈斯·圣克鲁斯元帅市政图书馆"、"玻利维亚电影资料馆"、"玻利维亚建筑师学会图书馆"、"玻利维亚文化研究所图书馆"、"穆里略之家博物馆"、"国家考古学博物馆"和"圣安德烈斯大学中心图书馆"等一些重要图书馆。此外，各省首府也都有省一级的公共图书馆。

四 期刊出版

玻利维亚虽然人口不多，但出版的期刊不少。一般性期刊主要有《玻利维亚地理》（*Bolivian Geographic*）、《古柯新闻》（*Coca Press*）、《怎么样》（*Cómo Es*）、《能源、天然气和石油》（*Energía, Gas y Petróleo*）、《我们的祖国》（*Patria Nuestra*）以及玻利维亚旅游杂志《旅客》（*Pasajero*）等。此外，还有多种社会科学期刊，如《玻利维亚语言科学院年刊》（*Anales de la Academia Boliviana de la Lengua*）、"经济和社会现实研究中心"刊物《玻利维亚分析》（*Análisis Boliviano*）、"玻利维亚研究协会"刊物《玻利维亚研究评论》（*Bolivian Research Review*）、《政治分析》（*Análisis Político*）、《玻利维亚基督教历史学会年鉴》（*Anuario de la Academia Boliviana de Historia Eclesiástica*）、《民族自决：政治历史分析与社会理论》（*Autodeterminación: Análisis Histórico Político y Teoría Social*）、社会科学半年刊《探索》（*Búsqueda*）、圣安德烈斯大学政治学专业刊物《政治学》（*Ciencia Política*）、玻利维亚天主教大学杂志《科学与文化》（*Ciencia y Cultura*）、《过程》（*Decursos*）、《玻利维亚研究》（*Estudios bolivianos*）、全国人种史及民俗博物馆杂志《人种学》（*Etnología*）、《历史学》（*Historias*）、《意见与分析》（*Opiniones y Analisis*）、《农村发展杂志》（*Revista del Desarrollo Rural*）、《国际关系与发展》（*Relaciones Internacionales y Desarrollo*）、《人文学科与社会科学杂志》（*Revista de Humanidades y Ciencias Sociales*）、《新农村》（*Ruralter*）、"圣克鲁斯作家联合会"文学杂志《轮廓》（*Trozos*）、社会科学杂志《廷卡索斯》（*Tinkazos*）以及文化、哲学和神学杂志《亚查伊》（*Yachay*）等。

第八章

外　交

在外交史上，玻利维亚曾经是一个多灾多难的国家，至今仍有不少外交难题。但是，玻利维亚也是一个一贯坚持和平独立的外交政策，力图在外交上化险为夷，变不利为有利的国家。近年来，玻利维亚的外交形势逐渐好转。

第一节　概述

一　外交机构

在玻利维亚独立后半个多世纪中，玻利维亚政府一直没有设置单独的外交部，外交事务是作为内政部的一部分由内政部兼管（在内政部设外交司）的。所以，在历史上，人们一直认为，1826年玻利维亚的内政部长法昆多·因凡特（Facundo Infante）就是玻利维亚第一任外交事务负责人。直到太平洋战争结束后的1884年，格雷戈里奥·帕切科政府才决定在玻利维亚建立一个单独的外交部门，叫"玻利维亚外交及宗教部"（Ministerio de Relaciones Exteriores y Culto），第一任部长为豪尔赫·奥夫利塔斯（Jorge Oblitas）。第二年，玻利维亚政府又确定了这个部的职权和人员编制。1886年11月，政府颁布外交机构组织法，规定了通过考试聘用人才的制度，并规定了外交人员的制服。同年，还通过了《领事制度条例》。

"联邦战争"结束后，外交及宗教部于1900年随中央政府迁往拉巴斯。1910年，玻利维亚政府颁布新的《外交工作条例》，对外交及宗教部的工作进行了现代化改革。两年后，玻利维亚颁布《国家礼仪条例》。1922年5月2日又成立"玻利维亚外交及宗教部顾问委员会"。该委员会由前大使及著名外交家组成。1925年，总统还颁布法令，设立外交工作所需要的"安第斯神鹰勋章"。

1952年玻利维亚革命后，玻利维亚政府颁布新的《外交部组织章程》。1954年，在外交及宗教部的努力下，玻利维亚创建"安东尼奥·基哈罗国际关系学院"（Instituto de Relaciones Internacionales "Antonio Quijarro"）。该学院现已改名为"拉斐尔·布斯蒂略外交学院"（Academia Diplomática "Rafael Bustillo"）。该学院一方面开展对国际问题的研究，另一方面在国内首次设立外交学专业，开始为国家培养从事外交工作的专门人才。

20世纪80年代开始新自由主义改革之后，玻利维亚又在1989年通过了新的《外交工作章程》；同时也通过了外交工作的《总条例》、《外交工作人事条例》、《领馆条例》和《外交礼仪条例》。1993年2月，玻利维亚全国议会通过《外交工作法》。现在，玻利维亚外交及宗教部主要由法律事务总局、行政事务总局和社会联系总局3个总局组成，统一由部长领导。部领导设有一些咨询机构，如外交学会、顾问和顾问委员会等。另外在部长之下还直接设有内部军法局、外交政策分析局和经办及改革局。

据2014年的资料，玻利维亚同世界上86个国家保持外交关系，驻外使馆32个，领事馆104个。玻利维亚在埃及、阿根廷、巴西、加拿大、哥伦比亚、哥斯达黎加、古巴、厄瓜多尔、巴拿马、巴拉圭、秘鲁、乌拉圭、委内瑞拉、日本、中国、韩国、奥地利、比利时、丹麦、法国、德国、英国、意大利、荷兰、俄罗斯、西班牙和瑞士等国设有大使馆。此外，在智利设有总领事馆，在悉尼设有澳大利亚和新西兰两国的领事馆，在中国台湾设有商务代办处。世界有26个国家和国际组织在玻派有常驻大使或代表，在玻内地城市设有41家外国领事馆。玻利维亚是不结盟运动、世界贸易组织、美洲国家组织、拉美和加勒比国家共同体、南美国家联盟、安第斯共同体、里约集团、拉普拉塔河流域组织、亚马孙合作条约组织等的成员和南方共同市场的联系国。2006年莫拉莱斯上台后，玻利维亚的外交事务发生了一些变化。玻利维亚于2008年与美国互逐大使，将两国外交关系降为领事级外交关系；2009年因反对以色列对加沙地区发动的攻击而与以色列断绝外交关系。同时玻利维亚与伊朗建立了外交关系。

二 外交政策

（一）影响对外关系的三个重要因素

玻利维亚的对外关系一直受三个重要因素的影响。

第一个因素是地缘政治因素。在历史上，玻利维亚一直被它的邻国看成是一个地理结构奇特的国家；认为在这个地域分割严重的国家不但存在极端的地方主义，而且还有严重的种族和文化隔阂，要想把这些很不协调的各个方面都协调起来，统一为一个团结的、强大的中央集权的国家，几乎是不可能的。另外，玻利维亚处于南美洲的中心，是一个富有战略意义的南美心脏地区，是南美洲的地缘政治中心，而且又富有它的邻国所一直垂涎的丰富的自然资源，因此，玻利维亚在历史上一直就是一个充满激烈争夺和冲突的地区。在同秘鲁、智利、阿根廷、巴西和巴拉圭的几次大规模的战争或冲突中，玻利维亚的领土缩小了一半多，致使孤立状态和经济贫困越发严重。玻利维亚的独立之所以一直被延误，直至利马和布宜诺斯艾利斯得到解放后才得以实现；秘鲁—玻利维亚联盟之所以在1839年遭到秘鲁、智利和阿根廷的破坏；1879年玻利维亚的海岸省领土之所以被智利和秘鲁占有；1903年玻利维亚的亚马孙地区之所以被巴西"买"走；1935年玻利维亚查科地区的大部分领土之所以输给了巴拉圭，所有这些，都是地缘政治力量发挥作用的结果。不仅如此，玻利维亚的5个邻国也都认定，它们的地缘政治利益都在于要维持玻利维亚的脆弱和分裂状态，使之成为一个能起缓冲作用的国家，一个在南锥体国家"权力平衡"的游戏中能充当不情愿的抵押品的国家。在巴西看来，对玻利维亚的扩张可以增加巴西在安第斯地区的影响，可以实现向太平洋发展的"天定命运"（manifest destiny），可以获得巴西发展所必不可少的铁矿砂、石油和天然气等资源，发展巴西大国地位所必不可少的"命脉经济"。同样，在阿根

玻利维亚

廷的外交政策中，玻利维亚也是它向北扩张的目标，而且阿根廷认定，相对于比格尔海峡路线来说，玻利维亚是它通向太平洋的一条可能的路线。在阿根廷与巴西、智利的长期对抗中，玻利维亚一直充当着平衡器的角色。秘鲁同智利之间经济与地缘政治的紧张关系则直接破坏了玻利维亚重新获得海岸土地的战略。ABC（阿根廷、巴西和智利）三强一而再、再而三地，直接或间接地干涉玻利维亚的内政，支持当权派统治或支持反对派运动，或操纵玻利维亚的利益集团，都是由它们地缘政治的目标决定的。这种地缘政治因素自然也对玻利维亚的外交政策产生重要的影响。在这种地缘政治因素的影响下，玻利维亚的外交政策不得不变成一种反对和防卫邻国扩张，争取建立睦邻友好关系的政策。

第二个因素是经济、政治上的对外依附地位。自被西班牙殖民统治以来，玻利维亚就一直实行单一矿产品出口经济，国家的经济状况几乎完全取决于国际市场的形势。这种依赖性使得玻利维亚成了一个被国内经济政治统治集团和国外强大经济政治利益集团控制的"半主权"的国家。无论是19世纪考迪罗统治时期还是20世纪锡矿大王统治时期，或是后来华尔街银行家和国际货币基金组织控制时期，强大的外国经济利益都限制了玻利维亚外交政策的选择，使其不能实现真正独立的外交政策。特别是在同美国的关系上，玻利维亚始终受到美国的控制，之所以如此，是因为美国拥有控制玻利维亚的三个重要的武器：一是它能控制玻利维亚锡矿产品的贸易额度和价格；二是美国的援助和贷款；三是美国能够通过外交的压力（对玻利维亚政权合法性的承认或否认）对玻利维亚政府施加影响和控制。第一个武器对一个单一矿产品出口国来说，是致命的。尽管20世纪70年代以后，玻利维亚国家和政府收入对锡矿产品的依赖性已经下降，但美国仍然是锡矿产品的主要消费者（约占50%）和储藏者，美国对锡产品市场的控制仍然是对玻利维亚的威胁。1981年美国决定出售2万吨锡的时候，玻利维亚人民就发起了大规模的抗议运动。当然，到1985年玻利维亚锡时代急剧走向结束的时候，这个武器不再是很有用的了。尽管如此，当1991年美国再次宣布要出售所库存的锡的时候，仍然在玻利维亚激起了一片抗议之声。第二个武器和第三个武器是美国用以确保玻利维

第八章 外 交

亚有一个亲美政权的有力工具。玻利维亚革命结束后不久，美国就通过其国库的力量控制了玻利维亚革命政府的发展政策，玻利维亚的那些激进的经济政策和分配计划很快就被软化了。1960~1964年间，玻利维亚接受的美国的援助和军事帮助，按人均数量计算，是拉美最高的。此后，在"友好的"军政府当政的情况下，美国的贷款和援助就大大增加，如在班塞尔执政时期的1973~1974年，美援就增加了两倍。但是，在"不友好"的加西亚·梅萨政府时期，美国的援助就急剧地削减。80年代，美国援助既用来向继任的军政府施加压力，也用来向文人政府施加压力。西莱斯总统时期（1982~1985）是最困难的时期，严重的经济危机，加上严重的自然灾害，使得玻利维亚政府在美国的压力面前变得更加脆弱。西莱斯总统本来想实行改良主义的民众主义政策，他在内阁中也任用了一些左派的部长，但是，当美国拖延和削减援助时，内阁中的那些左派部长就很难发挥作用了。

第三个因素是国内政治动荡。在历史上，玻利维亚很少有过政治安定的时期，始终缺乏稳定和团结，这是玻利维亚外交失败和缺乏效率的最重要的原因。西莱斯·苏亚索政府驻美洲国家组织的代表曾经在一次演说中说，"对外政策（指要求解决玻利维亚出海口问题的政策）可以成为全国团结起来拯救国家的一个主要因素"，[1] 这当然有一定的道理，但是，要取得这种成功是有条件的。玻利维亚的全部历史都证明，国内的动荡和外部事务之间的关系是不幸的；没有一个政府能够逃脱国内不稳定和外部事务之间的这种不幸的联系。在没有国内稳定和团结的情况下，仅仅想通过外交口号的提出来解决国内的问题，想利用对外关系上的某种共识来达到控制国内反对派的目的，得到国内政治所得不到的东西，那是根本不可能的。玻利维亚广泛蔓延的游击主义、意识形态的两极分化以及经常性军人干政的威胁，历来都严重地影响着文人政府的外交政策。譬如在西莱斯领导之下，仅1983年就换了3个外交部长，每3个月到5个月就要发生一次内阁变动。到1984年，西莱斯执政还不到2年，就已经发生6次内阁

---

[1] Waltraud Queiser Morales, *Bolivia, Land of Struggle*, Westview Press, 1992, p.176.

变动。玻利维亚的国内不稳定虽然没有破坏玻利维亚外交政策目标的相对稳定（始终坚持要解决出海口问题），但它常常阻碍其外交事务的成功。

（二）政策与目标

由于上述三个因素的存在，玻利维亚的外交力量始终是脆弱的，许多外交政策的目标都很难顺利实现。因此，如何克服地缘政治、依附地位和国内不稳定这些因素的限制，始终是玻利维亚外交政策所面临的最严重的挑战。为了克服或减少这些不利因素的影响，玻利维亚必须在国际上寻求更多的朋友。所以，不管玻利维亚的政局多么动荡，不管历届政府的政策多么不同，不管是左翼的民族主义革命运动党执政，还是右翼的民族主义民主行动党执政，或是多党联盟执政，玻利维亚都尽可能奉行独立自主、和平、不结盟的对外政策，维护民族自决和不干涉原则，坚持各国一律平等、人民自决，坚持同第三世界国家的团结，不干涉别国内政、和平解决国际争端等原则，突出多元外交和务实经济外交，在互利基础上加强同其他国家的经济、贸易和文化关系，尤其是与南美邻国、美国、西班牙、欧盟国家以及日本、独联体和中国的关系。玻利维亚积极推进拉美地区一体化，重视全球性和区域性国际组织的作用，玻利维亚不但是联合国积极的成员国，而且还加入了许多全球性和区域性国际组织，它参加不结盟运动和77国集团，是世界贸易组织成员，参加国际货币基金组织和世界银行，是美洲开发银行和美洲国家组织成员，加入拉美一体化协会、安第斯共同体、里约集团、拉普拉塔河流域组织、亚马孙合作条约组织，是南方共同市场联系成员国，支持建立国际经济新秩序，强调发展同美国等西方国家和拉美国家的关系，积极推动拉美团结和一体化。

2001年9月发生在美国的"9·11"恐怖袭击事件，2001年12月发生在阿根廷的社会、经济、政治危机和2002年4月发生在委内瑞拉的"4·11"政变和宪政秩序危机，是近年来美洲地区的三个重大事件，不但对整个国际政治格局有重大的影响，而且对玻利维亚的外交政策也产生了很大的影响。玻利维亚政治家和外交家认为，这些事件构成了一幅十分敏感的画面，它向拉美国家亮起了警灯，说明拉美国家面对外资流动、出口商品价格变动、全球范围收入日益集中、社会分裂以及民主制度威望下降等挑战,都是非常脆弱的,都需要发挥国际团结的力量来应对这些挑战。为此,从基罗加政府(2001~2002)开始,玻利维亚对自己的外交政策进行了调整。此前,玻利维亚在对外政策方面,主要考虑的是如何应美国的要求,开展禁毒斗争和解决古柯非法种植的问题,现在则把这种斗争看成是国际反恐斗争的一部分,认为只有在国际经济合作的框架内才能获得妥善的解决。这样,玻利维亚的外交政策就由原来的以禁毒斗争为中心的政策转变为一种以发展国际经济关系为中心的政策;从原来的消极开放世界贸易的政策转变为一种主动积极融入地区和世界经济体系的新的政策,"一种灵活的、有活力的、创造性的和能适应近年来国内外巨大变化的政策"。而且,玻利维亚在对外关系上,不仅加强传统的外交工作,还在政府的内政与外交工作之间建立起一个常设的联系体系,充分发挥外交部在政府各部门和各国际体系机构之间的协调作用。

玻利维亚的外交政策虽然有了调整,但玻利维亚外交政策的主要目标依然未变,一是要解决太平洋战争以来的出海口问题;二是发展同拉美国家特别是周边国家的关系;三是发展同美国的关系;四是发展同第三世界发展中国家特别是中国的关系。

(三) 新的外交思路

玻利维亚是拉丁美洲的天然气大国,在玻利维亚政治家看来,丰富的天然气资源不但是玻利维亚最宝贵的自然财富,而且在外交上也具有多方面的战略价值。

第一,它是进一步密切同邻国关系,特别是同巴西关系的重要因素。玻利维亚早在20世纪五六十年代就有输油管道同智利的阿里卡相通;20世纪末也有了天然气管道同阿根廷相通;1999年已建成从圣克鲁斯到圣巴勃罗的天然气管道和到奎巴(Cuiba)的天然气支道同巴西相通;同秘鲁也已签订了一个修建从玻利维亚的科恰班巴到秘鲁太平洋港口伊洛的油气管道的协定。所有这些都说明,围绕着玻利维亚的天然气资源,一个大规模的同周围邻国紧密相连的天然气输送管道网正在形成。

第二,在同美国的关系方面,天然气也有日益增长的重要性。玻利维亚虽然离美国较远,但可以通过太平洋把玻利维亚的天然气同美国的市场

联系起来；天然气可以成为玻利维亚同美贸易的关键产品。而且，因为玻利维亚是一个远离当今国际冲突的国家，它还可以成为美国西部地区天然气的可靠供应者。

第三，同美国西部地区贸易的增长，可以使玻利维亚增加其在太平洋存在的分量，逐步恢复其原有的海洋国家的性质，从而逐步解决它的出海口的问题。

第四，玻利维亚可以利用自己的天然气和石油资源，发展热电、石化、钢铁冶金、化肥等精加工产业和相关产业，实现出口贸易的多样性，摆脱单一原料出口国的依附地位，同时提高国内市场的消费水平，促进玻利维亚国家的现代化进程。

总之，天然气是当今世界上一种最廉价的、较少污染的优质能源，它将对玻利维亚的经济增长、社会发展和玻利维亚融入国际社会做出重大的贡献，可以为玻利维亚带来美好的未来。但是，如果不把这些天然气开发出来，并在市场上转化为国家建设所需要的资金，那么它就没有任何价值。因此，在玻利维亚政府看来，为天然气开拓世界市场，应是今后几十年内玻利维亚外交政策的核心内容。

当前，玻利维亚的天然气生产面临三大挑战，这就是如何巩固现有市场的挑战，如何实现市场多样化的挑战以及如何发展天然气加工产业使天然气增值的挑战。玻利维亚政府认为，为了应对这些挑战，玻利维亚的外交政策应该有新的思路，应该把实现"能源一体化"（integración energética）、"地理一体化"（integración física）和"贸易一体化"（integración comercial）看作玻利维亚外交政策的三大关键主题，并做好这三大主题的文章，以实现玻利维亚20世纪30年代外交思想家所提出的"联系国"的地缘政治理想，实现其对美出口的多样化，加强其同拉美国家特别是同南锥体国家的关系，恢复其拥有出海口的海洋国家的地位。

第二节　出海口问题

收复在太平洋战争中丧失的海岸领土，解决出海口问题，一直是玻利

第八章 外　交

维亚历届政府外交政策的一个最基本的也是最优先的目标。

独立初期，玻利维亚曾经拥有200多万平方千米的领土，并有一个濒临太平洋、有400多千米海岸线的阿塔卡马海岸省。但是，在1879~1883年太平洋战争中失败后，智利、秘鲁两国签订《安孔条约》(1883)，阿塔卡马省被割让给了智利；玻利维亚虽然拒绝在条约上签字，但从此便成了一个没有出海口的内陆国。1895年，玻利维亚同智利签订初步和约，智利同意以获得阿塔卡马省为交换条件，归还一个原属于玻利维亚的太平洋港口，并在两年之内给玻利维亚一条通向该港口的走廊地带。但是，智利并不履行义务。1904年，玻、智两国签订和平友好条约，规定智利修建一条从拉巴斯到阿里卡的铁路，以换取玻利维亚的阿塔卡马省；15年后，该铁路在玻利维亚境内的一段将归玻利维亚所有。1920年，玻利维亚以被迫签订1904年条约为由，要求重新商议该条约。1929年，在美国参与下，智利和秘鲁两国就边界问题达成协议，除规定智、秘两国的边界之外，还规定在阿里卡和安托法加斯塔修建自由港，允许玻利维亚使用该港，并规定未经事先商定，两国均不得向第三国割让任何领土。从此，玻利维亚的出海口问题便陷入了僵局；尽管历届政府都坚持要解决这个问题，但始终看不到任何解决的可能性。

到20世纪70年代班塞尔军政府执政的时候，这个问题的解决似乎有了一线光明。当时，以残酷手段在智利发动政变上台的皮诺切特军政府，因为严重践踏人权，在外交上处于极端孤立的状况，因此对于玻利维亚措辞强硬的海洋权要求不敢贸然顶撞，而是表示理解，并表示愿意解决。1974年，玻、智两国发表的《阿亚库乔声明》还正式承认了出海口对玻利维亚的重要性。1975年2月，两国总统在玻利维亚边境城市查拉尼亚会晤，决定恢复中断了13年的外交关系，并表示同意就解决出海口问题开始进行谈判。同年8月，玻利维亚正式提出解决出海口问题的方案。该方案主要是建议智利沿智、秘两国边界让出一条"主权走廊"到阿里卡港，并在智利的皮萨瓜、伊基克和安托法加斯塔之间的沿海地区让出一个15千米宽、50千米长的地带。对此，智利政府并未断然拒绝，而是于同年12月提出了一个新方案，同意在阿里卡以北海域给玻利维亚一个出海口，并给予一条在沿海一端宽 5000 米、到玻边界一端宽 15 千米、总面积为 3000 平方千米的"走廊"，而作为交换条件，玻利维亚则必须在与智利交界、矿产丰富的边境地区割让一块或数块面积相等的领土给智利。由于智利建议的"走廊"原属秘鲁领土，秘鲁不愿接受，而是在 1976 年 11 月提出了一个不同的方案，建议在"走廊"的沿海一端划出一块面积 66 平方千米的梯形地区，作为秘鲁、玻利维亚和智利三国共享主权的共管区，允许玻利维亚在共管区内建设一个拥有专属权的港口；同时在智利的阿里卡港成立一个三国港务管理局。对于秘鲁的这一方案，智利又不能接受。至于玻利维亚一方，虽然班塞尔政府表示原则上愿意接受智利的以领土换出海口的方案，但此说一出，即遭到国内的普遍反对。结果出海口问题再次陷入僵局。1977 年，当智利军政府得到国际社会的承认并重新得到西方国家的援助之后，智利军政府也就抛弃了它原来的倡议，解决玻利维亚出海口问题的外交通道又一次被堵死了。1978 年，玻利维亚再一次中断了同智利的大使级外交关系，只保留了领事关系。这样，玻、智两国的关系又回到了 1962~1975 年的局面。

西莱斯总统上台后，玻利维亚继续奉行不承认政策，只同智利交换领事代表，并坚持说，只有当智利重开出海口问题谈判的时候，玻利维亚才能同智利互换大使，恢复正式的外交关系。由于智利国内出现不稳定和民主政府登上南锥体国家政坛，玻利维亚的施压和孤立智利的战略取得了较好的效果。西莱斯·苏亚索政府采取了不同于班塞尔政府的外交策略，它不是同智利进行不胜则败的双边谈判，而是在每次外交论坛上坚决抓住这个问题不放，不断地施加压力。在 1982 年阿英马岛战争期间，玻利维亚支持阿根廷对马尔维纳斯岛领土的主权要求，从而间接地伸张其对自己领土的要求。玻利维亚还把它的案子提交到了安第斯集团、拉普拉塔河流域组织、美洲国家组织、联合国和不结盟运动，开展了大量的、内容全面的、富有进取性的外交活动。譬如 1982 年在巴西利亚召开的拉普拉塔河流域组织第 13 次外交部长会议上，在 1983 年 3 月召开的安第斯集团会议上，在同年 5 月召开的玻利瓦尔诞辰 200 周年纪念会上（加拉加斯），在同年召开的新德里第 7 次不结盟运动首脑会议上，在布宜诺斯艾利斯召开

第八章 外　交

的第 5 次"77 国集团"会议上，玻利维亚都提出了收回海岸土地、解决出海口的问题，不放过任何一次争取国际社会支持的机会。玻利维亚还同阿根廷、巴西、法国、西班牙、巴拿马以及南斯拉夫等国进行了多次双边谈话，以争取更多的支持者。1983 年初，西莱斯总统在访问纽约期间还同美国讨论了这个问题。尽管这些活动并没有取得实质性的进展，但显然正在出现一种同情玻利维亚立场的国际气氛。1979～1983 年，玻利维亚的出海口问题甚至被列入了美洲国家组织例行会议议程。该组织还在 1982 年 11 月 20 日提出了一个《关于玻利维亚海洋问题的报告》，初步提出了关于"小岛和被陆地封锁发展中国家"问题的解决办法。在玻利维亚的努力和国际社会的压力下，智利政府于 1983 年春通知玻利维亚政府，智利可以同玻利维亚进行某种对话。拉美观察家认为，这是 1978 年以来智利政府在这个问题上的第一个重要的建议。

　　帕斯·埃斯登索罗政府 1985 年执政后，继续在美洲国家组织以及在 1985 年 12 月安第斯集团会议上实行多边战略，强调出海口问题是关系到西半球利益的一个永久性的问题，但并没有取得多少实际的效果。所以，从 1986 年开始，玻利维亚又强调实行双边战略。1986 年 3 月 23 日，埃斯登索罗在首都举行的"海洋日"庆祝会上发表演说，建议改善与智利的关系，并表示该政府追求一种"新的务实原则"的决心。此后，两国外长举行会晤，成立"接近委员会"。1987 年 4 月，两国外长在乌拉圭首都蒙得维的亚就出海口问题正式会谈。玻利维亚要求智利让出沿智利、秘鲁边界至阿里卡城之间 2800 平方千米的一条走廊或让出智利北部一块面积为 1200 平方千米的飞地及 200 海里的专属经济区作为玻利维亚的主权出海口。玻利维亚将向智利提供水源和天然气作为补偿。但智利政府不接受这个方案。1987 年 7 月，智利军事委员会主席梅里诺将军（Admiral Merino）甚至回答说："对玻利维亚，什么也不给，永远不给！"① 但是，玻利维亚并不气馁。在海梅·帕斯·萨莫拉政府（1989～1993）的领导下，玻利维亚继续为争回海岸主权而不间断地发起外交攻势。1989 年 8

---

① Waltraud Queiser Morales, *Bolivia*, *Land of Struggle*, Westview Press, 1992, p. 179.

玻利维亚

月,帕斯·萨莫拉在他的就职演说中强调指出,只有海岸线才能减少国家发展的巨大的地缘政治阻力和经济阻力,才能解除强大邻国对玻利维亚的日益收缩的地缘政治包围。他号召要把多边的、泛美的和双边的所有外交政策要素都结合起来,形成一种关于海洋问题的"新的21世纪精神"。帕斯·萨莫拉总统还呼吁一种共同的"拉美福利精神",并抛出了一系列同拉美各国总统(从阿根廷、巴西、委内瑞拉到秘鲁)会晤的计划,以在出海口问题上争得他们的外交支持。在同年9月的联合国全体会议上,帕斯·萨莫拉总统表示希望智利能有一个民主的变革,从而能够开展双方对话。在1990年3月的联合国会议上,萨莫拉总统重申玻利维亚的立场:"玻利维亚决不会放弃它的基本外交主题,即恢复它作为一个海洋国家的条件,它是在这个条件下作为一个主权国家和独立国家而诞生的。"① 1990年,为了让欧盟各国了解玻利维亚的出海口问题,玻利维亚又在欧洲展开了一场广泛的外交攻势。在那一年的春天和秋天,萨莫拉总统采用穿梭外交,访问了西班牙、意大利、比利时、瑞典和德意志联邦共和国等欧洲主要国家,并同梵蒂冈和欧洲议会进行了磋商。

智利独裁者皮诺切特垮台后,玻利维亚展开了新的、更加活跃的外交活动。玻利维亚人普遍认为,解决海洋权问题的一个长期的阻力就是皮诺切特的专制独裁军政府的存在,现在皮诺切特既然下台了,问题应当好解决一些。帕斯·萨莫拉的出海口外交的核心战略也是求助于拉美的民主化情绪,为此,他亲自参加了1973年以来智利第一个民选总统帕特里西奥·艾尔文的就职典礼(1989年),并向他提出了出海口的问题。但是,在他们会面的时候,艾尔文却把拉巴斯的立场颠倒过来了,他坚持说,玻利维亚应当恢复同智利的外交关系,这是恢复出海口问题谈判的先决条件;只要有了这种关系,什么问题都可以讨论。② 在碰到这个钉子之后,帕斯·萨莫拉就转而求助于拉美议会(由拉美地区各国的议会组成),当时,拉美议会正在拉巴斯召开第5次特别会议,这是应玻利维亚倡议讨论

---

① "Presencia" (La Paz), March 24, 1990, p.7.
② "Los Tiempos" (Cochabamba), March 7, 1990, p.1.

美国对巴拿马进行军事干涉的问题而召开的。拉美议会强烈支持玻利维亚解决出海口问题的愿望，肯定美洲国家组织1982年的决议。拉美15个国家的议会领袖也都支持玻利维亚的要求，敦促智利和玻利维亚两国利用该地区的"民主开放"，举行关于出海口问题的全民投票。1990年5月，帕斯·萨莫拉还访问了华盛顿，催促布什总统支持玻利维亚的海洋地位。但是，到这一轮兴奋的外交活动结束的时候，帕斯·萨莫拉不得不承认，玻利维亚"同智利民主政府的关系虽然良好，但（结果）依然如旧"。[1]

1997年班塞尔再次执政之后，玻利维亚政府又一次把解决出海口问题作为最主要的外交目标提了出来。1998年，班塞尔政府在美洲国家组织全体会议上建议开始一个重新思考的进程，以便有可能找到一个决定性的解决出海口问题的办法。2000年2月，在葡萄牙举行的拉美加勒比—欧盟部长会议期间，玻智两国外长举行了会晤，就玻利维亚出海口问题进行对话。这次会晤所发表的《联合声明》指出，这次会晤的目的是本着一种致力于建立互信气氛的精神，无条件地就两国双边关系的一些基本问题进行对话，以便克服各种阻碍双方全面一体化的分歧，坚定地寻求解决影响两国政治经济关系的各种问题的途径。

2001年班塞尔因病辞职、豪尔赫·基罗加接任总统后，玻利维亚政府决定继续前任政府所开始的无条件对话进程，力求在一个广泛的政治合作和经济一体化协定的框架之内解决两国悬而未决的问题，以符合泛美体系就玻利维亚出海口问题所做决定的精神。为此，玻利维亚总统基罗加同智利总统拉戈斯进行了对话，都表示愿意从双赢的立场出发，寻求恢复玻利维亚海洋权、解决玻利维亚出海口问题的途径。智利政府也希望玻利维亚能够在智利阿里卡港投资，并允许玻利维亚公民在该地购置房产。但是，玻利维亚出海口问题仍没有取得实质性进展，以致很多玻利维亚人都感到失望，连玻利维亚外长都说："不首先增强玻利维亚的力量和影响，玻利维亚是没有可能有效解决大陆封锁状况的问题的，只有这种力量和影响才能使我们有可能在平等的条件下同智利进行谈判。只有当玻利维亚的

---

[1] Waltraud Queiser Morales, *Bolivia*, *Land of Struggle*, Westview Press, 1992, p. 180.

玻利维亚

文化和经济的发展提供了足够充分的谈判实力,这个问题才有可能获得真正彻底的解决。"[1]

2006年,莫拉莱斯总统执政后,玻智双方就此重启谈判,玻智关系有所改善。2007年,智利政府提出了13点主张,其中包括修建从玻利维亚拉巴斯至智利阿里卡的铁路、创造便利的通关条件等。智利许诺通过这些措施为玻利维亚的海上贸易运输创造条件,玻利维亚太平洋出海口问题的谈判取得了一定进展。同年12月,巴西、智利和玻利维亚三国总统提出了于2009年建成西起智利伊基克港、东至巴西桑托斯港连接大西洋和太平洋两洋陆路走廊的倡议,并发表了《拉巴斯声明》,间接解决玻利维亚出海口问题,进一步推动南美洲一体化进程。同时,智利承诺投资3600万美元用于扩建和改善连接伊基克港和玻利维亚的公路,巴西也承诺投资1.62亿美元用于改善已铺设的连接桑托斯港和玻利维亚科鲁巴的公路。2008年6月,根据这13点协议,智利政府决定在北部的伊基克港口旁向玻利维亚提供10公顷土地,建设一个无水港(综合物流区),并把伊基克港作为可供玻自由通行的港口。2011年1月,玻智两国甚至成立了双边高委会,商谈玻出海口诉求等问题,并继续推动两国关系发展的13点议程。至此,关于玻利维亚出海口问题似乎一步步朝着好的方向发展。但之后事态急转直下。3月在拉巴斯召开两国双边高委会首次会议之后,智利强硬坚持出海口问题不容谈判,13点议题进程陷入停顿。莫拉莱斯总统随即宣布将诉诸海牙国际法庭要回连接太平洋的入海通道,双方因此中断了从2006年开始的对话,两国关系重陷低谷。

2011年7月,莫拉莱斯和智利总统皮涅拉继"冷战"4个月后开始了一次"破冰会谈",智利表示会寻找合适的途径使玻利维亚能够通过智利的港口与世界其他国家进行商贸合作。但一切要以现行的条约特别是1904年的条约为基础。会谈再次破裂。2013年1月举行的首届拉共体峰会上,莫拉莱斯总统与皮涅拉总统发生争执,三个月之后,由于双边协调长期无果,玻利维亚将智利告上海牙国际法庭,要求收回19世纪玻利维

---

[1] "Hoy Internacional" (La Paz), December 25, 1983, p.15.

第八章 外　交

亚因战败而失去的沿海领土。皮涅拉总统则指责莫拉莱斯政府将两国领土争端诉诸国际法庭的做法缺乏历史和法律依据，并宣称将在条约与国际法范围内动用全部手段保卫智利领土。2014年4月，莫拉莱斯总统在荷兰海牙向国际法庭提交了一份备忘录，要求智利同玻利维亚开展有诚意的谈判，以尽快解决两国出海口之争，使玻利维亚获得永久性的有主权的出海口，重返太平洋。根据国际法庭的有关规定，玻利维亚政府在提交备忘录后，智利政府必须在2015年2月前做出答复。2014年7月，智利巴切莱特总统则宣布，智利政府不承认海牙国际法庭有资格处理智利同玻利维亚两国有关出海口的纠纷。智利这样做是为了维护边境地区的稳定，完全不违背国际法和国际关系准则。一年之后，事情有了转机。教皇方济各在访问玻利维亚时，对玻利维亚恢复出海口问题表示支持，并对两国关系进行斡旋，智利外长也因此建议玻智两国恢复外交关系，莫拉莱斯积极回应，希望在教皇的调解之下，在5年之内解决玻利维亚要求多年的太平洋出海口问题。但到了9月末，海牙国际法庭宣布将着手处理该出海口争端之后，玻智之间又起冲突，关系再度僵化。截至目前，国际法庭尚未就玻利维亚出海口问题做出裁决。

为了尽快解决出海口问题，玻利维亚除继续对智利施加压力和将问题诉诸海牙国际法庭外，还积极与秘鲁和巴西两个周边国家斡旋，希望打通通往太平洋和大西洋的通道，扩大对外贸易。2013年11月，玻利维亚、巴西和秘鲁三国共同启动跨洋铁路建设，间接解决玻利维亚出海口问题。最初的线路设计是从大西洋沿岸的巴西桑托斯港出发，经由玻利维亚苏亚雷斯港进入玻境内，穿越帕塞尼奥高原进入秘鲁，最终到达太平洋沿岸的秘鲁伊洛港。跨洋铁路使玻利维亚既可以通过秘鲁进入太平洋，又可以通过巴西获得大西洋出海口，从而有助于促进玻利维亚与邻国及其他国家之间的贸易。但这一建议后来也出现了变数，玻利维亚与秘鲁在跨洋铁路选线问题上发生了龃龉。在2014年的巴西金砖五国峰会上，秘鲁提出将要修建的玻利维亚、巴西和秘鲁三国跨洋铁路线路最终要走秘玻边境的科维哈市，而不经过玻利维亚领土。这引起了莫拉莱斯的不满，他认为秘鲁试图将玻利维亚排除在这一跨洋铁路项目之外。莫拉莱斯指出，玻利维亚已

向中国投资者提供了足够的信息，论证了该线路走玻利维亚是投资最少、最快最短的路线。但跨洋铁路项目仍处于可行性研究阶段，并未进入执行阶段，从目前来看，跨洋铁路项目不经过玻利维亚的可能性增大，玻利维亚寻求出海口的历史使命和外交使命仍任重道远。

第三节 同拉美国家的关系

一 加强同周边国家的关系

在拉美国家中，玻利维亚尤其重视同巴西、阿根廷等周边国家的传统友好关系，重视在安第斯共同体、南美国家联盟等区域组织框架内与邻国的关系，因为无论在历史上还是现在，无论是有利的还是不利的，无论是为了抵销地缘政治的不利条件和经济的依附性，还是为了自己民族国家的发展，玻利维亚的国际问题，几乎都是同周边国家密切相关的一些问题。

在经济上，玻利维亚虽与其邻国的经济发展水平差距很大，但经济关系十分密切。玻利维亚同5个邻国的贸易尽管有赤字，但从一体化的进程来看，经济还是有了较大的发展。巴西和阿根廷实际上是玻利维亚天然气的两个最大的出口市场。玻利维亚目前对它的邻国还没有资本输出，但得到了来自邻国的不少的直接投资，其中最多的是巴西和阿根廷。在南美洲，玻利维亚是唯一同南方共同市场建立了自由贸易关系的安第斯国家，这使得玻利维亚在安第斯共同体和南方共同市场这两个集团中能够发挥一般国家所不能发挥的作用。对于巴西建立南美自由贸易区的努力，玻利维亚给予了大力的支持。目前，玻利维亚与多数拉美国家都签有经济互补和投资保护协定。

在资源方面，玻利维亚是南美洲天然气储量最丰富的国家，一直谋求成为南方共同市场能源供应地和拉丁美洲的能源中心。目前，它通过圣克鲁斯—圣巴勃罗天然气管道与巴西相连，通过锡卡西卡—阿里卡天然气管道同智利相连，通过其他一些管道同巴西和阿根廷相连，预计在今后几年中，还有望建成通往秘鲁和巴拉圭的天然气管道。此外，一旦太平洋出海口计划落实，玻利维亚还有可能同太平洋的某个港口相连，把天然气出口到广阔的美国西海岸市场。玻利维亚还致力于建设太平洋和大西洋之间的"洋际走廊"。它有柏油公路与智、秘两国相连，同时又在大力加强基础设施一体化建设，以便把玻利维亚各主要城市同巴西和阿根廷联系起来，这样就可以逐步建成一个以玻利维亚为中心的能源供应网。

在水利方面，玻利维亚是拉普拉塔河流域、亚马孙河流域和中央湖泊流域三大流域汇聚的国家，处于一个大的国际水利和水力系统的中心。这些流域的功能和用处各不相同，有的用以控制水流和沉积物，有的用于调节水资源，有的用于开发航运事业，还有的用于出口水电。目前，玻利维亚同它的邻国进行的合作，主要是共同利用的的喀喀湖及其周围水系的水资源、调节皮科马约河上下游的水源、在塔里哈省的贝尔梅霍河和格兰德河修建3个水坝以及改善巴拉圭河和巴拉那河的航运状况等。

在与邻国的边界地区，也有不少外交问题需要解决。玻利维亚总共有9个省，除了科恰班巴省，其他8个省都同邻国有边界。边界问题一般通过双边混合委员会、边界委员会或边界一体化计划来解决。近年来，由于与邻国关系有所改善，玻利维亚也开始同它的邻国商讨制定跨国界的建设计划，如玻利维亚同智利、秘鲁和阿根廷三国所着手进行的关于天然气管道、公路和桥梁建设的计划等。

此外，还有移民问题。世界上最大的玻利维亚移民区在阿根廷。在那里，玻利维亚移民遭受歧视、剥削和不公正待遇的问题相当严重。这些问题现已成为玻、阿两国外交事务中的一个主要问题。估计在巴西、智利和秘鲁的玻利维亚移民也有类似的情况。同样，在玻利维亚也有大量的秘鲁移民，他们主要集聚在拉巴斯附近的埃尔阿尔托市，也有相当多的双边问题需要解决。

以上情况说明，目前玻利维亚外交工作议事日程上的所有重大课题，如出海口问题、经济互补问题、贸易一体化问题、地理一体化问题、能源一体化问题、"洋际走廊"问题、边境合作和一体化问题、移民流动问题、国际水路的航运合作问题等，都是同邻国的关系问题。因此，玻利维亚特别重视发展同周边国家的关系，始终把发展同周边邻国的关系置于外

交政策的首位。

(一) 同阿根廷的关系

在历史上,玻利维亚同阿根廷的关系比较亲密。第二次世界大战后,玻利维亚仍然保持与阿根廷的传统友好关系。1972年两国签订了为期20年的天然气贸易协定,玻向阿输送天然气。1982年马尔维纳斯岛战争结束后,玻利维亚政府加强了同阿根廷的亲密联系。在1983年西莱斯·苏亚索总统参加阿总统阿方辛就职典礼的时候,阿根廷扩大了对玻利维亚的援助,再一次给予玻利维亚6.6亿美元的贷款,并表示了对玻利维亚民主化进程的热烈支持。尽管由于在价格及付款方式等问题上有分歧,阿根廷曾一度拒付和拖欠玻利维亚的天然气款项,但到1989年8月,两国仍达成互免债务的协议。玻利维亚所欠阿根廷8亿美元的外债和阿根廷所欠玻利维亚3亿美元的天然气款都一笔勾销。1990年,玻、阿两国总统进行了互访,两国延长了天然气贸易协定,签署了共同反贩毒协议。在马岛问题上玻利维亚支持阿根廷的主权要求;而在出海口问题上阿根廷则支持玻利维亚的海洋权要求。

2001年经济危机使阿根廷大大缩减了对玻利维亚天然气的进口,两国关系受到了一些影响。因此,玻利维亚认为有必要在同阿根廷的关系上寻求新的共同利益和经济结合点。为了这个目的,两国外长于2001年10月在布宜诺斯艾利斯举行会谈,双方同意有必要制定新的自然、能源和矿业一体化计划。接着,基罗加总统访问阿根廷,重申阿根廷北部地区有可能成为玻利维亚天然气的潜在市场。在地理一体化方面,新的国际大桥洛斯托尔多斯—拉马莫拉桥于2001年12月正式通车,该桥对加强阿根廷西北地区同玻利维亚西南部地区的联系具有重要的意义。2002年1月,两国外长又利用南方共同市场外长会议的机会,讨论了两国移民、海关和边界的问题,决定成立一个工作组,了解和分析两国《移民协定》附加议定书的落实情况。面对阿根廷和巴西之间的矛盾,玻利维亚的政策是力图平衡同巴西和阿根廷这两个庞大邻国的关系,不偏向于任何一方。西莱斯·苏亚索总统有一句著名的格言,充分反映了玻利维亚的这种邻国外交战略,他说"好的地区主义"就是"好的睦邻路线",二者都是"好的"

泛美关系。

2006年莫拉莱斯上台之后，两国又加强了能源贸易，再加上两国经济都处于上行时期，因此合作进一步加强，尤其是在天然气进出口方面。阿根廷与玻利维亚签署了多项新的能源协议，玻利维亚逐步扩大对阿根廷的天然气出口。2007年3月，玻利维亚与阿根廷签署协议，计划投资15亿美元建设一条全长为1500千米的天然气管道，这一管道将使玻利维亚向阿根廷输送天然气的能力比之前提高近3倍。阿根廷将支付建设这条管道的全部费用。8月，莫拉莱斯总统与基什内尔总统签订了一系列能源合作协议。根据有关协议，阿根廷将向玻利维亚提供一笔总额为4.5亿美元的为期20年的低息贷款，以资助玻利维亚在塔里哈省建造南美最大的天然气分离厂。

玻阿两国关系的发展也并非一帆风顺。2011年5月，玻利维亚因邀请伊朗国防部长艾哈迈德·瓦希迪访问玻利维亚，并参加美洲玻利瓦尔联盟成员国在玻利维亚创办的一所国防学院的开幕式，而引起阿根廷的抗议和不满，致使玻阿两国关系紧张。因为此人是阿根廷在全球通缉的爆炸案嫌犯，阿根廷指责瓦希迪策划1994年首都布宜诺斯艾利斯发生的一起爆炸案，有85人在这起爆炸中丧生。国际刑警组织也于2007年对瓦希迪发出红色通缉令，阿根廷政府一直寻求将瓦希迪引渡至本国受审。

这一事件虽引起不小的震动，但玻利维亚最终向阿根廷正式道歉，此事并未过多地影响两国的友好关系。最近，由于国际大宗商品价格连续下跌，阿根廷经济衰退，影响了两国在天然气领域的贸易。但两国正逐渐拓宽合作领域，内容涉及能源、贸易、扫毒和军事技术等。2009年4月，玻利维亚与阿根廷签署扫毒协议。2015年6月，玻利维亚与阿根廷签署了关于电力供应谅解备忘录，计划修建从阿根廷亚奎巴到塔夫塔加尔的输变电网，还签署了天然气购买协议。9月，玻阿又签署了一份国防设备合作意向书，涉及贸易、技术转让和军事人员培训等内容。

（二）同巴西的关系

从20世纪60年代军政府执政时期开始，玻利维亚的外交政策就开始倾向军政府统治的巴西。1971年，班塞尔在巴西帮助下夺得政权之后，

玻利维亚

两国的政治关系、军事关系和经济关系都非常密切。70年代开始提出的玻利维亚穆通铁矿和天然气开发计划对巴西有很大的经济利益。1972年，班塞尔同巴西总统梅迪西将军会晤，正式签订了财政合作和技术援助协定。1983年10月，两国签订了新的合作协定。1984年2月，玻利维亚总统西莱斯·苏亚索同巴西总统菲格雷多在圣克鲁斯会晤，正式签订了10个经济合作协定，包括一个4年内将销售给巴西的天然气增加一倍的谅解协定；巴西向玻利维亚提供1.05亿美元的贷款并在钢铁和能源发展方面给予玻利维亚帮助。作为回报，玻利维亚支持巴西代表竞选美洲国家组织秘书长。巴西是玻利维亚天然气的主要出口市场之一，因此，自20世纪80年代经济改革以来，玻利维亚对发展同巴西的关系十分重视。1999年建成的圣克鲁斯—圣巴勃罗天然气管道是目前拉美最重要的天然气管道之一，是拉美最重要的能源一体化工程，30年内玻利维亚可以很方便地向巴西出口天然气。自这一工程完成之后，玻、巴两国之间的新的战略协作关系得到了巩固。接着，玻利维亚又加紧建设苏亚雷斯港、科鲁姆巴热电站和圣克鲁斯—苏亚雷斯—科鲁姆巴公路。圣克鲁斯—苏亚雷斯—科鲁姆巴公路是南美洲洋际走廊的轴线，可以把玻、巴两国紧密地联系在一起。在这几项工程完成之后，两国关系可以得到进一步的加强。2001年12月，玻利维亚总统基罗加对巴西进行了工作访问，在此期间同巴西总统费尔南多·恩里克·卡多佐就有关两国地理和能源一体化计划的问题举行了会谈。在这个背景下，两国政府在南美洲首脑会议上都把南美地区一体化倡议问题提到了议程的首要地位。两国总统一致认为，玻巴之间所建立的战略协作关系不应该仅限于能源方面，还应该扩大到其他的、范围更广的各个方面。为此，玻利维亚又同巴西签订了十几个科技合作计划。由两国能源部部长共同领导的两国能源混合委员会还把有关天然气、石化、地理和战略一体化、电力出口等方面的5个工作组组织在一起讨论问题。此外，为实现地理和基础设施的一体化，两国还计划在布拉西莱亚和科比哈之间修建一座国际桥梁，共同使用科比哈机场和瓜亚拉梅林机场。

巴西政府尊重莫拉莱斯的油气国有化政策。2007年5月，巴西石油公司以1.12亿美元的价格把2座炼油厂转售给玻利维亚国家石油公司。

在玻利维亚2008年政治危机中，巴西表示支持莫拉莱斯政府，两国随后签署了扫毒协议，加强了共同打击贩毒的计划和政策。扫毒协议的签署在两国历史上是没有先例的，其内容包括打击洗钱和边界地区的犯罪等。

2013年8月的平托事件成了玻巴关系中一个不协调音符。玻利维亚涉嫌贪污的反对派议员罗杰·平托在巴西外交官员的协助下逃往巴西，遭到莫拉莱斯总统的强烈谴责，称巴西严重违反了国际准则，并要求巴西遣返平托回国受审。巴西外交部长帕特里奥塔因此辞职。但平托事件并未影响双边的经贸合作，也未使双边政治关系破裂。

（三）同智利的关系

自从玻利维亚在1879~1883年太平洋战争中被智利击败，丧失沿海大片领土，成为内陆国之后，玻利维亚争取太平洋出海口问题就一直是历届政府的优先外交政策。1978年玻智双方就出海口问题谈判破裂而断交，迄今只保持领事关系。2006年1月莫拉莱斯就职以来，玻智关系曾一度趋向缓和，两国成立了商谈玻出海口等问题的高委会，提出了包括一体化、教育和边界等问题在内的推动两国关系发展的13点议程。玻利维亚还计划建设穿越玻利维亚全境、连接巴西和智利的电气化铁路。2010年1月和2月海地和智利相继发生大地震之后，玻利维亚发起了名为"智利和海地需要你"的运动。莫拉莱斯总统和副总统阿尔瓦罗·加西亚带头将他们2月工资的一半捐赠给智利和海地的地震灾民，并号召所有的官员和民众为帮助灾民贡献力量。但2013年4月玻利维亚将智利告上海牙国际法庭，终结了两国关系缓和的努力。2015年11月9日，智利动用了坦克、战舰、潜水艇以及各种战斗机，集结5000多名海陆空士兵在玻利维亚和秘鲁边境进行军演，引起玻利维亚极大的不满并提出抗议，两国关系重陷紧张。

一波未平，一波又起。2016年3月，玻、智围绕西拉拉泉水（las aguas manantiales del Silala）资源利用问题又起外交争端，玻利维亚扬言要将官司打到海牙国际法庭，还计划为向海牙国际法庭起诉智利"偷水"而组织一个专家团队。一旦玻方采取行动，将是该国继太平洋出海口问题之后，第二次将智利告上海牙国际法庭。智利则坚持他们对国际河流水资

源的使用是合理合法的，表示如果玻利维亚起诉，智利将提起相应的反诉。

西拉拉泉水区位于玻利维亚波托西省南利佩斯州克特纳县靠近智利边界的山区，海拔4280米。这是一个气候干燥、土壤渗透性极强、没有人烟的半沙漠地区，但这里有90多个宝贵的地下泉水源。根据硝石战争后玻利维亚和智利于1904年进行的边界勘定，确定西拉拉河在玻利维亚境内发源，向西流入智利境内。1908年，波托西省政府曾免费将这些水源的使用权无限期出让给当时的"安托法加斯塔（智利）和玻利维亚铁路有限公司"，让这个公司能利用这些泉水给蒸汽机车供水。但是，到20世纪60年代，蒸汽机车已为内燃机车所取代，这家公司的经营方向转向石油领域，原来的泉水使用特许权已不再发挥作用，于是就把从西拉拉河取得的水转卖给智利北部地区的居民和一些采矿公司，这一转卖行为持续至今。1996年，玻利维亚政府开始采取必要的措施，重申其对西拉拉泉水的国家主权，明确声明这里的泉水资源是玻利维亚国家管辖领域不可分割的部分。翌年，玻利维亚波托西省决定对西拉拉泉水行使完全的主权，废除1908年让予"安托法加斯塔（智利）和玻利维亚铁路有限公司"的泉水使用特许权，并通过总统令的形式，得到中央政府的认可。1999年4月，玻利维亚政府把这个废除1908年特许权的决定通知该铁路公司，要求该公司在60天之内放弃继续使用西拉拉泉水的权利。同年8月，玻利维亚政府又委托国家水资源管理机构举行公开拍卖，重新出让西拉拉泉水使用特许权，并宣布拍卖所得全部收入都用于波托西省的建设事业。拍卖的结果，西拉拉泉水使用特许权归 DUCTEC SRL 公司。但是，对玻利维亚政府的这个拍卖进程，智利政府并不认可。智利政府认为，西拉拉泉水有可能是一条连续的国际河流，因而是一种应该两国共享的自然水利资源。玻利维亚政府坚持说，西拉拉泉水区都处于玻利维亚境内，泉水之所以引向智利领土，完全是人工开凿水渠的结果，并不是一条连续的国际河流。这样一来，两国就在西拉拉泉水问题上产生了矛盾。由于这一争端的存在，DUCTEC SRL 公司所得到的泉水使用特许权就没有能兑现，因为智利公司遵行智利外交部的指示，不但继续使用西拉拉泉水，还拒不缴纳泉水使用费。争端发生后,玻、智两国政府于2000年召开信息交流会,就西拉拉泉水问题交换意见。两国政府决定采用包括航空摄影在内的各种技术手段,对西拉拉泉水地区的生态、地质和水文情况进行调查。交流会一共举行了3次,但3次都未能达成共识。2009年,玻智两国曾就西拉拉河水源使用问题达成过一项共识。两国初步同意对西拉拉河河水的流量、分别归属两国的百分比等问题进行深入的勘探和划分,智利方面也同意就水源的使用支付给玻利维亚一定的费用。这个共识后来由于遭到两国民众的反对而未能付诸实践。由于玻智两国都坚持自己的立场,西拉拉泉水资源争端长期得不到妥善解决,2016年3月,玻利维亚才最终决定再次诉诸国际法庭进行裁决,玻方不仅主张智利要为今后使用西拉拉河河水支付费用,还要智利为1908年以来一个多世纪"免费"用水给予玻利维亚一定的补偿。莫拉莱斯总统指责说:"(智利方面的)抢夺、侵略是犯罪,应该受到谴责,通过这些手段得来的所谓主权不受任何法律保护。"

(四) 同秘鲁的关系

近年来,玻、秘两国关系基本上是围绕的的喀喀湖的共同利益和两国经济一体化问题展开的。为此,两国成立了"玻秘两国的的喀喀湖管理事务委员会"。该委员会的职能是讨论和通过"两国关于的的喀喀湖、德萨瓜德罗河、波波湖、科伊帕萨盐沼水利资源保护和利用及水灾预防指导计划"。1992年,两国总统签订《伊洛协定》,决定通过在伊洛港建立由玻利维亚管辖的自由港和旅游区向玻利维亚提供出海便利。2001年7月28日,玻利维亚总统基罗加参加秘鲁新总统的就职仪式,并对秘鲁进行正式友好访问。访问期间两国签订了《铺设从科恰班巴到秘鲁伊洛港天然气管道协定》和《整顿两国公民移民秩序理解备忘录》。同年,两国外长进行了互访,双方讨论了有关铺设天然气管道、利用伊洛港出口天然气和在伊洛港建立液化天然气工厂的可能性问题,并决定推进两国一体化进程。2001年10月,"两国政治协调、合作和一体化委员会"举行了第二次会议,在政治方面进行了坦诚对话。同年11月,"玻秘两国的的喀喀湖管理事务委员会"在利马召开了第二次会议,重申两国在经济、政治和外交等各方面对该委员会的支持。2002年1月,秘鲁托莱多总统对玻利维亚进行了正式访问，在此期间两国签署了《的的喀喀湖宣言》，宣布两国建立战略联盟关系。两国政府主管经济、生产、社会、国防等部门的部长又举行了双边会议，在地理和基础设施一体化、矿业、能源一体化、农业、商业、旅游业、保健、国防与安全等方面，达成了一系列重要协定。在这次访问中，两国总统都强调了双方在两国一体化方面相互团结和共同合作的意愿。

莫拉莱斯上台之初，玻利维亚与秘鲁关系发展一直较为平稳。但2009年，由于秘鲁政府向涉嫌犯罪的玻利维亚前政府部长提供政治庇护，引发了玻秘两国关系紧张，秘鲁政府甚至召回了驻玻利维亚大使罗哈斯。同年6月，秘鲁安全部队和亚马孙地区印第安人发生暴力冲突，莫拉莱斯总统称其为"种族大屠杀"，激怒了秘鲁总统，两国关系陷入低谷。然而，在经济和贸易领域，两国关系非但未受影响，还得到进一步加强。2010年10月，秘鲁与玻利维亚签署了向玻利维亚提供通往太平洋出海口问题的一项新协议，允许玻利维亚在距离秘鲁南部海港伊洛港10英里的地方建设并运行一个小型港口，以帮助玻利维亚扩大对外贸易。该协议是对两国1992年协议的补充。根据这项协议，秘鲁重申允许玻利维亚继续使用伊洛港，期限为从现在算起的99年。2013年，秘鲁批准了玻利维亚提出的《玻利维亚海协议》，同意秘鲁向玻利维亚提供无主权概念的5000米出海口，该出海口距秘鲁的伊洛港仅5000米。

（五）同巴拉圭的关系

在玻巴两国外交关系史上，最重大的历史事件莫过于1932~1935年间爆发的查科战争。该事件影响了玻巴长达半个多世纪的邻国关系。北查科是大查科地区的一部分，位于皮科马约河、巴拉圭河和贝尔德河之间，为低洼沼泽地，人烟稀少。19世纪初玻利维亚和巴拉圭独立后，均宣称对北查科地区拥有主权，并不断移民垦殖，修筑要塞。20世纪20年代，英美石油公司宣称在当地发现了储量较大的石油资源。于是两国对这一地区归属权的争夺日趋激烈，最终于1932年升级为战争，史称查科战争。这场战争被认为是20世纪拉美大陆最重大的军事冲突，是一场没有胜利者的战争。这场战争造成玻、巴双方死亡达10余万人，两国经济几近崩溃，国内政治动乱不堪，损失惨重。1935 年，双方举行停火谈判，并于 1938 年签订了《布宜诺斯艾利斯和约》，双方同意将领土争端提交国际法庭仲裁，并建立一个由拉美各国组成的定界委员会，阿根廷任主席国。后来证实该地区根本不存在所谓的储量巨大的油田，而只是勘探失误，查科战争成了石油垄断资本和石油投机者支持下的一场悲剧。正如莫拉莱斯所说："战争不是两国人民挑起的，它是那些跨国公司推动的，是一场帝国势力争夺资源的战争。"

20 世纪 90 年代以来，由于巴拉圭是玻利维亚天然气的一个重要的潜在市场，也是玻利维亚所规划的"两洋走廊"的一个重要的交通枢纽，玻利维亚捐弃前嫌，主动发展同巴拉圭的外交关系。1993 年，巴拉圭总统访问玻利维亚，两国签署了科技、环境合作协议等文件，从而结束了自 1932～1935 年查科战争以来两国间相互仇视的局面。1994 年玻利维亚总统访问巴拉圭时，双方还交换了查科战争中所缴获的战利品，表达了化干戈为玉帛的政治意愿。1995 年双方决定在两国边界建立一座共管城。2002 年 3 月，两国外长又签署了一系列协定，如两国关于归还被偷盗车辆协定、关于洗钱信息交流理解备忘录、关于制定玻利维亚和巴拉圭被保护地区跨边界管制行动计划理解备忘录、关于能源补充和能源一体化理解备忘录、关于两国技术合作协定以及两国海关之间信息合作和信息交流协定等。

莫拉莱斯总统上台后，积极与巴拉圭协商，共同解决历史遗留问题。2009 年 4 月，莫拉莱斯总统和巴拉圭总统卢戈在阿根廷首都布宜诺斯艾利斯签署了一项确定边界的历史性协议，翻开了两国关系新的一页。这一协议的签订结束了两国长达 74 年因查科战争而引发的边境领土争端。根据协议，北查科地区约 75% 的土地划归巴拉圭，玻利维亚则获得经巴拉圭河进入大西洋的航行权。双方均对协议的签订表示满意。莫拉莱斯称这是一个"历史性的时刻"。同时，玻利维亚还与巴拉圭签署了一项在共同边界打击贩毒的协定。

二　积极推进拉美一体化

玻利维亚一贯重视发展同拉美各国的传统友好关系，积极主张和推动拉美一体化。玻利维亚的历届政府首脑大都注意发展同拉美各主要国家首脑的联系，以促进拉美国家之间的团结。在1983年拉普拉塔河流域组织亚松森会议上，玻利维亚外交部长清楚地阐述了玻利维亚主张拉美一体化外交政策的目的，他说："我们相信，在不远的将来，我的国家将成为大西洋和太平洋之间的通道；在玻利维亚的大地区战略中，南锥体国家注定会成为西半球大陆民主化和一体化体系的支柱，而玻利维亚则希望成为这个体系的核心部分。"①

在历次泛美论坛上，玻利维亚都强调地区合作主义的主题。1983年5月25日在加拉加斯召开的玻利瓦尔国家（玻利维亚、哥伦比亚、厄瓜多尔、巴拿马、秘鲁和委内瑞拉）纪念玻利瓦尔200周年诞辰的会议上，玻利维亚阐述了它的拉美团结互助政策，并把这种政策视为自己经济发展和成功解决内陆封锁状况的强有力的推进器。在亚马孙条约国家中，玻利维亚作为1984年亚马孙合作委员会新的总部所在地而起到了一种核心的作用。

玻利维亚政府支持中美洲的孔塔多拉进程，并本着美洲国家组织所奉行的意识形态多元主义、自决、国家主权、不干涉内政等外交原则的精神，在1982年10月同桑迪诺主义尼加拉瓜建立了关系。同时，玻利维亚的革命传统和外交经验使得西莱斯政府反对美国动摇尼加拉瓜政权的任何做法，支持在这个爆炸性地区进行多边调解的努力。正是因为这个原因，玻利维亚无论是在美洲国家组织会议上，还是在联合国会议上，都对美国干涉格林纳达的霸权政策表示反对。西莱斯政府还曾经想通过重新接受古巴加入美洲国家组织体系来加强这个组织，以便使该组织能够真正成为一个全体美洲国家的美洲系统。玻利维亚甚至还建议成立一个把美国排除在外的泛美体系，以便能更有效地处理拉美的问题。

1984年玻利维亚爆发债务危机后，玻利维亚政府代表团出席了关于拉美债务问题的历次会议，主张建立"拉美和加勒比发展和储备基金"，

---

① Presencia, December 10, 1983, p.1. 转引自 Waltraud Queiser Morales, *Bolivia, Land of Struggle*, Westview Press, 1992, p.193。

第八章 外 交

以拉美集体的力量同债权国举行谈判，合理解决拉美国家的债务问题。玻利维亚政府还提出了重要的泛美政策倡议，即把西半球的政治稳定同这个地区的经济联系起来，强调经济成功的程度同政治民主发展程度之间的密切联系。玻利维亚政府坚持认为，拉美的债务危机不能交给个别政府同银行之间的秘密双边对话去解决，最主要的是要有一个总的地区性的（全球性的和多边的）解决。在安第斯集团中，玻利维亚政府支持成立一个关于债务问题的共同阵线，鼓励组成一个债务国集团。1985 年，玻利维亚组建了一个以西莱斯政府计划部长和几位总统候选人在内的 75 人代表团，参加了在哈瓦那召开的由卡斯特罗主持的拉美债务问题会议。为了缓和国际政治经济危机，玻利维亚政府在第三世界国家集团中积极开展活动，实行外交政策目标多边化的战略。后来，尽管帕斯·埃斯登索罗和帕斯·萨莫拉两届政府不再致力于一种进取性的第三世界政策，但他们仍都积极发展同其他拉美国家之间的关系。特别是帕斯·萨莫拉，他把 90 年代玻利维亚的外交政策设想为一种同拉美大陆"ABC"三大国协商合作的政策，并想通过进一步加强拉美国家之间的联系纽带，寻求实现玻利维亚经济依附的"拉丁美洲化"。[①]

1997 年 11 月，玻利维亚与智利、阿根廷签署三国互补和一体化协定。莫拉莱斯总统上任后，加强了与拉美地区左翼国家政治和经济一体化的进程，玻利维亚与古巴、委内瑞拉结成"反新自由主义阵营"和拉美"正义轴心"。古巴为玻利维亚的扫盲运动提供了大量援助和扫盲教学设备，其中包括 1 万台电视机、4400 台录像机、1 万册识字课本和 1 万本识字手册。到 2007 年年底，古巴医疗队已为玻利维亚 800 多万人次进行了免费治疗。12 月 11 日，为表彰古巴医疗队在玻利维亚的人道主义工作，玻利维亚为其颁发了"人权保卫社区"特别奖。2011 年玻利维亚与古巴两国加强了在生物科技、基因技术和制药技术等高技术领域以及医疗、教育和人员培训等领域的合作，玻古双方都认为需要最大限度地全面利用两国《经济互补协议》所赋予的优势来发展两国经贸关系。

---

① Waltraud Queiser Morales, *Bolivia*, *Land of Struggle*, Westview Press, 1992, p.194.

玻利维亚

2007年年初玻利维亚与委内瑞拉签署了包括加拉加斯能源协议在内的多项双边能源协议，启动了"委玻能源联盟"，建立了促进两国能源一体化的贸易办事处，成立了在玻利维亚从事石油勘探和开采的合资企业安第斯石油公司（该公司投资6亿美元，其中玻利维亚国家石油公司的投资占60%）；3月，莫拉莱斯总统和查韦斯总统还签署了关于共同加入南美洲天然气生产和出口国组织①（OPEGASUR）的条约。在2008年9月美国终止同玻利维亚签订的《安第斯贸易促进和毒品根除法》之后，玻利维亚政府和委内瑞拉政府于10月29日签署了《美洲玻利瓦尔替代计划》，委内瑞拉同意向玻利维亚提供零关税待遇，以确保玻利维亚的产品进入委内瑞拉，以委内瑞拉市场取代美国市场。随后，玻利维亚加入委内瑞拉倡导的"美洲玻利瓦尔选择"（2009年6月更名为"美洲玻利瓦尔联盟"，ALBA），积极推动地区一体化进程。2010年美洲玻利瓦尔联盟正式使用统一的货币苏克雷作为国际支付的手段。12月10日，厄瓜多尔和玻利维亚作为该组织成员第一次用苏克雷进行交易，交易额达7100万美元。

2011年4月，莫拉莱斯与委内瑞拉总统查韦斯签署了12项新双边协议，加强两国在食品、卫生、文化、能源和电力领域的合作，加强和发展合资企业。同时成立了委内瑞拉—玻利维亚联合一体化委员会。

2007年6月，玻利维亚成功举办了第17届安第斯共同体领导人峰会。安共体各成员国领导人都出席了峰会。莫拉莱斯总统还邀请巴切莱特总统到会，希望智利重返安共体。此次峰会讨论的议题是通过贸易协定进一步加强安共体的一体化、反腐败和扫毒等。玻利维亚于2010年7月起担任安共体轮值主席国，任期至2011年7月。玻利维亚充分利用区域组织等平台争取更多的国家和组织对其获得出海口的要求给予支持。2012年6月，安第斯议会提出要求智利和玻利维亚克服分歧，"两国政府和人民在尊重、互补和兄弟情谊"的框架内解决玻利维亚太平洋出海口的要求。该决议在哥伦比亚首都波哥大举行的议会全体会议上通过，并将由安第斯议会主席、玻利维亚人雷贝卡·德尔加多通过两国的外交部转交给两

---

① 这一组织类似于OPEC，是一个天然气生产国组织。

国总统。这项决议是根据已然生效的《卡塔赫纳协议》第4条规定做出的。该协议规定成员国有义务做出必要的努力寻求适当解决玻利维亚的地理局限性问题。决议希望进一步以新成立的拉丁美洲和加勒比国家共同体为依托,解决玻利维亚出海口问题,加快拉美一体化进程。但另一方面,莫拉莱斯又反对受美国控制和影响的拉美区域组织,激烈批评哥伦比亚、墨西哥、秘鲁和智利四国组成的太平洋联盟,谴责该联盟提出的把基本服务私有化的主张,认为太平洋联盟唯美国马首是瞻。

莫拉莱斯总统积极参与拉美地区一体化进程,同时扩大在世界舞台上的影响力,如2007年5月,第61届联大以无记名投票方式选举联合国人权理事会的14个新成员,玻利维亚成为其中的一个新成员。2013年11月,玻利维亚当选为2014年77国集团主席,并于2014年6月成功举办了77国集团成立50周年纪念峰会。玻利维亚与联合国107个成员国的代表签署了反对炸弹和集束弹药的《奥斯陆公约》,积极寻求取代世界银行和国际货币基金组织的机构。

2010年,玻利维亚举行了第一届世界气候变化人民峰会。参加这次大会的共有来自世界142个国家的民间环保组织和其他非政府组织的代表以及40多个国家的官方代表共3.5万人。莫拉莱斯总统在开幕式致辞时强调,全球气候变化主要是由工业化国家的不合理发展造成的。这次大会是莫拉莱斯总统在2009年哥本哈根联合国气候变化大会后倡议召开的,可以说是对哥本哈根气候变化大会的一个呼应和抗议。这次会议通过的决议指出,世界各国人民要求发达国家偿还欠大地母亲的债务,并支付破坏环境赔偿金;要求发达国家承诺减少有害气体排放的指标;将全球升温控制在1℃之内;建立一个维持气候正义的国际法庭;等等。12月在墨西哥坎昆气候变化大会上,玻利维亚是唯一公开反对大会通过《坎昆协议》的国家。玻利维亚谈判代表、驻联合国大使巴伯罗·索隆认为,坎昆会议在未得到缔约方一致同意的情况下通过的坎昆文本"空洞无物",是"虚伪的成功"。他指出,衡量气候协议成败的唯一标准,就是该协议能否有效减排,避免气候灾难。《坎昆协议》并不能拯救人类和环境,不能有效应对气候变化。因为它将可能导致全球升温4℃,危及人类生存。

玻利维亚

2010年7月,玻利维亚驻联合国大使索隆给联合国写信,正式要求联合国宣布将得到水作为不可逆转的人权。这是首次向联大提出水及清洁和安全排水的问题,而1948年的人权宣言不包括这项内容。索隆大使指出,水是最优先的事情。现在不能得到清洁的水在世界上是严重违反人权的,每8秒钟就造成一个儿童死亡。现在到了强调将得到水作为基本人权的时候了,因为到2030年全球对水的需求将超过供给的40%。

玻利维亚积极参加一体化进程的政策,取得了良好效果,不但促进了玻利维亚出口的多样化,发展了非传统产品的出口,而且还推进了它发挥地缘政治和地缘经济优势,充当"一体化经济空间"联系者作用的可能性。它的这个政策使它有助于同安第斯共同体成员国保持团结。譬如几乎在历届安第斯条约会议上,玻利维亚都得到广泛的支持和特别的关注。由于玻利维亚同厄瓜多尔、巴拿马以及哥伦比亚都有良好的双边关系,在有关玻、智两国海岸土地争端问题的会议上,这些国家也都给予玻利维亚积极的支持。

总之,积极推进拉美的一体化,是20世纪80年代以来玻利维亚外交政策的核心目标。关于这一点,玻利维亚总统基罗加2001年8月7日在他的就职演说中说得最清楚,他说,现在的玻利维亚因为是南美洲三大流域的源头,是一个联系国家,是南美大陆的能源枢纽和洋际走廊的中心,因此它"有机会成为南美洲的真正的心脏;我们的国际政策应该朝着这个方向前进"。[1]

第四节 同美国的关系

玻利维亚与美国于1825年6月8日建交。传统上,对美关系是玻利维亚外交的重点。玻是接受美援助最多的拉美国家之一。在历史上,由于玻利维亚的锡资源对于美国工业化和国防具有重要的战略意义,所以,美国对玻利维亚特别重视,同时也对玻利维亚进行了严格的控制。玻利维亚

---

[1] Acerca de Bolivia, Guía Diplomática 2003, http://www.rree.gov.bo/ministerio/POLITICA EXTERIOR/liniamientos.htm.

第八章 外　交

最大的锡公司帕蒂尼奥矿业公司和第二大锡公司卡拉科莱斯锡矿公司都是由美国资本控制的。由于玻利维亚的不利的地缘政治条件和经济上依附于美国，在独立后的一个多世纪中，玻利维亚的外交政策基本上是被美国左右的。

第二次世界大战后，特别是民族主义革命运动党领导的玻利维亚革命在1952年取得胜利之后，由于美、苏两霸争夺世界的"冷战"格局给玻利维亚的外交带来更大的活动空间，玻、美两国的关系变得复杂化了，出现了比较大的变化。这时期，美国虽然还是对玻利维亚采用胡萝卜加大棒的传统政策，但更多的是使用"经济胡萝卜"政策。为了对1952年革命的发展方向施加有力影响，美国利用玻利维亚的经济困难，给了玻利维亚大量的经济援助。从埃斯登索罗执政的后期（1960~1964）到1968年这一段时间，美国给予玻利维亚的援助按人均算是世界最高的。但是，由于世界上已经有了一个敢于挑战美国的对手苏联，而且还出现了一个新兴的、朝气蓬勃的第三世界，玻利维亚的外交空间就广阔多了，它不但向美国开放，同时也向苏联、向第三世界开放。譬如埃斯登索罗在第二次当选总统之前，就曾经访问莫斯科，并在布拉格建立大使馆。玻利维亚革命政府还认同古巴的革命，并不顾美国的压力在1961年1月决定不中断同古巴的外交关系。它还在1963年接受了不结盟运动的创始人、南斯拉夫总统铁托的正式访问，表明玻利维亚希望实行一种对两霸保持等距离的独立外交政策。玻利维亚外交部长何塞·费尔曼·贝拉尔德也公开说："我们必须保持对我们人民的尊重，如果他们对美国插手我们的外交政策有任何怀疑，我们就不能干。"[①] 因此，美国要想迅速地从根本上改变玻利维亚的民族主义政策，并不那么容易。譬如1960年当艾森豪威尔政府拒绝给予玻利维亚国有企业以经济援助时，玻利维亚政府就威胁说要求助于苏联。果然，赫鲁晓夫就给予玻利维亚大约1.5亿美元来帮助玻利维亚国有锡矿和石油工业。而且，玻利维亚的左派以及玻利维亚众议院对苏联的援助比对美国的援助还更有好感。由于惧怕玻利维亚向苏联进一步开放，美

---

① Waltraud Queiser Morales, *Bolivia, Land of Struggle*, Westview Press, 1992, p. 183.

玻利维亚

国很快就增加了对玻利维亚国有石油公司的贷款。1961年，玻利维亚又接受了美国、泛美开发银行和联邦德国的所谓"亲西方三角发展计划"。对于玻利维亚的这一变化，苏联很不高兴。所以，当玻利维亚在1964年再一次寻求苏联援助玻利维亚矿业公司的时候，苏联就不予理睬了。此后，玻利维亚又处于完全依赖美国援助的地位。

1964年巴里恩托斯将军发动军事政变，建立起军人专制独裁统治之后，特别是巴里恩托斯政府同美国紧密合作消灭了格瓦拉领导的游击队之后，玻利维亚同美国的关系更加亲密。在巴里恩托斯和班塞尔两届军政府时期（1964~1969，1971~1978），美国给了玻利维亚大量的军事援助，仅仅在1972~1976年这段时间，美国就给了4700万美元，足够装备5个军团。尽管这样，巴里恩托斯政府还是邀请苏联开放同玻利维亚的贸易，并在1969年2月再次寻求苏联对国有石油公司的技术援助。而且，尽管美国反对，他的政府仍支持古巴重新回到美洲国家组织。

玻利维亚企图摆脱美国影响的外交努力在奥万多将军和托雷斯将军执政时期尤其突出。在1968年秘鲁对国际石油公司实行国有化的影响下，奥万多政府也在1969年11月对海湾石油公司实行了国有化。1970年1月，玻利维亚政府还提升了同苏联的外交关系，并把这次外交关系的提升描绘成"奥万多总统独立外交政策的胜利"，把苏联的作用赞扬为"对帝国主义的抗衡"。同年8月，奥万多政府又成功地从苏联获得了2750万美元的贷款，还有一个庞大的开采石油和铁矿砂的技术援助计划。9月，托雷斯将军又作为观察员参加了在卢萨卡召开的不结盟国家会议。与此同时，玻利维亚还提升了它同波兰、匈牙利等东欧国家的外交关系。玻利维亚寻求外交政策独立的这些努力，正发生在秘鲁革命军人执政和智利阿连德社会主义政府执政的时期，因而不可避免地造成了同美国关系的紧张。为了对付玻利维亚的"异端"行为，尼克松政府对玻利维亚实行了经济制裁，拒不支持多边银行对玻利维亚的贷款，也不提供新的双边经济援助。美国财政部长J. B. 康纳利还告诫玻利维亚政府，要想获得援助，必须同美国政府进行谈判。在美国政府的压力下，加上国内政局不稳，奥万多政府和托雷斯政府都相继垮台，并引发了玻利维亚外交政策的大反复。

第八章 外 交

此后，玻利维亚不得不支付海湾石油公司 7800 万美元的补偿；"独立的中立主义"外交政策也被班塞尔军政府彻底取消了。到 1972 年 3 月，大约有 100 名苏联外交官被驱逐出玻利维亚。班塞尔军政府自然也就恢复了同美国的亲密友好关系。玻利维亚这次外交政策的大变动显然是美国决策者的一大成功，因为美国政府非常害怕"出现一个国际左翼阵线，害怕左倾政府从智利通过玻利维亚发展到秘鲁和厄瓜多尔"。[1] 1978 年，班塞尔军政府虽然在国内外民主力量的压力下垮台了，但由于国内政局动荡，军人政府同文人政府像走马灯似地交替上台，班塞尔的传统外交政策并不因此而有所改变，而是由历届的短命政府继续下去。

从 80 年代开始，美国对玻利维亚的兴趣已经从过去的政治、经济问题，转到了毒品问题；美国所关心的已经不是苏联在玻利维亚的扩张问题，而是玻利维亚古柯叶的爆炸性生产和可卡因浆的泛滥问题。因此，玻利维亚与美国关系的重点也就转移到了所谓"毒品战争"上。从此，两国的外交活动基本上在"扫毒合作"的框架内展开。譬如对于 1980 年 7 月 17 日上台的加西亚·梅萨军政府，美国政府就始终没有承认，致使这个政府最终垮台。之所以如此，原因就在于加西亚·梅萨将军涉嫌贩毒，为美国的利益所不容。

梅萨政权垮台后，玻、美两国在扫毒斗争中开始走上了合作的道路。在世界毒品市场上，可卡因主要来自南美洲。因此，玻利维亚等安第斯国家一直是美国扫毒大战的重点地区。美国政府的国际禁毒指导思想是要将毒品消灭在毒品生产国。为了不让可卡因流入美国，美国政府想方设法同安第斯国家就捣毁古柯作物、实行替代种植计划、围剿贩毒集团、引渡毒枭等达成共识，签署协议或条约。玻利维亚沿袭历史文化传统，种植古柯属合法行为。但是，在美国的要求下，玻利维亚从 1985 年起就开始进行替代种植工作，并得到了联合国及其他国家的经济援助。1986 年，玻、美两国还在玻利维亚的圣克鲁斯和贝尼省联合发起名为"鼓风炉行动"（Operation Blust Furnace）的摧毁贩毒集团毒品加工厂的重大军事行动，

---

[1] Waltraud Queiser Morales, *Bolivia, Land of Struggle*, Westview Press, 1992, p.184.

玻利维亚

使同年秋季玻国内可卡因生产几乎停顿,对古柯叶的需求量大幅度下降。1987年初,玻利维亚与美国在拉巴斯签署了一项为期3年的打击毒品走私执行计划协议,美允诺向玻利维亚提供3亿美元的援助。同年5月,在玻利维亚举行了以扫毒为目标的两国联合军事演习。同年8月,玻、美两国又签署一项麻醉品合作原则协定。1988年,玻利维亚政府根据玻、美两国联合禁毒的要求,通过一项法案,宣布国内6万公顷古柯种植田中的4/5为非法,要求当地农民实行"替代种植";同时还实施了一项"蜂鸟行动"计划,捣毁一些大型可卡因实验室,铲除列入计划的1800公顷的古柯田,逮捕一批重要毒枭,其中包括臭名昭著的罗伯托·苏亚雷斯。自1988年至90年代初,玻利维亚两大古柯产区科恰班巴和永加斯共毁掉古柯田1.1万公顷。1990年5月,玻利维亚总统帕斯·萨莫拉应邀访美,双方再次在禁毒问题上达成共识,并签署了禁毒计划、替代种植计划和玻利维亚军队参与扫毒的协议。为了落实这些计划,美国还向玻利维亚提供了1.35亿美元的赠款,并允诺1991年再向玻利维亚提供1.5亿美元的经援和4000万美元的军援。1990年,玻、美两国签署了基本化学品管制协定、武器出口管制谅解备忘录、公众意识谅解备忘录等文件,以防止生产毒品所需的化学品由美国流入玻利维亚,防止美国武器出口到贩毒分子手中,争取公众对反对毒品生产、贩运和消费计划的支持。这一年,玻、美两国在经济上也进行了有效的合作。一方面,玻利维亚对美国提出的"美洲倡议"表示欢迎和支持,并希望成为"倡议"的第一个受益国;另一方面,美国副总统奎尔8月访问玻利维亚,接着又成立双边贸易和投资委员会,以协调双边经济关系。1991年6月,在美国100多名军事顾问的帮助下,玻利维亚政府出动600多名军警人员、10多架飞机,进行了该国历史上最大的一次扫毒行动,缴获贩毒集团27架飞机和大量毒品,迫使多名贩毒集团头目向政府自首。1994年1月,著名毒枭伊萨克·查瓦里亚被抓获,他的20多个同伙也先后落网。

在扫毒问题上,玻利维亚虽然同美国保持了亲密合作的关系,但并不是没有矛盾。首先,玻利维亚尽管存在着严重的毒品走私问题,但玻利维亚人民滥用毒品的问题并不严重,并没有形成严重的社会问题,所以在玻利维亚人民心目中，毒品泛滥只是毒品消费国的问题，是美国的问题，应该由毒品消费国自己负责。其次，玻利维亚是一个依赖古柯经济的国家，他们不愿单方面付出代价，而是希望国际社会，特别是发达的毒品消费国给予经济援助、贸易优惠和减免债务。1990年2月，玻利维亚议会在美洲扫毒首脑会议期间特别发表了一项决议，指出毁掉古柯造成的经济损失应该得到补偿。玻利维亚总统海梅·帕斯·萨莫拉还在1989年10月举行的第39届联合国大会上说："在这场反对毒品交易的战争中，我的主要责任不应该是使玻利维亚人民，特别是不应该使玻利维亚农民比他们现在的生活更贫困。"1992年5月，玻利维亚、哥伦比亚、埃及、尼日利亚和秘鲁作为77国集团的代表还向设在维也纳的联合国禁毒委员会提出一项动议，鉴于发展中国家没有能力负担扫毒斗争的费用，建议债权国减免它们的债务，把减免的债务换成当地国家的货币，用于扫毒战的开支。在这个问题上，美国和玻利维亚存在着尖锐的矛盾。尽管美国在拉美国家的压力下采取了一些措施，对玻利维亚古柯种植区的替代种植计划给予了一些经济援助，还通过了《安第斯国家贸易促进和扫毒法案》对玻利维亚等安第斯国家给予一些贸易优惠待遇，但离玻利维亚的要求还相距很远。最后，在扫毒斗争中，美国执行的是一种供方战略，只要求别国减少毒品的供给，而不想办法减少本国毒品市场的需求，认为铲除毒品最有力和最安全的方法是在毒品生产源地就把它们消灭掉，所以美国也就自然地把扫毒战的战场推到国外像玻利维亚这样的毒品生产国的领土之上，从而对玻利维亚进行了粗暴的军事干预。在美国的"安第斯计划"之下，美国的所谓"军事援助"和扫毒顾问大量涌入玻利维亚，加剧了美国与玻利维亚的矛盾和紧张关系。1990年初，美国提出派美国军舰驻扎在加勒比海以帮助阻止毒品非法走私计划，就遭到了玻利维亚等国的反对。1990年2月14日，玻利维亚议会还通过一项决议，反对外国军队参与玻利维亚国内的扫毒斗争；同时，修改了原来在美国压力下签订的引渡条约，宣布只要贩毒分子向法院投案自首，政府将停止引渡，并予以减刑。玻利维亚外交部一位负责双边事务的官员还明确批评了美国在扫毒斗争中的霸权行为，认为美国法院批准到别国领土上去抓人是对别国主权的破坏。

由于玻、美两国存在这些矛盾,所以,两国尽管在合作禁毒方面做了很大的努力,但效果并不理想。直到20世纪90年代中期,玻利维亚的非法古柯种植并没有减少。因此,美国对玻利维亚的扫毒工作仍不满意,认为玻利维亚政府禁毒不力。1995年3月,美国政府甚至以此为借口,威胁要停止双边援助并否决多边资金援助计划,除非玻利维亚政府满足美国的3项条件:签订向美国引渡贩毒分子的新条约;制定新的发展计划并毁掉1750公顷古柯园;制定法律严格管制银行和金融机构的洗钱行为。在美国的压力下,玻利维亚于当年同美国签订了引渡条约;也按照美国的要求毁掉了1700多公顷的古柯种植园。经美国查核,玻利维亚确实已经满足了美国的条件之后,美国政府才在1996年3月给予玻利维亚政府"认证",并允诺1996/1997财年向其提供5000万美元的援助,以用于古柯种植区替代作物的开发。

在玻利维亚,禁毒斗争形势的根本改善还是在2001年美国"9·11"恐怖袭击事件之后,因为在"9·11"事件之后,玻利维亚政府关于毒品战争的观点有了一个根本的变化:禁毒已经不再单纯地被看成一种"毒品战争",而是同反恐斗争紧密地联系起来了。玻利维亚开始把贩毒活动当成国际恐怖活动予以打击,从而也就进一步加强了玻利维亚同美国之间的反恐和扫毒合作。这样一来,禁毒的效果也就有了明显的好转。现在,玻利维亚的非法古柯种植面积已经减少了90%,古柯毁灭地区的替代种植面积也已超过了12万公顷。玻利维亚因此也大大改善了国家形象,成了一个经常得到国际社会赞扬的扫毒典型国家。在国内禁毒的同时,玻利维亚的外交政策也增加了反恐的内容,如支持美国政府打击阿富汗的军事目标,在双边关系上和在多边关系上支持一切反对恐怖主义的斗争,批准联合国、美洲国家组织通过的一切反恐协定,签署泛美反恐协议。所有这一切,都进一步密切了玻、美两国的关系。但与此同时,玻利维亚也付出了高昂的社会代价,不但国家每年损失约6亿美元的古柯种植收入,而且由于传统古柯经济的毁灭,大批古柯农陷入失业和贫困,从而引发了日益激烈的社会冲突。

2006年莫拉莱斯总统执政后,反对美国干涉玻内政,玻利维亚与美

第八章　外　交

国的关系趋于紧张。两国围绕人权、古柯种植、扫毒斗争等问题时常发生冲突。执政仅一年后，莫拉莱斯总统即发表讲话，对美国国务院公布的2007年人权报告提出批评，称这一报告有对玻利维亚内部事务进行严重干涉的内容。莫拉莱斯总统还抨击美国中央情报局关于所谓在玻利维亚"民主可能有危险"的报告，认为这是美国在插手玻利维亚的内部事务。在莫拉莱斯执政之初，玻美在政治上发生对抗的同时，在经济上仍保持密切联系。2007年6月，美国国会批准将《安第斯国家贸易促进和扫毒法案》延期到2008年2月。这一法案规定，美国为从玻利维亚进口产品提供一定的贸易优惠，以换取玻利维亚在扫毒领域的合作。作为玻利维亚最大的援助国，2007年美国对玻利维亚的援助虽然有所减少，但美国仍同意向玻利维亚提供9980万美元的援助（其中的6600万美元用于扫毒）。2008年，玻利维亚发生反对派与政府冲突的政治危机，莫拉莱斯指责美国驻玻大使馆和中央情报局支持反对派的游行示威活动，美国驻玻大使菲利普·戈德堡（Philip Goldberg）公开接见反对派领导人，乃至图谋发动政变。于是，2008年9月，莫拉莱斯以"卷入分裂活动、危害国家安全、破坏玻利维亚政府"为由，下令驱逐美国驻玻利维亚大使菲利普·戈德堡及另一名外交官，美国也随后驱逐了玻利维亚驻美大使古斯曼（Gustavo Guzman），并指责玻利维亚在废除古柯方面没有达到美国标准，此后，玻利维亚与美国一直处于领事级外交关系。两个月后，莫拉莱斯以支持玻"民间未遂政变"为由，下令要求美国禁毒署驻玻人员在3个月内离开玻利维亚，此外还撤销了美国药品监管局代理机构在玻利维亚运行的许可，并指控该机构鼓励毒品走私。作为报复，美国则宣布取消《安第斯国家贸易促进和扫毒法案》（ATPDEA）对玻的关税优惠，将玻从与美合作伙伴名单中删除，并中断了对玻利维亚的援助。美国突然提高玻利维亚进口产品的关税导致玻利维亚损失约12000个工作岗位，对低收入阶层打击最大。[①]

[①] Benjamin Kohl and Rosalind Bresnahan, Introduction: Bolivia under Morales: Consolidating Power, Initiating Decolonization, *Latin American Perspectives*, Vol. 37, No. 3, May 2010, pp. 5–17, Sage Publications, Inc. http://www.jstor.org/stable/25700513 Accessed: 23–03–2016.

玻利维亚

2009年3月,莫拉莱斯以卷入反对玻政府的阴谋活动为由,下令驱逐美国驻玻利维亚大使馆二等秘书弗朗西斯科·马丁内斯。莫拉莱斯真如自己所说变成了"乔治·布什最可怕的噩梦"。

2009年奥巴马总统上台后,玻美两国关系虽未正常化,但稍有缓和。2009年4月,以恢复反毒斗争领域的合作为契机,两国试图缓和紧张关系。华盛顿承诺向玻利维亚政府提供2000万美元的资金,用于打击贩毒和取缔非法种植古柯的计划。2010年11月,莫拉莱斯总统也表示,玻利维亚愿意与美国在相互尊重的条件下实现关系正常化,尽快恢复互派大使。2011年11月,两国政府甚至在华盛顿签署了全面恢复外交关系的联合框架协议。该协议虽然支持两国在打击非法毒品生产与走私的事务上展开合作,但莫拉莱斯总统指出政府不允许美国禁毒署返回玻利维亚,坚持认为美国和其他国家利用反对贩毒和恐怖主义的斗争作为借口对别的国家进行政治和霸权主义的控制。美国国务院官员则指责莫拉莱斯政府未遵循现有国际古柯协定而继续鼓励扩大古柯种植面积的做法。美也未恢复《安第斯国家贸易促进和扫毒法案》中给予玻利维亚的贸易和关税优惠待遇。

联合框架协议签订后一年有余,玻美两国关系又因2013年美国国务卿约翰·克里"西半球是我们的后院,对于我们至关重要"的言论和"棱镜门"事件而再度恶化。为示抗议,莫拉莱斯总统于2013年5月宣布驱逐美国国际开发署在玻利维亚的人员,谴责他们在玻利维亚干涉农民工会和其他社会团体、阴谋反对现政府的活动。莫拉莱斯还严重批评美国针对发展中国家,尤其是那些拥有丰富自然资源的发展中国家建立庞大的间谍网,进行持续不断的监视的行为。同时,莫拉莱斯总统在纽约举行的联合国大会上正式严厉批评美国践踏人权的行为,提出各国应与国际机构联合建立一个"人民法庭",起诉奥巴马政府,捍卫人权,要求将联合国总部迁往别的国家。

玻利维亚与美国在古柯种植和扫毒问题上的分歧是两国关系持续紧张的主要原因之一。2014年9月,美国国务院发表了《2014毒品控制战略报告》,对世界各国合作打击毒品的斗争进行了总结,其中提到了27个美洲国家的缉毒斗争，认为玻利维亚是扫毒失败的国家之一。美国在这一报告中单方面列出名单并加以定性的行为遭到莫拉莱斯的公开指责和强烈反对。

第五节　同世界其他国家的关系

一　同欧盟国家的关系

20世纪80年代以来，玻利维亚不但进一步发展了同周边国家以及美国的关系，同时也进一步发展了同欧盟国家和亚太国家的关系。发展同欧盟国家关系的主要目的是争取西欧国家的贷款和援助，特别是争取伊比利亚国家的贷款和援助。在这一方面，玻利维亚取得了相当大的成功。譬如从1989年到1993年，西欧国家向玻利维亚提供或承诺提供的贷款和技术合作资金有8.63亿美元之多；在1976~1995年的20年中，西欧国家还给予玻利维亚4亿多美元的赠款。此外，近年来欧盟有关国家还免除玻利维亚外债0.64亿美元。

莫拉莱斯总统执政以来曾多次访问欧洲，发展与欧盟的传统合作伙伴关系。据玻利维亚国家统计局的数据，2007年1~5月，玻利维亚向欧盟国家的出口额与2006年同期相比增长了52.36%。玻利维亚是欧盟的主要援助对象，2007年欧盟向玻利维亚提供了2.34亿欧元的拨款。2007年11月，西班牙首相萨帕特罗做出承诺，向玻利维亚提供700辆急救车，以支持莫拉莱斯总统的社会改革计划。当美国指责玻利维亚的古柯种植政策并中断对玻援助时，欧盟却于2008年向玻利维亚捐赠2.34亿欧元用于后者开展扫毒斗争、可持续控制自然资源、生产和创造就业等行动。同年，欧盟与玻利维亚在布鲁塞尔签署合作谅解备忘录，双方决定将建立可持续的经济合作关系，打击毒品生产和贩运活动，减少贫困人口并促进社会融合，加强对自然资源的可持续管理。

但2013年7月发生的"棱镜门"事件，严重影响了玻利维亚与欧盟部分国家的外交关系。当时，莫拉莱斯出席俄罗斯天然气输出国论坛

玻利维亚

第二次首脑会议后乘专机回国。因怀疑美国"棱镜"项目揭秘者斯诺登在总统专机上，法国、葡萄牙、意大利和西班牙4国在其专机飞行途中突然宣布对其关闭领空，迫使专机降落在奥地利，并在机场滞留13个小时，由此引发了一系列外交危机。7月19日，玻利维亚政府宣布决定召回玻利维亚驻西班牙、法国和意大利三国的大使，并推动拉美地区组织通过谴责决议，召开首届"反帝反殖峰会"，共同声讨美欧行径。莫拉莱斯总统指责美国在幕后操控，敦促欧洲国家摆脱"美帝国主义"。在法国、意大利、西班牙、葡萄牙就此向玻方致歉后，莫拉莱斯表示接受道歉，并希望继续发展同欧洲国家的互利友好关系。2014年9月，欧盟驻玻利维亚代表团以及欧盟成员国瑞士驻玻代表团同玻政府签署了7亿美元的援助协议，用于实施2014~2016年的合作（资助）项目。该协议基于《巴黎宣言》关于在世界范围内提高援助实效的原则，且给予协议各方明确的分工以及更好的协调性和互补性，并就同意合作资助《玻利维亚2025国家变革规划》中提到的计划和发展方案达成共识。

二 同亚太地区国家的关系

近年来，玻利维亚同亚太地区国家的关系发展尤其迅速。从历史上看，玻利维亚同亚太地区的关系大体上经历了3个阶段。第一个阶段从19世纪末到20世纪50年代，是亚洲移民来到玻利维亚的阶段，主要是发展同日本的关系；第二个阶段从20世纪50年代到80年代中期，是玻利维亚外交关系向世界各国全面开放的阶段；第三个阶段从80年代中期至今，是经济上同亚太地区日益加强联系的阶段。现在，玻利维亚在亚太地区同澳大利亚、韩国、中国、菲律宾、印度尼西亚、日本、马来西亚、新西兰、新加坡、泰国、越南等十几个国家都保持良好的外交关系。玻利维亚虽然只在亚太地区的日本、中国和韩国设有大使馆，但是，在地理上玻利维亚是倾向于向太平洋发展的国家，因此，自20世纪80年代以来，它对这个地区越来越重视，同这个地区的国家和国际组织的交往越来越频繁。在贸易方面，玻利维亚对亚太地区的出口总值大约占玻利维亚出口总值的0.6%（1996年），主要的出口市场是马来西亚、日本、韩国、澳大利亚和中国，主要出口品是锡、银、锌等矿产品和木材、皮革、羊毛和羊驼毛服装等产品。玻利维亚从这个地区的进口总值约占玻利维亚进口总值的 14.6%（其中日本占 12%），主要进口国是日本、韩国和中国，主要进口品是制造品和中间产品。玻利维亚同亚太地区国家的贸易一般是入超，年年都有贸易赤字，譬如 1996 年玻利维亚同日本的贸易赤字为 1.996 亿美元，同韩国的贸易赤字为 2030 万美元，同中国的贸易赤字为 1270 万美元；只有同马来西亚的贸易有 66.8 万美元的盈余。玻利维亚同泰国和澳大利亚的贸易则互有盈亏，且数量较少。在金融关系和技术援助方面，近 20 多年来进展明显。1990 年，玻利维亚制定了新的《投资法》，鼓励外国投资。此后几年间，玻利维亚就签订了 17 个有关投资的双边协定，其中有 2 个是同亚太地区的中国和韩国签订的。亚太地区在玻利维亚投资的国家主要是澳大利亚、韩国、中国、日本和新西兰。在玻利维亚同亚太国家经贸关系的众多议题中，最重要的是"官方发展援助"的问题。通过外交努力，玻利维亚从日本、韩国和中国得到了所需要的财政援助和技术合作。

90 年代初，玻利维亚有史以来第一次有一位总统（海梅·帕斯·萨莫拉）访问远东，这标志着玻利维亚的外交政策在方向上和战略上有了一个重大的转变。玻利维亚政府认为，玻利维亚的对外关系必须实现地区的多样化，而且要把亚太地区摆在优先的地位。从那时候开始，玻利维亚加强了它在亚太地区的外交活动，并希望在不久的将来能够加入亚太经济合作论坛，希望能同太平洋经济合作委员会建立经常性的联系。它还筹集资金，准备在东南亚国家联盟的某个成员国建立一个新的大使馆。由于它现在还不是太平洋沿岸国家，还不能加入亚太经合组织，因此它更加重视发展同智利的关系，希望能通过两国关系的改善，尽快地解决玻利维亚的出海口问题，取得太平洋国家的资格。目前，它虽然不是亚太经合组织的成员国，但以观察员的身份积极参加该组织的各个工作组的活动。1992 年 9 月，它还派外交代表团参加了当时在旧金山召开的太平洋经济合作委员会第 9 次会议。

在同亚太国家的关系中，比较突出的是同日本的关系。自 1956 年玻、

玻利维亚

日两国签署了第一个移民协定后，日本已有1000个家庭移居玻利维亚，主要定居在玻利维亚的圣克鲁斯。日本是玻利维亚贷款和援助的主要提供国之一，日本每年都向玻利维亚提供近5000万美元的援助，其中3000万美元属无偿援助，其余为技术合作资金。自20世纪70年代起到2010年，日本政府已累计向玻利维亚提供了16亿美元的援助资金，2011年的援助金额已超过3300万美元，是向玻利维亚提供援助最多的国家之一。1996年桑切斯总统正式访问日本。2000年，日本同意免除玻欠日共计约2亿美元的债务。莫拉莱斯总统先后于2007年和2010年访问日本，日方同意在玻利维亚投资2.5亿美元建立一个火电厂，并表示愿同玻方在锂矿开发领域加强合作。2011年，日本宣布向玻提供价值350万美元的机械设备，帮助玻抵御洪灾。2012年6月，玻日签署投资合作协议，日本将向玻提供700万美元饮用水供应设备，改善玻部分农村居民的饮水条件。2014年玻日举办建交100周年庆祝活动并就深化两国经贸合作交换意见。2014年4月，玻外交部长乔盖万卡与日本国务副大臣石原弘高签署关于日方向玻提供3000万美元优惠贷款用于修建科罗拉达湖地热发电厂的换文。8月，玻参议院批准玻政府与日本国际合作署签署的贷款合同，标志着双方关于波托西省红湖地热发电站工程的贷款协议生效。

2010年8月，莫拉莱斯总统访问韩国，他是1965年韩玻建交以来首位访问韩国的玻利维亚总统。访问期间，莫拉莱斯与韩国总统李明博签订了一份协议书，允许韩国在玻利维亚境内开发锂资源并进行锂资源产业化研究。两国首脑在会谈后出席了《关于乌尤尼盐矿蒸发资源产业化研发的谅解备忘录》签字仪式。这一协议由韩国矿物资源公社和玻利维亚矿产公司签署，标志着双方开发乌尤尼盐沼锂资源的合作正式启动。根据协议书，韩国矿物资源公社等韩国企业将从2011年4月开始参与玻利维亚乌尤尼盐沼的锂资源开发项目。莫拉莱斯宣布，玻利维亚将向韩国企业家发放5年多次往返签证，以便于韩国企业家出入玻利维亚进行商贸活动。韩国也为玻利维亚经济发展提供积极协助。截至2014年，韩国向玻利维亚提供2.5亿美元经济发展合作基金贷款，并于2011年将玻利维亚列入"共享开发经验"（KSP）主要合作国家名单。

三 同其他国家的关系

2009年2月，玻利维亚总统莫拉莱斯访问俄罗斯，这在两国关系史上是第一次，开启了玻利维亚与俄罗斯的密切关系。两国总统在莫斯科签署了联合声明，以加强两国在能源、防务和反毒斗争领域的合作。两国政府还签署了一项能源协定，以实现石油和天然气研究领域的合作与投资。2009年10月，俄罗斯计划在玻利维亚修建飞机维护中心，为俄罗斯出入南美洲的飞机提供技术支持和保养维修服务。2011年5月，玻利维亚外交部长乔盖万卡和俄罗斯外交部长拉弗罗夫在莫斯科签署一项联合声明，强调在反对恐怖主义和反对贩毒斗争中加强合作，还就拉丁美洲一体化和国际形势诸问题达成了共识。联合声明还强调两国公司的能源合作，发展在航空和军事技术领域的合作，使玻利维亚的军队实现现代化。2015年5月，为了发展核技术应用于医疗、教育和研究等领域，玻利维亚还与俄罗斯商讨开展核能合作事宜。

莫拉莱斯还加强了与中东国家的联系。2010年，玻利维亚正式承认巴勒斯坦为主权国家，成为南美洲第三个承认巴勒斯坦的国家。莫拉莱斯上台以来，增进了与伊朗的关系。2007年9月，伊朗总统艾哈迈迪·内贾德访问玻利维亚并与莫拉莱斯总统签署了石油、天然气等方面的多项合作协定。伊朗承诺在未来5年内向玻利维亚投资10亿美元用于玻利维亚的天然气开发、矿产开采、电力生产，以及为玻利维亚农业和工程项目提供资金。2008年，莫拉莱斯访问伊朗时，两国又重申了扩大在工业、农业等经济领域和政治领域合作的意愿，称两国是"天然的盟国"，莫拉莱斯的访问是"历史性的"。2010年11月，莫拉莱斯总统与内贾德总统签署了一份协议，规定伊朗帮助玻利维亚建设一座核电厂。莫拉莱斯首次承认玻利维亚有铀矿储备，表示建设核电厂是为了和平利用核能，玻利维亚想成为核能出口国，而不是原子弹生产国。另外，伊朗还承诺提供13亿美元帮助玻利维亚建设水泥厂和纺织厂，支持玻利维亚的农业、奶业和矿业生产，发展石油和天然气工业。莫拉莱斯还指出，玻利维亚已与伊朗签署了一项谅解备忘录，玻利维亚将投资9.02亿美元开发锂矿和生产锂碳

酸盐电池，可能邀请伊朗作为合作伙伴，伊朗向玻利维亚提供2亿欧元用于帮助其建设纺织厂等生产计划。

莫拉莱斯总统还拓展了与非洲国家的关系。2013年2月，莫拉莱斯总统赴赤道几内亚首都马拉博参加南美—非洲国家论坛第三届峰会并会见赤道几内亚总统奥比昂等部分非洲国家元首。2014年5月，莫拉莱斯总统访问阿尔及利亚，这是玻1825年建国以来国家元首首次访阿。

第六节 同中国的关系

玻利维亚与中国早在20世纪五六十年代就有了非官方人员的相互往来和贸易关系。1970年，玻利维亚第一次对恢复中华人民共和国在联合国席位的提案投了弃权票，并开始主动与中方接触，探讨两国建交的可能性。1979年8月，玻利维亚参、众两院通过决议，要求政府与中华人民共和国建交。进入80年代以后，两国人员往来增多。1980年4月，中华人民共和国与玻利维亚共和国达成建交协议，后因玻利维亚国内政变，玻方要求推迟同中国签署建交公报。1982年西莱斯总统执政后，表示愿同中国发展关系。1985年7月9日两国正式建立了外交关系。同年9月，中国在玻利维亚设立大使馆，原涛出任首任中国驻玻利维亚大使。翌年8月，玻利维亚也在中国设立大使馆。1992年5月，中国在圣克鲁斯市设立总领馆，2002年3月降格为领事馆。

玻、中建交后，两国关系发展顺利，人员往来频繁，经贸关系稳步发展，文化交流增多。在高层互访方面，中国访问玻利维亚的高层人士主要有：中国政府特使胡洪范大使（1985年8月），中国贸促会代表团（1986年6月），中联部代表团（1987年4月），外交部副部长朱启祯（1987年10月），全国人大常委会副委员长班禅额尔德尼·确吉坚赞（1988年10月），全国人大常委会副委员长阿沛·阿旺晋美（1990年2月）、王汉斌（1992年）、布赫（1997年），外交部部长钱其琛（1990年9月），中联部部长朱良（1990年11月），公安部副部长胡之光（1990年8月），等等；玻利维亚访问中国的高层人士主要有：外交部部长贝德雷加尔

第八章 外 交

（1986年5月），参议院议长萨莫拉（1986年6月），民族主义民主行动党领袖、前总统班塞尔率领的政党代表团（1986年10月），副总统兼国会主席加雷特（1987年6月），武装部队总司令萨阿韦德拉空军上将（1987年8月），众议院议长巴尔加斯（1988年7月），陆军司令梅尔卡多上将和空军司令埃斯科瓦尔上将（1988年11月），参议院议长西罗·洪堡和众议院议长瓦尔特·索里亚诺（1989年6月），三军司令佩雷多（1989年5月），民族主义民主行动党领导人卡罗利娜·托雷斯（1990年5月），副总统兼国会主席奥西奥（1990年10月），总统海梅·帕斯·萨莫拉（1992年5月），外长安东尼奥·阿拉尼巴尔（1994年，1995年），副外长海梅·阿帕里西奥（1996年），众议院议长、民族主义革命运动党高级领导人吉列尔莫·贝德雷加尔·古铁雷斯（1996年12月），总统贡萨洛·桑切斯·德洛萨达（1997年3月），此外还有参议院和众议院的议会党团代表团、玻利维亚军事代表团等。随着两国高层人士的互访和联系日益增多，两国民间的往来也明显增多，譬如1986年2月玻利维亚各界友好人士在拉巴斯成立"玻利维亚和中国友好协会"，玻利维亚一些企业家也在同一时期发起成立了"玻中商会"，1990年6月玻利维亚"中国之友"协会组织中学生访华团访问中国，1994年2月中国文化周在玻利维亚首都拉巴斯开幕，等等。玻、中两国城市之间的交流和联系也有了加强，玻利维亚的波托西和科恰班巴已经同中国西藏的拉萨和云南省的昆明建立了友好关系，两国有共同利益的其他城市也有越来越多的友好联系。

建交后，两国的经贸关系有了较快的发展。1988年11月7日至9日，"中国、玻利维亚政府间经济贸易混合委员会"首次会议在玻利维亚拉巴斯举行。1985年3月，中国冶金建设公司在玻利维亚设立办事处。同年12月，中国政府参加了由联合国秘书长建议设立的援玻紧急基金，向玻利维亚提供了500万美元的短期贷款。1986年1月，两国在拉巴斯签署了《经济和技术合作计划议定书》。同年5月，两国签署了《经济技术合作协定》。1987年12月，两国在拉巴斯签署了关于中国承担玻利维亚水利、林业和水利工程项目的换文，中国承担了玻利维亚一号水利工程

玻利维亚

部分水渠修复项目，并向玻利维亚提供无息贷款和无偿援助，以用于水利工程部分水渠修复，大豆、花生、水稻和蔬菜种植试验站以及茶叶种植和加工等4个项目。此后，两国政府又在1988年12月、1990年4月、1990年9月、1992年3月、1992年12月、1997年3月和2003年11月签署了一系列技术合作协定。两国政府还在1992年5月签署了双边贸易协定、关于鼓励和相互保护投资协定和经济技术合作协定。在建交前的1973～1985年，两国贸易总额累计只有6.554万美元。此后，两国贸易额稳步上升。据中国海关总署1990年统计，中国1990年对玻出口商品总额为443万美元，是建交前12年两国贸易总额的60多倍。20世纪90年代以前，两国贸易主要是中国向玻出口，中方无进口。为了平衡贸易，进入90年代以后，中国加强了从玻利维亚的进口。1996年，玻利维亚同中国的双边贸易额为577.2万美元，其中从中国进口318.6美元，向中国出口258.6万美元。1997年双边贸易额为502.9万美元，其中从中国进口377.9万美元，向中国出口125万美元。由于双方的努力，1998年玻利维亚加强了向中国的出口。据中国国际广播电台的消息，1998年中国从玻利维亚的进口同1997年相比，增长了117.71%。[1] 中国出口玻利维亚的商品主要是五金、机械设备、拖拉机、轻工、纺织品和日用品，还有金属、珠宝和矿产品等。中国从玻利维亚进口的商品主要是棉花等农产品和矿产品，其中最突出的有硼酸、锡石和锡；其他还有玻利维亚的特产，如贵重木材、羊驼毛和大羊驼毛。特别值得一提的是，近年来，两国都为发展经贸关系付出了很大的努力。譬如玻利维亚政府为了密切同中国的关系，促进对中国的新的出口，积极推动本国企业进入中国市场。在政府的支持和鼓励下，玻利维亚的工业品已经参加了在中国昆明举办的"园艺和环境国际博览会"，并在那里的"国际博览中心"设立了玻利维亚共和国展览台。在中国方面，政府也积极鼓励中国企业家在玻利维亚投资。目前，中国企业家已经在玻利维亚的杀虫剂、农药、经济实用性小型车辆和农业机械组装等生产部门进行了投资，建立了8个合资企业。中国产品因

---

[1] Republica de Bolivia, Relaciones diplomaticas con Bolivia, *China Hoy*, 2003/06/26：33UTC.

为质优价廉而受到玻利维亚人民的欢迎。另外，中国还根据两国的技术合作协定，向玻利维亚派出了有关大豆、花生、水稻和蔬菜种植以及茶叶加工方面的3个技术组，帮助玻利维亚发展商品农业。2002~2003年，两国还签订了关于中国向玻利维亚赠送机器设备、赠送大地测量和地形测绘仪器、提供250万美元技术合作捐款以及150万美元农业贷款等几个协定和议定书。总之，自两国建交以来，两国的经贸关系得到了稳步发展，而且前景很好。

目前，在经济全球化趋势下，在以社会、经济不平等日益加剧为特点的旧的世界经济、政治秩序的挑战下，玻利维亚正努力探讨和寻求经济、政治持续稳定发展之路，其外交政策的中心目的是加强同世界所有国家的合作和理解，致力于建立更公平和更正义的国际秩序。[①] 为此，玻利维亚对发展同中国的关系十分重视。中国政府和人民也一贯以发展同包括玻利维亚在内的发展中国家的关系作为自己外交政策的基石，始终把自己朋友的紧急需要装在心里。所以，在现有的基础上继续前进，两国的关系一定会有无限美好的前景，就像中国副外长2003年11月在拉巴斯参加玻中两国《经济技术合作协定》签字仪式上所说的，"只要两国政府和企业家努力，玻中两国的友谊之树一定会茁壮成长"。

莫拉莱斯总统执政后，玻利维亚与中国的关系日益密切。玻中关系进入宽领域、多方位的深度合作，尤其在航空航天、基础设施建设等高科技领域和贸易投资领域，玻中合作成果显著。莫拉莱斯当选总统之后多次正式访问中国，并与中国签署了若干协议，强化了双边高层交往。中国与玻利维亚的关系主要以中国对其进行金融援助和技术支持为特点。莫拉莱斯上台之后与中国合作发射了玻利维亚第一颗人造通信卫星——"图帕克·卡塔里"。

中玻在航空领域的合作日益加强。2007年8月，玻利维亚与中国签署协议，玻利维亚将从中国获得3500万美元的优惠贷款，购买2架中国新舟MA-60飞机，玻利维亚因此成为南美洲第一个拥有此类飞机的国

---

① 参见 Ministerio de Relaciones Exteriores y Culto de Bolivia, Informe 2002~2003.

家。2009年10月，莫拉莱斯宣布斥资近5800万美元购买6架中国轻型军用飞机——K-8教练机以打击贩毒活动。2011年8月，玻利维亚总统又发布第0918号命令，宣称玻方将利用中方贷款采购一批飞机和直升机。玻利维亚在同年8月7日庆祝建军186周年的阅兵式上展出了中国公司的K-8VB教练机。玻空军共订购了6架K-8教练机，所有产品都已在2011年6月底之前交付使用。

基础设施建设领域是近来玻中合作的重点。2007年5月，中国通过对玻利维亚提供无息贷款和部分无偿赠款资助玻利维亚波托西省维特奇市波各班巴村的农村电气化项目及玻利维亚拉巴斯市布宜诺斯艾利斯大道的路面铺设项目。2014年1月，中国电建集团下属公司承包的玻利维亚首个风电项目正式竣工；6月，中国电建集团所属中国水电与玻利维亚电力公司签署圣何塞水电站（位于玻利维亚科恰班巴省）Ⅱ期项目合同，土建工程包括修建大坝、引水隧洞等。该项目将大大缓解整个玻利维亚，尤其是科恰班巴地区电力紧缺的情况。2015年5月，中工国际以总额1.7亿美元成功中标玻利维亚波托西钾盐工厂项目。该项目最终将建成年生产能力达35万吨的钾盐工厂。此外，中国水电和玻利维亚公路管理局共同签署了艾尔西亚公路项目合同。中铁十七局集团公司也签订了玻利维亚鲁雷纳瓦克至里韦拉尔塔公路工程施工分包协议。6月，玻利维亚与中国进出口银行签署了4.92亿美元优惠贷款协议，用以建造一条贯通玻利维亚南北的公路，即鲁雷纳瓦克至里韦拉尔塔段公路。这是玻利维亚历史上签署的单笔金额最大的合同项目，也是中国企业在玻利维亚承建的最大项目。

莫拉莱斯总统执政后，玻中经济贸易和投资关系进一步加强。2014年，玻从中国进口总额为18.1亿美元，比2013年增加44.4%。中国超过玻邻国巴西，成为其第一大进口来源国，玻利维亚从中国进口增长最快的是建筑材料、卫生器具配件及管道给排水器件等。

根据玻利维亚官方统计，中国已成为向玻利维亚提供贷款最多的国家，2014年10月达5.34亿美元。自2012年玻利维亚启动人民币储备以来，人民币已占其外汇储备的2.5%。2015年，玻利维亚成为中国向拉美和加勒比国家提供100亿美元优惠贷款计划中的第一位受益者。12月，中国政府将向玻利维亚提供价值75亿美元的贷款，支持玻利维亚实施2016~2020年经济社会发展五年规划，用于公路、铁路等基础设施、电能、矿业开发等领域的项目融资。同年，玻利维亚中国企业商会成立，同时组建矿业合作商会，为中国在玻利维亚投资起了桥梁作用。中方向玻方投资主要集中在建筑、技术、汽车和通信领域。2016年1月，中钢集团中标获得玻利维亚穆通铁矿开采权，计划对该项目投资4.5亿美元，预计能为玻利维亚每年节省2.3亿美元进口钢材的费用。

玻中双方除了加强政治、科技、贸易和投资等领域的合作之外，还更加重视文化领域的合作和交流。2007年11月5日，中国驻玻利维亚大使赵五一和玻利维亚外交部长乔盖万卡分别代表本国政府签署了《中华人民共和国政府和玻利维亚共和国政府2007~2009年文化交流执行计划》，这项计划是根据1996年5月双方签订的文化合作协定制定的，内容包括2007~2009年鼓励和促进两国在文化、艺术、影视、教育、文化资产保护等方面的交流和合作，等等。2010年9月，中国驻玻利维亚大使馆文化处与玻利维亚有180年历史的第一公立大学圣安德烈斯·马约尔大学签署宣传协议。按照协议，马约尔大学利用对全国播放的有线电视67频道周期性地播放中国各类文化资料片，大力传播和宣传中国文化。协议签署后，中国驻玻大使馆文化处向该校提供了12张纪录片和故事片光盘。同年10月，沈智良被任命为新一任驻玻利维亚大使。2011年9月，玻利维亚与中国签署了《中国和玻利维亚2011~2013年文化合作执行计划》。该计划根据中玻文化合作协定签署，旨在进一步加强今后三年玻中双方在文化艺术、遗产保护、新闻出版和广播影视等领域的合作与交流。

大事纪年

公元前 2 万年左右	"维斯卡查尼"部落开始繁衍生息于拉巴斯省锡卡西卡县一带。
公元前 1 万年左右	阿亚姆比丹人从北方迁移到塔里哈谷地一带。
1~3 世纪	蒂亚瓦纳科城邦形成。
12~13 世纪	艾马拉诸王国兴起。
1438 年	印加帝国开始扩张。
1524 年	葡萄牙人从巴西到达印加帝国边界地区。
1533 年	11 月,库斯科陷落。
1535 年	西班牙征服上秘鲁(今玻利维亚地域)。
1538 年	丘基萨卡城建立,被命名为拉普拉塔。
1545 年	在波托西的塞罗里科(Cerro Rico)发现银矿。翌年,西班牙国王下令命名塞罗里科为"波托西帝国之镇"。
1548 年	10 月 20 日,"拉巴斯圣母镇"建立。
1559 年	查尔卡斯检审庭建立。
1562 年	波托西建立造币厂。
1574 年	建科恰班巴城。
1574 年	建塔里哈城。
1606 年	建奥鲁罗矿业中心。
1624 年	在苏克雷创建圣弗朗西斯科·哈维尔王家教廷大学。

1776 年	建立拉普拉塔总督区，查尔卡斯检审庭改属拉普拉塔总督区。
1780 年	图帕克·阿马鲁、图帕克·卡塔里、托马斯·卡塔里和安德烈斯·阿马鲁领导印第安人起义。
1809 年	丘基萨卡人起义，爆发南美洲第一次争自由的战斗。
1809 年	7 月 16 日，佩德罗·多明戈·穆里略在拉巴斯发动起义；起义失败后，与其他 8 位独立先驱一起于 1810 年 1 月 29 日英勇就义。
1824 年	苏克雷指挥秘鲁解放军在阿亚库乔击败西班牙军队，然后进军上秘鲁。
1825 年	8 月 6 日，玻利维亚宣告独立，以玻利瓦尔之名为国名，并授予玻利瓦尔"玻利维亚第一任总统"的头衔。
1826 年	5 月 26 日，玻利维亚议会选举苏克雷为终身总统。
1829 年	安德烈斯·德圣克鲁斯执政，建立秘鲁—玻利维亚联邦（1836～1839）。
1839 年	7 月 12 日，第四次制宪会议决定以苏克雷的名字命名玻利维亚首都。
1879 年	同智利的太平洋战争爆发，战争持续了 4 年，玻利维亚失败，丧失太平洋沿岸领土。
1903 年	巴西橡胶种植者同玻利维亚人的战争结束，两国签订《佩特罗波利斯条约》，巴西以 250 万英镑从玻利维亚购得今巴西阿克里州的土地。
1932 年	查科战争爆发，战争持续了 3 年，玻利维亚战败，割让大片领土给巴拉圭。
1936 年	5 月 17 日，激进党发动军事政变，推翻特哈

	达·索尔萨诺政权，由参谋长戴维·托罗上校担任总统，反对"矿业共和国"时期的自由主义政策，宣布实行军事社会主义的改革纲领，从而开始了一个长达15年之久的激进改革派军人政权与保守反改革派军人政权反复较量的玻利维亚军人专政时期。
1952年	4月9日，西莱斯和莱钦领导拉巴斯人民举行武装起义，推翻军政府，并开始进行政治、经济和社会改革，开始了为期十年的玻利维亚资产阶级民主革命的时期。
1964年	11月4日，军队在副总统巴里恩托斯的领导下发动政变，推翻了埃斯登索罗的合法政府，建立了由雷内·巴里恩托斯和阿尔弗雷多·奥万多两人领导的军事执政委员会，从而开始了玻利维亚历史上又一个军人专政时期（1964～1982）。
1967年	格瓦拉领导的游击队反"围剿"失败。格瓦拉受伤被捕，被玻利维亚军队在美国中央情报局指使下处死。
1969年	4月27日，激进派军人奥万多·坎迪亚将军领导政变，计划建立一种民众主义性质的军政府，被称为"平民总统"。
1970年	10月，陆军司令米兰达推翻奥万多政权。同月，具有民族主义倾向的何塞·托雷斯将军又推翻米兰达政权，就任总统，推行民族主义政策。
1971年	8月，保守派军人乌戈·班塞尔·苏亚雷斯上校领导军事政变，推翻托雷斯政权，建立专制独裁政权。

1978 年	7月21日，内政部长胡安·佩雷达·阿斯本发动军事政变，夺取了政权，但4个月后垮台，政局陷入动荡。
1980 年	路易斯·加西亚·梅萨将军在大毒枭苏亚雷斯·戈麦斯支持下夺取政权。
1981 年	梅萨因卷入毒品犯罪而被解职，政权被以陆军参谋长托雷利奥为首的军人执政委员会掌握。
1982 年	军人交权给西莱斯·苏亚索总统。
1984 年	玻利维亚宣布延期偿付外债，债务危机开始。
1985 年	埃斯登索罗再次被选为总统，推行严酷的"新经济政策"。
1989 年	海梅·帕斯·萨莫拉被国会选为总统，开始推行私有化政策。
1993 年	贡萨洛·桑切斯·德洛萨达被选为总统。玻利维亚独裁者加西亚·梅萨被判处30年徒刑。
1996 年	玻利维亚和巴西两国签订建设天然气管道协定。
1997 年	6月，乌戈·班塞尔·苏亚雷斯第二次当选总统，执政期间爆发民众反对该政府新自由主义政策，特别是反对科恰班巴供水服务私有化的严重政治斗争，以致演变成2000年4月的被称为"饮水之战"（Guerra del Agua）的流血冲突，整个国家陷于动荡之中，健康状况日益恶化的班塞尔总统，不得不于2001年8月7日辞职。
2002 年	贡萨洛·桑切斯·德洛萨达再次当选总统。但执政不到一年，国内即发生反对政府工资政策和增税政策的严重暴乱，造成了死亡31人的严重悲剧，接着又爆发玻利维亚历史上从未有

	过的"天然气冲突"（Gas War），并酿成70多人死亡、400多人受伤的"十月惨案"，桑切斯总统不得不于10月17日辞职，流亡美国。
2005年	12月18日，艾马拉族印第安人、玻利维亚争取社会主义运动党领导人埃沃·莫拉莱斯以53.74%的绝对多数选票当选玻利维亚总统，并于2006年1月22日正式就职。他是玻利维亚历史上第一位印第安人总统。莫拉莱斯的执政在玻利维亚历史上开辟了一个在"社群社会主义"概念下探索适合自己国情发展道路的历史时代。
2009年	1月25日，玻利维亚通过全民公投，批准了《玻利维亚多民族国家宪法》，将原国名"玻利维亚共和国"改名为"多民族玻利维亚国"。该宪法于同年2月9日颁布生效。
2015年	1月，莫拉莱斯第三次连任玻利维亚总统，并表示在新任期内玻利维亚政府将致力于城市科学化管理体系的建设，加快本国的工业化发展进程，大力开发技术，以逐步摆脱对外国技术的依赖。

参考文献

一 中文文献

〔美〕布莱克·伍德:《上帝钟爱之地:世界上最神奇的100个自然景观》,陈喜辉、喻滨译,中国戏剧出版社,2000。

CAF-拉丁美洲开发银行主编《为了一个更加安全的拉丁美洲:预防和控制犯罪的新视角》,知识产权出版社,2015。

付景川主编《拉美文学词典》,吉林教育出版社,1992。

高放主编《万国博览:美洲大洋洲卷》,新华出版社,1991。

〔英〕哈罗德·布莱克莫尔、克利福德·T.史密斯编《拉丁美洲地理透视》,复旦大学历史系拉丁美洲研究室、上海师范大学地理系译,上海译文出版社,1980。

郝名玮、徐世澄:《拉丁美洲文明》,中国社会科学出版社,1999。

郝名玮、徐世澄:《神奇的拉丁美洲》,上海文艺出版社,2002。

黄夏年主编《世界宗教名胜》,四川人民出版社,1994。

黄之豪主编《美洲见闻》,国防大学出版社,1998。

姜士林等主编《世界宪法全书》,青岛出版社,1997。

〔英〕莱斯利·贝塞尔主编《剑桥拉丁美洲史》(8卷)(中译本),中国社会科学院拉丁美洲研究所组译,经济管理出版社、社会科学文献出版社、当代世界出版社,1992~2001。

李春辉:《拉丁美洲史稿》(上下册),商务印书馆,1983。

李春辉、苏振兴、徐世澄主编《拉丁美洲史稿》第三卷,商务印书馆,1993。

〔美〕罗伯特·巴顿：《玻利维亚简史》（中译本），辽宁人民出版社，1975。

〔美〕尼·斯洛尼姆斯基：《拉丁美洲的音乐》，吴佩华、顾连理译，人民音乐出版社，1983。

宋万年等主编《外国警察百科全书》，中国人民公安大学出版社，2000。

唐进修、孟宪谟主编《世界节日纪念日词典》，中国对外翻译出版公司，1990。

吴白乙主编《拉丁美洲和加勒比发展报告》，社会科学文献出版社，2012~2015。

张凡：《玻利维亚》，载李明德主编《简明拉丁美洲百科全书》，中国社会科学出版社，2001。

张颂主编《世界风俗史话》，湖北人民出版社，1997。

赵匡为主编《世界宗教总览》，东方出版社，1993。

中共中央对外联络部：《各国民族民主政党手册》，人民出版社，1995。

中共中央对外联络部：《各国社会党手册》，人民出版社，1992。

中国社会科学院拉丁美洲研究所编《拉丁美洲历史词典》，上海辞书出版社，1993。

中国社会科学院拉丁美洲研究所图书资料室编《拉丁美洲大事记》（1980~1994）。

钟清清主编《世界政党大全》，贵州教育出版社，1994。

二 外文文献

Aida Gainsborg y de Aguirre Acha, *La Cocina en Bolivia: con numerosas recetas y menus variados*, La Paz, 1976.

Alan Murphy, *Footprint Bolivia Handbook*, 2002.

Alberto Crespo, *La Guerra entre Vicuas y Vascongados*, lima, 1956.

Antonio Paredes Candia, *La Danza Folklórica en Bolivia*, Segunda Edición,

Editorial Gisbert, La Paz, 1984.

Augusto Beltrán Heredia, *Carnaval de Oruro: Tarabuco y Fiesta del Gran Poder*, Los Amigos del Libro, 1977.

CEPAL, *Economic Survey of Latin America and the Caribbean.* 2015.

Cesar Augusto Barahona Obs, *Ponencia: Una nueva espiritualidad después del Kharisiri*, Chucuito, Peru, 2003.

Christopher Roper and Jorge Silve (Edit.), *Science and Technology in Latin America*, Longman Group Limited, 1983.

Cynthia Klingel and Robert B. Noyed, *Bolivia*, Compass Point Books, 2002.

Ernesto che Guevara: *El Socialismo y el Hombre en Cuba*, Editorial de Ciencias Sociales, La Habana, 1993.

Estado Plurinacional de Bolivia, *Constitución Política del Estado Plurinacional de Bolivia*, 2009.

Gary Prado Salmón, *The Defeat of Che Guevara, Military Response to Guerrilla Challenge in Bolivia*, Praeger, 1990.

Harold Osborne, *Bolivia, A Land Divided*, Oxford University Press, 1964.

Henry Butterfield Ryan, *The Fall of Che Guevara : A Story of Soldiers, Spies, and Diplomats*, Oxford University Press, 1998.

Herbert S. Klein, *A Concise History of Bolivia*, Combridge University Press, 2003.

Herbert S. Klein, *A Concise History of Bolivia*, Combridge University Press, 2003.

Hernando Sanabria Fernández, *Geografía Humana y Política de Bolivia*, Editorial Los Amigos del Libro, 1983.

Hernando Sanabría Fernández, *Geografía Humana y Política de Bolivia*, Editorial Los Amigos del Libro, 1983.

Hugo Boero Rojo, *Bolivia Mágica*, Segunda Edición, Editorial "Los Amigos del Libro", 1976.

Hugo Boero Rojo, *Enciclopedia "Bolivia Mágica"*, Editorial Vertiente, La Paz, 1993.

Instituto Nacional de Estadística de Bolivia, *Censo Nacional de Población y Vivienda*, 2012.

James M. Malloy, *Bolivia : The Uncompleted Revolution*, University of Pittsburgh Press, 1970.

José Díaz Gainza, *Historia Musical de Bolivia*, 2da. Edición, Ediciones Puerta de Sol, 1977.

José Fellman Velarde, *Historia de la Cultura Boliviana: Funtamentos Socio-políticos*, Los Amigos del Libro, 1976.

Karen Schimmel, *Bolivia*, Chelsea House Publishers, 1999.

Latin American Perspectives, Vol. 37, No. 3, Sage Publications, Inc. May 2010.

Lee Anne Gelletly, *Bolivia*, Mason Crest Publishers, 2004.

Lesley Gill, *Peasants, Entrepreneurs, and Social Change: Frontier Development in Lowland Bolivia*, Westview Press, 1987.

Luis Carlos Jemio, *Debt, Crisis and Reform in Bolivia Biting the Bullet*, Palgrave, 2001.

Margaret Joan Anstee, *Gate of the Sun: a prospect of Bolivia*, Longman, 1970.

Nina Robertson and Sven Wunder, *Fresh Tracks in the Forest: Assessing Incipient Payments for Environmental Services Initiatives in Bolivia*, Bogor, Indonesia: Center for International Forestry Research, 2005.

Robert Pateman, *Bolivia ("Cultures of the World")*, Times Editions Pte Ltd, 1995.

Slaughter, S., & Leslie, L. L. *Academic capitalism: Politics, policies, and the Entrepreneurial University*, Baltimore: The Johns Hopkins University Press, 1997.

South America, Central America and The Caribbean 2001, 9th Edition, Europa Publications, 2000.

The Economist Intelligence Unit, *Country Report*, *Bolivia*, November 2015.

Waltraud Queiser Morales, *Bolivia*, *Land of Struggle*, Westview Press, 1992.

三　主要相关网站

http：//www.cia.gov/

http：//www.Wikipedia.org/

http：//www.uni-hohenheim.de/

http：//www.rree.gov.bo/

http：//www.Laprensa.com.

http：//www.inei.gob.pe/

http：//www.Averlo.com/

http：//workmall.com/

http：//www.khainata.com/

http：//www.solobolivia.com/

http：//www.bolpress.com/

http：//countrystudies.us/

http：//www.libreríaboliviana.com/

http：//www.fe.doe.gov/

http：//www.udape.gov.bo/

http：//www.bolivia-industry.com/

http：//www.monografias.com/

http：//www.omniglot.com/

http：//www.gratisweb.com/

http：//www.bolivia.central.com/

http：//www.el.comandante.com/

http：//www.infoplease.com/

http：//www.workmall.com/

http://www.leerymirar.hpg.ig.com.br/

http://www.cidob.es/

http://www.bolivia.indymedia.org/

http://www.gerenciapolitica.fiu.edu/

http://www.bbc.co.UK/

http://www.nationmaster.com/

http://www.riverdeep.net/

http://www.lcweb2.loc.gov/

http://www.bolsa.valores.bolivia.com/

http://www.bancoldex.com/

http://www.guia.amarilla.com/

http://www.ey.com/

http://www.iigov.org/

http://www.nssd.net/

http://www.saorbats.com.ar/

http://www.ruthy.net/

http://www.bolivian.com/

http://www.monografias.com/

http://www.cienciaytecnologia.gob.bo/

http://www.unesco.org.uy/

http://www.jstor.org/

http://educationanddevelopment.wordpress.com/

http://bolivialegal.com/

http://www.telesurtv.net/

http://www.voltairenet.org/

http://medios.economiayfinanzas.gob.bo/

http://www.alminuto.com.bo/

https://www.cia.gov/

http://www.economiabolivia.net/

http：//www.eoearth.org/

http：//www.bolpress.com/

http：//www.la-razon.com/

http：//bolivia.usembassy.gov/

http：//www.eclac.org/

http：//bo.mofcom.gov.cn/

索 引

A

阿拉西塔斯节 39

阿帕萨起义 82

"阿塞普"教育法 294,295,299

埃沃·莫拉莱斯 125,129,137,139,
  152,154,165,166,210,274,294,
  332,411

安德烈斯·德圣克鲁斯 87,127,142,
  152,239,246,287,408

《安第斯国家贸易促进和扫毒法案》
  250,391,393,394

安第斯山脉 3,4,11,18,30,45,
  64,65,209,354

《安孔条约》 96,365

B

白银时代 88,93

"贝尔苏主义" 91

秘鲁—玻利维亚联邦 21,87,127,
  408

波旁改革 81

玻利维亚共产党 103,133,164,169

玻利维亚教育大学 299

玻利维亚生物多样性研究所 313

玻利维亚天主教大学 301,303,307,
  310,312,355,356

玻利维亚唯一农业工人工会联合会
  136,137,170,171

玻利维亚语言研究院 318,319

玻利维亚总工会 113,115,129,133,
  135,170~173,196,268,292,293

C

查科战争 14,86,98,102~104,
  110,113,128,132,161,167,212,
  232,241,290,319,324,327,329,
  345,380,381,408

查扬塔起义 101

长期社会保障公共管理局 262

出海口问题 116,169,361~371,
  373,374,377,380,385,397

D

地缘政治因素 359,360

蒂亚瓦纳科文化 10,18,46,56,62,

421

70~71,334
独一大学　290
多民族玻利维亚国　1,22,125,140,144,270,411
多民族民主政治　129,139,144
多民族社群主义　270
《多民族选举机构法》　161~163
多元经济体制　176

E

2009 年宪法　2,20,22,23,25,139,144,173,221,282,299
"2016~2020 年经济社会发展五年计划"　179,183,185,199,202~204,207,214,257

F

福音派新教　27,301

G

古柯种植农运动　129,137,173
《国家宪法改革法》　143

H

何塞·巴利维安　87,90,127,152,343
胡安·莱钦·奥肯多　107,128,155,167

J

《教育法典》　290

《教育改革法》　292,296
军事地理研究所　249,306

K

卡米里油田　57,59,60,195
考迪罗主义政治　131
科利亚文化　62,71,72
"矿业飞地"式经营模式　175

L

拉斐尔·布斯蒂略外交学院　358

M

《玫瑰书》　291
《美洲玻利瓦尔替代计划》　384
米塔制　76,77,81
民众主义政治　132,133
民族主义革命运动党　103,105~113,117,119,122,124,128,129,132~134,138,161,164,165,167~171,181,232,233,292,324,362,387,401

N

"南美洲帕米尔"　3
"农村可持续一体化发展"战略　182

P

帕查妈妈　11,31,35,37,46,47,316,339,340
帕斯·埃斯登索罗　103,128,153,

154，167，171，237，367，383

佩德罗·多明戈·穆里略　55，83，127，408

《佩特罗波利斯条约》　97，408

Q

7月16日革命　83，85

七级学位制　303

切·格瓦拉　53，54，114，134，233

亲西方三角发展计划　388

去殖民化教育改革　294，295

S

社会公共的和生产的新经济模式　264

社会团结住房计划　178

社区中等生产教育　298

社群社会主义　125，140，141，144，147，164，170，176，411

圣弗朗西斯科·哈维尔王家教廷大学　57，78，286，300，307，346，407

圣胡安惨案　114，134

双语教学制　293

四权分立制度　131，147

"四月革命"　107，108，110，175，181，188

苏克雷将军　85，86

T

太平洋战争　23，92～96，116，132，232，238，239，288，322，330，344，357，363～365，377，408

太阳门　46，62，70，71

特殊体制大学　302

替代教育与特殊教育　298

天然气冲突　124，333，411

"天主教归化村"　25

"图帕克·卡塔里号"通信卫星　312

土著大学　296，300，302，305

土著司法权　159，160

W

维斯卡查尼文化　69

乌尤尼盐沼　3，5，47，48，191，398

X

西拉拉泉水问题　378，379

西蒙·玻利瓦尔　1，56，85，86，126，152，240，287，298

锡矿时代　88，93

新经济政策　120～122，189，195，216，222，259，292，316，410

Y

一体化养老金制度　260，262

《伊洛协定》　379

印加王家大道　62

印加文化　19，72～75

Z

争取社会主义运动党　125，129，130，137～139，150，164，166，171，411

"拯救教育"运动　288

后　　记

　　2013年初，当我接到出版社关于启动《列国志》修订再版工作的通知的时候，心情十分矛盾。一方面，在《玻利维亚》第一版问世之后的近十年中，玻利维亚已经发生很大的变化，早就应该着手修订工作，以满足各界读者的要求。另一方面，自己年事已高，且身患眼疾，要完成这么一项繁重的任务，的确已经力不从心。所以，在接到通知后的整整一年中，我都未敢应承这项任务。但是，《列国志》工程的战略意义和作为《列国志》作者的责任意识让我对这个工作梦萦魂牵，常常不由自主地看看有关资料，关心玻利维亚改革的进程。2013年末，一个偶然的机会，我见到了专攻拉美史的曹龙兴博士，当谈及此事的时候，他欣然表示愿意参加此项工作。在他的大力支持和热情帮助下，经过半年多的准备和酝酿，我才在2014年6月同出版社签订了图书出版合同。曹龙兴博士为了这个项目，付出了一年多的心血。他除了在全书范围内做了不少查找、补充和更新有关数据的工作之外，还起草了不少新增部分的文稿。如第一章的"国歌"和"建筑艺术"部分，第二章的"莫拉莱斯执政后的新探索（2006~　）"部分，第三章的"跨入21世纪以来多民族人民民主政治的探索"、"2009年宪法"、"选举制度"、"基督教民主党"和"无畏运动党"等部分以及第六章全章的初稿，均为曹龙兴博士所起草。在统稿工作的末期，因为眼疾加重，工作难以为继。在为难之中，我又在拉美所领导的支持下，得到了拉美所副研究员宋霞博士的帮助，她帮我做了第五章、第七章、第八章三章大部分内容的最后修订工作。

粗粗算起来,从修订准备到现在,前前后后几乎花费了三个年头。在这个艰难的过程中,如果没有曹龙兴博士的热情合作,如果没有拉美所的支持和宋霞副研究员的出手相助,如果没有列国志出版中心张晓莉主任和责任编辑叶娟同志的指导和细心审订,修订工作是很难完成的。太多的感激实在是无以言表,谨藏记于心罢了。

曾昭耀

2017 年 1 月

新版《列国志》总书目

亚洲

阿富汗
阿拉伯联合酋长国
阿曼
阿塞拜疆
巴基斯坦
巴勒斯坦
巴林
不丹
朝鲜
东帝汶
菲律宾
格鲁吉亚
哈萨克斯坦
韩国
吉尔吉斯斯坦
柬埔寨
卡塔尔
科威特
老挝
黎巴嫩
马尔代夫
马来西亚
蒙古
孟加拉国
缅甸
尼泊尔
日本
沙特阿拉伯
斯里兰卡
塔吉克斯坦
泰国
土耳其
土库曼斯坦
文莱
乌兹别克斯坦
新加坡
叙利亚
亚美尼亚
也门
伊拉克
伊朗
以色列
印度
印度尼西亚
约旦
越南

玻利维亚

非洲

阿尔及利亚
埃及
埃塞俄比亚
安哥拉
贝宁
博茨瓦纳
布基纳法索
布隆迪
赤道几内亚
多哥
厄立特里亚
佛得角
冈比亚
刚果共和国
刚果民主共和国
吉布提
几内亚
几内亚比绍
加纳
加蓬
津巴布韦
喀麦隆
科摩罗
科特迪瓦
肯尼亚
莱索托
利比里亚
利比亚
卢旺达

马达加斯加
马拉维
马里
毛里求斯
毛里塔尼亚
摩洛哥
莫桑比克
纳米比亚
南非
南苏丹
尼日尔
尼日利亚
塞拉利昂
塞内加尔
塞舌尔
圣多美和普林西比
斯威士兰
苏丹
索马里
坦桑尼亚
突尼斯
乌干达
西撒哈拉
赞比亚
乍得
中非

欧洲

阿尔巴尼亚
爱尔兰
爱沙尼亚

安道尔
奥地利
白俄罗斯
保加利亚
比利时
冰岛
波黑
波兰
丹麦
德国
俄罗斯
法国
梵蒂冈
芬兰
荷兰
黑山
捷克
克罗地亚
拉脱维亚
立陶宛
列支敦士登
卢森堡
罗马尼亚
马耳他
马其顿
摩尔多瓦
摩纳哥
挪威
葡萄牙
瑞典
瑞士
塞尔维亚
塞浦路斯

圣马力诺
斯洛伐克
斯洛文尼亚
乌克兰
西班牙
希腊
匈牙利
意大利
英国

美洲

阿根廷
安提瓜和巴布达
巴巴多斯
巴哈马
巴拉圭
巴拿马
巴西
玻利维亚
伯利兹
多米尼加
多米尼克
厄瓜多尔
哥伦比亚
哥斯达黎加
格林纳达
古巴
圭亚那
海地
洪都拉斯
加拿大
美国
秘鲁

玻利维亚

墨西哥	巴布亚新几内亚
尼加拉瓜	斐济
萨尔瓦多	基里巴斯
圣基茨和尼维斯	库克群岛
圣卢西亚	马绍尔群岛
圣文森特和格林纳丁斯	密克罗尼西亚
苏里南	纽埃
特立尼达和多巴哥	萨摩亚
危地马拉	所罗门群岛
委内瑞拉	汤加
乌拉圭	图瓦卢
牙买加	瓦努阿图
智利	新西兰

大洋洲

澳大利亚

当代世界发展问题研究的权威基础资料库和学术研究成果库

国别国际问题研究资讯平台

列国志数据库 www.lieguozhi.com

　　列国志数据库是以"十二五"国家重点图书出版规划项目、中国社会科学院创新工程学术出版资助项目《列国志》丛书为基础,全面整合国别国际问题核心研究资源、研究机构、学术动态、文献综述、时政评论以及档案资料汇编等构建而成的数字产品,是目前国内唯一的国别国际类学术研究必备专业数据库、首要研究支持平台、权威知识服务平台和前沿原创学术成果推广平台。

　　从国别研究和国际问题研究角度出发,列国志数据库包括国家库、国际组织库、世界专题库和特色专题库4大系列,共175个子库。除了图书篇章资源和集刊论文资源外,列国志数据库还包括知识点、文献资料、图片、图表、音视频和新闻资讯等资源类型。特别设计的大事纪年以时间轴的方式呈现某一国家发展的历史脉络,聚焦该国特定时间特定领域的大事。

　　列国志数据库支持全文检索、高级检索、专业检索和对比检索,可将检索结果按照资源类型、学科、地区、年代、作者等条件自动分组,实现进一步筛选和排序,快速定位到所需的文献。

　　列国志数据库应用范围广泛,既是学习研究的基础资料库,又是专家学者成果发布平台,其搭建学术交流圈,方便学者学术交流,促进学术繁荣;为各级政府部门国际事务决策提供理论基础、研究报告和资讯参考;是我国外交外事工作者、国际经贸企业及日渐增多的广大出国公民和旅游者接轨国际必备的桥梁和工具。

数据库体验卡服务指南

※100元数据库体验卡目前只能在列国志数据库中充值和使用。

充值卡使用说明:
第1步 刮开附赠充值卡的涂层;
第2步 登录列国志数据库网站(www.lieguozhi.com),注册账号;
第3步 登录并进入"会员中心"→"在线充值"→"充值卡充值",充值成功后即可使用。

声明
最终解释权归社会科学文献出版社所有。

数据库服务热线:400-008-6695
数据库服务QQ:2475522410
数据库服务邮箱:database@ssap.cn

欢迎登录社会科学文献出版社官网(www.ssap.com.cn)
和列国志数据库(www.lieguozhi.com)了解更多信息

卡号:2944940301290783

图书在版编目(CIP)数据

玻利维亚/曾昭耀,宋霞,曹龙兴编著.--2版.--北京:社会科学文献出版社,2017.5
(列国志:新版)
ISBN 978-7-5201-0252-0

Ⅰ.①玻… Ⅱ.①曾… ②宋… ③曹… Ⅲ.①玻利维亚-概况 Ⅳ.①K977.9

中国版本图书馆 CIP 数据核字(2017)第 009500 号

·列国志(新版)·

玻利维亚(Bolivia)

编　　著／曾昭耀　宋　霞　曹龙兴

出 版 人／谢寿光
项目统筹／张晓莉
责任编辑／叶　娟

出　　版／社会科学文献出版社·列国志出版中心(010)59367200
　　　　　　地址:北京市北三环中路甲29号院华龙大厦　邮编:100029
　　　　　　网址:www.ssap.com.cn
发　　行／市场营销中心(010)59367081　59367018
印　　装／三河市尚艺印装有限公司

规　　格／开　本:787mm×1092mm　1/16
　　　　　　印　张:29.5　插页:1　字　数:439千字
版　　次／2017年5月第2版　2017年5月第1次印刷
书　　号／ISBN 978-7-5201-0252-0
定　　价／89.00元

本书如有印装质量问题,请与读者服务中心(010-59367028)联系

版权所有 翻印必究